马克思主义理论研究
和建设工程重点教材

公共财政概论

《公共财政概论》编写组

主　编　樊丽明

副主编　杨志勇

主要成员

（以姓氏笔画为序）

马海涛　邓淑莲　石绍宾

朱　青　孙　开　李齐云

林致远

高等教育出版社·北京

二维码资源访问

使用微信扫描本书内的二维码，输入封底防伪二维码下的20位数字，进行微信绑定，即可免费访问相关资源。注意：微信绑定只可操作一次，为避免不必要的损失，请您刮开防伪码后立即进行绑定操作！

教学课件下载

本书有配套教学课件，供教师免费下载使用，请访问 xuanshu.hep.com.cn，经注册认证后，搜索书名进入具体图书页面，即可下载。

图书在版编目（CIP）数据

公共财政概论／《公共财政概论》编写组编. -- 北京：高等教育出版社,2019.8(2023.7重印)
马克思主义理论研究和建设工程重点教材
ISBN 978-7-04-052210-5

Ⅰ.①公… Ⅱ.①公… Ⅲ.①公共财政学-高等学校-教材 Ⅳ.①F810

中国版本图书馆 CIP 数据核字（2019）第 134560 号

责任编辑	施春花	封面设计	王 鹏	版式设计	于 婕	插图绘制 邓 超
责任校对	王 雨	责任印制	韩 刚		

出版发行	高等教育出版社	网　址	http://www.hep.edu.cn
社　址	北京市西城区德外大街4号		http://www.hep.com.cn
邮政编码	100120	网上订购	http://www.hepmall.com.cn
印　刷	涿州市星河印刷有限公司		http://www.hepmall.com
开　本	787mm×1092mm 1/16		http://www.hepmall.cn
印　张	23.75		
字　数	410千字	版　次	2019年8月第1版
购书热线	010-58581118	印　次	2023年7月第24次印刷
咨询电话	400-810-0598	定　价	47.00元

本书如有缺页、倒页、脱页等质量问题，请到所购图书销售部门联系调换
版权所有　侵权必究
物　料　号　52210-00

目 录

绪 论 ·· 1
    一、研究对象 ··· 1
    二、内容体系 ··· 1
    三、学习意义 ··· 3
    四、学习方法 ··· 4

第一章 公共财政与公共财政思想 ·· 9
第一节 公共财政概述 ·· 9
    一、财政 ··· 9
    二、公共财政与国家财政 ··· 12
    三、中国特色社会主义公共财政 ·· 13
第二节 公共财政思想 ·· 15
    一、西方经济学中的财政思想 ·· 15
    二、马克思主义的财政思想 ··· 19
    三、新中国成立以来的财政思想演进 ·································· 23

第二章 公共财政职能 ··· 30
第一节 政府与市场 ·· 30
    一、市场有效性 ·· 30
    二、市场失灵 ··· 33
    三、政府与市场的关系 ··· 40
第二节 财政职能 ··· 42
    一、资源配置职能 ··· 43
    二、收入分配职能 ··· 47
    三、经济稳定与发展职能 ·· 49
    四、财政职能的总体考察 ·· 51

第三章 财政支出总论 ... 54

第一节 财政支出概述 ... 54
一、财政支出的概念 ... 54
二、财政支出的分类 ... 55

第二节 财政支出规模与结构 ... 59
一、财政支出规模及其变化趋势 ... 59
二、财政支出规模变化的理论分析 ... 63
三、财政支出结构及其变化趋势 ... 67
四、财政支出结构变化的理论分析 ... 75

第三节 财政支出的经济效应 ... 77
一、财政支出的收入效应 ... 77
二、财政支出的替代效应 ... 78
三、财政支出的经济增长效应 ... 79
四、财政支出的挤出效应 ... 79
五、财政支出的收入分配效应 ... 79

第四节 财政支出绩效 ... 80
一、财政支出绩效的内涵 ... 80
二、财政支出绩效的评价方法 ... 81

第五节 财政支出改革 ... 87
一、科学界定财政支出范围 ... 87
二、调整优化财政支出结构 ... 88
三、持续改进财政支出方式 ... 90
四、全面推进财政支出绩效评价 ... 92

第四章 政府消费支出 ... 95

第一节 行政管理支出 ... 95
一、行政管理支出的性质与内容 ... 95
二、中国的行政管理支出 ... 98
三、中国行政管理支出的改革 ... 102

第二节 国防支出 ... 104
一、国防的提供与国防支出的分类 ... 105
二、最优国防支出结构的理论分析 ... 106

　　　　三、中国的国防支出……………………………………………… 108

　第三节　教科文卫支出………………………………………………… 110
　　　　一、教科文卫支出的内容与分类………………………………… 110
　　　　二、政府介入教科文卫支出的理论基础………………………… 112
　　　　三、中国的教科文卫支出………………………………………… 116

第五章　政府投资支出…………………………………………………… 129
　第一节　政府投资概述………………………………………………… 129
　　　　一、政府投资的含义和特征……………………………………… 129
　　　　二、政府投资的类型选择………………………………………… 131
　第二节　基础设施投资………………………………………………… 133
　　　　一、政府介入基础设施领域的理论依据………………………… 133
　　　　二、基础设施投资的资金来源…………………………………… 134
　　　　三、政府参与基础设施投资的方式……………………………… 136
　　　　四、中国基础设施投资分析……………………………………… 138
　第三节　"三农"支出………………………………………………… 141
　　　　一、政府介入"三农"领域的理论依据………………………… 141
　　　　二、中国财政"三农"支出的状况分析………………………… 143

第六章　社会保障支出…………………………………………………… 149
　第一节　社会保障概述………………………………………………… 149
　　　　一、社会保障的含义和内容……………………………………… 149
　　　　二、政府介入社会保障的理论基础……………………………… 152
　　　　三、中国的社会保障和社会保障支出…………………………… 153
　第二节　社会保险支出………………………………………………… 156
　　　　一、社会保险的特征……………………………………………… 156
　　　　二、社会保险基金………………………………………………… 157
　　　　三、中国的社会保险项目和社会保险支出……………………… 159
　　　　四、中国社会保险制度的改革和完善…………………………… 162
　第三节　社会救助支出………………………………………………… 167
　　　　一、社会救助制度的演变………………………………………… 167
　　　　二、社会救助支出的规模和结构………………………………… 169

第七章　财政收入总论···171
第一节　财政收入概述···171
一、财政收入的概念···171
二、财政收入的分类···172
第二节　财政收入规模···175
一、财政收入规模及其变化趋势···································175
二、财政收入规模变化的理论分析·································181
第三节　财政收入结构···185
一、财政收入结构及其变化趋势···································186
二、财政收入结构变化的理论分析·································189

第八章　税收···192
第一节　税收概述···192
一、税收的概念与分类··192
二、税收原则··201
三、税收的微观经济效应··204
第二节　税收负担···208
一、税负的概念与分类··208
二、宏观税负分析··209
三、税负转嫁与税负归宿··212
第三节　税制结构···215
一、税制结构的概念与分类··215
二、税制结构的影响因素··217
三、最优税制结构··219
第四节　中国税收制度···220
一、中国现行税收体系··220
二、中国税制改革的方向··230

第九章　非税收入···235
第一节　政府性收费···235
一、政府性收费的概念··235
二、政府性收费存在的理由··236

三、政府性收费管理 237
　第二节 政府性基金 240
　　　一、政府性基金的概念与分类 240
　　　二、中国政府性基金的发展沿革 241
　　　三、我国政府性基金的改革方向 242
　第三节 国有资本经营收入 242
　　　一、国有资本经营收入的含义与属性 242
　　　二、我国国有资本经营收入的形式 244
　　　三、国有资本经营收入管理 244
　第四节 社会保险基金收入 245
　　　一、社会保险基金收入的含义 245
　　　二、我国社会保险基金收入的类型 245
　　　三、我国社会保险基金收入概况与改革设想 246

第十章 公债 248
　第一节 公债概述 248
　　　一、公债的概念 248
　　　二、公债的用途 250
　　　三、公债的分类 252
　　　四、公债的规模 253
　第二节 公债负担 255
　　　一、公债负担的概念 255
　　　二、公债负担的类型 256
　　　三、中国公债负担的现状 256
　第三节 公债管理 261
　　　一、公债的发行管理 261
　　　二、公债的流通管理 266
　　　三、公债的偿还管理 268

第十一章 政府预算 271
　第一节 政府预算概述 271
　　　一、政府预算的概念及产生 271

二、政府预算的原则……………………………………………………… 274
　　三、政府预算的分类……………………………………………………… 276
　　四、我国政府预算的组成体系…………………………………………… 277
　　五、政府预算过程………………………………………………………… 279
第二节　中国政府预算管理制度改革………………………………………… 281
　　一、中国政府预算管理制度改革的内容及成效………………………… 281
　　二、中国政府预算管理制度改革的方向和要求………………………… 287

第十二章　财政体制…………………………………………………………… 289
第一节　财政体制概述………………………………………………………… 289
　　一、财政体制的概念与分类……………………………………………… 289
　　二、分级财政理论………………………………………………………… 291
第二节　分级财政体制………………………………………………………… 297
　　一、政府间支出划分……………………………………………………… 297
　　二、政府间收入划分……………………………………………………… 299
　　三、政府间转移支付……………………………………………………… 304
第三节　中国财政体制改革…………………………………………………… 309
　　一、中国财政体制改革的进程…………………………………………… 310
　　二、中国财政体制改革的方向…………………………………………… 316

第十三章　财政平衡与财政政策……………………………………………… 324
第一节　财政平衡与财政赤字………………………………………………… 324
　　一、财政平衡的内涵……………………………………………………… 324
　　二、财政赤字（或财政结余）的计算口径……………………………… 326
　　三、财政赤字的国际比较与中国的动态………………………………… 328
　　四、财政赤字的弥补方式………………………………………………… 332
第二节　财政政策……………………………………………………………… 333
　　一、财政政策的概念与分类……………………………………………… 333
　　二、财政政策的目标……………………………………………………… 337
　　三、财政政策与货币政策的配合………………………………………… 340
　　四、中国财政政策的实践………………………………………………… 343

第十四章 国际财政·····345

第一节 国际财政概述·····345
一、国际财政的界定·····345
二、国际财政的理论分析·····346
三、中国的国际财政关系·····349

第二节 国际财政支出·····352
一、对外援助支出·····352
二、对国际组织的支出·····353

第三节 国际税收协调·····356
一、国际税收问题的成因·····356
二、国际税收协调的方法·····358
三、中国积极参与国际税收制度的完善·····360

阅读文献·····362

人名译名对照表·····364

后 记·····366

绪　论

本书是一部介绍公共财政基本原理和分析公共财政运行机理的教科书。

本绪论，首先界定公共财政学的研究对象，然后概括全书的内容体系，指出学习公共财政概论的重要意义，最后介绍学习方法。绪论部分对全书的学习起到启发和引导的作用。

一、研究对象

财政是随着国家的产生而形成的一种经济关系及特殊分配关系，财政学就是研究以国家（或政府）为主体的财政分配关系的科学。新中国建立以来，我国财政学界以马克思主义政治经济学为基础理论，借鉴西方国家财政理论的研究成果，总结中国财政运行的实践经验，对财政理论和制度进行创新，丰富了财政学的内容体系，逐步形成了具有中国特色的财政学。

财政学作为研究财政分配关系的科学，其研究对象是财政分配活动及其规律性。研究财政学，就是要从纷繁复杂的社会经济运行及现象中梳理、归纳出财政分配活动，着重研究财政职能定位、财政分配的过程及其内容、财政分配与社会经济活动的相互关联等，揭示财政分配的规律性，进而为制定财政制度和财政政策提供科学的理论指导，以更好地引领财政实践，实现国家的既定目标。

财政学的研究离不开对财政制度的分析，国家的财政分配活动是在一定的制度框架下进行的，这些制度应该是系统反映财政经济规律，并指导和约束现实的财政分配过程。财政学的研究重点不在于具体的、经常变化的财政制度，而是在剖析财政分配过程、揭示财政分配规律的基础上，总结归纳出基本的稳定的制度框架，并探讨财政制度随条件变化而变化的演进趋势。

在中国特色社会主义新时代，公共财政成为与我国社会主义市场经济体制相对应的新的财政模式，有着独特的制度设计和运行机制，发挥着重要的职能作用。作为新时代的新财政模式，公共财政概论的研究对象可确定为：社会主义市场经济体制下的公共财政分配活动和分配关系及其规律性。

二、内容体系

在介绍本书的内容体系之前，先了解一下公共财政学与公共财政概论的关系：就学科属性及内容体系而言，它们并没有根本的区别，二者的名称可以通用或互换；其区别在于，公共财政学通常被视为一门学科或学说，强调它的完整性、系统性及与其他相关学科的协调性，讲求"全"，而公共财政概论作为一门课程或教科书，注重它的概括性和知识性，强调基本知识和基础理论的介绍和讲解，力求"精准、简明"。

当代公共财政学是脱胎于传统财政学而形成的新的学科体系，在继承财政学研究传统的基础上，扩展了财政学的研究领域，从更高、更广和更新的视野来研究财政经济问题。因此，公共财政学具有不同于传统财政学的内容体系。《公共财政概论》的编写本着如下的逻辑线索展开：在体系设计上，把市场机制和非市场机制（即政府干预机制）的资源配置统一到一个分析框架之中；在分析逻辑上，将国家（政府）视为一个组织系统，国家的意志和政府的决策是由一套政治程序决定的，并运用新的分析方法去研究分析政治程序的经济效应；在分析重点上，把研究的视角扩展到整个公共部门或公共领域以及与之相关的财政分配关系，特别关注公共财政支出的经济分析，特别强调财政对国民经济和整体社会的影响；在内容安排上，以公共财政基本知识、基础理论的阐释和中国财政实际运行状况的分析为主。

这种内容体系的设计体现本书的编写理念和特点：（1）原则性。即坚持马克思主义立场和观点，坚持以马克思主义为指导，并将其作为贯穿于全书的一条红线。（2）基础性。即注重向读者传授公共财政的基本概念、基本知识和基础理论，帮助读者认识和把握财政运行的普遍规律。（3）本土化。坚持理论联系实际，把马克思主义普遍原理与中国财政实践相结合，并兼收并蓄其他国家财政制度的合理成分和成功经验，构造能够体现中国政治经济制度本质和反映中国财政运行特殊规律的中国特色社会主义公共财政学（体系）。

本书除绪论外共有十四章，依据各章阐释的内容分为五个部分。

第一部分是公共财政基础理论部分，包括第一章"公共财政与公共财政思想"和第二章"公共财政职能"。第一章先是追溯了财政的起源和发展过程，分析了公共财政产生的经济条件和历史背景，界定公共财政的含义，从两个视角分析公共财政与国家财政的关系，随后阐述中国特色社会主义公共财政的特色，之后梳理和凝练不同时期的公共财政思想，最后概括新时代中国特色社会主义思想引领下的公共财政思想。第二章首先从政府与市场的关系入手，分析市场的有效性和市场失灵，指出市场经济中既要发挥市场在资源配置中的决定性作用，又要更好地发挥政府作用，随后系统论述了市场经济条件下公共财政的主要职能。

第二部分是对财政支出的分析，包括第三章至第六章。第三章"财政支出总论"从总体上研究财政支出的内容及结构，财政支出规模不断增长的趋势及其成因，财政支出绩效的衡量标准及评价方法，中国财政支出改革的方向和重点等。

第四章至第六章就不同用途的主要类别的财政支出，如政府消费支出、政府投资支出、社会保障支出等，分别进行分析，阐明其概念及性质、内容、适用范围及改革取向和趋势。

第三部分是对财政收入的分析，包括第七章至第十章。第七章"财政收入总论"分析介绍财政收入的概念与分类、财政收入规模与结构，从理论上对财政收入规模扩大和结构变化进行解释。第八章"税收"研究税收的性质和原则，介绍税收制度的构成要素，阐明税收负担及其转嫁原理，探讨税制结构的不同类别及其变化规律。在这一章的"中国税收制度"里，重点介绍中国现行税制框架，分析其存在的突出问题，指出改革与完善的方向与构想。第九章"非税收入"介绍了除税收以外的几种重要的财政收入形式，主要是政府性收费、政府性基金、国有资本经营收入和社会保险基金收入。第十章是对特殊的政府信用，也是重要的财政收入形式——"公债"的阐述，阐明政府公债的概念、功能，分析公债负担，探索公债管理改革的方向和路径。

第四部分主要是对财政管理和运行的分析，包括第十一章和第十二章。第十一章"政府预算"阐明政府预算的概念、原则、分类等，介绍政府预算的编制、审批、执行、决算等环节，探索中国政府预算管理制度改革的方向和要求。第十二章"财政体制"分析财政体制的理论基础和框架构成，阐述政府之间财政分配关系的逻辑，分析中国财政体制改革的进程、方向及完善路径。

第五部分是从宏观视野和全球视角考察财政问题，包括第十三章和第十四章。第十三章"财政平衡与财政政策"介绍财政平衡与财政赤字的基本规定性，通过对财政赤字的分析，重点落脚在实现财政平衡与社会总供求平衡；随后对财政政策类型、财政政策工具及运用、财政政策作用机理进行理论分析，并总结中国财政政策的实践，谋划财政政策优化的策略。第十四章"国际财政"主要分析中国在对外开放和经济全球化背景下的财政问题，先是界定国际财政的概念，对国际财政做出了理论分析，强调中国在国际财政关系中的重要地位、责任担当和显著作用；随后分析了国际财政支出的有关问题；最后论述了国际税收协调等重要的国际财政问题。

三、学习意义

财政乃公众大事、国家要事，关乎民生福祉和国家兴衰。目前，我国公共财政正面临改革和发展的重大机遇，在全面建设社会主义现代化强国的进程中，其理论和体制机制都需要创新，以适应经济社会全面、协调、可持续发展和国家治理现代化的需要。这就要求我们正确认识市场经济条件下公共财政的理论和运行规律，系统把握其运行机理和规则，建立现代财政制度，制定财政政策，为我国改革和建设事业作出应有的贡献。

经济实践需要经济理论指导，公共财政同样如此。本书的目的是通过运用马克思主义经济学和市场经济理论的基本原理构建一个规范的分析框架，阐述公共财政的运行规律和作用机理，旨在向读者传授财政理论知识，讲解财政运行规则，回答财政现实问题，以求帮助读者深入理解公共财政的特点和作用，提高理论水平和实践能力。

学习公共财政概论有助于构建和发展中国特色的财政学理论。随着改革不断深化和发展持续深入，中国已经全面进入社会主义新时代，社会主要矛盾已经转化为人民日益增长的美好生活需要和不平衡不充分的发展之间的矛盾，经济运行步入新常态，呈现出不同于以往的新特征，迫切需要科学的理论解释和指导。学习公共财政概论，在引进、借鉴、消化和吸收西方财政学理论有益成分的同时，结合我国实际探索公共财政的运行规律和改革路径，将促进我国财政学理论的发展和繁荣。

学习公共财政概论有助于指导我国财政工作实践。学习公共财政概论对于厘清市场和政府的关系、正确认识政府功能和角色定位大有裨益，有助于我们正确把握国家治理能力和治理体系现代化对财政的要求，正确理解和适应经济社会形态全面进入新时代，正确认识"财政是国家治理的基础和重要支柱"的功能定位和财政运行规律，正确运用财政政策手段和工具建立现代公共财政体系，为实现全面建设社会主义现代化强国的宏伟目标提供财力支持和制度保障。

四、学习方法

（一）基本方法：唯物辩证法

唯物辩证法是马克思主义创立的科学研究方法，是研究自然科学和社会科学必须遵循的科学的方法论。根据唯物辩证法，物质世界发生、发展、变化过程无不体现了如下三大规律，即对立统一规律、质量互变规律、否定之否定规律。按照唯物辩证法方法学习和研究公共财政学，就是以唯物辩证法所揭示的物质世界运动的三大规律为基本线索，来把握和研究现代社会公共财政活动过程的内部联系及这种活动与其他社会政治经济活动之间的联系，进而了解和掌握公共财政活动的规律。如财政活动与市场经济运行的关系，财政活动与政府活动之间的联系，财政支出与财政收入之间的联系，各项财政支出之间的联系，财政收入体系内部各种收入之间的联系，公共财政与经济社会协调发展的关系，公共财政政策调节国民经济运行的机理和政策体系，等等。运用唯物辩证法的方法，就是要强调了解和观察上述公共财政活动中发生的各种联系是如何既相互矛盾又相互统一的，了解和观察各种联系是如何发生变化进而促进整个公共财政活动发展和变化的。

运用唯物辩证法的方法学习和研究公共财政学，首先应当坚持用马克思主义的基本立场和观点来考察分析财政现象、财政活动，探寻和厘清庞杂繁复的财政关系中隐含的规律，探索公共财政的演进方向和优化路径。如马克思主义关于经济基础和上层建筑之间辩证关系的科学理论，国家是阶级统治的工具、是统治阶级意志的集中体现的国家学说，一切生产和分配关系的背后其实隐藏的是人与人之间的经济关系、本质上是经济利益关系等科学论断，为研究公共财政的理论和实践指明了根本方向。

其次，要运用唯物辩证法的思维来正确理解公共财政学中的一些基本概念、基本范畴，系统把握其演变与发展的轨迹，这是理解公共财政学一般原理的前提条件。例如，如果我们不理解"财政""公共财政"和"公共部门"的含义，就无法进一步理解公共财政学的主要研究对象和内容；不了解财政和公共财政的历史演化过程，就不能深刻理解公共财政的发展规律，也就不能深入了解和掌握新时代中国特色社会主义公共财政的时代特征和内容体系。

再次，学习和研究公共财政学应当掌握"一般与个别、普遍与特殊"的关系这个"关于事物矛盾问题的精髓"，即唯物辩证法的精髓。通过把握一般与个别、普遍与特殊的辩证关系，运用公共财政学一般理论对各国公共财政实践进行描述、分析和解释，提炼出共同点，凝练出普遍规律。同时，这些共同的、规律性的东西是否适用于某个国家和地区，需要对比不同国家和地区财政运行的条件和制约因素，找出不同形态财政的特殊性，这样使一般与个别结合起来，正确认识财政运行规律的普遍性与不同国家及不同时期财政实践特殊性的关系。

最后，学以致用，将财政理论紧密联系并指导财政实践。公共财政学作为一门新兴的应用经济学科，同实践有着密不可分的关系，它从公共部门财政经济活动实践中探索公共财政运行规律，并凝练上升为理论，继而又将理论应用于实践，为实践活动提供科学的理论依据，指导财政实践活动的开展。因此，学习公共财政学应当学会运用马克思主义理论和唯物辩证法去理解物质与精神、理论与实践、客观现实与规律性的关系，用科学的财政理论分析财政实践、指导财政实践、解决实际问题，也只有如此，才能真正牢固掌握所学到的公共财政学知识。

(二) 以马克思主义政治经济学理论为引领的分析方法

前面提到，公共财政学的研究对象是财政分配活动及其规律，而这种研究离不开对社会生产关系和分配关系（即社会经济关系）及其发展规律的认识，离不开对人类社会各个发展阶段的生产、交换以及与之相适应的社会产品分配和消费规律的认识，因此，我们对公共财政学的学习和研究自始至终不能脱离对马克思主义政治经济学理论成果的领悟和把握。比如，马克思主义认为政治经济学是研究社会生产关系及其规律性的学说，特定生产关系形态及性质决定分配关系（包括财政分配关系）的性质及基本状况，生产资料所有制性质决定分配关系的基本属性和分配形式，分配关系则反映了特定生产关系；马克思主义政治经济学揭示了资本主义生产和再生产过程及内在矛盾，又科学预见了社会主义生产关系及其发展规律，为认识既往和当今时代的财政提供了基本立场、观点和方法，为创建新型公共财政学提供了科学的理论指导；马克思主义政治经济学剖析社会再生产过程从生产、到流通、再到分配和消费的"四个环节"，预测社会主义分配先要采取"六项扣除"，随后再进行"按劳分配"等分配方式的理论；马克思主义政治经济学研究中坚持存在决定意识、经济基础决定上层建筑的唯物主义世界观和方法论，对于财政关系及其规律性、公共财政的演进方向和优化路径等的研究，都具有根本性的指导意义。

（三）实证分析方法与规范分析方法

实证分析方法与规范分析方法实际上是两种相互联系同时又相互区别的研究方法。一般说来，公共财政学的研究方法就是这两种具体研究方法的统一。

所谓实证分析，是指按照事物的本来面目来描述事物和"实然"状态，说明研究对象究竟"是什么"，或者究竟是什么样的。实证分析方法的主要特点，是通过对客观存在物的验证（即所谓"实证"）来概括和说明已有的结论是否正确。它的主要作用或者说重点，是"说"清楚事物的来龙去脉，进而做出事物究竟是什么或者是什么样的结论。将实证分析方法运用于公共财政学，就是通过对公共财政活动实际情况的分析与描述，讲清楚它实际上是一种什么样的活动；讲清楚公共财政部门的职责、公共支出和公共收入究竟是怎样界定、划分的，对经济、社会、公众、公共部门本身、国家财政状况已经以及将会产生什么样的影响；讲清楚有关公共财政政策怎样发挥作用以及作用的结果，等等。在实证分析中，计量经济分析方法正在被越来越广泛地运用。

而规范分析则与实证分析不同，通过规范分析所要回答的问题是"应当是什么"，即"应然"状态。规范分析方法的主要特点是在进行分析以前，要先确定相应的准则，然后，再依据这些准则来分析判断研究对象目前所处的状态是否符合这些准则。因此，规范分析是以一定的价值判断为基础的。将规范分析方法运用于公共财政学,就是要根据一系列准则,来分析和判断现行公共财政活动是否与既定准则相符合,如果不符合,那么应当如何调整。至于如何运用规范分析方法研究公共财政行为,则要视具体的研究对象而定。例如,如果我们将规范分析方法用于对现行税制的研究,就需要根据"效率""公平"等税制设置原则,来分析和判断现行税制是否符合这些原则,如果不符合,那么究竟在哪些方面存在偏离,今后应当如何调整税制使之与上述原则要求相一致,等等。

实际上,对所有经济科学来说,实证分析方法和规范分析方法具有同等重要的作用。作为研究方法,两者只是适用的条件、服务的目的不同而已,两种方法的运用往往是相互联系、相互补充的。规范分析要以实证分析为基础,实证分析则离不开规范分析的指导,即使是最彻底的实证分析,也不可避免地带有以某些规则或标准(比如公平与效率)为准绳的价值判断。在经济学研究当中,一方面,在运用规范分析方法研究某些问题时,常常需要运用实证分析方法论证研究对象与既定规则之间的符合程度;另一方面,在运用实证分析方法研究某类问题时,常常需要运用某些价值判断和既定准则来验证分析结果。在具体运用中,通过实证分析可能揭示出公共财政学中最基本的效率、公平、福利的增加与损失等范畴与原理。而规范分析则可以对公平与效率的关系、公共产品供给及受益主体、公共部门在市场经济中作用的定位、社会公众的利益保护等问题给出明确的回答。

(四)比较分析方法

比较分析方法,主要是通过对不同国家、不同经济制度下公共部门的活动及公共财政现象加以比较,进而总结出具有指导意义的结论或规律。比较分析方法主要运用于以下两个方面:

横向与纵向的比较。所谓横向比较,主要是指在同一时期内对不同的国家公共财政各要素的比较,譬如公共财政主体、公共产品、公共支出与公共收入、公共预算制度等的比较。所谓纵向比较,主要是指对公共财政发展进程的比较,洞悉不同历史阶段公共财政的形态、结构、运行机制有什么不同。通过"纵横交错"的比较分析,人们能够较为清晰地认识在特定历史阶段内不同国家和地区公共财政的特点,从而为采取不同的公共财政模式提供借鉴。

理论与实践的比较。公共财政学作为现代经济学的分支,是与多学科交叉融合的。从理论上讲,不同国家和地区因为具有不同的学术传统和理论偏好,对公共经济要素之间的解释也不同,有强调市场作用的自由主义传统,也有强调政府作用的干预主义传统,两者对公共财政模式的看法存在较大差异。理论的不一致,导致了公共财政实践模式及运行方式的不同。通过对公共财政学理论基础、研究对象、研究方法、学术传统的比较，通过对公共财政实践模式的比较，我们可以形成较为全面完整的对公共财政的认知。

由此可见，所谓公共财政比较分析方法就是对各种公共财政理论、各类公共财政实践模式、不同国家和不同历史时期的公共财政形态进行比较，从而把握公共财政中一般与个别、普遍与特殊、共性与个性之间的关系，推进公共财政理论建设，增强从事公共财政活动的实践能力。

（五）案例研究方法

案例研究方法是指一种对已经发生的真实事件或某种现象进行探索、描述或解释，并试图从中推导出新的假说或结论的研究分析方法。这是一种综合的研究方法，一个案例可以运用多种方法对其进行描述、解释和说明。在公共财政研究中，我们可以通过一个具体的财政事例或事件，对公共财政行为、公共财政政策、公共财政制度等做出详细的描述和深入的剖析。既可以是纯粹描述，从大量的历史事实中总结出财政运行规律，也可以是以公共财政理论作为指导，检验理论在具体的公共财政活动中的适用性。通过对财政案例的研究，我们可以深化对公共财政理论的认识，并从中发现理论与实践的差异，找出问题的症结所在；在解决问题的过程中，推进公共财政研究的深化。与其他方法相比，案例研究方法具有综合性、直接现实性、真实性、实践性的特征，但在应用中也要充分考虑到它的代表性和可靠性。

思考题

1. 公共财政学的研究对象是什么？
2. 在新时代学习公共财政概论有什么特殊的意义？
3. 思考我国进入新时代"财政是国家治理的基础和重要支柱"的功能定位。
4. 如何正确掌握和运用公共财政概论的学习方法？

▶ 自测习题及参考答案

第一章 公共财政与公共财政思想

　　财政本质上是以国家为主体的分配活动，同时亦是一个历史范畴，随着国家的产生而形成，并随着经济社会的发展而不断演化。财政在不同时期具有不同的表现形式，公共财政是与市场经济相适应的财政运行模式。

　　本章共两节。第一节为公共财政概述，分析财政的起源和发展过程，界定公共财政的含义，剖析公共财政与国家财政的关系，并阐述中国特色社会主义公共财政的特色。第二节为公共财政思想，梳理和凝练不同时期的公共财政思想，概括新时代中国特色社会主义思想引领下的公共财政思想。

第一节 公共财政概述

一、财政

（一）财政的起源

　　财政活动及行为是一种历史现象，自国家产生起就产生了财政，所以财政是一个历史范畴。在现实社会生活中，财政是以政府为主体参与国民收入分配所形成的特殊分配关系，具体表现为政府一系列的收支活动，因此它又是一个经济范畴。

　　财政分配活动早在原始社会末期就出现了，它随着国家的产生而形成，并随着经济社会的发展而不断扩展，演化和发展成为精细且复杂的财政体系和现代财政制度。

　　从起源上考察，财政是人类社会发展到一定历史阶段的产物。当人类脱离蒙昧时代发展到氏族社会的全盛时期，由于生产力还不够发达，人们只能在一个氏族或部落里共同劳动，共同占有劳动成果，大体平均地分配产品。除了个人生活消费的需要外，在共同生活中不可避免地产生某些公共需要。但在这种生产不发达的原始公社共产制经济条件下，为满足公共需要而占用的劳动力或产品，从分配性质上说，仍然是在这个共同体中的成员共同劳动，共同占有劳动成果，大体平均地分配产品中的公共扣除，并没有改变共同劳动、共同占有和消费共同劳动成果的性质。也就是说，并没有产生使财政分配从氏族公社单一的社会产品分配体系中分化并独立出来的必要条件。

到了氏族社会的后期，随着社会生产力的发展，人们劳动所获得的产品，除了满足最低限度的生活需要外，还或多或少地有了一定剩余，出现了私有财产，导致了私有制的产生。伴随着私有制逐步成为整个社会的经济基础，社会日益分裂为根本利益互相对立的阶级，并产生了维护统治阶级既得利益的暴力统治工具——国家。而国家一旦产生，就必须从社会产品分配中占有一部分国民收入来维持国家机构的存在并保证实现其职能，于是产生了财政这种特殊的经济行为和经济现象，从而，以运用国家权力进行分配为特征的各种财政活动，如贡纳、捐税、俸禄等相继出现。恩格斯对国家以及财政与国家的关系曾有过明确的论证："国家是社会在一定发展阶段上的产物；国家是承认：这个社会陷入了不可解决的自我矛盾，分裂为不可调和的对立面而又无力摆脱这些对立面。而为了使这些对立面，这些经济利益互相冲突的阶级，不致在无谓的斗争中把自己和社会消灭，就需要有一种表面上凌驾于社会之上的力量，这种力量应当缓和冲突，把冲突保持在'秩序'的范围以内；这种从社会中产生但又自居于社会之上并且日益同社会相异化的力量，就是国家。"① 但是国家作为"一种表面上凌驾于社会之上的力量"，本身并不从事物质资料的生产，无法通过自身的生产为自己提供这部分物质资料。国家的特点之一是拥有公共权力。"这种公共权力在每一个国家里都存在。构成这种权力的，不仅有武装的人，而且还有物质的附属物，如监狱和各种强制设施，这些东西都是以前的氏族社会所没有的。"② "为了维持这种公共权力，就需要公民缴纳费用——捐税。"③ 由此可见，财政就是国家为了维护并依靠它所拥有的公共权力，强制地占有一部分社会产品，从而从整个社会产品的分配中独立出来的一种以国家为主体的分配活动。

虽然西方古典经济学及财政学界没有从财政的起源上探讨财政与国家或政府之间存在的密切关系，但是，在他们对财政问题的论述中却时刻体现着对这一密切关系的肯定。例如，被恩格斯誉为创建了财政学的英国著名经济学家斯密在其所著的《国民财富的性质和原因的研究》一书中，专门论述财政问题的第五篇被冠以"论君主或国家的收入"的标题。在另一本被誉为具有里程碑意义的穆勒所著的《政治经济学原理》一书中，专门论述财政问题的第五篇也被冠以"政府的影响"的标题。而综观当今西方国家的财政学，也都十分重视财政与国家或政府的关系，自20世纪60年代以来，有的学者甚至将财政学等同于"政府经济学"

---

① 《马克思恩格斯文集》第4卷，人民出版社2009年版，第189页。
② 《马克思恩格斯文集》第4卷，人民出版社2009年版，第190页。
③ 《马克思恩格斯文集》第4卷，人民出版社2009年版，第190页。

或"公共部门经济学",将政府经济活动视为与市场经济相对应的一个特殊的经济领域加以研究,并且许多学者逐步从政治的角度来研究政府经济活动的特殊规律性,以便协调政府与市场的关系,扩展和深化了对财政学的研究。

应当指出,国家和政府是既相联系又有区别的两个概念。① 国家是阶级统治的工具,国家具有政治、社会、经济和公共管理等项职能,而财政是为国家实施并实现其职能提供财力的,因而说财政是国家的经济行为或以国家为主体的分配活动,无疑是正确的。但是,国家是通过国家机器或国家机构来实施并实现其职能的,各级政府组织事实上是国家的载体,国家的各项职能必须由各级政府机构和各个政府部门来完成。因此,财政是政府经济行为和财政是国家经济行为两种说法在此处的含义是一致的。明确财政是一种政府经济行为,并不意味着忽视财政法治化和立法监督。特别是在市场经济体制下,政府和企业、居民共同构成市场的经济实体,在分析政府与市场关系时,明确财政是政府的一种经济行为,有利于我们对财政的分析。

(二) 财政的概念

综合上述分析可知,财政既是一个历史范畴,是伴随着国家的产生而产生的,又是一个经济范畴,是以国家或政府为主体的分配活动,是国家(政府)在社会再生产过程中,通过多种收入形式,集中一部分国民生产总值或国民收入,用于满足实现其职能需要的收支活动。应当指出的是,由于政府的财政收支活动体现了政府与其他经济主体之间的利益关系,而这种利益关系在不同社会制度下具有不同的性质,所以,不同社会制度下的财政具有不同的性质。换言之,财政作为一种以国家(政府)为主体的分配活动,不同性质国家中的财政性质也不同,或者说,国家的性质决定着财政的性质,即财政的本质属性,完整的财政概念应当是一般属性和特殊属性的统一。

据此,准确地把握财政的概念,就应当从财政的一般属性和特殊属性两个层面来理解。一般属性的财政是国家为实现其职能,凭借政治权力参与一部分社会

---

① 通常,可将国家看作政府、居民和领土的总称。在多数场合,国家与政府含义相同,两个概念可以混用甚至互换。但值得注意的是,一方面,各国政府普遍采用科层制结构,既有中央政府或联邦政府,又有各级地方政府,此时国家与政府的含义就不尽相同;另一方面,由于政体不同,各国对政府的界定差异较大,比如,有的国家的政府只涵盖行政当局,而不包含立法和司法部门。国际货币基金组织对政府所下的定义是:由公共当局及其通过政治程序设立的机构组成,并在它的疆域内或管辖地区实施强制的垄断权力。

产品或国民收入分配所进行的一系列经济活动及形成的特殊分配关系①，它涵盖了一切在历史上存在过的国家及其财政最基本的和共同的属性，换言之，财政一般属性指的是财政最基本和最稳定的部分。诸如国家与税收的关系、财政的公共性、财政支出与收入的关系、财政收支平衡等，对于不同历史时期的各个国家的财政都是带有"共性"的问题，它可以高度抽象化，并不需要考察具体国家的特殊性及国家性质。特殊属性的财政是与具体政治经济制度密切相关的财政模式，比如与君主政体和农业经济社会（奴隶制与封建制社会）相适应的君主财政模式，与资本主义代议制民主政治和市场经济相适应的公共财政模式，以及曾经与计划经济和高度集权的传统社会主义相适应的全能型计划财政模式等。财政的这种特殊属性，是由特定国家在某一特定历史时期的社会形态、政治制度、经济体制和法律文化等诸多因素决定的。在这一层面上，国家财政又被具体化为解释某个国家在某个时期的财政现象和特点。

二、公共财政与国家财政

（一）公共财政的含义

根据以上对财政概念的分析，我们也可以把公共财政视为一般属性和特殊属性的统一。就一般属性而言，公共财政具备财政所有的共性和构成要件，遵循着一般的运行规律。一切公共财政都是以国家为主体，为履行国家（政府）的职能和满足社会公共需要，为公众提供公共产品和公共服务，凭借国家强制的政治权力，参与社会产品和国民收入分配而形成的分配关系。

就特殊属性而言，公共财政是与市场经济体制相匹配，而绝非与非市场经济体制相兼容的财政模式，它显然不同于自然经济、计划经济等非市场经济形态下的国家财政，而有其自身独特的规律和特征。据此，我们可以将公共财政的含义确定为：公共财政是在市场经济体制下，以市场机制在资源配置中发挥决定性作用为基础，在划分公共需要和私人需要的前提下，为弥补市场缺陷和为公众提供公共产品与公共服务而采取的一种财政类型和财政模式。

（二）公共财政与国家财政的关系

在理解了公共财政的含义之后，我们再来分析公共财政与国家财政的关系。

---

① 这里所说的"特殊分配关系"，是指国家作为分配主体、凭借政治权力参与国民收入分配而形成的分配关系，应当把它与各个市场主体凭借生产资料或资源要素的所有权和占有权（即财产权力）参与国民收入分配所形成的"一般分配关系"区别开来。

从对财政起源和演化进程的考察可以得知，一切财政都与国家有着天然、必然和内在的联系，因此可以说，一切财政都是"国家的财政"。把财政与国家联系起来，是要说明财政这种特殊分配关系最为本质的属性，把它与其他所有不以国家为分配主体的分配关系和分配方式显著地区别开来。但是，国家历来是阶级统治的工具，政府是执行统治阶级意志的权力机构，由于国家性质、国家形态有所不同，因此，与某种特定性质的国家相依托和相伴随的财政也就有了特殊性质，往往铭刻上了深深的"阶级烙印"，即具有了在特定社会经济形态下的本质特征。就此而论，从人类历史发展进程考察，自从财政产生以后，出现过奴隶制度下的国家财政、封建制度下的国家财政、资本主义制度下的国家财政、社会主义制度下的国家财政。显然，与不同社会经济形态相联系的国家财政的阶级性质、本质属性也就不同。

财政理论研究已经深刻地揭示，公共财政是国家财政的一种具体表现形式和运行方式。公共财政与国家财政，可以被描述为"被包容"与"包容"、"个性"与"共性"、"特殊"与"一般"的关系。公共财政是在资本主义生产方式确立以后，实行了市场经济体制的国家普遍采用的财政模式，它虽然必定和某个具体的国家相联系，也具有国家的阶级属性，但更多的是强调它是一种与市场经济体制相伴随行的财政模式和运行方式。公共财政理论已经充分地揭示了公共财政模式存在和运行的理由及依据：在市场经济条件下，由于存在市场失灵，需要政府出面纠正市场失灵，主要就是通过提供公共产品和公共服务以满足社会公共需要，以此弥补市场缺陷，财政即担当此任的制度安排和处理相关分配关系的政策体系，此时国家财政的类型选择和模式设计必然就是公共财政。可见，市场与政府的互补直接决定了一个国家的经济主导模式及财政模式。现实也已昭示，不论是实行资本主义制度的市场经济国家，还是实行社会主义制度的市场经济国家，都选择了公共财政的相同模式。而奴隶制度和封建制度下的国家财政，传统社会主义时期的国家财政，要么是君主财政或家私财政，要么是全能型计划财政或生产建设型财政，而不是公共财政。

三、中国特色社会主义公共财政

概括起来，中国特色社会主义公共财政的特色，主要体现在以下四个方面。

第一，是人民性与公共性相统一的财政。中国特色社会主义制度的性质决定了我国社会主义财政是人民性与公共性相统一的财政。坚持以人民为中心是新时代坚持和发展中国特色社会主义的基本方略。这就要求财政工作的一切出发点和落脚点都是为了满足广大人民群众美好生活的共同需要，充分体现社会主义公共财政的最大目的及"公共性"的本意和宗旨，即符合和满足广大人民群众的最广泛愿望和最根本利益。因此，社会主义公共财政是坚持以人民为中心、坚持人民主体地位、实现人民对美好生活向往而加油助力的财政，是多谋民生之利、多解民生之忧的财政，是不断增进民生福祉、保证全体人民在发展中有更多获得感、幸福感、安全感的财政，是不断促进人的全面发展、实现全体人民共同富裕、不断促进社会公平正义的财政。新时代的财政工作必须坚持以人民为中心的发展思想，坚持民生取向，尤其要在幼有所育、学有所教、劳有所得、病有所医、老有所养、住有所居、弱有所扶上持续发力，不断取得新进展，充分发挥公共财政对于社会财富再分配的调节和杠杆作用，推进社会公正和公平，更好地服务于国家发展和长治久安。

第二，是与社会主义市场经济体制相适应的现代财政。经过改革探索，中国放弃了传统计划经济体制模式，开辟了社会主义市场经济的正确道路，建立了社会主义市场经济体制体系。原有的与计划经济体制相对应的全能型、包揽型、建设型及统收统支的计划财政不能适应市场经济发展的需要，其僵化的体制机制必须加以改造和改革，因此，我们确定的与社会主义市场经济体制相适应的财政目标模式就是建立现代财政制度。如前所述，理论和实践证明，一切选择了市场经济体制模式的市场经济国家都采取了公共财政模式。我国市场经济体制下的公共财政模式主要是从运行机制和机理上证明它与传统计划经济体制下的财政模式存在着区别，但并不是指它们在性质和本质属性上有差别。基于此，在新时代，需要在财政运行机制和机理再造、公共财政制度重塑上积极探索、大胆创新，尽快建立与社会主义市场经济相适应和相匹配的现代财政制度。

第三，是与国家治理相适应的民主法治财政。财政乃庶政之母，是政府履行职能的基础所在，财政与政府、财政与国家治理如影随形、密不可分。国家治理中的资源汲取与配置、公共产品提供、资源再分配、收入分配关系协调、公共管理与社会治理以及调控能力行使等都与财政密切相关，公共财政承担着现代国家治理的物质基础、体制保障、政策工具和监管手段的职责，在治国安邦中始终发挥着基础性、制度性、保障性作用。我国财政实践证明，围绕政府收支所形成的一系列财政制度安排，它的优劣不仅直接决定着财政职能的履行状况，而且事关所有政府职能的履行状况，进而决定着国家治理体系的运行状况和国家治理的实现水平。在新时代我国实行的新一轮财税体制改革，是关乎国家治理体系和治理能力现代化的深刻变革，是立足全局、着眼长远的制度创新。通过改革创新奠定现代财政制度的坚实基础，实现公共财政的民主化和法治化，就能有效提升国家治理能力和治理效率，促进国家治理体系和治理能力现代化的尽快实现。

第四，是开放包容、推动构建人类命运共同体的大国财政。中国坚持走和平发展道路，奉行互利共赢的开放战略，谋求开放创新、包容互惠的发展前景，推动构建人类命运共同体，促进全球治理体系变革，建设持久和平、普遍安全、共同繁荣、开放包容、清洁美丽的世界。中国始终做世界和平的建设者、全球发展的贡献者、国际秩序的维护者。当前我国处于世界多极化、经济全球化、社会信息化、文化多样化深入发展，全球治理体系和国际秩序变革加速推进，各国相互联系和依存日益加深，国际力量对比趋向平衡，和平发展大势不可逆转的国际大环境中。同时，世界面临的不稳定性和不确定性突出，人类面临诸多共同挑战。在这样的世界格局中，建设人类命运共同体是世界各国的共同责任，也是进入新时代的社会主义中国义不容辞的责任担当。新时代是我国日益走近世界舞台中央、不断为人类作出更大贡献的时代。作为新时代的中国财政，是具备了国际视野和融入世界发展潮流的开放型财政，是促进全球治理体系和国际秩序变革的大国担当财政，是促进世界多极发展与和平发展的包容财政，是推动构建人类命运共同体而勇立潮头的责任担当财政。

第二节 公共财政思想

一、西方经济学中的财政思想

（一）古典经济学派的财政思想

人类关于国家财政的思想古已有之，但是作为专门的研究对象，形成系统的学说和学科体系，则始于古典经济学派。被马克思称为"政治经济学之父"的古典经济学的鼻祖配第于1663年出版的《赋税论》，较为详细地论述了各种公共经费和各种征税方法，并分析了税收与国民财富、税收与国家实力之间的关系，认为国民财富的增减是赋税经济效果的主要标志，因此被视为财政学的开山之作，为财政学的创立奠定了基石。但是，此时作为萌芽状态的一些财政思想还不能构成系统和完整的财政学说，因为配第等人并没有把财政分配作为社会经济活动的一个组成部分进行研究，而仅仅作为"官房学"、国家理财学存在。正如马克思所说，在斯密之前，"全部以前的财政学都纯粹是国家的；国家经济仅仅被看做全部国家事务中的一个部门，从属于国家本身"①。

斯密是古典经济学最杰出的代表和开拓者。斯密在1776年出版的代表作《国民财富的性质和原因的研究》（亦称作《国富论》）中，在运用价值、社会分工、交换、工资、利润、地租等一系列经济范畴对资本主义经济进行分析的基础上，专门列出一篇（"第五篇"）研究财政问题，论述了君主或国家的费用（"经费论"）、一般收入或公共收入的源泉（"收入论"）、国债和财政赤字（"国债论"或"平衡论"）。在《国富论》中，斯密给"被看作政治家或立法家的一门科学的政治经济学提出两个不同的目标：第一，给人民提供充足的收入或生计，或者更确切地说，使人民能给自己提供这样的收入或生计；第二，给国家或社会提供充分的收入，使公务得以进行。总之，其目的在于富国裕民"。其中第一个目标是国民经济问题，第二个目标是财政问题。

古典经济学的集大成者李嘉图继承和发展了斯密的思想，他于1817年发表《政治经济学及赋税原理》。李嘉图根据劳动价值理论，认为税收来自劳动产品的价值，赋税的来源是资本和收入。同时，李嘉图接受斯密提出的"公平、确实、便利、经济"四项税收原则，认为社会的一切收入都应该征税，人们应该按自己的财力来负担税收，但是，税收具有妨碍生产和耕种的通病，会给生产带来负担，因此，最好的财政计划就是节流，最好的赋税就是税额最少的赋税。

此时的财政学虽然还以财政收支为重点，但已经不同于以往单纯研究政府收支的"官房学"，而是把财政作为一个分配范畴与社会经济活动联系起来分析它们之间的内在联系；把是否有利于经济发展作为判断财政活动效应优劣的标准。斯密把财政学融于政治经济学之中，从流通领域到生产领域，从现象到本质，揭示了财政与经济的内在联系，建立了较为系统的财政理论体系。

19世纪70年代至20世纪初期，被称作西方经济学"边际革命"时代，"新古典经济学"相伴而生。在这一时期，奥地利、意大利、瑞典等西方国家的学者将"边际革命"的理论和方法运用到财政分析中，对公共需求的性质与特征、公共产品的内涵与外延等问题做出了初始的探讨，促成了财政学开始向公共财政学演变。

（二）近代西方国家的财政思想

1. 凯恩斯主义的财政思想和政策

20世纪初，主要的西方国家由自由资本主义演变为垄断资本主义，资本主义固有的矛盾逐渐暴露，经济危机开始周期性地袭击和破坏资本主义经济。20世

---

① 《马克思恩格斯文集》第1卷，人民出版社2009年版，第105页。

二三十年代，西方资本主义国家爆发了空前严重的经济危机，从而宣告了自由放任的古典经济理论的破产。

英国经济学家凯恩斯在其名著《就业、利息和货币通论》一书中对自由经济提出质疑，认为自由放任的资本主义经济不能自动实现均衡发展，主张国家（政府）对经济进行全面干预，财政政策自然成为国家干预经济的重要工具。凯恩斯主张的财政政策是建立在有效需求理论基础之上的。该理论认为，经济衰退、就业不足的根本原因在于整个社会的有效需求不足，而有效需求不足又是由边际消费倾向递减、资本的边际收益率下降、货币的灵活性（流动性）偏好三大心理因素造成的。要刺激经济回升，保持经济繁荣，就要增加有效需求，而在私人部门投资和消费需求不足的情况下，政府应担当起这一重任。据此，凯恩斯提出了以减少税收来刺激私人投资和消费，增加政府支出来增加政府需求，大量举债来弥补财政赤字为主要内容的赤字财政政策，即扩张性财政政策。

凯恩斯学派的经济理论自 20 世纪 30 年代开始，尤其是第二次世界大战以后，为许多资本主义国家政府所接受，其财政政策主张也被广泛采纳。在理论和实践的推动下，西方资本主义国家政府的经济活动和作用日益扩大，从传统单向的财政收支扩展到对经济的管理和调控，关于政府财政的理论、理念、内容及分析方法均发生了重大的变革，这极大地扩展了公共财政学的研究领域。

2. 后凯恩斯主义的财政思想

20 世纪中期以来，西方资本主义国家经济社会矛盾继续加深，并表现为经济停滞与通货膨胀并存即"滞胀"的奇特形态。凯恩斯主义经济思想和政策主张的严重后遗症促使西方各国政府纷纷调整其财政经济政策，新经济自由主义学派、供给学派和理性预期学派等应运而生，对西方国家的财经思想和政策产生了影响。

1959 年，美国经济学家马斯格雷夫出版了《财政学原理：公共经济研究》。该书首开在财政学教材中加入公共产品[①]论述和引入"公共经济"概念的先河，指出公共产品是政府活动存在的经济学依据，是政府行为的基础。公共产品理论的创立，大大增加了财政学的基本理论分析，引起财政学根本思路的变化，并在财政学中占据了核心理论的地位。

供给学派[②]认为，政府不应当过多刺激需求，而应当更加关注刺激供给，据此提出的财政论点及主张包括：大幅度降低个人和企业纳税的税率，以增加个人储

[①] 根据萨缪尔森（1954）最早的定义，公共产品是一个人的消费不会影响其他人消费的产品。有关公共产品的详细分析见第二章公共财政职能。

[②] 主要倡导者和代表人物包括蒙代尔、拉弗、吉尔德等。

蓄能力，刺激人们工作的积极性，提高企业的投资能力和投资积极性，从而促进经济增长，并抑制通货膨胀；取消国家过多干预，加强劳动和商品市场上的竞争；减缓政府预算支出的增长速度，逐步实现预算平衡；削减社会福利支出等。

理性预期学派①以独有的理性预期理论反对长期居于正统地位的凯恩斯经济学，他们认为，国家干预经济的任何措施都是无效的，要保持经济稳定，就应该听任市场经济的自动调节，反对任何形式的国家干预，所以这个学派被视作彻底的经济自由主义。②

美国经济学家斯蒂格利茨被西方学者视为现代一流经济学家和公共部门经济学领域最著名的专家之一，在信息经济学、公共财政、发展经济学、产业组织理论等领域均有建树，他所著的《公共部门经济学》《公共经济学讲义》《政府经济学》等教材也是当今世界上通行的财政学教科书。斯蒂格利茨指出，在传统经济学看来，在自由的、不受管制的市场中，个人追求各自的利益会使整个社会的福利最大化，但事实却并非如此，一旦将信息不完全性引入分析之中，就很难得出市场是有效率的推论。出于这样的逻辑，斯蒂格利茨认为：政府的干预是有正当理由的，所以政府和其他机构必须巧妙地干预市场，以使其正常运作。斯蒂格利茨的经济和财政思想不仅为观察市场经济运行拓宽了理论视角，而且为在转型经济中的体制设计和政策选择提供了有启发性的思路。

近几十年来，西方经济学特别是宏观经济学、微观经济学、福利经济学的发展在一定程度上为公共财政学提供了理论支持。公共财政学不仅在内容上比传统的财政学有很大拓展，如研究公共财政存在的合理性及其合理范围的界定，研究公共抉择和政府决策的内容及其政治程序的经济效应，注重分析财政收支的社会经济效应，重视研究财政政策对宏观经济的调控与管理等，而且体现在研究方法的改进、定性研究与定量研究结合，注重数理分析，增加实证考察和案例分析等方面，使财政理论研究更为具体和深化。

综上所述，西方国家不同时期的经济理论和财政思想反映了资本主义形成和发展过程中的各种矛盾，而不同学派的财政学说又是在不同的社会经济背景下，适应资产阶级的需要，针对当时存在的各种经济问题和社会矛盾，采取相应的财政政策，为摆脱资本主义危机和维护资本主义制度服务。有些财政政策主张虽在不同程度上缓和了经济危机，促进了经济发展，但同时又带来了新的矛盾和危机，

---

① 主要代表人物有卢卡斯、萨金特和华莱士等。
② 此外，还有公共选择学派，他们以"经济人"假定为分析武器，把政治决策的分析和经济学理论结合起来，用企业行为模式说明政治行为模式，用经济学分析方法研究政治决策过程。

或加剧了矛盾和危机。但是，在西方财政学的整个理论体系中，某些理论和方法反映了社会生活的现实情况和经济运行的一般规律，含有一定的合理成分，有可资借鉴之处。

二、马克思主义的财政思想

（一）马克思和恩格斯的财政思想

马克思和恩格斯曾对国家以及财政与国家的关系有过明确的论述，恩格斯在《家庭私有制和国家的起源》中指出："国家是社会在一定发展阶段上的产物"[①]，是"一种表面上凌驾于社会之上的力量"[②]。国家的特点之一就是拥有公共权力，"为了维持这种公共权力，就需要公民缴纳费用——捐税。……随着文明时代的向前进展，甚至捐税也不够了；国家就发行票据，借债，即发行公债"[③]。由此可见，财政就是国家为了维护并依靠它所拥有的公共权力，强制地占有一部分社会产品，从而从整个社会产品的分配中独立出来的一种以国家为主体的分配活动。

对于资本主义国家财政反映的资本主义分配关系和剥削本性，马克思和恩格斯是持抨击和批判态度的，认为资本主义财政是资产阶级政府统治工人阶级和人民的工具。随着无产阶级革命的胜利，资本主义制度被社会主义制度所代替，资本主义财政也必定会被社会主义财政所取代。社会主义制度和与之相适应的国家财政的建立，是历史发展的必然规律和趋势。

在谈到未来社会主义国家的分配问题时，马克思在他写于1875年5月的《哥达纲领批判》一书中，设想政府对社会总产品和国民收入应实行"先扣后分"的方式。马克思认为，如果把"劳动所得"这个用语首先理解为劳动的产品，那么集体的劳动所得就是社会总产品。社会总产品在分配之前，首先要从它里面扣除："第一，用来补偿消耗掉的生产资料的部分；第二，用来扩大生产的追加部分；第三，用来应付不幸事故、自然灾害等的后备基金或保险基金。"[④] 马克思认为，从劳动所得中先扣除这些属于生产性消费的部分"在经济上是必要的，至于扣除多少，应当根据现有的物资和力量来确定，部分地应当根据概率计算来确定，但是这些扣除无论如何根据公平原则是无法计算的。剩下的总产品中的另一部分是用来作为消费资料的。在把这部分进行个人分配之前，还得从里面扣除：第一，同

[①] 《马克思恩格斯文集》第4卷，人民出版社2009年版，第189页。
[②] 《马克思恩格斯文集》第4卷，人民出版社2009年版，第189页。
[③] 《马克思恩格斯文集》第4卷，人民出版社2009年版，第190—191页。
[④] 《马克思恩格斯文集》第3卷，人民出版社2009年版，第432页。

生产没有直接关系的一般管理费用。同现代社会比起来，这一部分一开始就会极为显著地缩减，并随着新社会的发展而日益减少。第二，用来满足共同需要的部分，如学校、保健设施等。同现代社会比起来，这一部分一开始就会显著地增加，并随着新社会的发展而日益增长。第三，为丧失劳动能力的人等等设立的基金，总之，就是现在属于所谓官办济贫事业的部分"[1]。这些扣除属于集体消费的部分。

马克思认为，只有在做了上述"六项扣除"之后，"才谈得上在集体中的各个生产者之间进行分配的那部分消费资料……虽然从一个处于私人地位的生产者身上扣除的一切，又会直接或间接地用来为处于社会成员地位的这个生产者谋利益"[2]。尽管马克思没有指明进行这些社会扣除的主体，但他认为这应当也必须是由政府做的事情。不难看出，"六项扣除"的每一项都与财政分配直接相关，都离不开财政的主导作用。

作为革命导师，马克思和恩格斯创建的理论体系是揭露资本主义的深刻矛盾、打碎旧世界的革命理论和批判理论，因此他们特别注重用阶级分析的观点考察资本主义国家财政的性质，鲜明地指出资本主义财政的根本目的在于维持资本主义国家机器运转和维护资本主义制度，而不是工人阶级和人民的公共利益，即使一些表面的、形式上的公共支出也不会改变其性质。对于未来社会主义财政制度和模式，马克思和恩格斯并没有勾画详细和具体的蓝图。正因如此，马克思和恩格斯认为："人们的观念、观点和概念，一句话，人们的意识，随着人们的生活条件、人们的社会关系、人们的社会存在的改变而改变，这难道需要经过深思才能了解吗？"[3]

马克思恩格斯历来反对先验地为未来新社会的建设规定具体细节，然而他们在揭示人类社会发展一般规律的基础上，阐明了研究社会主义社会的方法论原则，指出了社会主义社会的发展目标，即社会主义的基本价值。正是这种科学的方法论原则和社会主义的价值目标，以及他们对社会主义社会若干基本特征的前瞻性论述，成为我们构建社会主义财政体系的理论指针。马克思恩格斯预见性地指出，在建立社会主义社会以后，国家的经济职能将有所扩展，承担起领导和安排经济建设的任务，国家的财政收支活动也将更多地包含经济建设方面的收支内容。马克思恩格斯的财政理论经过其他后继的马克思主义经典作家的继承发展，成为社会主义国家构建财政体系的理论基础。

---

[1] 《马克思恩格斯文集》第3卷，人民出版社2009年版，第433页。
[2] 《马克思恩格斯文集》第3卷，人民出版社2009年版，第433页。
[3] 《马克思恩格斯文集》第2卷，人民出版社2009年版，第50—51页。

(二) 列宁的财政思想

列宁是领导建立第一个社会主义国家的无产阶级革命导师。在列宁的领导下，苏维埃政权建立之后，迅速掌握了国家的经济命脉，摧毁了资产阶级的国家政权机构，及时提出了建设社会主义强国的纲领，成功实现了苏联共产党和苏维埃国家工作重点的转移，取得了社会主义建设的巨大成就。列宁在领导革命和建设的实践中，非常重视财政的地位和作用，提醒全党："如果我们的财政政策不成功，那么，我们的一切根本改革都会遭到失败。"[1]列宁把马克思主义的经济理论与俄国的具体实际相结合，在没有先例借鉴的情况下进行艰辛的探索，把社会主义财政由设想变成了现实。

在列宁领导的苏联时期，由于苏维埃政权处于资本主义国家的包围和封锁中，为了尽快建立社会主义国家强大的经济基础，曾经一度实行"战时共产主义"政策，国家财政实行高度集中的"供给制"模式。之后又建立起了中央集权的计划经济体制。该体制的核心就是全能型的计划财政模式。全能型计划财政模式是指在传统社会主义国家的中央集权的计划经济体制中，以国家统收统支、集中分配社会资源为基础，将全社会的经济活动和公共产品提供全部纳入国家统一的财政计划的财政模式。这一模式深刻地影响了此后建立的许多社会主义国家的财政制度建设。列宁意识到，应当对高度集权的计划经济体制和财政模式进行改革，果断终止了"战时共产主义"政策，转而实行新经济制度。但是列宁在生前没能来得及对全能型的计划财政模式进行全面改造和深入变革。

(三) 毛泽东的财政思想

中国共产党和新中国的伟大缔造者之一毛泽东创造性地运用马克思主义的基本原理，把马克思主义与中国革命和建设的具体实践相结合，阐明了中国革命和建设的一系列重大问题，领导中国革命走向胜利，指引社会主义建设取得巨大成就。在毛泽东及中国共产党第一代领导集体的领导下，经过全国人民的艰苦奋斗，中国建立了比较完备的社会主义工业体系和国民经济体系。

早在新民主主义革命时期，毛泽东就极为重视党领导下的根据地的财政工作。他在1934年就强调，"从发展国民经济来增加我们财政的收入，是我们财政政策的基本方针"，"财政的支出，应该根据节省的方针"。[2] 1942年他在延安写下《抗日时期的经济问题和财政问题》《必须学会做经济工作》等著作，并且创见性地揭

---

[1] 《列宁全集》第34卷，人民出版社1985年版，第327—328页。
[2] 《毛泽东选集》第1卷，人民出版社1991年版，第134页。

示了经济与财政的辩证关系。毛泽东认为,决定财政的是经济,"发展经济,保障供给,是我们的经济工作和财政工作的总方针……未有经济无基础而可以解决财政困难的,未有经济不发展而可以使财政充裕的"①。

新中国成立伊始,毛泽东在党的七届三中全会上做了《为争取国家财政经济状况的基本好转而斗争》的书面报告,提出"巩固财政经济工作的统一管理和统一领导,巩固财政收支平衡和物价稳定"的工作方针。在 1956 年 4 月的《论十大关系》中,提出要处理好"国家、生产单位和生产者个人的关系""中央和地方的关系"。毛泽东特别强调"处理好地方和中央的关系,这对于我们这样的大国大党是一个十分重要的问题"。他明确提出:"应当在巩固中央统一领导的前提下,扩大一点地方的权力,给地方更多的独立性,让地方办更多的事情。这对我们建设强大的社会主义国家比较有利。我们的国家这样大,人口这样多,情况这样复杂,有中央和地方两个积极性,比只有一个积极性好得多。"这一时期针对中国实际,毛泽东主张实行"统一领导,分散经营"的财政体制。

在 1957 年 2 月的《关于正确处理人民内部矛盾的问题》中,毛泽东鲜明提出要科学把握正确处理社会主义社会矛盾的基本方法,坚持用不同的方法来解决不同性质的矛盾。对于经济工作,提出国民经济应当遵循有计划按比例发展的规律,应当把价值规律作为计划工作和财经工作的工具,应当按照"统筹兼顾,适当安排"的方针,"处理好生产与生活、积累与消费、经济建设与国防建设等方面的关系"等与财政相关的重要政策问题。

毛泽东一贯反对把经济与财政割裂开来甚至对立起来的错误观念,他以辩证法的观点提出,在强调经济对财政的决定性作用的同时,也决不能忽视财政对经济的反作用。财政问题是国民经济问题的综合反映,财政政策的好坏会影响经济的发展。好的财政政策可以促进经济的发展,提高经济发展的速度;反之,会阻碍经济的发展,甚至扼杀经济发展的活力,破坏现有的经济基础。但是,单纯财政观点也是要力戒的。他指出,不懂得整个经济的重要性,只在单纯的财政收支问题上打圈子,这是一种陈旧的保守的观点。财政政策的好坏固然足以影响经济,但是决定财政的却是经济。忘记发展经济,忘记开辟财源,而企图从收缩必不可少的财政开支去解决财政困难的保守观点,是不能解决任何问题的,只会把财政引向绝路,最终使财政陷于无法摆脱的困境。这些观点和思想,涉及财政基础、财源建设、财政收支、财政平衡和财政政策等重要的财政理论和实践问题。

---

① 《毛泽东选集》第 3 卷,人民出版社 1991 年版,第 891 页。

毛泽东很早就指出："我们对于社会主义时期的革命和建设，还有一个很大的盲目性，还有一个很大的未被认识的必然王国。"[①] 正是基于这种认识，毛泽东在理论和实践中不断探索适合中国国情的社会主义发展道路，也引领了对中国社会主义财政工作及其规律性的初步探索。如今中国选择了社会主义市场经济的发展道路，这是毛泽东所处的那个年代和历史环境所不可预知的，所以我们不能苛求毛泽东等老一辈革命家对当下的财政制度和模式做出具体的勾画和设计。时至今日，毛泽东的财政思想依然闪烁出伟大的思想光辉，对建立中国特色的社会主义公共财政仍具有重要的启迪和指导意义。

三、新中国成立以来的财政思想演进

（一）计划经济时期的财政思想

新中国的诞生开始了全新的财政理论构建过程，尽管一开始主要是引自苏联的财政理论，没能创建中国自己全新的财政理论，但已经在马克思主义的指导下，讨论什么是财政的本质和社会主义财政的性质等问题。其中"国家分配论""国家资金运动论""价值分配论""剩余产品（价值）决定论""社会共同需要论"等具有代表性。

"国家分配论"强调财政以国家为分配主体，旨在说明财政的本质是以国家为主体的分配活动和分配关系，这是不同社会形态中存在着的财政的共同本质，即"财政一般"的本质。"国家分配论"认为，"国家财政是阶级社会的产物。它是一定的阶级专政国家为实现其职能的需要，依据其权力参与社会产品的分配所形成的分配关系。这种分配关系是构成各社会产品分配关系的一个组成部分"[②]。社会主义财政的本质是无产阶级专政的国家为实现其职能分配社会产品和国民收入而形成的分配关系，它具有"取之于民、用之于民"的本质特征。国家财政的基本要素是：国家是财政分配的主体；财政分配的客体是一部分社会产品或国民收入，主要是剩余产品；从财政分配采取的形式看，在自然经济中，分配是实物的分配。在商品货币关系中，分配主要是价值的分配；财政分配的目的，是满足国家实现其职能的需要。[③]

"国家资金运动论"指出，财政不只是分配关系，而是包括国家资金的形成、分配、周转、使用一系列过程中所形成的种种经济关系。"国家资金的筹集、分

[①]《毛泽东文集》第8卷，人民出版社1999年版，第198页。
[②]《社会主义财政学》编写组：《社会主义财政学》，中国财政经济出版社1980年版，第5页。
[③] 张馨等：《当代财政与财政学主流》，东北财经大学出版社2000年版，第395—401页。

配、使用、周转，都是国家资金的运动……都体现了国家同各方面的经济关系。因此……社会主义财政就是社会主义国家资金所体现的经济关系。"① 这种观点实际上是强调财政作为分配范畴，应从社会再生产出发加以研究。

"价值分配论"认为，财政是国家以价值形式进行社会产品和国民收入的分配而形成的分配关系。财政的分配乃是国家对价值的分配，财政同商品货币经济有本质联系。"国家参与价值的分配，必然在社会的多个方面，首先是在各个阶级之间形成一系列的分配关系，而这些分配关系——国家分配价值所发生的分配关系，就是财政现象的本质。""财政是价值分配关系，在社会主义社会中，在商品货币经济存在的条件下，财政是社会产品和国民收入的价值分配。"② "价值分配论"指出价值和分配是财政的两个最基本的要素。

"剩余产品（价值）决定论"强调，财政分配是由剩余产品形成各种社会基金的一个经济过程，也是剩余产品价值（社会纯收入）的一种运动过程，体现的是国家、集体、个人之间对剩余产品（价值）的分配关系。该理论认为："与一般分配过程不同，财政分配的对象不是社会总产品和国民收入，而是包含在社会总产品和国民收入中的剩余产品，这是财政分配的质的规定性，也是财政分配区别于其他分配关系的本质特征。"③ 事实上，该论点已经隐约意识到"剩余产品价值"只存在于商品货币存在之处，存在于市场经济环境中，这对于中国财政理论的发展产生了一定的影响。

"社会共同需要论"则突出满足社会的共同需要，强调财政的分配是为满足社会的共同需要而对人力、财力、物力进行分配的活动。该理论认为，人类社会从产生财政起，到现在已经历了原始氏族社会财政（后期是农村公社财政）、阶级社会财政和社会主义财政三个历史阶段，其中，阶级社会财政和社会主义财政，都是国家占据分配关系的支配地位，因此，从财政分配中占据支配地位主体的表现形式来概括，又可以把这两个历史阶段的财政，概括为国家财政。不同历史阶段上的财政都有其特殊性，但有两点是共同的："① 都是社会再生产过程中客观形成的，满足社会共同事务消费需要（简称社会共同需要）的分配；② 都是以社会为代表占据支配地位而进行的，社会集中化的分配，反映的是社会与个人和社会集

---

① 李成瑞：《从实践中的若干体会来谈社会主义财政的实质和范围问题》，《经济研究》，1965年第8期，第20页。
② 王亘坚：《论财政学的对象》，《财政学问题讨论集》上册，中国财政经济出版社1965年版，第200页。
③ 王绍飞：《改革财政学》，中国财政经济出版社1989年版，第9页。

团之间的分配关系。这两个共同点用一句话概括,则是社会再生产过程中为满足社会共同需要而形成的社会集中化的分配关系,这就是财政范畴的一般本质或内涵。"①"社会共同需要论"进一步解释道,"社会共同事务需要,并不是人人都需要,更不是全社会人人的主观欲望和主观要求的总和。……而是不以人们的主观意志为转移的客观要求。……人类社会进入阶级社会后,不仅改变了社会共同需要的性质,而且也改变了社会共同需要的表现形式,原来社会共同事务需要表现为社会中心执行社会职能的需要",国家产生后,国家成了统治社会的力量,"因而,社会共同事务的需要,则表现为国家实现职能的需要"②。从中可以发现,"社会共同需要论"已经初显"由公共部门提供公共产品以满足社会公众的公共需要"的"公共财政"端倪,"社会共同需要论在中国财政理论发展史上,毕竟是财政'公共性'问题的最初提出者"③。此后兴起的"公共财政论"认为财政以安排诸如管理支出、社会保障、公共工程支出等公共支出为主,较好地满足了社会公共需要,并且保障了市场经济的运行,正是市场经济条件下推崇的财政模式。

概言之,计划经济时期的中国关于财政的各种学术思想实际上是从不同的角度对国家财政的内涵与外延进行的探索,它们各有鲜明的中心论点,但相互之间并不绝对排斥,对许多问题的看法也有交叉。各种观点之间明显的共同点是,对现代财政而言,都承认财政是一种国家的经济行为,而且都承认财政是一个分配范畴,必须从社会再生产出发,即以财政和经济的关系为基本线索研究财政问题。但在财政分配主体、财政分配对象(客体)、财政分配形式等问题的看法上,又存在一定的差异,体现出各自的特点。这些研究成果和思想,对于创建社会主义市场经济体制下的中国公共财政有着极其重要的启发引领作用和借鉴意义。

(二) 改革开放之后的公共财政思想

改革开放以来,中国选择了具有中国特色的社会主义的正确道路,形成了中国特色的社会主义理论体系,这一理论体系既展现了当代马克思主义的勃勃生机,又为继续进行理论创新打开了广阔的空间。

在中国特色社会主义理论引领下,中国财政理论研究日益繁荣,研究领域不断拓宽,研究内容逐步深入。随着社会主义市场经济体制的确立和对外开放的扩大,学习和借鉴西方国家公共财政的研究成果,大大丰富了中国的财政理论体系。虽然公共财政理论是"舶来品",但是由于西方发达国家市场经济发展较早,因而

---

① 何振一:《理论财政学》,中国财政经济出版社1987年版,第2—3页。
② 何振一:《理论财政学》,中国财政经济出版社1987年版,第3页。
③ 张馨等:《当代财政与财政学主流》,东北财经大学出版社2000年版,第418页。

积累形成了探讨市场经济中财政运行规律的理论,这些研究成果是人类社会的共同财富。鉴于不同国家市场经济运行存在共性,学习借鉴现代西方公共财政的有关内容,并且结合中国的实际加以改造和运用实有必要。

迄今,西方学者的公共产品理论、市场缺陷分析、财政职能理论、税收效应和税负转嫁理论、社会总供求平衡公式、公共生产及公共产品定价、公共财政政策运用等都已引入中国财政理论研究和实践中。在公共财政研究内容方面,中国财政学者结合我国财政分配实践的发展变化,对财政与经济的辩证关系、财政效益、社会保障、国债运行管理、预算管理、政府间财政关系等问题的研究形成成果,丰富了财政体系的内容;在研究方法上,注重定性研究与定量研究的结合,规范分析与实证分析的结合。

中国的公共财政在理论创新和改革实践的推动下,在吸收中外学者财政理论研究成果的基础上不断发展。

1. 建立社会主义公共财政体系的基本理论

20 世纪 90 年代中国确立了社会主义市场经济体制,进入 21 世纪之际正式确立了社会主义公共财政模式,伴随财政模式的转型,关于公共财政体系的理论兴起并且日益成熟。通过理论研究揭示:公共财政是市场经济体制下的政府财政,是指国家(政府)集中一部分社会资源,用于为公众(和市场)提供公共产品和公共服务,满足社会公共需要的分配活动或经济行为。公共财政在国民经济和社会活动中占有重要的地位,它对依法促进公平分配、调控宏观经济、合理配置市场资源,起着不可代替的作用。公共财政的历史使命在于它支持、促进市场经济体制的形成和发展。公共财政的宗旨是满足社会公共需要,是按社会公共利益来进行的一种社会集中性分配。作为与市场经济相适应的财政模式,其收支必须是建立在法治基础之上的,一切财政收支活动必须纳入法治规范的范围。正是公共财政的这些共性特征,使已经选择了社会主义市场经济体制的中国,必须向着公共财政的模式转型。

2. 探索公共财政运行规律和新特点

公共财政是与市场经济体制相匹配的财政模式,对它要以弥补市场失灵为基本的价值判断,根据市场经济社会对公共产品和公共服务的基本需要,对国家治理层面的社会公共需要,对政府和公共部门职能的要求,对公共经济和公共资源配置的特殊机理和机制等做出谋略,因此与以前的财政相比,有其特殊的运行规律和特点。总结中国改革开放以来财政的实践经验并上升到规律层面,是中国特色公共财政的重要理论创新和理论贡献。比如,遵循公共财政运行规律,要以市场机制在资源配置中发挥基础性作用的理念来定位公共财政的职能和作用；以财政职能的新定位确定财政支出的规模与结构；以财政支出的需要规定财政收入的规模与形式；以对经济形势及经济运行态势的正确判断来确定公共财政政策与财政收支平衡状态等，都体现了对财政运行规律的新认识、新理解和新运用，是具有理论创新意义的思路。

3. 公共财政制度建设和政策体系改进

公共财政是新时期的新模式，必须重视和加强制度建设和制度创新。完善的财政制度是财政良性运行的前提和保证。在中国特色社会主义理论指导下，自改革开放以来我国积极从事财政理论创新和制度创新，持续推进财政制度建设，包括国有企业分配制度改革、分税制体制改革、税收制度改革、政府预算制度改革、财政管理体制改革，以及事权与支出责任划分的制度改进等，形成了较为完备的公共财政制度框架。

与此同时，努力探索公共财政政策体系改进路径，逐步深化了对财政政策工具及作用机理的理论认识。财政政策是财政制度的运作载体及实施媒介，健全的财政政策体系的形成及政策工具的正确运用，有助于实现财政制度的最佳效果，充分释放政策"红利"。建立健全公共财政体系需要多种政策工具合理搭配和综合运用，并视经济环境而分类施策，逆经济风向而动，分别采取扩张性或紧缩性的政策措施，实现宏观经济的均衡发展。面对1998年、2008年两次波及世界范围的经济危机，为了应对经济下行的压力，我国实施了积极财政政策，并且取得了显著效果。在决胜全面建成小康社会的攻坚时期，面对经济的诸多不确定因素，提出"宏观政策要稳、产业政策要准、微观政策要活、改革政策要实、社会政策要托底"的政策策略"组合拳"，也指明了财政政策改进的总体思路。

（三）新时代的公共财政思想

当前，中国特色社会主义进入了新时代。新时代对财政定位与财政改革提出了新的要求和调整。党的十九大把习近平新时代中国特色社会主义思想确立为全党的指导思想和全国人民为实现中华民族伟大复兴而奋斗的行动指南。新时代中国特色社会主义思想的一个重要思想内容，是明确提出了"全面深化改革总目标是完善和发展中国特色社会主义制度、推进国家治理体系和治理能力现代化"。习近平新时代中国特色社会主义思想从全局和战略的高度深刻阐述了加快建立现代财政制度和深化财税体制改革的目标要求与主要任务。在新时代中国特色社会主义思想统领下，新时代公共财政思想对于财政工作的引领

体现在:

1. 财政职能界定和作用定位

党的十八届三中全会指出,全面深化改革的重点是经济体制改革,核心问题是处理好政府和市场的关系,使市场在资源配置中起决定性作用和更好发挥政府作用,这不仅是一次重大的理论创新,也是从实践中总结出来的成功经验,表明了对政府和市场关系认识的进一步深化。

基于对政府与市场关系的新认识,党的十八届三中全会明确提出了财政的职能定位,即财政是国家治理的基础和重要支柱。这充分表明,以往作为经济范畴的财政,已经延伸到经济、政治、文化、社会、生态文明和党的建设各个领域,上升至国家治理层面,要在国家治理的总格局中加以新的定位。这意味着我们党和政府对财政运行规律的认识达到了一个新高度,也表明以现代财政运行规律和中国特色财政运行规律为研究对象的中国财政学要相应地做出新的理论概括,对实践给予新的理论指引,在历史与现实相结合、理论与实践相结合的过程中推动理论和实践学科创新,构建中国特色的公共财政体系,以适应新时代中国特色社会主义的新要求。

2. 建立现代财政制度

改革开放以来,我国的经济体制发生了由传统计划经济向现代市场经济的根本性转变,多年来坚持社会主义市场经济改革方向,推行了一系列经济体制改革措施。在推进社会主义市场经济体制建立和完善的过程中,努力探索与之相适应的新型财政体系的建立,明确了要把计划经济体制下的传统财政模式,转向与社会主义市场经济体制相匹配的公共财政模式,这既标志着财政模式的质变,也为我国财政改革指明了方向和道路,即建立现代财政制度。

建立现代财政制度是深化财税体制改革的必然要求,也是完善和发展中国特色社会主义制度、推进国家治理体系和治理能力现代化的必然要求。现代财政制度体现着政府与市场、政府与社会、中央与地方的关系,涉及经济、政治、文化、社会和生态文明建设各个方面,是国家治理体系的重要组成部分。

建立现代财政制度重在完善财政体制机制,目标是建立权责清晰、财力协调、区域均衡的中央和地方财政关系,建立全面规范透明、标准科学、约束有力的预算制度,深化税收制度改革,形成税法统一、税负公平、调节有度的税收制度体系,充分发挥公共财政在优化资源配置、提供公共服务、调节收入分配、保护生态环境、维护国家安全等方面的职能作用,促进更高质量、更有效率、更加公平、更可持续的发展,更好推动人的全面发展和社会全面进步。

3. 全球治理中的大国财政思维

当前,全球治理格局正在悄然发生变化,中国日益走近世界舞台的中央,在国际事务中扮演着越来越重要的角色。2013年,习近平首次提出构建人类命运共同体的倡议。近年来,中国同世界各国的友好合作不断拓展,人类命运共同体理念得到越来越多人的支持和赞同,这一倡议正在从理念转化为行动。

长期以来,中国积极参与应对全球气候变化谈判,大力维护国际公共安全,创新南南合作方式,积极落实联合国千年发展目标,在减贫、卫生、教育等多个领域取得了显著成就,充分展现了中国为人类进步事业勇于担当的宽广胸怀。此外,中国还积极参与全球性公共产品和服务的提供,包括区域性的反恐、医疗救助和对外援助等,通过设立金砖国家开发银行、亚洲基础设施投资银行等国际机构,与沿线国家共建"一带一路",将不同国家的资源整合在一起,努力实现资源在全球范围内的优化配置,促进国际合作,实现各国共同发展。

所有这些,无不体现着新时代的大国财政思维。中国作为负责任的大国,主动履行大国责任,承担国际义务,配合中国在全球治理中的角色定位,充分发挥财政在全球治理中的重要支撑作用。

思考题

1. 怎样理解财政的一般属性和特殊属性?
2. 如何正确认识公共财政与国家财政的关系?
3. 怎样理解新时代中国特色社会主义公共财政的标志?
4. 概述财政理论和公共财政思想的发展脉络。
5. 谈谈在中国特色社会主义理论指导下我国公共财政思想的新发展。

▶ 自测习题及参考答案

第二章 公共财政职能

深化经济体制改革的核心问题是处理好政府与市场的关系。在市场经济条件下,市场在资源配置中起决定性作用,在满足完全竞争的条件下,市场机制有助于实现效率。但在不具备完全竞争条件或条件具备但市场竞争结果不能令人满意时,就出现了市场失灵,需要更好发挥政府的作用,公共财政职能主要体现在弥补市场失灵领域,具体表现为资源配置职能、收入分配职能和经济稳定与发展职能。

本章共两节。第一节是政府与市场,主要介绍市场的有效性和市场失灵,分析混合经济中政府与市场的关系。第二节是财政职能,着重分析财政的三大职能。

第一节 政府与市场

一、市场有效性

(一) 市场与资源配置效率

迄今,人类社会已经历过自然经济、计划经济和市场经济三种不同的经济运行模式。自然经济主要依赖传统社会的经验和习惯进行资源配置,容易实现社会经济秩序的稳定和延续,但过于依赖传统和习惯也会窒息社会的创新。因此,自然经济模式下社会经济发展较为缓慢,难以实现资源的有效配置。计划经济主要依赖政府计划,所有资源均由政府进行配置,所有生产、分配及消费的决策也都由政府做出,但由于政府对生产者的生产技术和消费者的需求信息难以完全和准确把握,生产什么和为谁生产的问题难以有效解决。因此,在经济正常运行的条件下,资源容易错配,难以达到最优状态。在市场经济条件下,以价格机制为核心的市场①对资源配置起决定性作用,通过价格机制,消费者和生产者在市场上相互发生作用,很好地解决了生产什么、如何生产以及为谁生产的问题,实现了资源配置效率的最大化。

---

① "市场"一词的本来含义是指人们买卖商品或进行商品交换的场所。随着商品经济的发展,市场也得到了充分的发展和完善。现代社会中的"市场"被赋予了更加广泛的含义:市场是一种实现不同产权主体之间经济联系的系统空间,同时又是"一种物品的买主与卖主之间互相作用,以决定其价格和数量的过程"(萨缪尔森、诺德豪斯,1992)。

市场机制是如何发挥调节作用的呢？换句话说，市场机制是如何使资源实现最优配置状态的呢？

假定在一个完全竞争的市场上，消费者根据其收入状况和偏好在市场中公开他们愿意支付某种商品和服务的程度；生产者（其成本结构既定）在市场上显示出他们愿意在各种价格上提供其商品和服务的数量。这种买卖的意愿最终可以使商品和服务的需求和供应达到均衡状态，就是说，某种商品和服务既不会提供过多，也不会供应不足（见图2-1）。

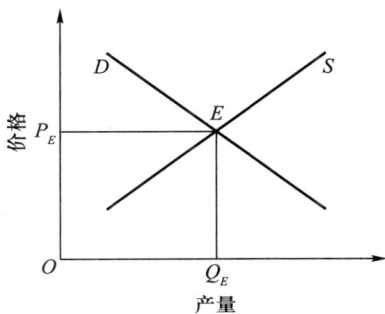

图 2-1 完全竞争市场中的均衡价格和均衡数量的决定

假如市场上商品的价格高于均衡价格，则供给量大于需求量，市场出现商品过剩现象，企业不得不降价销售；反之，若商品的价格低于均衡价格，则需求量大于供给量，市场出现商品短缺现象，消费者为了买到自己所需要的商品，就不得不支付更高的价格。通过供求双方的自发调节，总能实现产量和价格的均衡，最终使资源配置达到最佳状态。

通过分析可知，在完全竞争的市场中，价格是资源配置的指示器，竞争性市场体系是社会资源的配置机制。在由市场机制这只"看不见的手"确定价格的情况下，追求自我利益的个人和企业在自由市场中进行买卖交易，所有参与者在竞争性市场中进行自愿交易而得益，利用社会资源所生产的产值达到最大化，从而实现了资源配置效率。

在现代福利经济学中，一般以意大利经济学家帕累托命名的"帕累托最优"①状态来表述资源的最优配置状态。所谓帕累托最优是指这样一种状态，即在不使其他人的境况变坏的同时，任何人的境况都不会变得更好。从经济学的角度说，

---

① 现代经济学中还使用其他效率概念，如卡尔多效率。在现实中，常见有人受益，就有人受损。曾任英国剑桥大学教授的卡尔多在1939年提出"补偿原则"，指收益能够弥补损失，就是有效率的表现。卡尔多效率概念对应的就是这种效率。

帕累托最优状态意味着整个经济都已无法再通过资源的重新配置，在无损于其他任何社会成员的前提下，使一个或几个社会成员的处境变得更好。这意味着社会资源配置在现有生产条件下已无改善的余地。

然而，在现实中，许多原因导致帕累托最优资源配置难以实现，但人们仍然使用这一概念作为判断资源配置是否最优或是否具有经济效率的标准。与帕累托最优相关的一个概念是"帕累托改进"。所谓帕累托改进是指资源配置的变化至少使一个人的福利提高而没有人受到损害。因此，帕累托最优也可以说是不可能存在帕累托改进的状态。

（二）市场机制有效的条件

在完全竞争的市场中，市场机制是配置社会资源的最有效方式。所谓完全竞争市场是附加了种种严格假设条件的市场，只有具备了各种条件，市场机制的作用才能有效发挥。这些条件是：

第一，市场上拥有众多的消费者和生产者。这意味着市场必须是完全竞争的，单个消费者或生产者打算购买的或所能提供的产品数量仅在市场总量中占有极少的份额，以至于单个消费者或生产者的消费或生产行为变化都不足以影响市场价格的形成。换言之，市场中的任何一个消费者或生产者都只是价格的接受者，而不是价格的决定者。如果一个或少数生产者控制了供给，这种市场被称作卖方垄断；如果一个或少数消费者控制了需求，这种市场被称作买方垄断。由此而产生的价格使得资源配置状态迥异于充分竞争的情况。当垄断出现时，资源配置是低效率的，会造成社会福利损失。

第二，市场中的各种资源具有完全的流动性。这意味着包括人力、物力和财力在内的各种资源能够在市场价格的引导下，在不同的企业、行业和地区之间自由转移，不存在任何法律的或社会的障碍。有了这种流动性，市场机制的作用就得以充分发挥，引导社会资源不断流向社会价值最大的用途。

第三，买卖双方拥有完全信息。这意味着消费者和生产者了解相关市场的所有信息。在市场中，基于这种信息充分且对称，消费者的支付意愿与生产者的出售意愿才能实现调和。反之，在市场中表露出的"意愿"往往只是一厢情愿。如果只是部分信息表露，市场则不可能有效地完成这种调和功能，相应的市场价格可能会偏离信息完全对称下的价格，导致资源配置低效。

第四，生产者所提供的同种产品是同质的，无差别的。这意味着任何生产者的产品都不会由于消费者自身的消费习惯或偏好而对不同品牌、包装或服务的同种产品产生不同的偏好，导致出现某种程度的垄断。

在满足上述四个基本条件的完全竞争市场上，无数自利的理性的买方和卖方，借助于价格机制、供求机制、竞争机制，以及理性人之间的利益互动机制，将各种看似杂乱无章的、缺乏秩序的经济活动有序化。换言之，借助于市场这只"看不见的手"，社会经济系统得到了有效运作，使社会资源配置达到了最优状态。

二、市场失灵

西方经济理论论证了完全竞争市场可实现现有技术条件下的资源最优配置，即实现帕累托最优，使得社会上每一个人的经济福利都没有可能在不减少他人福利的前提下进一步提高。然而在现实经济中，充分满足完全竞争性市场所严格假设的种种条件的情况是罕见的。因此，完全竞争市场的理论模型像是"经济学家的乌托邦"，就像物理学中没有摩擦力的理想状态，虽然有助于我们认识市场机制的本质，但毕竟不是现实。退一步说，即使满足了这些条件从而市场机制能够实现帕累托效率，它也不能解决诸如收入和财富分配不公、自发竞争导致的经济波动等问题。与市场有效一样，市场失灵（也称市场失效）也是一种客观存在。

市场失灵可分为两种情形。一种是市场低效，它是指现实市场中因存在不符合完全竞争假定条件的方面，使市场机制无法实现对资源的高效配置。换言之，虽然完全竞争市场的结果是理想的，但现实中的市场并非完全竞争市场，致使市场机制在资源配置的某些方面缺乏效率，如垄断、公共产品、外部性和信息不对称。另一种是市场无效，它是指即使现实的市场严格符合完全竞争的所有条件，其运行结果也存在缺陷，不符合整个社会要求，如收入分配不公、宏观经济波动等。

具体来说，市场失灵主要有以下几种表现。

（一）垄断

市场高效是以完全的自由竞争为前提的。而完全自由竞争的市场要求每一个市场都拥有众多的买者和卖者，因为只有市场上的买者或卖者越多，每一个人或行为主体才不具有控制市场供求和价格的能力，市场的竞争性才不会受到影响。但现实市场的某些领域却存在两种情况：一种是只有一个买者或卖者的市场，这种市场称为完全垄断；另一种是受少数几个相互串通的大企业控制的市场，这种市场称为寡头垄断。这种市场中垄断一旦形成，就不能通过充分竞争来实现理想目标，因为垄断者可能通过限制产量，抬高价格，使价格高于其边际成本，获得额外利润。垄断限制了竞争，阻碍了生产要素的充分流动，造成资源配置低效率。造成这一结果的原因主要包括产品之间的不可替代性以及进入壁垒，进入壁垒又进一步可以分为自然的进入壁垒（导致自然垄断）、资源的进入壁垒和法律的进入壁垒（如公共特许权、行政许可、专利或版权）等。

（二）公共产品

公共产品（含公共服务）是与私人产品相对的一类产品。

1. 公共产品的界定

公共产品的思想很早就已产生，但在理论文献中正式提出要归功于萨缪尔森。萨缪尔森（1954）在《公共支出的纯理论分析》一文中提到，公共产品是一个人的消费不会影响其他人的消费的产品。虽然之后理论界对公共产品的研究逐渐增多，但目前被广泛接受的定义是从公共产品的特征加以界定的，即公共产品是具有非排他性和非竞争性的产品。①

区分或辨别公共产品与私人产品的标准通常是受益的排他性或非排他性，消费的竞争性或非竞争性。纯粹的私人产品具有排他性和竞争性，纯粹的公共产品具有非排他性和非竞争性。

（1）非排他性。排他性是指个人可以被排除在消费某种物品的利益之外，当消费者为某种产品付费购买之后，他人就不能享用此种产品所带来的利益；非排他性是指一些人在享用某种产品带来的利益时，无法排除其他人同时从此种产品中获得利益，或者说，在市场经济条件下，在技术上无法将未付费者排除在此种产品的受益范围之外。例如，每个公民都可以无差别地受益于国防所提供的安全保障，每个人都可以从天气预报中得到气象信息等。

（2）非竞争性。竞争性是指一个人在享用某种产品时，会排斥其他人同时享用该产品；而非竞争性是指任何人对某种产品的享用，不排斥、不妨碍其他人同时享用，也不会因此而减少其他人享用该种产品的数量或质量。易言之，增加一个消费者不会减少任何一个人对该种产品的消费量；或者说，增加一个消费者，其边际成本等于零。例如，街上的路灯下行人数量的变化不会增加路灯的费用，也不会影响其他人获得路灯带来的好处。

2. 公共产品的分类

（1）纯公共产品与准公共产品。根据公共产品的性质，按照非排他性和非竞争性的有无和程度差异，可将公共产品分为纯公共产品和准公共产品，其中，准公共产品又被进一步细分为公共资源和俱乐部产品。

---

① 需要注意的是，公共产品不是指公共部门生产的产品，它与公共部门提供的产品不是等同的概念，一种产品之所以是公共产品，主要是因为它在消费上具有非竞争性和非排他性，而不在于它由谁生产，由谁提供。

如前述定义，纯公共产品是指同时具有非排他性和非竞争性的产品，如国防。完全符合非排他性、非竞争性的公共产品非常稀少，公共产品这个大集合中除纯公共产品以外的公共产品就是准公共产品。

公共资源主要是指具备非排他性而不具备非竞争性的公共产品。这类产品不能排除任何人的消费和使用，但增加的消费和使用会带来额外的成本，即边际成本大于零。江河湖海、森林、空气、野生动物等都是公共资源的典型例子。"公地"是一种典型的公共资源，它不排除任何人的使用，但使用者之间存在竞争关系。虽然个人不需要为资源的使用付费，但个人的收益却与使用量有关，因此每个人都有增加使用量的冲动，最终导致资源的破坏和枯竭。过度放牧导致的沙漠化，过度捕鱼导致的鱼种的灭亡，都是现实中曾经发生和正在上演的"公地的悲剧"①。

俱乐部产品主要是指具备非竞争性而不具备非排他性的公共产品。这类产品边际成本为零，但可以通过某种手段，按照某种标准，阻止某些人对该产品的消费和使用。譬如，收费公路、机场码头、收费公园、有线电视、图书馆、游泳馆等，即属于俱乐部产品之列。

与公共资源相反，俱乐部产品可以将不付费者排除在该产品的消费之外。在俱乐部达到拥挤点②之前，在俱乐部内增加一个使用者的边际成本为零；在达到拥挤点以后，增加一个使用者的边际成本大于零。例如，进公园需要买门票，这样就可以将不付费的人排除在公园之外。当游人不多的时候，增加一个游人并不引起成本的增加，但若遇到黄金周、节假日，大量游客同时涌入，不但公园方面需要增加人力维持秩序和及时清洁卫生，游人也会因为拥挤而产生诸多不便和不悦，这时，边际成本就大于零，从而具有消费上的竞争性。

（2）地方性公共产品、全国性公共产品、地区性公共产品和全球性公共产品。

地方性公共产品指受益范围在一国以内的一个或几个行政辖区的公共产品。

---

① 经济学上有一则著名的寓言——公地的悲剧。这是由美国著名生态学家哈丁在其论文《公地的悲剧》中虚构的一个故事：政府将一块茂盛的公共草场向所有牧民免费开放，允许他们自由放牧他们希望数量的牛。随着公共草地上载畜量的增加，公共草地上的牛会达到饱和。此时再增加一头牛就会降低草场的质量，减少每头牛所能获得的平均草量。但因为牧民的收益取决于他自己饲养的牛的数量，而每增加一头牛所导致的草场质量下降的损失却由所有牧民平摊，因此，对牧民来说多养牛是划算的。如果每个牧民都抱有这样的想法，则畜牧量会不断增加，草场也会不断退化，最终不能满足牛的食量，导致牛的饥饿和死亡。

② 理论上，俱乐部内部增加一个消费者的边际成本为零。但实际上，许多俱乐部受设施的限制，不可能无限量地接纳使用者，俱乐部的规模是有限的，并且在达到某一点后会出现拥挤，这时俱乐部内部成员将会呈现出竞争关系，我们把这个点称为拥挤点。

在我国，行政辖区包含省（自治区、直辖市）、地级市、市辖区（直辖市及副省级城市的街道）、县和乡镇（地级市及县级市的街道）。例如，一个村镇的道路修建和路灯架设，一个城市的休闲广场，都是主要受益者为一个辖区内居民的公共产品。

全国性公共产品，顾名思义就是受益范围在一国以内的，覆盖所有领土，全体公民都可以平等受益的公共产品，如国防、法律制度、文化道德建设等。

地区性公共产品是指受益范围涵盖多个有连续边界的主权国家的公共产品。例如欧盟国家共同使用一套果蔬食品安全标准；上海合作组织成员国进行联合军事演习，打击恐怖势力、维护地区安全；北美自由贸易区的贸易政策等。

全球性公共产品是公共产品概念在国际范围内的延伸，它是一种惠及全球、全人类的公共产品，如全球应对气候变化的协调、全球经济的稳定等。

除了以上两种分类方式，公共产品还有其他的分类方式。如按物质形态，将公共产品划分为有形的公共产品和无形的公共产品，前者包括资源、基础设施等，后者包括制度、法律、文化和社会秩序等；按消费层次，将公共产品划分为满足人们生理需求和安全需求的公共产品、满足人们社交需求和尊重需求的公共产品、满足人们自我实现需求的公共产品。

3. 公共产品供给中的"搭便车"问题

一般来说，以排他性和竞争性为特征的私人产品可以通过交换的方式来决定其消费主体，因此市场机制是实现这类产品生产的最佳途径。虽然公共产品不能由市场统一定价，但如果人们都能自觉地按照自己从公共产品中获得的边际收益相应地承担公共产品成本，那就自然地实现了公共产品的有效供给。瑞典经济学家林达尔对公共产品有效供给进行了研究，提出了"林达尔均衡"理论模型。

然而，这种均衡的实现是以如下假设为前提的：第一，每个社会成员都愿意准确地披露自己可从公共产品或公共服务的消费中获得的边际效用，而不存在隐瞒或低估其边际效用从而逃避自己应承担的成本费用的动机。第二，每个社会成员都清楚地了解其他社会成员的偏好及收入状况，甚至清楚地掌握任何一种公共产品可给彼此带来的真实的边际效用，从而不存在隐瞒个人边际效用的可能。

可以看出，公共产品有效供给的关键在于消费者按自己从公共产品消费中获得的边际效用水平真实地表示自己对公共产品的需求，从而承担公共产品的成本。然而，这也正是公共产品有效供给的困难所在。人们不管付费与否，其所能消费的公共产品量总是相同的。如果消费者所承担的公共产品成本取决于自己申报的从公共产品中获益的情况，那么他就会有隐瞒或从低申报自己真实效用水平的动机。

在一个人口众多的社会里，没有人能够做到对其他所有社会成员的偏好和经济状况都无所不知，因而人们便有可能隐瞒其从公共产品消费中获得的真实收益，从而在不付出代价的情况下，享受既存的公共产品的收益，于是出现了"搭便车"问题，从而使市场机制在这类产品的供给中失效。

(三) 外部性

完全竞争市场要求所有产品的成本和收益均内在化，即产品的生产者要承担生产这一产品而给社会带来的全部成本，同时这一产品所带来的全部利益都归该生产者或该产品的购买者享有。而在现实生活中，有些产品或服务会产生外部性。

所谓外部性，是指私人成本与社会成本或私人收益与社会收益的非一致性。产生外部性的主要原因是某人或某企业的行为影响了其他人或其他企业，却没有为之承担相应的成本费用或没有获得相应的报酬补偿。

根据表现形式可将外部性分为两种。一种是正外部性（外部收益），即产品或服务给所有者以外的其他人带来了利益，但所有者却未能得到应有的收益补偿。前述的公共产品就是外部性的一个特例，这类产品的内部收益很少，其所提供的绝大部分收益都外部化了。另一种是负外部性（外部成本），即产品或服务给所有者以外的其他人带来了损害，但受损者未得到应有的损失补偿。例如，生产过程中所排放的废气、废水会污染环境，使生活在这一环境中的人们都受到损害，而受损者并未得到补偿，污染者也没有承担相应的污染治理成本。

根据来源，又可将外部性分为生产的外部性和消费的外部性。这样，可将外部性做以下分类：

（1）生产的正外部性（生产的外部收益）。如养蜂场接近果园，蜜蜂传播花粉提高了果树产量，养蜂者的活动使果园主受益。同样，养蜂场也因果园的存在得到增加蜂蜜产量的好处。这里，养蜂场和果园双方都给对方带来了外部收益而不能得到对方支付的报酬。

（2）消费的正外部性（消费的外部收益）。如人们注射预防传染病的疫苗，可使他人因此减少了传染上疾病的可能，或者消费者的某些消费偏好和习惯增加了对某些产品的需求，使企业增加了收益，这些都是消费的外部收益。

（3）生产的负外部性（生产的外部成本）。工厂排放废气、废水或废物，会严重污染环境，危害居民身体健康，或损害他人的生产活动，如水污染不能再养鱼或灌溉，这些是最经常被引用的典型的外部成本的例子。

（4）消费的负外部性（消费的外部成本）。吸烟者给同一场合的不吸烟者身体健康造成损害，高层住宅里的人们把垃圾扔在一楼住户的庭院里，都是消费的外部成本。甚至交通堵塞中也存在外部成本，如果某人在高峰时间驾车外出，就会使道路更加拥挤，其他车辆也不得不放慢行驶速度。

当存在外部性时，实际上是边际社会收益或边际社会成本，与边际私人收益或边际私人成本之间存在着非一致性。当某种产品或劳务的边际社会收益大于边际私人收益时，即为正外部性，会导致产品或劳务供给不足；反之，当某种产品或劳务的边际社会成本大于边际私人成本时，即为负外部性，会导致产品或劳务供给过多。无论哪种情况，都意味着资源配置不合理，出现效率损失现象，而这种效率损失又是完全竞争的市场机制所不能克服的。

（四）信息不对称

完全竞争市场要求所有的生产者和消费者都具有充分信息，生产者要知道消费者需要什么、需要多少，消费者要知道关于产品的各种信息。但在现实的市场中，由于经济行为主体的独立性和分散性，市场交易各方的信息种类繁多、情况不一，有的甚至差异悬殊，市场主体不可能获取所有的信息，因此，信息不对称是现实中的常态。

信息不对称会带来逆向选择和道德风险的问题。

1. 逆向选择

在完全竞争条件下，市场机制自身具有较强的正向选择机制，那些竞争优势突出、竞争力强的市场参与者一定会在市场竞争中脱颖而出。但信息不对称则容易导致逆向选择问题。逆向选择是由事前信息不对称引起的，即在签订合同或从事交易之前就存在信息不对称，某些特征被隐藏，从而导致交易一方做出与另一方期望截然相反的选择。阿克洛夫在其1970年发表的《柠檬市场：质量的不确定性与市场机制》中举了一个二手车市场的案例。他指出，在二手车市场中，卖方比买方拥有更多的信息，买方只能从车的表面情况来加以判断，处于信息相对劣势。由于二者的信息不对称，即使卖方说得天花乱坠，买方的常用策略也是压低价格以避免信息不对称带来的风险损失。但买方过低的价格也使得卖方不愿意提供高质量的产品，从而低质品充斥市场，高质品被逐出市场，最后导致二手车市场萎缩。

2. 道德风险

道德风险是由事后的信息不对称引起的，即在合同签订后一方做出另一方不可观察的行为，从而对居于信息相对劣势的一方带来不利影响。比如，在没有购买保险之前，车辆的所有人往往会十分呵护自己的车辆，对它照顾有加。但在签订保险合同之后，被保险人往往以"反正车辆有保险"为由，忽视对车辆的爱护，从而增加保险人出险理赔的风险。

不管是事前还是事后的信息不对称，都会导致经济主体的行为偏离完全竞争的市场均衡结果，从而难以实现资源的高效配置。

（五）收入分配不公平

市场低效的上述种种表现证明了仅靠市场机制本身无法实现帕累托最优。然而，即使市场经济的运行能自行达到帕累托最优状态，也只是保证了资源配置效率的实现，并没有解决收入分配的公平问题。按照帕累托最优所揭示的原理，只要一个人的境况得到改善而又不损及另一个人的境况，就存在福利的增进，即所谓的帕累托改进。但是，如果经济最初就处于不公平状态，那么越是接近帕累托最优状态，可能达到的收入分配结果越是不公平，也就是越高的效率，往往自发伴随着越不公平的分配结果。

收入分配根据次序的不同，可以分为初次分配、再分配以及第三次分配。市场主要是介入初次分配领域，按照各经济主体的生产要素（包括劳动、资本和土地等）多少和贡献大小来进行。由于各主体拥有的生产要素在质和量上会有很大差别，生产要素进入市场竞争的环境条件亦有不同，按市场规则进行分配必然会造成收入分配的差距。比如，因为资本和劳动相比更为稀缺，所以拥有较多资本的个人即使不参加劳动，也可能会获得比普通劳动者更多的收入。同时也会出现另外一些情形，比如，那些在竞争中的失败者，或无力提供生产要素者，或因遭遇自然或社会风险后无法提供生产要素者，根据要素分配规则只能在市场中取得少量收入，甚至无法取得收入；而在不充分竞争条件下（如自然垄断），当收入分配机制尚不健全时，部分经济主体又会取得高额收入。如果不加以干预，这些初次分配中的收入差距往往又会成为收入差距进一步扩大的原因，不仅与公平目标相抵触，还会引起许多社会问题，最终直接威胁到市场机制本身的存在。可以说，没有分配上的公平，经济的高效率发展也就不可能长久地维持下去。

（六）宏观经济波动

社会总供给与社会总需求的平衡是市场经济正常运行的基本前提之一。但是，在自由放任的市场经济中，自发的过度竞争不可避免地会导致各个商品与要素市场的供求失衡，进而导致社会总需求的长期失衡，宏观经济波动，造成高失业、高通货膨胀和周期性的经济萧条和危机等多种问题，其结果必然是破坏价格机制，市场机制自身难以正常运行，从而最终导致社会资源配置的无效率。关于经济波动的原因，这里列示几个重要因素。

1. 需求冲击

需求冲击主要指经济体中影响到产品和劳务需求的事件。减税、货币供应量的增加、政府支出的增加或者对外出口需求的增加都是正的需求冲击。需求冲击通常会使总产出与利率和通货膨胀率产生同向变动。例如，政府支出的大幅度增加将会刺激经济并提高 GDP，还会提高利率，如果此时对产品和劳务的需求已经相当于或者超过了整个经济的总生产能力，就会使通货膨胀率上升。

2. 供给冲击

供给冲击主要指可能引起生产能力和成本变化的事件。石油进口价格的变化，对大量农作物产生破坏的霜冻、洪水和干旱等自然灾害，经济体中劳动力教育水平的变化，或者劳动力愿意参加工作的工资率的变化等，都可能引起生产能力和生产成本的变化，进而影响到经济的波动。例如，石油进口价格的大幅度上升，使得石油供给大幅度地减少，于是供小于求，从而引发石油价格的大幅度上涨，由此引发通货膨胀。在短期内，通货膨胀率的上升会引起更高的名义利率。随着原材料价格的上涨，经济的生产能力下降，经济中个体的购买力也会随着产品价格的上涨而下降，于是，经济增速开始下滑。

3. 技术进步

严格来讲，技术进步是一种供给冲击，一般来说，会提高生产能力，降低生产成本，促进经济的发展。但同时，技术进步也会产生一些不利的影响，比如新技术的广泛采用，必然会带来生产率的提升，从而降低对劳动力的需求，造成失业人数增加。

4. 体制变化

一般来说，体制转换会释放大量红利，带来生产率的大幅提升，促进经济快速增长。但在体制转轨过程中，也容易出现一些结构性的失衡，造成短时期的通货膨胀及失业增加等现象。

三、政府与市场的关系

人类过去的经济实践充分说明，完全依赖市场的无政府经济根本不存在，而完全依赖政府计划排斥市场手段的计划经济也存在较大缺陷。综观世界各国，混合经济已经成为一个普遍现象。在混合经济中，市场与政府都在资源配置中发挥各自的作用，只是两者发挥作用的领域和程度有所不同。

当前我国已进入全面深化改革的关键时期，经济体制改革的任务尤为重要，其核心问题是处理好政府与市场的关系，实际上就是要解决在资源配置中市场起决定性作用还是政府起决定性作用的问题。

(一) 市场在资源配置中起决定性作用

1992 年，党的十四大提出了我国经济体制改革的目标是建立社会主义市场经济体制，提出要使市场在国家宏观调控下对资源配置起基础性作用。这一重大理论突破，对我国改革开放和经济社会发展发挥了极为重要的作用。

经过 20 多年实践，我国社会主义市场经济体制已经初步建立，但仍存在不少问题，主要是市场秩序不规范，以不正当手段谋取经济利益的现象广泛存在；生产要素市场发展滞后，要素闲置和大量有效需求得不到满足并存；市场规则不统一，部门保护主义和地方保护主义大量存在；市场竞争不充分，阻碍优胜劣汰和结构调整，等等。这些问题不解决好，完善的社会主义市场经济体制就难以形成。

党的十四大以来，对政府和市场的关系，我国一直在根据实践拓展和认识深化寻找新的科学定位。党的十五大提出"使市场在国家宏观调控下对资源配置起基础性作用"，党的十六大提出"在更大程度上发挥市场在资源配置中的基础性作用"，党的十七大提出"从制度上更好发挥市场在资源配置中的基础性作用"，党的十八大提出"更大程度更广范围发挥市场在资源配置中的基础性作用"，党的十八届三中全会和十九大提出"使市场在资源配置中起决定性作用"。可以看出，对政府和市场关系的认识在不断深化。

经济发展就是要提高资源尤其是稀缺资源的配置效率，以尽可能少的资源投入生产尽可能多的产品、获得尽可能大的效益。理论和实践都证明，市场配置资源是最有效率的形式。市场经济本质上就是市场决定资源配置的经济，市场决定资源配置是市场经济的一般规律，这是经过长期实践形成的普遍规律，是人类社会的文明成果和共同财富。我国社会主义市场经济是在坚持社会主义基本制度前提下的市场经济，健全社会主义市场经济体制也必须遵循这条规律，着力解决市场体系不完善、政府干预过多和监管不到位的问题，不断深化市场化改革，充分发挥市场机制在资源配置方面的优势，推动经济发展方式转变，实现经济高质量发展。

(二) 更好发挥政府作用

需要指出的是，市场在资源配置中起决定性作用，并不意味着市场是唯一的资源配置机制和手段。市场并非万能，前文分析的诸多市场失灵表现即已证明，市场的有效性需要特定的适用条件，在条件不满足时市场往往无能为力；或者即使条件满足，市场结果也往往难以令人满意；更有甚者，资本的逐利性会让市场主体过于追逐经济利益，有时甚至会出现违反社会道德和法律的情形。

要解决这些问题，必须充分发挥政府的职能作用。与市场行为不同，政府行为往往具有公共性、普遍性、强制性和非营利性等特点，政府管制、税收、法律等多种手段的综合运用，可以较好地解决市场垄断、公共产品提供、外部性矫正以及信息不对称等问题，促进收入公平分配，实现宏观经济稳定发展。从我国实际情况看，科学的宏观调控和有效的政府治理，是发挥社会主义市场经济体制优势的内在要求，能较好地处理那些市场做不了和做不好的问题，从而推动社会主义市场经济体制健康有序运转。

中国特色社会主义进入新时代后，要更好地发挥政府作用，就必须切实转变政府职能，深化行政体制改革。要健全宏观调控体系，保持宏观经济稳定，防范区域性、系统性风险，实现经济持续健康发展。要加强市场活动监管，加强和优化公共服务，建设服务型政府，促进社会公平正义和社会稳定，促进共同富裕。要严格依法行政，全面正确履行政府职能，进一步简政放权，克服政府职能错位、越位、缺位现象。

（三）政府与市场的协调配合

政府和市场的作用不是相互对立，而是相辅相成；不是简单地让市场作用多一些、政府作用少一些的数量问题，而是要统筹把握，优势互补，有机结合，协同发力。

一方面，市场在资源配置中起决定性作用，不是起全部作用，并非意味着政府无所作为，而是必须坚持有所为、有所不为。我国实行的是社会主义市场经济体制，必须坚持发挥社会主义制度的优越性、发挥党和政府的积极作用，着力提高宏观调控和科学管理的水平，与市场机制共同发挥作用。

另一方面，更好发挥政府作用，不是更多发挥政府作用，而是在保证市场发挥决定性作用的前提下，解决市场管不了或管不好的问题。要划清政府和市场的边界，凡属市场能发挥作用的，政府要简政放权；凡属市场不能有效发挥作用的，政府应当主动作为。要找准市场功能和政府行为的最佳结合点，切实把市场和政府的优势都充分发挥出来，更好地体现社会主义市场经济体制的特色和优势。

第二节　财政职能

在市场经济国家中，公共财政的基本职能主要有资源配置职能、收入分配职能、经济稳定与发展职能三个方面。

一、资源配置职能

资源既包括土地、矿藏等自然资源，也包括人力、财力等经济资源。配置是指资源在不同部门、地区、产品等之间的分配。因此，资源配置就是将各种资源分配于不同的使用方向，从而形成一定的资产结构、产业结构、技术结构和地区结构，以提高资源利用效率的过程。而资源的最优配置就是使社会各种资源始终处于一种最优组合状态，产生最大的社会经济效益。

(一) 资源配置职能的界定

众所周知，在市场经济条件下，市场机制在资源配置中起决定性作用，在没有政府介入的情况下，市场会通过价格与产量的均衡，自发地形成一种资源配置状态。但是由于存在市场失灵，市场自发形成的配置状态，不可能实现最优的效率状态，因而需要政府的介入。所以，财政的资源配置职能是由政府介入或干预资源配置所产生的，其特点和作用就是通过财政本身的收支活动为政府提供公共产品提供财力，在一定程度上纠正外部性，引导资源流向，弥补市场失灵，最终实现全社会资源配置的最优效率状态。由此可见，财政资源配置职能的重点包括以下几个方面。

1. 供给公共产品

如前所述，市场机制不能很好地解决公共产品供给中的"搭便车"问题，从而引起市场失灵。但公共产品对消费者和全社会往往又是不可缺少的，因此，由政府供给公共产品，成为政府必须行使的职能。政府供给公共产品，主要是通过公民或其代表的集体选择程序，以强制征税为主要手段筹集资金，安排政府支出以供给公共产品。

需要特别指出的是，政府对公共产品的供给负有主要责任和义务，并不排斥其他主体对公共产品的供给。在公共产品的供给上，除政府供给机制外，还存在市场供给和自愿供给两种机制。市场供给是指营利组织根据市场需求，以营利为目的，按照经济规律和市场原则供给公共产品（主要是准公共产品中的俱乐部产品），并以收费方式补偿成本的机制。自愿供给是指公民个人、单位，以自愿为基础，以社会捐赠或公益彩票等形式无偿或部分无偿地筹集资金，直接或间接地用于教育、体育、济贫、救灾等公益用途，并接受公众监督的一种机制。在某些特定的条件下，市场供给机制和自愿供给机制也会发挥作用，供给公共产品，从而形成对政府供给机制的有益补充。相关案例见专栏2-1。

> **专栏 2-1　北京地铁 4 号线建设：PPP 的案例**
>
> 随着城市的不断扩展，大力发展公共交通尤其是轨道交通就成为许多城市的必然选择。传统理论认为，城市内的公共交通基础设施主要承担公益性责任，难以取得利润，市场主体不愿涉足，因此应以政府投资为主。北京地铁 4 号线的实践却提供了另外一种模式，即政府与社会资本合作（PPP）模式。
>
> 2005 年 2 月 7 日，北京市交通委代表北京市政府与香港地铁有限公司和北京首都创业集团有限公司组成的联合体草签了北京地铁 4 号线的特许经营协议。这是国内轨道交通领域第一个以特许经营方式进行市场化运作的基础设施项目，也是第一个采取引入港资、以公私合营模式进行的项目。
>
> 根据协议，北京市政府和联合体拟组建的特许公司按照 7 比 3 的比例进行投资，特许公司获得建设运营北京地铁 4 号线的特许权。北京市政府负责轨道的土建工程，特许公司负责地铁 4 号线的车辆、信号、通信等主要设备的投资建设，并在 30 年的特许经营期内负责地铁 4 号线的运营和管理，在特许经营期结束后，特许公司将项目设备无偿移交给北京市政府。
>
> 按照 PPP 方案，政府不再对地铁 4 号线运营进行补贴，预计项目期内可节约北京市政府补贴 10 亿元左右。在项目运营期间，特许公司除了票价收入之外，还可以通过一些非票价方式，如在车站、车厢内设置广告和建立一些零售商业设施获得利润。
>
> 资料来源：根据京港地铁网站以及相关资料整理。

公共产品的生产是与供给不同的概念，供给与生产可以分离。公共产品供给主要是解决公共产品的价值补偿问题，即如何筹集资金，并由谁来提供；而公共产品生产则主要涉及公共产品的物理形成过程，即公共产品的物理形态由谁制造出来。公共产品生产根据主体的不同，可以分为政府生产和私人生产两种形式。就公共产品的政府供给来说，既可以采用政府生产、政府供给的方式，也可以采用私人生产、政府供给的方式。

2. 矫正外部性

对外部性的矫正必须着眼于对边际私人收益或边际私人成本的调整。当某种产品或劳务的边际私人收益或成本被调整到足以使得个人或企业的决策考虑其所产生的外部性，即考虑实际的边际社会收益或成本时，就被称作外部性内在化。这个过程，也就是外部性得以矫正，资源配置由不具有效率到具有效率的过程。可见，外部性内在化，实际上就是外部性的边际价值被定价。负外部性（外部成本）的内在化，就是边际外部成本被加入计算到边际私人成本之中，从而使产品、劳务的价格能反映全部的边际社会成本；正外部性（外部收益）的内在化，就是边际外部收益被加入计算到边际私人收益中，从而使产品、劳务的价格能反映全部的边际社会收益。

由市场机制的自发作用调节资源配置，不能达到帕累托最优，也不能实现外部性内在化。因此，矫正外部性的责任责无旁贷地落在政府身上。政府矫正外部性又可采用多种措施，但执行不同措施的难易程度和效果有所不同。

矫正措施一：政府管制。或称公共管制，即对生产消费行为做出某些限制，主要适合对负外部性的矫正。限制的形式可根据具体情况来制定。比如，为了控制污染，政府可规定排出的污染物限制在一个可接受的水平；或者直接禁止有污染物的生产等。

矫正措施二：法律手段。立法可以看作另一种意义上的管制。对于因权益界限不明确而造成的外部性问题，可通过立法以明确生产者和消费者权益的方法来解决。科斯定理指出，如果交易成本为零，在产权明确界定的情况下，在相关交易方之间将既定的权力自由交换是有效率的，政府仅通过设定初始权力归属就可以使外部性内在化。这其实是通过法律确定产权归属，借助市场机制的作用来矫正外部性。

矫正措施三：实行一体化。实行一体化意味着经济主体边界的扩展，从而将之前不曾考虑的外部收益或成本纳入决策考量范围。比如，养蜂和果园可互为对方带来外部收益，如果果园的主人同时经营养蜂生意，外部收益就内在化了。需要注意的是，实行一体化所能解决外部性的范围是有限的。因为从经济组织的运行来看，对利益最大化的追求必然要求组织具有适度的规模。一旦组织规模过大，推行一体化所产生的边际成本将超过因此而带来的边际收益，从而造成效率的损失。

矫正措施四：政府税收。政府税收主要是用来矫正负外部性。矫正性税收着眼于边际私人成本的调整。其基本原理是：对带有负外部性的产品或劳务征收相当于其边际外部成本大小的税收，以此将征税产品或劳务的边际私人成本提高到同边际社会成本相一致的水平，即可实现负外部性内在化。所以，征税额与外部性相等是这种矫正性措施的基本特征。有关庇古税内容，参见专栏2-2。

专栏2-2 庇 古 税

庇古是英国著名经济学家，剑桥学派的主要代表之一。青年时代入剑桥大学学习，最初专业是历史，后受到经济学家马歇尔的影响，并在其鼓励下转学经济学。庇古1920年出版的《福利经济学》被视为福利经济学的经典，因此他也被称为"福利经济学之父"。

庇古在分析控制环境污染这种负外部性行为时,指出政府可以对产生负外部性的企业征收一种惩罚性的税收或收费,以实现负外部性的内在化,后来人们就把这种矫正性税收称为"庇古税"。

20世纪70年代以来,许多国家采用"庇古税"的思想,利用税收手段(如美国的硫税、芬兰的碳税、丹麦的生态税等)治理环境,取得明显的社会效果,环境污染得到有效控制,环境质量有了进一步的改善。除了环境方面的好处,许多学者研究表明,"庇古税"还对提高效率、增加就业、促进增长等方面具有积极的作用,因此也称"庇古税"有"双重红利"效应。

资料来源:根据相关资料整理。

矫正措施五:政府补贴。政府提供补贴主要是用来矫正正外部性。矫正性补贴着眼于边际私人收益的调整。其基本原理是:对带有正外部性的产品或劳务,按照该种产品或劳务的边际外部收益的大小发放补贴,以此将补贴产品或劳务的边际私人收益提高到同边际社会收益相一致的水平,即可实现正外部性内在化。所以,补贴额与外部性相当是这种矫正性措施的基本特征。

3. 对自然垄断的管制

政府常用的管制手段是价格管制。价格管制主要体现为政府的公共定价,但怎么定价、定价多少又是十分复杂的问题。举例来说,如果政府根据平均成本定价,虽然企业无法获得垄断利润,但仍没有达到完全竞争市场的效率要求;比如根据边际成本定价,虽然这是经济效率所要求的定价,但由于边际成本总是低于平均成本,企业将因此而亏损,需要政府给予一定的财政补贴才能维持。

一般来说,财政进行资源配置的范围是由国家的经济职能和财政自身的特点、能力所决定的。具体而言,市场经济中财政配置资源的范围应当包括政府履行职能支出、基础设施、基础工业、社会公益性事业等。

需要指出的是,财政配置资源的合理范围不是一成不变的,财政配置资源的范围受市场机制完善程度制约。市场发育状况越好,筹资机制越健全,微观经济主体的独立性越大,居民收入水平越高,财政进行资源配置的范围相对越小。尤其是基础工业投资、部分社会公益投资、文化教育等项目可以转向市场调节。但这种变化并不一定是单方向的,往往是在减少一些项目的同时,因市场经济发展而产生新的对政府支出的需要,如环境保护和改善方面的支出。此外,即使是实行相同经济体制的国家,因其生产力发展所处的阶段、采取的经济发展战略以及其他国情存在差异，财政配置资源的范围也会有所差别。例如，处于经济发展起飞阶段的国家，基础设施和基础工业建设的任务繁重，尤其是实行重化工业—加工工业—高科技产业发展战略的国家或地区，国家投资额巨大，而经济发展进入成熟阶段的国家，政府直接投资的比重相对较少。

（二）财政介入资源配置的机制和手段

1. 实现资源在政府和私人部门之间的合理配置

从社会总资源配置的角度看，政府和私人部门各应获得合理的份额。一方面既能保证满足政府提供公共产品的需要，另一方面又能保证私人部门顺利发展的需要，从而实现社会总资源配置的均衡。这就要根据市场经济条件下政府的职能，确定财政职能的合理范围，并进而确定财政参与国民收入分配的适当比例。

2. 优化财政支出结构

财政支出结构即财政资源内部的配置比例，主要包括生产性支出和非生产性支出比例、购买性支出和转移性支出比例。前一个比例表明资本品和消费品的配置结构，而后一个比例则表明财政配置功能的大小。这两个比例的恰当与否，直接决定了财政资源内部的配置是否合理。

3. 合理运用财政收支政策，调节市场机制

政府投资、税收、公债、补贴等财政手段在一定程度上能够引导社会资源在不同地区和不同部门之间的流动，对市场机制配置资源起到引导、修正和补充的作用，从而有助于提高社会总体的资源配置效率。

4. 提高财政配置资源的效率

财政配置资源的目标是使社会总资源得到最有效的利用，因此，财政的资源配置也必须讲求效率。比如，通过对投资进行成本效益分析，对非生产性支出进行成本效益分析，以判明其所费资源和所获社会经济效益的对比关系，作为决定是否安排某项支出、安排顺序和安排多少数量的依据，以最大限度地做到用最少的财政支出取得最大的社会经济效益。

二、收入分配职能

收入分配通常是指一定时期内所创造的国民收入在国家、企业和个人等多种经济主体之间的分割，以及由此形成的收入流量的分配格局和存量的财产分配格局。收入分配的理想目标是实现公平分配。分配公平包括经济公平和社会公平两个方面。其中，经济公平是要求各经济主体获取收入的机会均等，等质等量的要素投入应获得等量的收入，因此，经济公平是在平等竞争的环境下由等价交换来

实现的,是市场经济的内在要求。社会公平则要求将收入差距维持在一定阶段上社会各阶层所能接受的合理范围内,因此,社会公平不是收入的均等,其标准要受到人们的经济承受力、心理承受力、政治经济大环境等多种因素的影响。

(一) 收入分配职能的界定

在市场经济条件下,收入分配首先是受市场机制调节,收入按照投入要素的数量、质量、市场价格进行分配,要素收入与要素投入相对称。因此,市场机制调节收入的结果可以较好地体现经济公平。但是,社会公平却难以通过市场机制予以完全实现。因为个人拥有原始生产要素多少的不同以及个人禀赋、努力程度的不同,市场机制分配的结果可能会造成富者越富、贫者越贫的结果,即在市场经济中通常不存在以社会公平为目标的再分配机制,一些无劳动能力,又无其他要素可以提供的人,就无法通过市场取得收入,以维持生存。而且在市场经济中,即使有一些私人慈善机构能够进行某些方面的再分配活动,但是由于能力有限和缺乏协调,也不能从根本上解决社会公平问题。因此,政府的介入是必然的。财政的收入分配职能就是要求财政运用多种方式,参与国民收入的分配和调节,以期达到收入分配的经济公平和社会公平。

财政的收入分配职能总会使一些人受益,一些人受损。依据公平与效率的原则,如果一味地追求社会公平必然会造成效率损失,情况严重的会影响生产积极性,阻碍社会经济发展;如果财政不对市场分配格局进行调节,贫富差距悬殊的分配结果又会造成社会秩序紊乱,反过来影响市场效率的实现。因此,在发挥财政的收入分配职能时,应当兼顾公平与效率之间的均衡,在不损失或尽量少损失效率的前提下,通过财政的再分配政策,最大限度地实现社会公平的目标。

财政进行收入分配的逻辑前提之一是划清市场分配与财政分配的原则界限。一般来说,在市场经济中,市场可以形成较为合理的企业职工工资、租金收入、利息收入、股息红利收入、企业利润等,使之符合经济公平,所以财政原则上不应直接介入这些要素价格的形成(稀缺资源的垄断性收入除外)。

(二) 财政介入收入分配的机制和手段

1. 运用政府税收调节企业收入和个人收入,使之符合社会公平

税收是调节收入分配的主要手段:通过间接税调节各类商品的相对价格,从而调节各经济主体的要素分配;通过企业所得税调节公司的利润水平;通过个人所得税调节个人的劳动收入和非劳动收入,使之维持在一个合理的差距范围内;通过资源税调节由于资源条件和地理条件而形成的级差收入;通过遗产税、赠与税调节个人财产分布;通过消费税调节个人的实际收入水平,等等。

2. 规范政府的资产性收入

政府作为资产所有者,应遵循市场原则,依据财产权利,以股息、红利、利息、上缴利润等形式取得所有权收入。

3. 规范工资制度

这里是指由国家预算拨款的公务员工资制度以及事业单位职工的工资制度。凡应纳入工资范围的收入都应纳入工资总额,取消各种明补和暗补,提高工资的透明度;实现个人消费品的商品化,取消变相的实物工资;适当提高工资水平,建立以工资收入为主、工资外收入为辅的收入制度。在规定公务员和事业单位人员的工资构成、等级、增长等制度时,要使之与企业职工工资形成较合理的比例,从而符合经济公平。

4. 完善社会保险制度

为解决信息不对称所引发的逆向选择和道德风险问题,应由政府出面在社会范围内组织强制性的社会保险制度。社会保险着眼于全社会的共同利益,强制全体社会成员参加,将成员个体的养老、医疗、失业、工伤等风险在全社会范围内分担化解,可以有效克服机会主义现象,有助于解决企业和个人无力解决的社会保险问题。

5. 完善特殊群体的社会保障制度

特殊群体的社会保障制度在我国主要包括社会救助、社会福利和社会优抚,各自针对不同人群。社会救助是针对社会成员因无劳动能力和其他要素,无收入或收入甚少从而不能维持最低限度生活水平时,通过转移性支出,如救济支出、救灾支出或扶贫支出等,保证其最基本生活需要,使每个社会成员得以维持起码的生活水平和福利水平。社会福利是针对特殊困难群体、特殊弱势群体所提供的物质帮助和服务,如儿童福利、老年福利、残疾人福利等。社会优抚是针对为国家和社会做出过特殊贡献的贡献者本人及其家属,通过抚恤、优待和安置等方式,对其提供一定资金或服务、具有褒扬性质的特殊社会保障。

三、经济稳定与发展职能

(一) 经济稳定与发展职能的界定

经济稳定包含充分就业、物价稳定和国际收支平衡等多重含义。其中,充分就业是指有能力工作、愿意工作且在寻找工作的人的充分就业。由于经济结构的不断调整,就业结构也在不断变化,在任一时点上,总会有一部分人暂时脱离工作岗位而处于待业状态,所以,充分就业并不意味着可就业人口的百分之百的就业，一般认为，95%~97%的就业率就可认为达到了充分就业。物价稳定是指物价上涨幅度维持在不至于影响社会经济正常运行的范围内。因为在纸币制度下，物价上涨是一种经常现象，只要物价的上涨幅度限于社会可以忍受的范围之内，即不破坏社会经济正常运行，此时的物价就是一种稳定的物价。一般认为，年物价上涨率保持在3%或5%以下就可视为物价稳定。国际收支平衡是指一国在国际经济往来中，应当维持经常性项目收支（进出口收支、劳务收支和无偿转移收支）的大体平衡，因为国际收支与国内收支是密切联系的，国际收支不平衡同时意味着国内收支的不平衡。

增长和发展是不同的概念。增长是指一个国家的产品和劳务的数量的增加，通常用国民生产总值（GNP）或国内生产总值（GDP）及其人均水平来衡量。发展是一个包括经济增长、经济和社会进步等若干内容在内的概念。它不仅意味着一国实际产出的增加，而且意味着随着产出的增加而带来的经济结构的优化，经济效益的提高，地区经济发展水平差距的缩小，收入分配结构的改善，以及社会进步和生活质量的提高，例如教育、文化、卫生、社会保障事业的发展等。简言之，发展是一个通过物质生产的不断增长来满足人们不断增长的基本需要的概念，对发展中国家来说，包括消除贫困、失业、文盲、疾病和收入分配不公平等现象。

在任何经济体制下，经济的稳定和发展都是政府希望实现的目标，因此必然构成财政的重要职能之一。财政的经济稳定和发展职能，就是财政作为政府重要的宏观调控手段，通过运用多种财政手段，有意识地影响和调控经济，以实现经济的稳定发展。

（二）财政介入经济稳定与发展的机制和手段

1. 运用各种收支手段，逆经济风向调节，促进社会总供求的平衡

经济稳定的目标集中体现为社会总供给和社会总需求的大体平衡。如果社会总供求保持了平衡，物价水平就基本稳定，经济增长率也是适度的，而充分就业和国际收支平衡也不难实现。财政政策是维系总供求大体平衡的重要手段。当总需求超过总供给时，财政可以实行紧缩政策，减少支出和增加税收或两者并举，一旦出现总需求小于总供给的情况，财政可以实行适度放松政策，增加支出和减少税收或两者同时并举，由此扩大总需求。在这个过程中，财政收支发生不平衡是可能的而且是允许的。针对不断变化的经济形势而灵活地变动支出和税收，被称为"相机抉择"的财政政策。

2. 运用财政收支活动中的制度性因素，发挥"自动"稳定的作用

例如，通过制定累进所得税制度发挥稳定经济的作用。当经济过热、投资增

加、国民收入增加时，累进所得税会自动随之增加，从而可以适当压缩人们的购买能力，防止发生通货膨胀。当经济衰退、投资减少、国民收入下降时，累进所得税又会自动随之递减，从而防止因总需求过度缩减而导致的经济萧条。再如制定完备的失业救济金制度，由于其规定了领取失业救济金的收入标准，当人们的收入因经济过热而普遍增加时，可领取失业救济金的人数自然减少，救济金支出随之减少，从而财政总支出"自动"得到压缩；反之，当人们的收入因经济不景气而普遍下降时，有资格领取失业救济金的人数自然增加，救济金支出随之增加，从而财政总支出"自动"获得增加。总之，通过财政的某些制度性安排，可以自动适应经济周期的变化，减小波动幅度。从原则上说，凡是业已规定的、当经济现象达到某一标准就必须安排的收入和支出，均具有一定的"自动稳定"作用。只是这种"自动稳定"机制的作用大小要受制于各国实际的收支制度的具体规定。

3. 通过合理安排财政收支结构，促进经济结构优化

例如，通过投资、补贴和税收等多方面安排，加快农业、能源、交通运输、邮电通信等公共设施的发展，消除经济增长中的"瓶颈"，并支持第三产业的兴起，加快产业结构的转换，保证国民经济稳定与高速发展的最优结合。同时，财政应切实保证那些非生产性的社会公共需要，为经济和社会发展提供和平与安定的环境。提高治理污染、保护生态环境以及文教、卫生支出的增长速度，同时完善社会福利和社会保障制度，使增长与发展相互促进，相互协调，避免出现某些发展中国家曾经出现的"有增长而无发展"或"没有发展的增长"的现象。

四、财政职能的总体考察

上述财政的三种职能之间，既有一致性，又有矛盾性。其一致性表现为互为条件，相互促进。收入分配是各职能的前提，因为一切收支活动都涉及各经济主体之间的利益关系。资源配置是通过各经济主体实现的，调整资源配置必然触及各经济主体的经济利益，调整资源配置的过程也就是调整经济利益的过程。经济稳定与发展则一般表现为前两种职能的结果，反过来又成为实现前两种职能的前提条件。

其矛盾性则主要表现在以下三个方面。

（一）资源配置职能和收入分配职能的矛盾

财政收入分配职能的实现主要是通过税收转移方案而实现的，即政府通过课征累进所得税从高收入家庭筹措资金，再通过补助金或救济金制度，把资金转移给低收入家庭。而资源配置职能的实现需要筹集财政资金以提供公共产

品，如果这部分资金主要是通过税收取得，当预算规模较小时，通过累进税取之于高收入阶层即可满足需要，但当预算规模较大时，资金的大部分就不得不取之于中等收入与低收入阶层，这就妨碍了财政再分配职能的实现。总之，财政的收入分配职能侧重于"削高补低"区别对待的再分配效应，财政的资源配置职能则侧重于公共性、基础性、规模性的公共产品供给，政府需根据具体国情统筹兼顾。

（二）资源配置职能和经济稳定与发展职能的矛盾

前面提过，财政稳定经济的职能表现在，当经济萧条、失业增加出现时，政府往往扩大财政支出以增加社会总需求，而当经济过热、通货膨胀出现时，政府常常缩减财政开支以限制社会总需求。而配置资源的职能表现在政府通过财政支出提供公共产品。财政支出的变化必然会影响公共产品的提供，从而影响资源配置职能的实现。当经济萧条需要扩大财政支出时，公共产品的供给易出现相对过剩情况。而当经济过热需要紧缩开支时，公共产品则往往面临供给不足的问题。因此，财政资源配置的顺周期需求与财政调节经济稳定与发展的逆周期需求之间的矛盾也是一种客观存在。

（三）收入分配职能和经济稳定与发展职能的矛盾

财政稳定经济的职能还可以通过税收的增加或削减来实现，即在严重失业时期实行减税，特别是对低收入阶层实行较多的税收减免，因为较之高收入者，低收入者的花费会多于其被减免的税收额，因而更有利于需求的扩大。在通货膨胀时期则实行增税，特别要提高低收入阶层的税收，因为他们比高收入者更可能降低需求。这种做法无疑会影响财政调节分配关系职能的实现。除上述矛盾外，如果只考虑经济增长目标，收入分配职能的实现与经济增长也会出现冲突。较高的增长率要求较高的资本形成率，而较高的资本形成率则要求增加储蓄与投资。由于高收入者的边际储蓄倾向要高于低收入阶层，所以似乎需要一个累退所得税制，这与要求实行累进所得税制的财政再分配职能相矛盾。

总之，财政诸职能之间的矛盾是客观存在的，调节矛盾的主要途径是要根据各种财政调节手段的不同功能，并结合一定时期的政策目标对运行机制实施政策调节，以形成相对协调的财政运行机制。

思考题

1. 市场机制发挥作用的条件是什么？

2. 如何理解市场在资源配置中起决定性作用和更好发挥政府作用？
3. 如何识别公共产品和私人产品？请举例说明。
4. 举例说明负外部性及其主要治理方式。
5. 如何理解财政的收入分配职能？

▶ 自测习题及参考答案

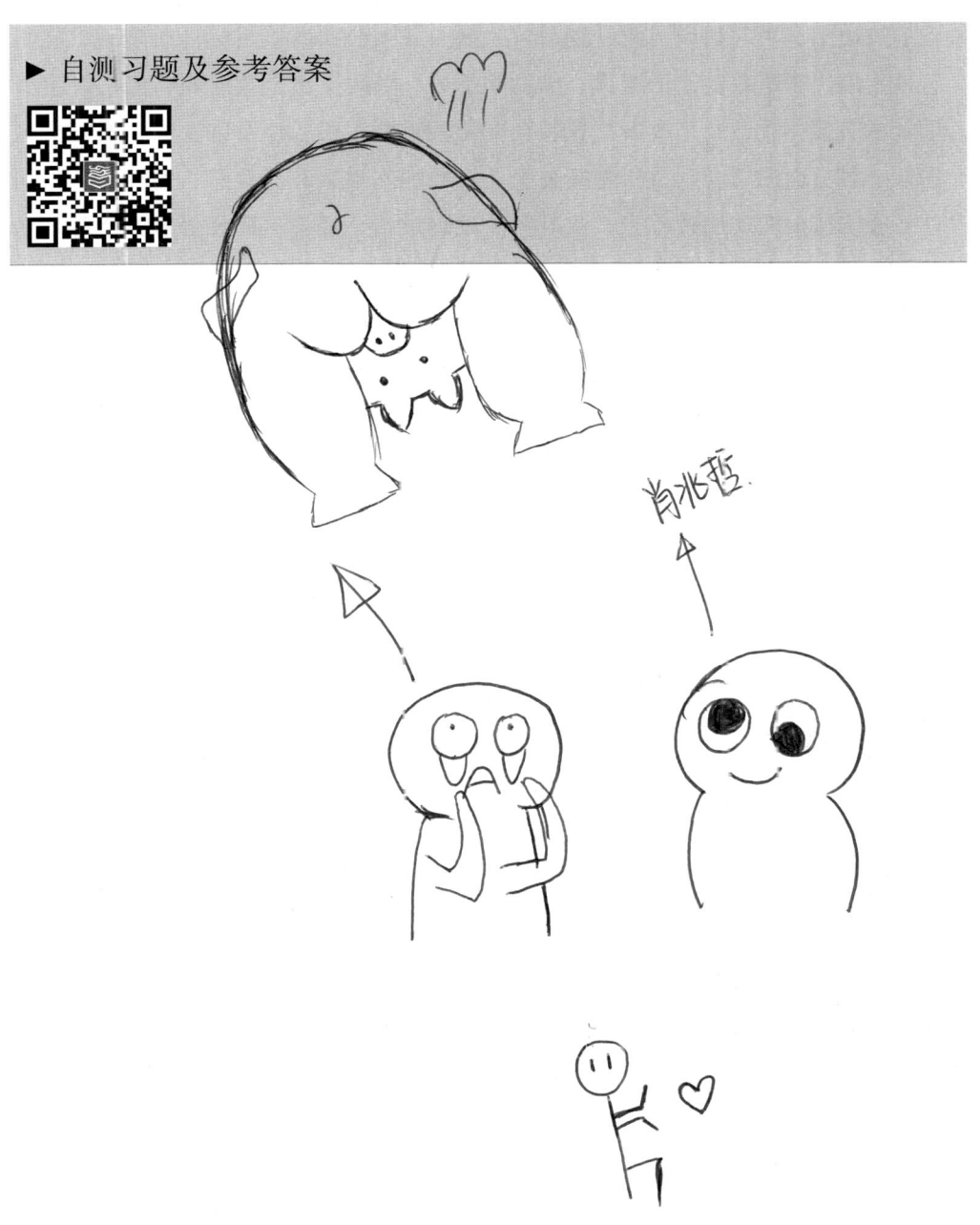

第三章 财政支出总论

财政支出是财政活动的一个重要方面，是国家（政府）把筹集到的财政资金用于社会生产和生活各个方面的分配活动。财政对经济社会的影响作用主要表现在政府支出上，换句话说，政府在一定时期内各项公共政策目标能否实现，在很大程度上取决于财政支出的规模、结构和绩效。财政支出是政府履行经济社会管理职能的直接体现，也是政府配置社会资源的重要手段，涉及纳税人以及社会各个阶层、各方面的切身利益，直接关乎老百姓的幸福感和获得感，为社会各界所关注。在安排财政支出过程中，政府需要处理政治、经济、社会等各类错综复杂的利益关系。

本章共分五节。第一节为财政支出概述，介绍财政支出的概念与分类。第二节为财政支出的规模和结构分析，主要包括财政支出规模和结构的变化趋势及理论分析。第三节为财政支出的经济效应，介绍财政支出的收入效应、替代效应、经济增长效应、挤出效应和收入分配效应。第四节为财政支出的绩效，介绍财政支出绩效的内涵及评价方法。第五节为财政支出改革，主要介绍财政支出改革的方向和重点。

第一节 财政支出概述

一、财政支出的概念

财政支出可从静态和动态两个方面来理解。从静态来看，财政支出通常是指各级政府通过预算形式安排、支配的资金量，这个资金量是指一个预算年度终了时政府所累积支出的总量。从动态来看，财政支出是各级政府在一个预算年度内持续分配预算资金的活动过程。政府安排财政资金的根本目的是满足其履行职能的需要，因此，财政支出规模是否适度、财政支出结构安排合理与否，直接关系到政府能否充分、有效地履行其职能。

一国财政支出又是各级政府履行职能所支付的成本，财政支出的规模和结构不仅反映政府介入经济社会生活的深度和广度，而且反映政府实施宏观调控的具体意图。财政支出的规模应当适度、结构应当合理，而提高财政支出效益是加强财政支出管理的基本要求。政府职能范围的大小决定财政支出的范围，如果政府职能范围发生变化，财政支出的范围也要相应发生变化。在市场经济条件下，政府职能范围应当限定在市场失灵领域，从而决定了财政支出的范围也应当限于市场失灵领域。

二、财政支出的分类

财政支出的分类，是按照一定的划分标准对各类财政支出项目进行归类。财政支出分类的目的，是知晓财政支出的去向，分析财政支出的变化规律，从而加强财政支出管理，使财政支出的结构更加优化，财政资源配置效率更高。

常见的财政支出分类主要有以下三种。

（一）按政府职能分类

由于财政支出是为了实现国家职能而安排的，政府职能分类是比较常用且非常重要的分类方法，它提供了某项财政支出的目的信息。

国际货币基金组织（IMF）出版的《2014年政府财政统计手册》将财政支出按政府职能划分为10个类别，分别是一般公共服务，国防，公共秩序和安全，经济事务，生态环境保护，住房和社会福利设施，医疗保健，娱乐、文化和宗教，教育，以及社会保障（参见专栏3-1）。

专栏3-1　国际货币基金组织财政支出政府职能类别

类别	内容
一、一般公共服务	包括行政和立法机关、金融和财政事务、对外事务、对外经济援助，一般服务，基础研究，一般公共服务的研究与开发，未另分类的一般公共服务，公共债务交易，各级政府间的一般性转移等
二、国防	包括军事防御，民防，对外军事援助，国防的研究与开发，未另分类的国防等
三、公共秩序和安全	包括警察服务，消防服务，法庭，监狱，公共秩序和安全的研究与开发，未另分类的公共秩序和安全等
四、经济事务	包括一般经济、商业和劳工事务，农业，林业，渔业和狩猎业，燃料和能源，采矿业，制造业和建筑业，运输，通信，其他行业，经济事务的研究与开发，未另分类的经济事务等
五、生态环境保护	包括废物管理，废水管理，减轻污染，保护生物多样性和自然景观，生态环境保护的研究与开发，未另分类的生态环境保护等
六、住房和社会福利设施	包括住房开发，社区发展，供水，街道照明，住房和社会福利设施的研究与开发，未另分类的住房和社会福利设施等

续表

类别	内容
七、医疗保健	包括医疗产品，器械和设备，门诊服务，医院服务，公共医疗保障服务，医疗保障的研究与开发，未另分类的医疗保健等
八、娱乐、文化和宗教	包括娱乐和体育服务，文化服务，广播和出版服务，宗教和其他社区服务，娱乐、文化和宗教的研究与开发，未另分类的娱乐、文化和宗教等
九、教育	包括学前和初等教育，中等教育，中等教育后的非高等教育，高等教育，无法定级的教育，教育的辅助服务，教育的研究与开发，未另分类的教育等
十、社会保障	包括伤病和残疾，老龄，遗属，家庭和儿童，失业，住房，未另分类的社会排斥，社会保障的研究与开发，未另分类的社会保障等

资料来源：《2014年政府财政统计手册》(Government Finance Statistics Manual 2014)，第143页。

2007年之前，我国财政支出按政府职能分为五大类，分别为：经济建设支出、社会文教支出、行政管理费支出、国防支出和其他支出。2007年1月1日，在参考国外支出的政府职能分类办法的基础上，结合我国政府职能构成和财政管理的实际需要，我国开始实施新的财政支出分类，这一分类在按政府职能设置的基础上同时考虑了政府活动、行业以及资金用途等，将全部财政支出分为17大类。此后财政部几乎每年都会同中国人民银行以及国家税务总局等部门，根据财政改革的需要，对政府收支分类科目不断进行修改、补充和完善，目前已经形成了《2019年政府收支分类科目》，其中支出职能分类科目如表3-1所示。

表3-1 我国2019年政府支出职能分类科目

类名称	类名称
1. 一般公共服务支出	8. 社会保障和就业支出
2. 外交支出	9. 卫生健康支出
3. 国防支出	10. 节能环保支出
4. 公共安全支出	11. 城乡社区支出
5. 教育支出	12. 农林水支出
6. 科学技术支出	13. 交通运输支出
7. 文化旅游体育与传媒支出	14. 资源勘探信息等支出

续表

类名称	类名称
15. 商业服务业等支出	22. 预备费
16. 金融支出	23. 其他支出
17. 援助其他地区支出	24. 转移性支出
18. 自然资源海洋气象等支出	25. 债务还本支出
19. 住房保障支出	26. 债务付息支出
20. 粮油物资储备支出	27. 债券发行费用支出
21. 灾害防治及应急管理支出	

资料来源：中华人民共和国财政部网站，《2019年政府收支分类科目》。

财政支出政府职能分类方法是目前我国编制执行财政预算、进行预算拨款采用的分类方法。这种分类法可以较为明确、具体地体现财政资金在各项职能或事业间的分配格局和各项职能的实现程度，并反映各项财政职能在不同时期的变动情况，以这种方法研究财政支出结构可以反映一国政府在某一时期的工作重点。

(二) 按经济性质分类

财政支出按经济性质分为购买性支出和转移性支出。购买性支出是指政府为开展政务活动的需要，按照等价交换原则，从市场上购买商品和服务而发生的支付活动。具体包括政府部门的消费支出和投资支出，前者诸如国防支出、行政支出，后者如各级政府公共投资支出。政府在付出这类支出的同时，获得了相应的商品和服务的所有权和使用权。政府只有购买这些商品和服务，才能生产出公众所需的公共产品和服务。它是政府对经济资源的一种消耗，因此又称为消耗性支出。

转移性支出是指政府单方面地、无偿地支付给其他经济主体的财政资金，不相应地获得商品和服务。具体包括社会保障支出、财政补贴支出和税式支出等。政府在付出资金时，并没有相应地获得任何回报。这时，政府所扮演的是一个"中间人"的角色，将一部分人的收入转移给支出的接受者。所以，它对资源在政府和企业、个人之间的配置不产生影响，只影响企业、个人之间的收入再分配。它体现的是政府在收入分配方面的职能和作用。社会保障支出是指政府通过财政向因各种原因暂时或永久性丧失劳动能力、失去工作机会或生活面临困难的社会成员提供基本生活保障的支出（本书第六章中将详细介绍社会保障支出）。财政补贴支出是指通过影响相对价格结构，从而改变资源配置结构、供给结构和需求结构的政府无偿支出，主要有价格补贴、企业亏损补贴、财政贴息等。其中，价格补贴，是指政府向某种商品的生产经营者或消费者无偿支付补贴资金，以维持一定价格水平的措施，其实质是对这些生产经营者或消费者的经济利益损失所作的补偿，一般多用于农业、对外贸易和交通运输业等领域；企业亏损补贴又称国有企业计划亏损补贴，主要是指国有企业按照国家计划生产、经营某些产品，从而出现政策性亏损，政府向这些企业拨付的补贴资金；财政贴息是指政府对使用某些规定用途的银行贷款的企业，就其支付的贷款利息提供的补贴，即财政代企业向银行支付一部分利息。税式支出是以特殊的法律条款规定的、给予特定类型的活动或纳税人以各种税收优惠待遇而形成的税收收入损失或放弃的税收收入，包括照顾性税式支出和刺激性税式支出。照顾性税式支出主要是针对纳税人由于客观原因在生产经营上发生临时困难而无力纳税所采取的照顾性措施。刺激性税式支出主要是指用来改善资源配置，增进经济效率的特殊减免规定，其主要目的在于正确引导产业结构、产品结构、进出口结构以及市场供求，促进纳税人开发新产品、新技术以及积极安排劳动就业等。

如果将购买性支出、转移性支出对经济的不同影响与财政职能结合起来考察，还可以看到两类支出与履行财政职能之间的关系。由于购买性支出的影响集中在社会资源配置状况、社会总供给与总需求的平衡上，因此，购买性支出成为政府履行其资源配置职能和经济稳定发展职能的工具；而转移性支出的影响集中在分配领域，因此，转移性支出成为财政履行收入再分配职能的重要工具。

经济性质分类反映政府的钱究竟是怎么花出去的，是财政支出具体形式的体现。与支出职能分类相配合，支出经济分类从不同侧面、以不同方式反映政府支出活动，使得政府的财政支出更加全面规范、公开透明。

（三）按行政级次分类

一般而言，按照行政级次可将财政支出分为中央财政支出和各级地方财政支出。例如，我国有五级政府，根据预算法"一级政府一级预算"的原则，财政支出也分为五级，分别为中央财政支出，省、自治区、直辖市财政支出，设区的市、自治州财政支出，县、自治县、不设区的市、市辖区财政支出，以及乡、民族乡、镇财政支出，后四项财政支出通常统称为"地方财政支出"。再如，美国是联邦制国家，其政府由联邦政府、州政府和地方政府组成，与之相适应的财政支出也由联邦财政支出、州财政支出和地方财政支出三个级次组成，后两者合起来也称为"地方财政支出"。

财政支出的行政级次分类反映了中央与地方在财政资源配置中的地位和相互关系。从我国历年的改革实践来看，在财政体制中，中央和地方之间的财政分配关系一直是财政体制的核心问题。这一问题的焦点在于中央与地方各级政府在财政资源配置上是否与其职能定位和权责划分相适应。

第二节　财政支出规模与结构

一、财政支出规模及其变化趋势

(一) 财政支出规模的含义

财政支出规模是指在一定时期（预算年度）内，政府根据国民经济发展状况和政府职能实现的要求等因素，安排和使用的财政资金的绝对量与相对量。

从概念上讲，财政支出规模有预算支出规模和决算支出规模两种形式。前者是指政府在编制年度预算时，根据支出的预算要素测算出的年度支出数；后者则是指预算年度内财政实际完成的支出总量。预算支出和决算支出往往不完全相等。但由于决算支出是实际政府活动的反映，所以进行财政支出规模比较时，一般都选用决算支出。财政支出规模反映了政府对国内生产总值的实际占有规模和程度，体现了国家的职能和政府的活动范围，是研究和确定财政分配规模的重要指标。

(二) 财政支出规模的衡量指标

衡量财政支出规模的指标通常有绝对指标和相对指标两类。

财政支出规模的绝对指标即财政支出的绝对规模，是指以一国货币单位表示的、预算年度内政府实际安排和使用的财政资金的数量总额。它可以直观地反映某一财政年度内政府支配的社会资源总量，但难以反映政府支配的社会资源在社会资源总量中所占的比重，因而不能充分反映政府在整个社会经济发展中的地位。由于绝对指标以本国货币为单位，加之不同国家的经济发展水平存在明显差异，因此不便于进行横向的国际比较；另外，这一指标是以现价反映的名义财政支出规模，与以前年度特别是物价水平变化较大年度的支出绝对额缺乏可比性，从而不便于支出规模的纵向分析。此时就需要借助于财政支出规模的相对指标。

财政支出规模的相对指标，即财政支出的相对规模，是指在预算年度内政府实际安排和使用的财政资金的金额占相关经济总量指标（一般指国内生产总值）的比率。其公式为：

$$财政支出相对规模 = \frac{财政支出绝对规模}{GDP} \times 100\%$$

它反映了一定时期内全社会创造的财富中由政府直接支配和使用的数额，反映了社会资源在市场和政府配置之间的比例,体现了社会财力的集中程度,也反映了财政支出与宏观经济运行以及国民收入分配相互关联、相互制约的关系。通过该指标,可以看出政府经济活动在整个国民经济活动中的地位及重要性。

一般地讲,在经济发展水平、产业结构等大致相同的条件下,财政支出相对规模越大,说明财政参与国民(内)生产总值分配的比例越高,社会财力越集中,财政支出的规模越大,政府对经济运行的介入或干预程度也就越高;反之亦然。运用相对指标研究财政支出规模,可以综合全面地反映政府的财政支出水平。如果脱离国民经济和社会发展的相关指标而研究和确定财政支出规模,就割裂了经济运行和财政支出的内在联系,也就不能真实、客观和准确地确定财政支出的规模。

(三) 财政支出增长的衡量指标

由财政支出规模的绝对指标和相对指标可以衍生出反映财政支出增减变化情况的三个指标。

1. 财政支出增长率

财政支出增长率表示当年财政支出绝对规模比上年同期财政支出绝对规模增长的百分比,即所谓"同比"增长率,用 ΔG(%)表示。其计算公式为:

$$\Delta G（\%）=\frac{\Delta G}{G_{n-1}}=\frac{G_n-G_{n-1}}{G_{n-1}}$$

式中,ΔG 表示当年财政支出绝对规模比上年财政支出绝对规模的增(减)额;G_n 表示当年财政支出绝对规模;G_{n-1} 表示上年财政支出绝对规模。

财政支出增长率不仅考虑到了经济增长因素,而且在一定程度上消除了物价变动的影响,因而可以全面反映财政支出的增长趋势。值得注意的是,该指标不能无限提高,其数量极限是客观存在的。

2. 财政支出增长的弹性系数

财政支出增长的弹性系数是指财政支出增长率与国内生产总值增长率之比,以 E_g 表示。弹性系数大于1,表明财政支出增长速度快于国内生产总值增长速度。其计算公式为:

$$E_g=\frac{\Delta G（\%）}{\Delta \mathrm{GDP}（\%）}$$

其中,$\Delta \mathrm{GDP}（\%）=\frac{\Delta \mathrm{GDP}}{\mathrm{GDP}_{n-1}}=\frac{\mathrm{GDP}_n-\mathrm{GDP}_{n-1}}{\mathrm{GDP}_{n-1}}$

式中,$\Delta \mathrm{GDP}$(%)代表国内生产总值增长率;$\Delta \mathrm{GDP}$ 代表当年国内生产总值比上年国内生产总值的增(减)额。

3. 财政支出增长的边际倾向

财政支出增长的边际倾向表明财政支出增长额与国内生产总值增长额之间的关系,即国内生产总值每增加一个单位的同时财政支出增加多少,或财政支出增长额占国内生产总值增长额的比例,以 MGP 表示。其计算公式为:

$$MGP = \frac{\Delta G}{\Delta GDP}$$

(四) 财政支出规模变化趋势

无论从发达国家还是发展中国家来看,财政支出规模都呈现出一定的上涨趋势。表 3-2 列示了 2007—2018 年部分经济合作与发展组织(OECD)国家财政支出相对量情况,整体而言,这些国家的财政支出呈现出稳中有升的态势,但受经济下滑影响,多数国家从 2010 年开始呈现出一定的下滑趋势。

表 3-2　2007—2018 年部分 OECD 国家财政支出相对规模　　单位:%

年份 国家	2007	2008	2009	2010	2011	2012	2013	2014	2015	2016	2017	2018
澳大利亚	34.4	35.1	37.8	37.0	36.3	36.6	36.5	36.8	37.4	37.4	36.4	36.8
加拿大	38.5	38.8	43.4	43.1	41.6	40.9	40.0	38.4	40.0	40.6	40.3	40.6
法国	52.6	53.3	57.2	56.9	56.3	57.1	57.2	57.2	56.8	56.6	56.5	56.2
德国	42.8	43.6	47.6	47.3	44.7	44.3	44.7	44.0	43.7	43.9	43.9	43.9
希腊	47.1	50.8	54.1	52.5	54.1	52.8	51.6	50.9	50.6	48.9	47.7	48.6
意大利	46.8	47.8	51.2	49.9	49.4	50.8	51.1	50.9	50.3	49.0	48.9	48.5
日本	34.0	35.0	39.5	38.5	39.4	39.4	39.5	38.9	38.0	37.9	37.4	37.1
韩国	20.5	20.8	21.3	19.5	19.9	20.6	20.9	20.8	20.9	20.7	20.8	21.5
西班牙	39.0	41.2	45.8	45.6	45.8	48.1	45.6	44.8	43.7	42.2	41.0	41.4
瑞典	48.3	49.0	51.7	49.7	49.2	50.2	50.9	50.1	48.7	48.8	48.4	48.7
英国	38.0	40.5	44.1	44.5	43.2	41.4	40.5	39.7	38.9	38.6	38.4	38.3
美国	34.3	37.0	41.1	39.6	38.6	37.0	35.5	35.0	34.6	35.0	34.8	35.1

资料来源:国际货币基金组织网站。

注:阴影部分表示 IMF 当年的预测值。

再以我国财政支出[①]为例,财政支出相对规模自改革开放以来经历了一个从逐渐降低到逐渐升高的翻转趋势。究其原因主要在于改革开放之初我国经济还带有

---

① 此处的财政支出指"一般公共预算支出"。

一定的计划色彩,表现在财政管理上,政府集中度要高一些;随着改革开放和市场经济体制改革的深入,政府的职能逐渐转向市场失灵的领域,因此政府集中度开始下降;但随着社会主义市场经济体制的逐步推进以及国家经济的不断发展,财政支出规模又呈现出不断上涨的趋势;2016年以来,受经济下行压力的影响,财政支出相对规模又有所降低,如表3-3所示。

表3-3 1978—2017年我国财政支出规模情况

年份	财政支出/亿元	GDP/亿元	财政支出相对规模/%
1978	1 122.1	3 678.7	30.5
1991	3 386.6	22 005.6	15.4
1992	3 742.2	27 194.5	13.8
1993	4 642.3	35 673.2	13.0
1994	5 792.6	48 637.5	11.9
1995	6 823.7	61 339.9	11.1
1996	7 937.6	71 813.6	11.1
1997	9 233.6	79 715.0	11.6
1998	10 798.2	85 195.5	12.7
1999	13 187.7	90 564.4	14.6
2000	15 886.5	100 280.1	15.8
2001	18 902.6	110 863.1	17.1
2002	22 053.2	121 717.4	18.1
2003	24 650.0	137 422.0	17.9
2004	28 486.9	161 840.2	17.6
2005	33 930.3	187 318.9	18.1
2006	40 422.7	219 438.5	18.4
2007	49 781.4	270 232.3	18.4
2008	62 592.7	319 515.5	19.6
2009	76 299.9	349 081.4	21.9
2010	89 874.2	413 030.3	21.8
2011	109 247.8	489 300.6	22.3
2012	125 953.0	540 367.4	23.3
2013	140 212.1	595 244.4	23.6
2014	151 785.6	643 974.0	23.6
2015	175 877.8	689 052.1	25.5
2016	187 755.2	743 585.5	25.2
2017	203 085.5	827 121.7	24.6

资料来源:《中国统计年鉴2018》,国家统计局网站。

同时，国际经验表明，一般发达国家财政支出的规模要高于发展中国家财政支出的规模。我国财政支出相对规模较低，主要原因是：一是总量上，我国预算管理总体实行以收定支、收支平衡原则，政府财政收入规模在一定程度上制约着财政支出规模。二是结构上，发达国家已经建立起比较完善的社会保障体系和社会福利制度，财政收入中社会保障税收入较高，相应地，财政支出中社会保险和福利支出较多，而我国社会保障体系目前还处于建立和完善阶段，没有单独的社会保险税，社会保障支出也相对较少。

无论是从近年来发达国家财政支出规模的变化，还是从我国财政支出规模的发展来看，财政支出规模都直接受到经济发展水平的影响。财政支出是政府履行职能的需要，是"上层建筑"，在财政支出规模变化上，"经济基础"决定"上层建筑"的规律仍然适用。

二、财政支出规模变化的理论分析

对于财政支出增长现象的解释，主要有四种理论，即瓦格纳的政府活动扩张理论、皮考克和威斯曼的梯度渐进增长理论、马斯格雷夫和罗斯托的经济发展阶段理论以及鲍莫尔的非平衡增长理论。

（一）政府活动扩张理论

19世纪80年代，德国经济学家瓦格纳考察了英国产业革命和当时的美、法、德、日等国的工业化状况之后认为，一国工业化经济的发展与本国财政支出之间存在着一种函数关系，即随着现代工业社会的发展，"对社会进步的政治压力"增大以及在工业经营方面因"社会考虑"而要求增加政府支出。后人将其称为"瓦格纳法则"。瓦格纳法则可以表述为：随着人均国民生产总值（GNP）的提高，财政支出占GNP的比重相应提高，如图3-1所示。

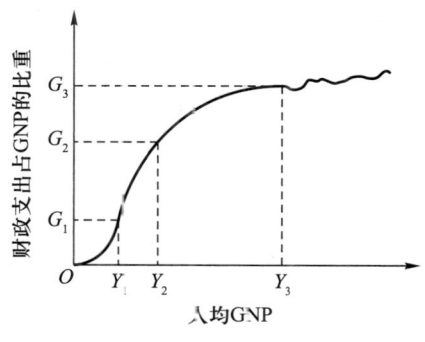

图3-1 瓦格纳法则

瓦格纳认为，形成财政支出规模上升趋势的基本原因是工业化。从政治因素看，随着经济的工业化，不断扩张的市场与这些市场中的行为主体之间的关系更加复杂化，这需要建立司法体系和管理制度，以规范行为主体的社会经济活动。从经济因素看，政府对经济活动的干预及其从事的生产性活动，也会随着经济的工业化而不断扩大。因为随着工业化经济的发展，不完全竞争市场结构更加突出，市场机制不可能完全有效地配置整个社会资源，需要政府对资源进行再配置，实现资源配置的高效率。另外，城市化以及高居住密度会导致外部性和拥挤现象，这些都需要政府出面进行干预和管制。同时，教育、娱乐、文化、保健以及福利服务的需求收入弹性较大。也就是说，随着人均收入的增加，人们对上述服务的需求增加更快，要求政府为此增加支出。

经济发达国家自18世纪末到如今200多年经济发展的实践，证明了瓦格纳法则符合财政支出规模发展变化的一般趋势。尽管由于各经济发达国家的国情有所不同，因而财政支出相对规模的高低以及变化情况也有所不同，但却明显存在一种共同趋势：随着人均国内生产总值的增长而逐渐上升。同时，历史数据也说明，财政支出相对规模的上升不可能是无止境的，当经济发展到一定高度，则呈相对稳定的趋势，即稳定在一定的水平上，上下略有波动，目前的经济发达国家已经达到这个阶段。

瓦格纳认为工业化是财政支出规模上升的基本原因，并从政治因素和经济因素两个方面做了进一步分析。但其无法解释诸如同样是工业化国家，甚至是工业化相同阶段的国家，财政支出规模差异非常大的现象，因此也只是从工业化这一侧面解释了财政支出增长。

（二）梯度渐进增长理论

梯度渐进增长理论是由英国经济学家皮考克和威斯曼提出的。他们在20世纪60年代初对英国1890年以后的财政支出历史数据进行了分析，并认为，在正常年份财政支出呈现一种渐进的上升趋势，但当社会经历激变（如战争、经济大萧条或其他严重灾害）时，财政支出规模会急剧上升；当这种激变时期过后，财政支出规模将下降，但不会低于原来的趋势水平，这就是梯度渐进增长，如图3-2所示。因这一理论实质上揭示了财政支出增长的两类原因，即内在因素和外在因素，故也称为内外因素论。

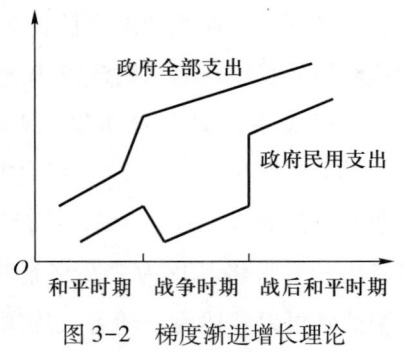

图3-2 梯度渐进增长理论

财政支出增长的内在因素是指公民可以忍受的税收水平的提高。一般来说，政府的意愿总是财政支出越多越好，这样可以使政府的权力不断扩大；民众的意愿则是税收负担越低越好。政府的征税水平一旦超过了公众的忍受限度，他们就会通过手中的选票行使否决权。因此，政府的财政支出水平在一定程度上受到税收水平的制约。但是，随着经济的发展和人均收入水平的提高，即使税率保持不变，税收收入也会随之增加，财政支出便与经济总量同步增长。

财政支出增长的外在因素，是指社会动荡对财政支出造成压力。在危急时期，私人部门无法解决战争、饥荒和经济危机等所造成的种种社会经济问题，只有政府采取行动才能缓解这些灾难对社会、经济的消极影响。因此，此时的财政支出必然呈阶梯式上升。皮考克和威斯曼利用三个相互联系的概念即置换效应、审视效应和集中效应分析了非常时期的财政支出增长过程。

1. 置换效应

置换效应包括对以前财政支出水平的置换和对私人部门支出的置换。前者是指在危急时期，新的、较高的支出（税收）水平替代了以前的、较低的支出（税收）水平，而在危急时期过后，这种新的支出水平因公众的税收容忍程度提高而不会逆转，即使支出水平有所下降，也不会低于原来的趋势水平；后者是指在社会总资源的配置中，私人部门的份额因公共部门的份额增加而减少。也就是说，在危急时期，财政支出在一定程度上会取代私人支出，而且财政支出的增加呈阶梯状。

2. 审视效应

社会动荡暴露出许多社会问题，迫使政府和公众重新审视公共部门和私人部门各自的职责，认识到有些社会经济活动应当纳入政府的活动范围，公共部门需要提供一些新的公共产品。与此同时，随着公众觉悟水平的提高，可容忍的征税水平在危急时期过后明显提高。这样，公共部门规模扩张、财政支出规模增长的趋势不可避免。

3. 集中效应

在非常时期，中央政府显然要集中较多的财力，甚至会发行大量国债以满足财力增长的需求。即使在正常时期，为了促进经济增长，中央政府的经济活动在整个公共部门的经济活动中所占比重也具有明显提高的倾向。

皮考克和威斯曼将财政支出增长归因于内在因素和外在因素，前者是指经济发展，后者是指社会动荡，他们观察到诸如战争、饥荒之类的社会动荡对财政支出增长的影响。但随着全球进入相对和平时期，社会动荡并非常态，用这一观点来解释财政支出的持续增长显然也是不全面的。

（三）经济发展阶段理论

马斯格雷夫和罗斯托用经济发展阶段理论解释财政支出增长的原因，这一理论在罗斯托的《经济成长的过程》《经济成长的阶段》等著作中得到了集中体现。在经济发展的早期阶段，由于公共产品尤其是经济发展所必需的社会基础设施

（如公路、铁路、桥梁、法律和秩序、电力、环境卫生、供水系统、通信、教育等）供给不足，政府公共投资往往要在社会总投资中占较高比重。因为这些公共投资对于帮助早期阶段的经济"起飞"，以及促进经济发展进入中期阶段来说是必不可少的前提条件。

当经济发展进入中期阶段后，社会基础设施供求趋于均衡，政府公共投资在社会总投资中的比重有可能降低，但财政支出总规模并不一定下降甚至有可能继续上升。其原因在于，当经济社会发展进入中期阶段后，市场失灵问题日益突出，并成为阻碍经济发展进入成熟阶段的关键因素。这就要求政府加强对经济的干预，以矫正、补充、完善市场机制的不足。政府对经济干预范围的扩大和干预力度的加大必然导致财政支出的增长。

随着经济发展由中期阶段进入成熟阶段，公共财政支出结构会发生很大变化，即从以社会基础设施投资支出为主，转向以教育、保健和社会福利为主，购买性支出相对下降，转移性支出相对上升。从长期来看，财政支出结构的这种变化趋势导致了财政支出规模的不断扩大。

经济发展阶段理论考虑到经济发展的不同阶段对财政支出增长的影响，并具体分析了经济发展不同阶段财政支出结构的变化。但这一理论不能完全解释处于相同经济发展阶段的国家，财政支出规模呈现出较大差别的现象，因此，这一理论也只是从经济发展阶段的角度对财政支出增长进行了分析。

（四）非平衡增长理论

美国经济学家鲍莫尔认为，政府财政支出增长也可以从私人部门与公共部门平均劳动生产率的增长差别（非平衡增长）的角度得到解释。他把国民经济区分为劳动生产率提高迅速的私人部门和劳动生产率提高缓慢的公共部门，并且假定这两个部门的工资水平相同，并且随着劳动生产率的提高而相应提高。在对两个部门的有关数据进行测算的基础上，他得出如下结论：

（1）生产率提高缓慢的部门，其产品的单位成本不断上涨；生产率提高迅速的部门，其产品的单位成本或是维持不变，或是不断下降。

（2）如果消费者对生产率提高缓慢部门的产品需求富有弹性，该部门的产品产量将越来越少，甚至可能停产。

（3）如果要维持生产率较低部门的产品在整个国民经济中的比重，必须使生产力不断进入该部门。

（4）如果要维持这两个部门的平衡增长，政府部门的支出只能增加，同时也会导致整个经济增长率的不断降低。

根据以上结论，鲍莫尔认为生产率偏低的政府公共部门必然越来越大，其支出水平也越来越高。

非平衡增长理论从私人部门与公共部门平均劳动生产率差别这一角度解释了财政支出增长，认为公共部门生产率较低，为维持两个部门平衡增长，必须不断增加政府部门的开支，财政支出不断增长，而且整个经济增长率会不断降低。但这一理论无法解释在相当长的一段时间内，全球出现的财政支出增加的同时经济增长率不断提高的现实，因此不可避免地也带有一定的片面性。

以上四大理论，从不同的视角分析了财政支出增长的原因。但探究财政支出增长的原因，不能囿于一个层面，应该运用马克思主义的唯物辩证法，用全面的、发展的眼光来分析，充分考虑一国国情，综合考虑经济发展的不同阶段、政府职能的变化、政府部门的效率以及偶然因素的影响等，才能找到影响一国财政支出增长的真正原因，从而评判其财政支出增长及规模是否合理。

三、财政支出结构及其变化趋势

(一) 财政支出结构类型

财政支出结构，是指在一定的经济体制和财政体制下，财政资金用于行政各部门、国民经济和社会生活各方面的数量、比例及其相互关系。它是按照不同的要求和分类标准对财政支出进行科学的归纳、综合所形成的财政支出类别构成及其比例关系。

财政支出结构建立在财政支出分类之上，只有在一定的支出分类基础上，才能对因此而形成的各项支出数额及其所形成的关系做出分析研究。财政支出结构的实质是财政支出的分类组合和配置比例，其目标是确定科学的、合理的和优化的财政支出结构。

根据本章第一节中关于财政支出的三种分类，财政支出结构类型也可以分为三类。

1. 财政支出职能结构

即按政府职能分类的财政支出所呈现出的结构状态，各项支出占全部财政支出的比重恰恰能够反映政府职能的侧重点。

如前所述，按照国际货币基金组织（IMF）的功能分类，财政支出分为一般公共服务，国防，公共秩序和安全，经济事务，环境保护，住房和社会福利设施，医疗保健，娱乐、文化和宗教，教育，社会保障10大类。依据IMF网站公开的2015年度的数据，我们对其中的32个发达经济体和25个转轨或发展中经济体进行了平均值分析,并选择了 7 个典型的发达经济体和包括中国在内的 6 个转轨或发展中经济体进行比较,如表 3-4 所示。

表 3-4 2015 年按职能分类财政支出结构比较　　　单位:%

项目 经济体	一般公共服务	国防	公共秩序和安全	经济事务	环境保护	住房和社会福利设施	医疗保健	娱乐、文化和宗教	教育	社会保障
澳大利亚	13.0	4.5	4.6	11.8	1.9	2.1	18.5	2.1	14.2	27.3
中国香港	15.1	0.0	9.4	14.8	3.4	7.3	15.9	2.9	16.8	14.4
丹麦	13.5	2.0	1.8	6.7	0.8	0.4	15.6	3.2	12.8	43.0
日本	10.3	2.3	3.2	9.3	2.9	1.8	19.7	0.9	8.4	41.2
美国	13.8	8.8	5.4	8.6	0.0	1.4	24.3	0.7	16.3	20.8
新加坡	6.0	18.4	5.5	21.5	1.3	4.6	12.1	3.7	16.4	10.6
英国	10.6	5.0	4.7	7.1	1.8	1.1	17.8	1.5	12.0	38.4
发达经济体平均水平(32 个)	13.8	3.4	4.4	11.0	1.8	1.6	14.7	2.7	12.8	33.8
中国	8.6	4.2	4.3	27.7	2.3	8.2	8.9	1.5	12.3	22.0
印度尼西亚	47.7	5.2	3.3	12.0	1.2	7.0	4.8	0.7	16.7	1.5
南非	44.3	2.2	6.4	10.3	0.6	5.0	7.7	1.9	12.9	8.7
波兰	47.7	5.2	3.3	12.0	1.2	7.0	4.8	0.7	16.7	1.5
俄罗斯联邦	38.6	5.3	5.9	6.6	0.1	2.0	6.9	0.9	2.2	31.4
乌克兰	13.0	6.1	6.5	4.5	0.7	1.9	8.4	1.9	13.5	43.5
转轨或发展中经济体平均水平(25 个)	21.9	5.4	7.4	14.9	1.1	3.4	9.9	2.2	13.6	20.3

资料来源:根据国际货币基金组织网站数据整理。

注:发达经济体平均水平为国际货币基金组织网站上公布的 32 个经济体的平均水平,转轨或发展中经济体平均水平为 IMF 网站上公布的 25 个经济体的平均水平,中国的数据不含港、澳、台地区。

从各项财政支出占财政总支出的比重看,无论是发达经济体还是转轨或发展中经济体,排在前五位的支出均为一般公共服务、经济事务、医疗保健、教育、社会保障。但这两类经济体中,总体来看,前五位支出的排序却不相同,对于发达经济体,排序分别为:社会保障、医疗保健、一般公共服务、教育、经济事务;而对于转轨或发展中经济体,排序分别为:一般公共服务、社会保障、经济事务、教育、医疗保健。对于后者而言，一般公共服务和经济事务支出明显排位更靠前。

我国同年各项功能支出从高到低排列分别为：经济事务（27.7%），社会保障（22.0%），教育（12.3%），医疗保健（8.9%），一般公共服务（8.6%），住房和社会福利设施（8.2%），公共秩序和安全（4.3%），国防（4.2%），环境保护（2.3%），娱乐、文化和宗教（1.5%）。

无论是与发达经济体的平均水平相比，还是与转轨或发展中经济体的平均水平相比，我国经济事务支出占比均较高，医疗保健支出占比均较低。此外，虽然与转轨或发展中经济体的平均水平相比，我国的社会保障水平略高，但与发达经济体的平均水平相比，我国的社会保障水平明显偏低。我国的经济事务支出在2015年占全部财政支出的27.7%，明显高于转轨或发展中经济体14.9%的平均水平以及发达经济体11.0%的平均水平。这主要是因为我国还处于社会主义初级阶段，经济发展水平相对较低，政府承担了较多的经济发展职能，但同时也可能说明我国政府在利用财政资金引导社会资本投入经济建设的能力方面尚有不足。我国的医疗保健支出在2015年也远低于转轨或发展中经济体与发达经济体的平均水平。社会保障支出水平占22.0%，比转轨或发展中经济体平均水平20.3%高出1.7个百分点，但低于发达经济体33.8%的平均水平。与发达经济体相比，我国医疗保健和社会保障支出占财政总支出和GDP的比重均较低，反映了我国社会保障体系正处于建立和完善过程中的阶段性特征，而发达经济体社会保障制度早已比较健全，社会福利水平较高。随着人口老龄化进程的加快，发达经济体用于社会保障和医疗等方面的支出还在不断扩大，已成为政府支出中最重要的部分。

2. 财政支出经济性质结构

按照经济性质的不同，财政支出可以分为购买性支出和转移性支出，从二者在全部财政支出中的占比能够看出政府财政支出的方式，对分析政府职能具有重要意义。表3-5显示了2008—2016年部分国家按经济性质划分的两类支出结构情况。

表3-5　部分国家公共财政主要支出项目比重　　单位:%

国家	项目	2008年	2009年	2010年	2011年	2012年	2013年	2014年	2015年	2016年
澳大利亚	商品和服务支出	10.8	9.9	10.0	10.1	10.3	10.0	10.1	10.2	10.2
	利息支付支出	1.5	1.4	2.0	2.7	3.3	3.3	3.3	3.5	3.6
	补贴和其他转移	69.3	71.3	69.4	69.1	67.4	67.3	67.8	67.7	67.4
	军事支出	7.7	7.3	7.3	7.0	6.5	6.5	6.8	7.4	7.4
	其他支出	8.0	7.5	8.4	7.5	8.4	7.9	8.3	8.2	8.1

续表

国家	项目	2008年	2009年	2010年	2011年	2012年	2013年	2014年	2015年	2016年
加拿大	商品和服务支出	7.5	7.1	7.3	7.8	7.6	6.9	7.0	7.1	7.1
	利息支付支出	10.8	9.4	8.9	9.1	8.5	8.4	7.7	7.0	6.3
	补贴和其他转移	65.0	66.3	67.4	66.1	67.2	67.9	69.0	70.3	71.4
	军事支出	7.3	7.3	6.3	6.7	6.4	5.9	6.0	5.7	5.7
	其他支出	5.3	5.5	5.2	5.2	5.1	4.8	4.7	4.6	4.5
法国	商品和服务支出	5.8	5.9	5.7	5.7	5.7	5.7	5.6	5.7	—
	利息支付支出	5.6	4.6	4.5	5.1	5.0	4.4	4.2	3.9	—
	补贴和其他转移	50.7	51.6	50.4	51.8	52.3	53.0	54.0	54.9	—
	军事支出	5.0	5.1	4.7	4.7	4.6	4.6	4.6	4.7	—
	其他支出	3.4	3.3	3.2	3.4	3.4	3.4	3.3	3.2	—
德国	商品和服务支出	4.0	4.1	4.0	4.5	4.8	4.9	4.8	4.7	—
	利息支付支出	5.7	5.2	4.6	5.3	4.8	4.1	3.8	3.4	—
	补贴和其他转移	79.3	80.1	77.5	80.1	80.1	80.6	81.0	82.0	—
	军事支出	4.5	4.5	4.3	4.4	4.6	4.3	4.2	4.2	—
	其他支出	5.1	4.8	8.2	4.3	4.3	4.3	4.4	4.0	—
日本	商品和服务支出	5.3	5.2	4.9	4.6	4.8	5.4	5.6	5.5	—
	利息支付支出	10.9	9.3	9.7	9.2	9.3	9.3	9.4	9.5	—
	补贴和其他转移	61.1	66.3	67.8	68.5	68.7	68.7	68.8	68.7	—
	军事支出	6.0	5.3	5.5	5.2	5.3	5.2	5.4	5.4	—
	其他支出	15.9	13.2	11.5	11.9	11.4	11.1	10.1	10.2	—
韩国	商品和服务支出	6.8	10.8	11.1	10.9	12.0	13.2	13.4	14.8	—
	利息支付支出	6.8	5.0	5.7	5.8	5.7	5.6	5.7	5.3	—
	补贴和其他转移	60.2	56.9	58.1	58.6	59.1	62.5	62.3	61.8	—
	军事支出	13.6	13.5	14.0	13.6	10.1	10.4	10.6	10.6	—
	其他支出	15.4	17.2	14.8	14.6	13.4	8.6	8.3	7.7	—
英国	商品和服务支出	13.2	13.8	13.3	13.2	13.0	14.0	14.0	14.3	—
	利息支付支出	5.4	4.3	6.6	7.5	6.7	7.0	6.7	6.0	—
	补贴和其他转移	55.2	57.6	57.6	57.7	57.8	57.9	58.1	58.2	—
	军事支出	5.7	5.7	5.5	5.5	5.2	5.2	5.0	4.9	—
	其他支出	12.5	10.4	8.7	7.7	8.5	6.9	6.6	6.6	—
美国	商品和服务支出	9.8	9.4	9.8	9.4	9.3	8.3	7.8	7.5	7.2
	利息支付支出	11.5	9.6	9.7	10.8	10.9	10.8	11.0	10.7	11.2
	补贴和其他转移	59.5	61.1	62.7	62.1	62.3	63.9	64.5	65.6	65.6
	军事支出	18.4	18.1	17.8	18.0	17.6	16.5	15.3	14.5	14.4
	其他支出	9.1	10.0	7.8	7.6	7.4	7.0	6.8	6.5	6.3

资料来源：世界银行网站。

从上表可知，8个国家中，"补贴和其他转移"类的转移性支出所占的比重各年份都在50%以上，与之相反，"商品和服务支出"类的购买性支出所占的比重均在15%以下，尤其是德国，不到5%。由于这几个国家主要是发达国家，因此，政府的职能主要侧重于收入分配领域，从而，转移性支出所占比重较高。再从变化趋势上看，除澳大利亚外，其他国家转移性支出均出现小幅上升趋势，体现出这些国家的政府近年来不断强化财政的收入分配职能。

3. 财政支出行政级次结构

即不同级次的政府所承担的财政支出情况。从这种财政支出结构能够看出各级政府在财政支出中的责任，对分析中央与地方政府之间以及各级地方政府之间的财政关系具有重要意义。表3-6显示了2014—2016年OECD主要国家中央和地方财政支出占比情况，从中不难发现，多数国家地方财政支出均占全国财政支出的50%以上。

表3-6 OECD主要国家中央和地方财政支出结构   单位：%

国家	指标	2014年	2015年	2016年
奥地利	中央财政支出比重	—	61.9	—
	地方财政支出比重	—	38.1	—
法国	中央财政支出比重	34.0	34.4	34.9
	地方财政支出比重	66.0	65.6	65.1
德国	中央财政支出比重	17.5	17.3	16.9
	地方财政支出比重	82.5	82.7	83.1
希腊	中央财政支出比重	58.0	59.6	55.9
	地方财政支出比重	42.0	40.4	44.1
意大利	中央财政支出比重	33.0	32.9	33.1
	地方财政支出比重	67.0	67.1	66.9
日本	中央财政支出比重	—	16.3	—
	地方财政支出比重	—	83.7	—
瑞典	中央财政支出比重	37.8	37.8	36.4
	地方财政支出比重	62.2	62.2	63.6
英国	中央财政支出比重	75.4	71.5	75.5
	地方财政支出比重	24.6	28.5	24.5
美国	中央财政支出比重	—	51.5	—
	地方财政支出比重	—	48.5	—

资料来源：经济合作与发展组织网站。

(二) 财政支出结构变化趋势

从全球财政支出结构变化来看,财政支出中用于经济建设以及行政管理方面的购买性支出呈现出下降趋势,而用于医疗保健、教育、社会保障方面的转移性支出呈现出明显上升趋势。我国财政支出结构也呈现出了类似的变化趋势。

1. 按职能分类的财政支出结构变化

从职能分类看,无论是发达国家还是发展中国家,财政支出中用于教育、医疗保健、社会保障方面的支出比重都在持续上升,而用于经济事务等方面的支出都在下降。以美国为例,表 3-7 显示了 2007—2016 年美国按政府职能分类的财政支出情况。美国的财政支出中,社会福利性支出如医疗保健、社会保障、教育的比重较高。支出比例最高的支出项目始终是"医疗保健",2007—2016 年始终保持在 20% 以上,且基本呈现出显著上升趋势;排在第二位的是"社会保障",从 2009 年开始达到 20% 以上,也呈现出一定的上升趋势;排在第三位的是"教育",基本保持在 16% 以上,近几年相对稳定;而"国防"呈现明显的下降趋势,2013 年首次下降到 10% 以下,"经济事务"支出平均不足 10%,从 2009 年开始呈现明显下降趋势。

表 3-7　2007—2016 年美国按政府职能分类的财政支出情况　单位:%

年份 项目	2007	2008	2009	2010	2011	2012	2013	2014	2015	2016
一般公共服务	15.2	14.0	13.8	13.8	14.4	14.5	14.3	14.1	13.8	14.2
国防	10.7	11.0	10.8	11.0	10.9	10.6	9.8	9.2	8.8	8.5
公共秩序和安全	5.8	5.7	5.5	5.4	5.4	5.4	5.4	5.4	5.4	5.4
经济事务	9.8	10.3	9.8	9.3	9.1	9.1	9.1	9.0	8.6	8.8
环境保护	0.0	0.0	0.0	0.0	0.0	0.0	0.0	0.0	0.0	0.0
住房和社会福利设施	1.8	1.7	3.0	2.3	2.1	1.7	1.4	1.4	1.4	1.3
医疗保健	20.7	20.2	20.3	20.5	20.9	21.6	22.3	23.4	24.3	24.4
娱乐、文化和宗教	0.8	0.8	0.8	0.7	0.7	0.7	0.7	0.7	0.7	0.7
教育	17.1	16.6	16.0	16.0	15.9	16.0	16.2	16.2	16.3	16.1
社会保障	18.2	19.6	20.1	21.0	20.7	20.5	20.9	20.6	20.8	20.6

资料来源:经济合作与发展组织网站。

注:因四舍五入的原因,部分年份的加总不等于 100%。

我国自 2007 年以来,一些事关民生、事关基本公共服务均等化的支出呈现明显上升趋势,如"教育支出""农林水事务支出""城乡社区事务支出""交通运输支出""医疗卫生支出"等,如表3-8所示。与此同时,部分项目支出呈现明显下降趋势。随着政府职能的转变、政府预算公开的推进,以及中央八项规定的贯彻落实,政府"一般公共服务支出"呈现明显的下降趋势;"公共安全支出""国防支出"呈现出小幅下降趋势;随着城镇化的不断推进,"城乡社区事务支出"由2007年的6.5%上升至2017年的10.1%;与人民生活密切相关的"医疗卫生支出"也呈现出明显的上升趋势。

表3-8　2007—2017年我国公共财政主要支出项目比重　　　单位:%

年份 项目	2007	2008	2009	2010	2011	2012	2013	2014	2015	2016	2017
一般公共服务支出	17.1	15.7	12.0	10.4	10.1	10.1	10.0	8.7	7.7	7.9	8.1
外交支出	0.4	0.4	0.3	0.3	0.3	0.3	0.3	0.2	0.3	0.3	0.3
对外援助支出	0.2	0.2	0.2	0.2	0.1	0.0	0.1	—	—	0.2	—
国防支出	7.1	6.7	6.5	5.9	5.5	5.3	5.4	5.5	5.2	5.2	5.1
公共安全支出	7.0	6.5	6.2	6.1	5.8	5.7	5.7	5.5	5.3	5.9	6.1
武装警察支出	1.2	1.1	1.1	1.0	1.0	0.0	0.3				
教育支出	14.3	14.4	13.7	14.0	15.1	16.9	15.9	15.2	14.9	15.0	14.8
科学技术支出	3.6	3.4	3.6	3.6	3.5	3.5	3.9	3.5	3.3	3.5	3.6
文化体育与传媒支出	1.8	1.8	1.8	1.7	1.7	1.8	1.8	1.8	1.7	1.7	1.7
社会保障和就业支出	10.9	10.9	10.0	10.2	10.2	10.0	10.2	10.5	10.8	11.5	12.1
医疗卫生支出	4.0	4.4	5.2	5.3	5.9	5.8	5.9	6.7	6.8	7.0	7.1
环境保护支出	2.0	2.3	2.5	2.7	2.4	2.4	2.4	2.5	2.7	2.5	2.8
城乡社区事务支出	6.5	6.7	6.6	7.0	7.2	7.4	7.4	9.0	9.8	10.1	
农林水事务支出	6.8	7.3	8.8	9.0	9.1	9.5	9.4	9.3	9.9	9.9	9.4
交通运输支出	3.8	3.8	6.1	6.1	6.9	6.5	6.7	6.9	7.0	5.6	5.3
资源勘探信息等支出	—	—	—	—	—	—	—	3.3	3.4	3.1	2.5
国土海洋气象等支出	—	—	—	—	—	—	—	1.4	1.2	1.0	1.1
住房保障支出	—	—	—	—	—	—	—	3.3	3.3	3.6	3.2
车辆购置税支出	1.7	1.6	1.4	1.7	2.1	0.0	0.7	—			
地震灾后恢复重建支出	0.0	1.3	1.5	1.3	0.2	0.1	0.1				
其它支出	5.9	4.7	4.2	3.0	2.7	2.0	2.3	2.1	2.1	6.5	0.9

资料来源:《中国统计年鉴2018》,国家统计局网站。

2. 按经济性质分类的财政支出结构变化

从 2008—2016 年部分国家购买性支出和转移性支出结构变化看,购买性支出总体呈现下降趋势,而转移性支出则呈现出明显的上升趋势。

表 3-9 显示了我国 2000—2016 年财政支出经济性质结构变化。2000 年以来,直至 2008 年,我国购买性支出占全部财政支出的比重呈现出下降趋势,但 2009 年以来则呈现出上升趋势,这一变化在很大程度上是为了应对 2008 年以来的经济危机,国家实行积极的财政政策,扩大购买性支出的结果;2013 年与 2012 年相比又有比较大的上涨,也是应对 2012 年经济危机财政政策再次发力的表现。2016 年购买性支出比重出现近 1 个百分点的下滑,与之相对应,转移性支出上升将近 1 个百分点,这在很大程度上是因为 2016 年国家显著提高了养老、最低生活保障标准,并在全国范围建立困难残疾人生活补贴和重度残疾人护理补贴制度等。

表 3-9　2000—2016 年我国财政支出经济性质结构变化　　单位:%

年份＼项目	购买性支出比重	转移性支出比重
2000	67.32	32.68
2001	68.04	31.96
2002	66.41	33.59
2003	65.90	34.10
2004	58.11	41.89
2005	60.80	39.20
2006	61.35	38.65
2007	52.62	47.38
2008	52.39	47.61
2009	52.59	47.41
2010	53.86	46.14
2011	53.29	46.71
2012	53.99	46.01
2013	55.42	44.58
2014	55.49	44.51
2015	57.86	42.14
2016	56.87	43.13

资料来源:根据 2000—2017 年《中国财政年鉴》数据整理、计算得出。

3. 按行政级次分类的财政支出结构变化

从中央和地方财政支出结构变化看,各国中央和地方财政支出比例相对稳定,变化幅度不是很大。表3-10列示了我国1995—2017年中央和地方财政支出结构情况。可见，在我国财政支出行政级次结构中，自1995年以来中央财政支出占比呈现出明显的下滑趋势。

表3-10 我国1995—2017年中央和地方财政支出结构

指标 年份	全国财政支出/亿元	中央财政支出/亿元	地方财政支出/亿元	中央财政支出比重/%	地方财政支出比重/%
1995	6 823.7	1 995.39	4 828.33	29.2	70.8
1996	7 937.6	2 151.27	5 786.28	27.1	72.9
1997	9 233.6	2 532.5	6 701.06	27.4	72.6
1998	10 798.2	3 125.6	7 672.58	28.9	71.1
1999	13 187.7	4 152.33	9 035.34	31.5	68.5
2000	15 886.5	5 519.85	10 366.65	34.7	65.3
2001	18 902.6	5 768.02	13 134.56	30.5	69.5
2002	22 053.2	6 771.70	15 281.45	30.7	69.3
2003	24 650.0	7 420.10	17 229.85	30.1	69.9
2004	28 486.9	7 894.08	20 592.81	27.7	72.3
2005	33 930.3	8 775.97	25 154.31	25.9	74.1
2006	40 422.7	9 991.40	30 431.33	24.7	75.3
2007	49 781.4	11 442.06	38 339.29	23.0	77.0
2008	62 592.7	13 344.17	49 248.49	21.3	78.7
2009	76 299.9	15 255.79	61 044.14	20.0	80.0
2010	89 874.2	15 989.73	73 884.43	17.8	82.2
2011	109 247.8	16 514.11	92 733.68	15.1	84.9
2012	125 953.0	18 764.63	107 188.34	14.9	85.1
2013	140 212.1	20 471.76	119 740.30	14.6	85.4
2014	151 785.6	22 570.07	129 215.59	14.9	85.1
2015	175 877.8	25 542.15	150 335.62	14.5	85.5
2016	187 755.2	27 403.9	160 351.4	14.6	85.4
2017	203 085.5	29 357.2	173 228.3	14.7	85.3

资料来源：《中国统计年鉴2018》，国家统计局网站。

四、财政支出结构变化的理论分析

从理论上说，财政支出结构变化主要与经济发展水平、政府职能变化密切相关。

(一) 经济发展水平与财政支出结构

经济发展水平会影响财政支出职能结构和财政支出经济性质结构。

如果一国的经济发展水平较低,生产技术落后,那么该国政府追求的政策目标就是经济快速增长,相应地,在财政支出的安排中,用于经济建设方面的支出占比通常较高;反过来,如果一国经济发展水平较高,生产技术水平先进,经济保持了较高的增长速度,那么,该国政府追求的政策目标就转向为以提高生活质量为主,相应地,教育、医疗、卫生、住房保障等方面的财政支出就增加,比重也会较高。"经济发展阶段论"在解释财政支出增长的同时,其实也从经济发展阶段的视角解释了财政支出结构的变化。在这一背景下,财政支出职能结构会从经济建设为主转向社会管理为主,同时财政支出经济性质也从购买性支出为主转向转移性支出为主。

我国改革开放以来,国民经济蓬勃发展,经济总量连上新台阶,自2012年起GDP总量已经稳居世界第二位,成功实现了由低收入国家向中等收入国家的跨越,与此同时,我国的财政支出结构也从偏重经济建设支出,转向以向全社会提供包括教育、社会保障与就业、医疗卫生等公共服务方面的支出为主,转移性支出在全部财政支出中的比重也显著提高。

(二) 政府职能与财政支出结构

政府职能直接决定了财政支出职能结构、财政支出行政级次结构,同时也会影响财政支出经济性质结构。

财政是实现国家职能的分配工具,财政支出是实现国家职能的财力保证。因此,政府的职能及政府活动范围决定了一定时期内财政支出的项目、方向和比例,也就决定了财政支出的规模和结构。一般说来,实行计划经济体制的国家,都是由政府垄断社会资源,资源配置方式以政府集中配置为主,政府既承担了"社会公共需要"方面的事务,也承担了大量竞争性、经营性等方面的事务,因此,财政支出中经济建设支出所占的比重比较高,用于社会公益事业开支和社会保障开支等的比重较低。而实行市场经济体制的国家,以市场配置为资源配置的主要方式,政府的职能主要集中于社会管理领域,因此,财政支出中经济建设支出所占比重较低,而用于社会公益事业和社会保障等方面的开支比例明显较高,几乎没有用于竞争性、营利性领域的支出。

政府职能除了涉及政府和市场的定位外,还涉及不同层级的政府间职能的划分,从而影响财政支出的层级结构,如果政府职能主要由中央政府承担,则一般中央财政支出所占比重较高，反之则较低。

同时，国家职能的侧重点不同也会对财政支出结构产生影响。同样是实行市场经济体制且经济发展水平较高的国家，由于实行不同的福利政策，会直接影响社会保障支出占全部财政支出的比重。众所周知，北欧国家普遍实行高福利政策，因此，在全部财政支出中，用于社会保障方面支出的比重高于其他发达国家。例如，2015年，丹麦"社会保障"支出占全部财政支出的43.0%，同期美国为20.8%（见本章表3-4）。

从我国改革开放以来的实践看，随着经济体制由计划经济体制转向社会主义市场经济体制，随着让市场起决定性资源配置作用的不断实践，政府也逐渐从直接资源配置职能中解放出来，慢慢转变到强化宏观调控、弥补市场失灵的公共服务领域。因此，改革开放的过程也是我国政府职能转变的过程，而这种职能转变直接影响到财政支出职能结构。特别是近年来，转变政府职能，扭转政府职能错位、越位、缺位现象已成为深化行政体制改革的重要任务，财政支出职能结构的重心也逐渐向为社会提供公共服务转移。总体来说，改革开放以来我国政府购买性支出所占比重有了较大幅度的下降，同时，中央政府将更多的职责下放给地方政府，地方政府承担的财政支出份额逐渐增加。

第三节 财政支出的经济效应

财政支出作为政府满足其职能需要、最终满足社会公共需要的一项重要活动，必然对经济运行产生重要影响，我们将这种影响称为财政支出的经济效应。具体而言，通过对财政支出规模、结构以及具体支出形式的调整，可以产生不同的经济效应。

一、财政支出的收入效应

财政支出的收入效应是指财政支出会增加企业或者居民的收入水平。这种效应主要通过转移性支出实现，如对企业的补贴支出或者税式支出，对居民的补贴支出或社会保障支出等。这些财政支出对于企业或居民而言会直接增加其企业利润或者居民收入。利润、收入水平提高后，企业可以用来投资更多的项目，居民可以用来消费更多的物品或者服务。基于财政支出的收入效应，政府可以通过增加转移性支出的规模，从而对生产具有正外部性的产品和服务的企业或者一些特殊企业给予补贴，促进企业发展；对居民给予生活困难补助或者基本的生活保障，从而促进其生活水平的提高。

比如，《中华人民共和国企业所得税法》规定，企业从事农、林、牧、渔业项目的所得，从事国家重点扶持的公共基础设施项目投资经营的所得，从事符合条件的环境保护和节能节水项目的所得，以及符合条件的技术转让所得，可以免征、减征企业所得税；对符合条件的小型微利企业，减按20%的税率征收企业所得税；对国家需要重点扶持的高新技术企业，减按15%的税率征收企业所得税。这些税收优惠属于税式支出，是转移性支出的一种，通过对企业的减税、免税，实际上增加了企业收入。

再比如，我国实行的最低生活保障制度，也就是国家对家庭人均收入低于当地政府制定的最低生活标准的居民给予一定现金资助，保证了居民的基本生活需要。

二、财政支出的替代效应

财政支出的替代效应是指财政支出会相对降低产品或者服务的价格，消费者就可以花更少的钱用于该产品或者服务的购买，进而增加对其他产品或者服务的购买，也就是通过价格的相对变化，将财政支出的影响传导到其他产品和服务上，通过增加对其他产品和服务的消费替代了对受补贴产品或者服务的消费。例如，如果政府直接对企业给予价格补贴，促使产品或者服务维持在较低的价格水平上，那么消费者有可能将自己收入的更少份额用于该产品或者服务的消费，而将节省的资金用于其他消费；如果政府直接向消费者提供价格补贴，那么消费者可能将补贴资金的一部分用于该产品或者服务的消费，同样可以将节省的资金用于其他消费。也就是说，无论是将补贴资金给予企业还是消费者，都可能会发生替代效应。

结合收入效应的论述，当政府给予企业财政补贴时，可能会同时产生收入效应和替代效应。例如，假设消费者只消费A和B两种产品，如果政府对产品A给予价格补贴，对企业而言，产生了收入效应，并且会降低产品A的价格，由于价格下降，相当于变相提高了消费者的收入，消费者在同样的收入水平下，会增加对产品A的消费，因而对消费者而言，也发生了收入效应。但同时，消费者还会用"节省的资金"增加对B的消费，这发生了替代效应。其结果是，由于政府给予企业补贴，在收入效应和替代效应的双重作用下，消费者会同时增加对A和B的消费量，但对A的消费增加量通常大于对B的消费增加量。

收入效应和替代效应合起来也被称为激励效应，由于一项财政支出可能既有收入效应又有替代效应，所以应深入比较两类效应的大小，才能评判这项支出政策产生的激励效应。

三、财政支出的经济增长效应

财政支出的经济增长效应是指财政支出能够促进经济增长，而且，财政支出的增加，能够促进经济成倍增长。财政支出的经济增长效应主要通过乘数效应来实现。其主要原理在于，财政支出增加后，企业或者居民即获得相应的利润或者收入，从而引致企业扩大再生产或者是消费者消费的增加，即产生新的需求，带动经济发展，而供给这些企业或者居民的其他企业会开展新一轮扩大再生产，又产生了新的需求，带动经济的进一步发展，如此持续进行下去，一项财政支出的增加就会带动经济的倍数增长，这称为财政支出乘数。其按照财政支出经济性质的不同分为购买性支出乘数和转移性支出乘数。

由于购买性支出直接形成第一轮需求，而转移性支出在转移给企业或者居民后，他们会根据自己的消费意愿拿出其中的一部分进行投资或者消费，此时，财政支出中只有一部分会形成第一轮的需求，因此，购买性支出乘数要大于转移性支出乘数。而且因其发挥作用的时效性也强，当经济处于下行区间时，政府可以通过增加购买性支出促进经济较快恢复和发展。

四、财政支出的挤出效应

财政支出的挤出效应指财政支出增加所引起的私人消费或投资降低的效果。挤出效应表现在两个方面：一是政府的财政支出会通过税收机制减少私人部门可支配的收入，也就是说，政府财政支出资金是通过税收筹集的，这些税收会直接减少私人部门可支配的收入，从而使私人消费的支出被"挤"掉了；二是政府财政支出的增加通过借债会使债券市场上的资金利率提高，也就是说，由于政府借债使得市场上对资金的需求增加，抬高了资金的成本，从而导致私人部门的投资减少甚至退出。

五、财政支出的收入分配效应

财政支出的收入分配效应是指政府的财政支出可能会导致利益转移的现象，从而使财政支出带来的利益产生再分配。也就是说，一项财政支出可能不会使目标群体受益，而使非目标群体受益了。如住房补贴支出的目的在于补助穷人，但其在短期内会造成住房需求的增加，从而引致房价的上涨，以致真正获益的是富人而不是穷人。再如对老人的医疗保健支出，很可能使其子女受益，特别是当老人生病时更是如此。

可见，要评估一项财政支出的经济效应，要综合以上五个方面的效应来分析，才能真实评价其是否达到了预定的政策目标。

第四节　财政支出绩效

一、财政支出绩效的内涵

无论是社会经济组织的支出还是政府的财政支出，其实质都是社会资源的一个组成部分。由于资源的有限性，不管是社会经济组织还是政府，都必须重视资源的利用效率。要提高资源利用效率，一是要实现资源的优化配置，在各经济主体之间合理配置资源，可以使所有的资源都得到充分利用，避免资源的浪费；二是在资源的使用过程中，尽可能地提高每一单位资源的利用效率，即任何支出都要考虑投入产出问题，也就是绩效。

所谓绩效是一个组织或个人在一定时期内的投入产出情况，投入指的是人力、物力、财力等各种有形和无形资源，产出指的是工作任务在效率、效益及效果方面的完成情况。基于此，财政支出绩效，主要是从政府的角度来分析财政支出安排过程中投入的人力、物力、财力以及产出或者公共服务提供方面的效率、效益及效果情况。

财政支出绩效评价制度最早起源于 20 世纪 50 年代的西方国家，作为改造政府、提高政府效能的重要措施之一逐渐推广，是目前多数市场经济国家普遍采用的做法。对财政支出进行绩效评价的基本理论依据是受托责任理论，该理论认为政府不仅负责花钱，更要对花钱所产生的结果负责。财政支出绩效评价是指财政部门和预算部门（单位）根据设定的绩效目标，运用科学、合理的绩效评价指标、评价标准和评价方法，对财政支出的经济性、效率性和效益性进行客观、公正的评价。

社会经济组织与政府财政都对其支出进行绩效评价，但二者之间在绩效评价上存在许多差别。

（一）二者衡量效益的标准不同

由于社会经济组织从事生产经营活动的目的是为了获利，因此在进行效益分析时，衡量某项支出是否有效益，其标准很简单，就是经济效益。只要该项支出带来的收益大于其所花费的成本，就视为有效益，收益比成本大得越多，效益越高；而在财政支出效益分析中，衡量效益的标准就没有那么简单了。由于政府职能的范围非常广泛，财政支出的内容相应地非常丰富。不同的财政支出项目使用方向不同，其所获得的效益也不一样。有些支出项目有直接的经济效益，而有些支出项目却只有社会效益，还有些支出项目既有一定的经济效益，又有一定的社会效益。因此，在财政支出效益分析中，衡量某项支出是否有效益，其标准是双重的，既要考虑支出的经济效益，又要考虑支出的社会效益。而且，当经济效益与社会效益发生冲突时，财政支出应坚持社会效益优先、兼顾经济效益的原则。

（二）计算"所得"与"所费"的范围不同

社会经济组织在进行效益分析时，只计算自身的各项成本费用与收益，不考虑其他人为之付出的成本费用及从中获取的利益。而财政支出效益分析则不仅要计算自身的成本费用与收益，而且必须将外部性计算在内，站在全社会的高度来核算各项支出的成本效益。

（三）择优的标准不同

社会经济组织在进行效益分析、确定某项支出是否应该进行时，其择优标准很简单，即自身经济利益最大化；而财政的择优标准却不是自身经济利益最大化，而是社会整体利益的最大化。因此有些支出项目，就财政自身而言效益很差，甚至是赔本的，但由于其给社会带来的社会效益或经济效益很大，财政仍然要安排该项支出。

二、财政支出绩效的评价方法

政府的职能范围十分广泛，财政支出的用途也多种多样。不同财政支出的绩效评价方法不一样，通常包括成本效益分析法、比较法、因素分析法、最低成本法、公众评判法等。成本效益分析法是指将一定时期内的支出与效益进行对比分析，以评价绩效目标实现程度；比较法是指通过对绩效目标与实施效果、历史与当期情况、不同部门和地区同类支出的比较，综合分析绩效目标实现程度；因素分析法是指通过综合分析影响绩效目标实现、实施效果的内外因素，评价绩效目标实现程度；最低成本法是指对效益确定却不易计量的多个同类对象的实施成本进行比较，评价绩效目标实现程度；公众评判法是指通过专家评估、公众问卷及抽样调查等对财政支出效果进行评判，评价绩效目标实现程度。

（一）成本效益分析法

成本效益分析法是指根据某项支出的目标，设计若干实现该目标的方案，并测算各方案的全部预期成本和全部预期效益，通过比较分析，选择最优支出方案的方法。成本效益分析法的概念首次出现在19世纪法国经济学家帕帕特的著作中，被定义为"社会的改良"。其后，这一概念被意大利经济学家帕累托重新界定。到1940年，美国经济学家卡尔德和希克斯对前人的理论加以提炼，形成了"成本—效益"分析的理论基础即卡尔德—希克斯准则。成本效益分析一般分为六个基本步骤：确定政府项目要实现的目标；列举成本和效益；测算成本和效益；测算贴现成本和效益；选择决策标准；选定项目。该方法适用于那些有直接经济效益的财政支出项目，如发电厂、自来水厂等投资性支出项目。采用成本效益分析法时，基本做法与企业效益分析方法相同。就某项支出进行效益分析时，首先制定多种不同的实现支出目标的方案。然后列出各方案的成本支出（用 c 表示）、收益（用 b 表示），并对成本收益进行分析比较，选择净效益最大的支出方案，即使得 $(b-c)/c$ 的比值最大化。财政支出成本效益分析法与企业成本效益分析法不同的地方在于财政支出效益分析必须考虑外部性问题，从整个社会的角度核算成本与效益。其分析过程远比企业的效益分析过程复杂得多，工作量也大得多。

具体而言，财政支出项目的成本和效益包括真实的和名义的、直接的和间接的、有形的和无形的、中间的和最终的、内部的和外部的成本和效益。其中，真实的成本是指财政支出项目所利用资源的实际成本，真实的效益是指项目的最后消费者获得的实际收益，名义的成本和效益（虚假成本和效益）是指受到市场上相对价格变化影响的成本和效益；直接的成本和效益是指与项目支出直接相关的成本和效益，而间接的成本和效益则属于项目的"副产品"，与项目支出非直接相关；有形的成本和效益是指能够以市场价格加以计量的成本和效益，无形的成本和效益是指不能用市场价格直接估价的成本和效益；中间成本是指在项目成为最终产品之前，由于其他经济活动的加入所产生的成本，最终成本是指项目作为最终产品所产生的一切成本，中间效益是指有利于其他产品的生产而间接提供的效益，最终效益则是指项目为消费者直接提供的利益；内部成本和效益主要指项目所在辖区范围内发生的成本和效益，外部成本和效益是指项目辖区范围外发生的成本和效益。

成本效益分析的最终目的是要帮助政府决策者做出有效率的支出决策。这首先需要选择科学的支出项目评估标准。在成本效益分析的实际应用中，决策标准多种多样，在此只介绍三种常用标准：净现值标准、收益成本比率标准、内部收益率标准。

1. 净现值标准

为了确定一个项目的收益是否大于其成本，我们需要计算该项目的净现值，即按净现值标准判断一个项目是否可行。净现值的计算公式为：

$$\text{NPV} = B_0 - C_0 + \frac{B_1 - C_1}{(1+i)^1} + \frac{B_2 - C_2}{(1+i)^2} + \frac{B_3 - C_3}{(1+i)^3} + \cdots + \frac{B_n - C_n}{(1+i)^n} = \sum_{t=0}^{n} \frac{B_t - C_t}{(1+i)^t}$$

式中，NPV 代表净现值，B_t 代表第 t 年的收益，C_t 代表第 t 年的成本，n 代表项目的期限，i 代表折现率。如果 NPV>0，说明项目可行。

2. 收益成本比率标准

收益成本比率标准，即用公共支出项目周期内的收益现值除以成本现值来判断项目是否可行。其计算公式为：

$$\text{CBR} = \sum_{t=0}^{n} \frac{B_t}{(1+i)^t} \bigg/ \sum_{t=0}^{n} \frac{C_t}{(1+i)^t}$$

式中，CBR 代表收益成本比率，B_t 代表第 t 年的收益，C_t 代表第 t 年的成本，n 代表项目的期限，i 代表折现率。当 CBR>1 时，该项目可取。

3. 内部收益率标准

内部收益率（IRR）是让一个项目的 NPV 为零的折现率。随着折现率的提高，净收益的现值降低，终究会在某一点上恰好等于成本的现值，这时的折现率称为内部收益率。假定 B_t 是项目在第 t 年的收益，C_t 是项目在第 t 年的成本，项目周期为 n，如果存在 $i>0$，使得 $\sum_{t=0}^{n}(B_t - C_t)/(1+i)^t = 0$，此时的 i 称为内部收益率。内部收益率解决了在支出方案的收益与成本相等时，项目的收益率是多少的问题。公共支出项目是否可行，常用的标准是：内部收益率大于该项目投入资金的机会成本。

假如某一个项目的收益率为 4%，而政府将资金投在其他方面的收益率为 3%，那么，这个项目就是可行的。相应的比较标准是：如果两个不可兼得的项目都可行，那么，IRR 值大的项目更可取。但是，根据内部收益率来确定项目，可能出现差错。假设有两个项目 X 和 Y。项目 X，总支出为 1 000 元，一年后收益为 1 120 元，内部收益率为 12%。项目 Y，总支出为 10 000 元，一年后收益为 11 000 元，内部收益率为 10%。再假定政府以 6% 的利率自由筹措资金，根据内部收益率标准，很显然，项目 X 优于项目 Y，但是政府只能从项目 X 得到 60 元的利润，而从项目 Y 可得到 400 元的利润，与根据内部收益率标准得出的结论相反，政府应选择项目 Y，因为它的利润大。所以说，当两个项目规模不同时，用内部收益率来判断哪个更优是不可靠的。

用收益成本比率标准判断一个项目是否可行，运用这个规则总能得到正确答案。如 $\beta>1$，即：$B/C>1$ 等价于 $B-C>0$。但它的弊端是只注重收益与成本比的大小，忽视收益与成本的绝对规模。如要比较两个收益成本比率都大于 1 的项目，收益成本比率标准就无能为力了。例如，有两个项目 X、Y，前者的收益为 2 500 万元，成本为 1 000 万元，后者的收益为 2 000 万元，成本为 1 000 万元。显然，项目 X 的收益成本比率为 2.5，而项目 Y 的收益成本比率为 2，按收益成本比率比较，项目 X 要优于项目 Y，因为项目 X 的收益成本比率要大于项目 Y 的收益成本比率。现在假定，在计算项目 X 时，忽视了 400 万元的损失未计入，如果把这个因素考虑为收益的减少，那么，项目 X 的数据需要修正。其收益成本比率就变为 2.1（2 100/1 000＝2.1），由此可知，项目 X 仍优于项目 Y。但如果把 400 万元看做成本增加，则项目 X 的收益成本比率为 1.79，这样项目 Y 就优于项目 X 了。

为什么评价项目 X 和项目 Y 会有两种相反的结论呢？这里的问题究竟出在何处呢？问题出在对项目 X 400 万元损失的处理方式不同。因为 400 万元的损失既可看做成本增加，也可看做收益减少。在这里，正是把 400 万元视为成本增加，才导致项目 X 的收益成本比率小于项目 Y 的收益成本比率。由此可以看出，考虑问题的角度不一样，相同的事实却会得出不同的结论。这是收益成本比率分析的一个缺陷。

如果用净现值标准就不会发生这种情况，因为它依据的是收益和成本之间的差额，而不是它们之间的比率。由此得出结论：内部收益率和收益成本比率都可以用于成本效益分析，但可能导致错误的结论，而用净现值标准来进行评价是三种方法中最优的。三峡工程的成本效益分析参见专栏 3-2。

专栏 3-2　三峡工程的成本效益分析

20 世纪 80 年代中期，中国政府组织了 400 多位专家和数千名勘测、调查、试验、设计和研究人员参加了三峡工程的论证工作，对三峡工程的成本效益进行了深入系统的分析（见表 3-11），得出三峡工程可行的结论，1994 年三峡工程得以正式开工。

三峡工程的效益主要体现在：（1）提高防洪标准，可使荆江河段的防洪标准从 10 年一遇提高到 100 年一遇；（2）发电收益，三峡水电站年发电量 840 亿 kW·h，每年可替代煤炭 4 000 万~5 000 万吨；（3）改善航运，三峡工程修建后，万吨级船队可直达重庆，运输成本可降低 35%~37%。

三峡工程的直接成本主要体现在工程建设成本、淹没农田和移民带来的成本等方面。按照1986年年末物价水平，估算三峡项目的静态总投资为361.1亿元，其中枢纽工程投资为187.7亿元，水库移民投资为110.6亿元，电网的输变电投资为62.8亿元。此外，三峡工程对库区及长江流域的环境和生态的影响也较大。

按影子价格和10%的社会折现率，对三峡工程本身的投入、产出和早建、晚建、不建三峡工程进行动态经济分析表明，三峡工程的净现值为131.2亿元，经济内部收益率为14.5%。说明从国民经济总体角度衡量，兴建三峡工程是有利的。

对早建（假定1989年开工）、晚建（假定2001年开工）、不建（以其他工程替代）进行了综合分析，结果表明，三峡工程早建方案费用总现值最小，晚建方案费用现值大于早建方案，但小于不建方案。说明三峡工程建比不建好，早建比晚建有利。

表 3-11　三峡工程相关的成本和效益

类别	直接的		间接的	
	成本	效益	成本	效益
有形的	工程投资、移民支出	发电收入	库区农产品减少	缓和两地区的能源供应紧张、煤炭运输巨大压力
无形的	淹没资源	防洪、航运	库区环境破坏、人防、防震	减少两地区环境污染、库区旅游业发展

资料来源：长江水利委员会：《长江三峡水利枢纽可行性研究报告》，《三峡工程科技通讯》1992年第1期。汪晓东：《长江勘测规划设计研究院院长、中国工程院院士钮新强——详解三峡工程四大效益》，《人民日报》2015年12月18日。

（二）比较法

比较法是一种相对评价方法，其适用范围是，当绝对评价标准难以确定，或所使用的客观尺度不尽合理时，必须采取其他的相对方式来衡量绩效。具体来说，比较法是指按照统一的标准对评价对象进行相互比较，以确定各评价对象绩效的相对水平。这种评价方式在操作上相对简便，省去了一些复杂的量化步骤，主要适用于财政项目资金管理等评价标准的确定较为复杂的项目。常用的比较法有排序法、一一对比法和强制分配法等。排序法就是对提供的备选方案按照绩效的优劣进行顺序排列，这样的方法省略了一些无法确定量化的计量，设计和应用成本较低，对进行绩效评价的部门专业要求不高，因此在一定时期内得到了较大范围应用。但是这种方法缺乏客观标准，可能会受到更多主观因素或者各主管部门决定的影响，使评价结果带有一定的随意性。一一对比法是在排序法基础上对其缺陷进行完善后提出的方法，它是将所有的备选方案进行一对一的比较，比排序法整体排列更具有说服力。但是这种方法依然没有提出客观评价标准，并且工作量大大增加。强制分配法相比于前面两种方案加入了更多的定量因素，这个方法根据正态分布规律，将评价对象强制划分为若干等级，在比例上具有相对固定性。这种方法对技术人员提出了较高要求，要求收集大量数据进行分析考察来确定等级的具体分布，对评价指标的确定也需要制定合理标准，实施成本相对也会提高，比较适用于绩效评价体系较为完善的地区和部门。

（三）因素分析法

因素分析法又称指数因素分析法，是利用统计指数体系，分析现象总变动中各个因素影响程度的一种统计分析方法。因素分析法是现代统计学中的一种重要方法，是多元统计分析的一个分支，具有极强的实用性。使用这种方法能够把一组反映事物性质、状态、特点的变量，通过科学的方法，精简为几个能够反映出事物内在联系的、固有的、决定事物本质特征的因素。财政支出绩效评价因素分析法是指将影响项目投入和产出的各项因素罗列出来进行分析，计算投入产出比从而对项目进行评价的方法。很多公共项目都可以用因素分析法，通过不同因素的权重评比，进行综合评分，最终确定项目的效率性和效益性。采用此种方法的关键在于权重的分配，即如何通过合理配比使得整个评价过程客观全面，并且符合不同项目的实施特点。

（四）最低成本法

最低成本法，也称最低费用选择法，是指根据某项财政支出的目标，制定若干支出方案，通过比较不同方案成本支出的大小，选择其中成本支出最低的方案作为拨付财政资金依据的方法。这种方法适用于那些没有直接的经济效益，只有社会效益，而且其产品也不能进入市场的财政支出项目的效益分析，换句话说，其成本易于计算但效益不容易计量。例如国防支出、社会保障支出等，就适合使用这种绩效评价方法。该方法比较易于操作，只需就某项支出制定不同的方案，然后对各方案的成本支出进行比较，成本支出最小的方案即为最优方案。该绩效评价方法本身简便易行，但其关键在于如何使成本支出最小的支出方案达到与成本支出更大的方案相同的效果。

运用最低成本法的步骤大体如下：首先，根据政府确定的目标，提出多种备选方案以供选择。其次，以货币单位为统一尺度，分别计算出各备选方案的各种有形费用并予以加总。在计算成本的过程中，如果遇到需要多年安排支出的项目，也要用贴现法折算出现值，以保证备选方案的可比性。最后，按照计算出的成本进行高低排序，以供决策者选择。在目标既定的情况下，成本最低的备选方案为最优方案。

（五）公众评判法

公众评判法是指通过专家评估、公众问卷及抽样调查等方式，对财政支出的效率性和效益性进行评判，进而评价绩效目标的实现程度。对于无法直接用指标计量其效益的支出项目，可以选择有关领域的专家进行评估，或对社会公众进行问卷调查以评判其效益。专家评估主要是聘请有关专家，就评价对象的某一方面进行评价、判断。专家根据绩效评价项目的特点，可以采用多种评判形式，包括"背靠背"或"面对面"评议，或二者相结合的综合评价方式；而对社会公众的问卷调查，则可以通过设计不同形式的调查问卷，将需要进行考评的内容涵盖在设计的问题中，然后将问卷发放给公众填写，在发放过程中需要保证人群的随机性和广泛性。最后汇总分析调查问卷，得出评价结果。

与其他评价方法相比，公众评判法具有民主性、公开性的特点。它最大范围地吸收了社会力量的参与，使整个绩效评价过程较为充分地表达了社会公众的诉求，同时也保证了实施过程的透明化。这种评价方法由于其具有公开性的特点，适用于对公共部门提供的公共服务或者财政参与投资建设的公共设施等进行评价，但需注意设计好相应的评估方式，设计好调查问卷的内容以及有效选择被调查的人群。

第五节　财政支出改革

一、科学界定财政支出范围

政府职能是财政支出的依据，对政府职能的合理界定是保证财政支出范围合理的前提。改革开放以来，我国政府职能经历了从计划经济条件下的"全能型政府"向市场经济条件下的"有限政府"转变的深刻变化。随着1998年开始建立公共财政基本框架，我国政府职能开始由生产建设型向公共服务型转变，财政支出的范围也随之发生了明显的变化。新时期，财政支出改革应以政府职能的合理定位为前提，充分发挥市场在资源配置中的决定性作用，加快政府职能转变，积极推动政府从全能型政府向有限政府、服务型政府和法治政府的转变，强化政府的社会管理和公共服务职能，满足社会公共需要的要求，据此科学界定财政支出的范围与层次，以更好地发挥政府作用。

（一）厘清政府与市场间资源配置的职责边界

在完全竞争市场条件下，通过市场的自发调节，各种社会资源可以得到有效合理的利用，资源配置可以自动达到帕累托最优。但完全竞争市场是一种理想的市场状态，在现实情况中，完全竞争市场存在的前提条件可能得不到完全满足，会存在市场失灵，这为政府干预提供了空间。但政府的干预必须严格限制在出现缺陷的经济活动领域，避免过度干预对市场有效运转造成损害，即"越位"。同时，也应该尽量避免政府对市场干预的不足，即"缺位"。此外，也要尽量避免政府无效干预的出现，即"政府失灵"——政府干预的领域、方式选择失当，不能弥补市场失灵和维持市场机制正常运行的合理需求。

（二）厘清政府与社会的职责边界

在厘清政府与市场边界的基础上，还要进一步厘清政府与社会的职责边界，即将政府行政管理与社会自我管理分开。按照政事分开、事企分开、管办分开、营利性与非营利性分开的要求，积极稳妥推进科技、教育、文化、卫生、体育等事业单位分类改革；调整和规范政府管理的事项，深化行政审批制度改革，减少政府对微观经济活动的干预；继续优化政府结构行政层级、职能责任，深入推进大部门体制改革，着力解决机构重叠、职责交叉、政出多门等问题；同时政府应该灵活运用监督、融资和生产三种角色，充分发掘社会其他主体的潜力，以最小的成本和最能发挥微观主体积极性的方式实现公共产品和服务的供应。《国务院关于第六批取消和调整行政审批项目的决定》（国发〔2012〕52号）对于"政社分开"做了进一步的诠释："凡公民、法人或者其他组织能够自主决定，市场竞争机制能够有效调节，行业组织或者中介机构能够自律管理的事项，政府都要退出。凡可以采用事后监管和间接管理方式的事项，一律不设前置审批。"

二、调整优化财政支出结构

政府是维持社会经济发展的组织基础，因此一定的经济事务支出和一般公共服务支出是必要的。但从财政支出的职能结构上看，目前我国经济事务支出仍然较大，一般公共服务支出仍有压缩空间，而用于教育、医疗卫生、社会保障等方面的"民生支出"① 略显不足。未来，应按照党的十八届三中全会、十九大的精神和转变经济发展方式的要求，着眼于建设人民满意的服务型政府，合理安排各项支出，完善公共服务体系，保障群众基本生活，不断满足人民日益增长的美好生活需要。

（一）教育支出

一是继续加大财政对教育的投入力度。在安排预算时，中央和地方应据实增加财政预算内教育支出总额。同时还要拓宽教育经费来源，建立多元化的筹资机制。二是进一步优化财政教育支出结构。鉴于目前我国教育资源在区域间、城乡间配置不合理的状况，一方面，中央政府可考虑采用有条件转移支付方式，支持欠发达地区教育发展，缩小区域间教育资源的差距。另一方面，应进一步加大财政对农村义务教育的支持力度，实行城乡统一的公用经费标准，消除义务教育阶段生均教育经费的城乡差异，不断改善农村义务教育条件，提高农村义务教育质量。此外，还要及时调整教育支出的内部结构，加大对教育"软实力"的投入力度。

（二）医疗卫生支出

一是继续加大财政对医疗卫生的投入力度。鉴于目前我国财政医疗卫生支出不足的状况，一方面继续增加财政医疗卫生支出额度；另一方面提高财政医疗卫生支出占教科文卫事业费的比重，促使教科文卫事业协调发展。与此同时，政府要采取多种措施，鼓励和动员社会资源投入医疗卫生领域，增加医疗卫生服务的提供，以满足人们对医疗卫生的需要。二是优化财政医疗卫生支出结构，实现城乡医疗卫生服务均等化。实现城乡基本医疗卫生服务均等化是政府财政的重要职能。众所周知，财政在农村基本医疗保障体系和基本医疗服务体系中的投入长期不足，导致新型农村合作医疗制度不完善，许多县、乡医疗卫生机构特别是贫困地区的县、乡医疗卫生机构设备简陋老化，基本和必要的医疗条件匮乏。为此，财政必须调整新增卫生投入的流向，将公共资源更多地投入市场不足或者容易发生市场失灵的领域，即农村地区的医疗服务体系建设和基本医疗保障体系建设，重点支持县、乡两级医疗卫生机构，改变基层医疗卫生机构设备老化、缺医少药的格局，并不断完善新型农村合作医疗制度，提高新农合报销比例，发挥公共财政在促进公共服务均等化上的积极作用。

---

① 民生支出主要涉及教育、医药卫生体制改革、保障性安居工程、覆盖城乡居民的社会保障体系的建立、农业农村基础设施建设、支持节能减排和科技创新等。

(三) 社会保障支出

党的十八届三中全会通过的《中共中央关于全面深化改革若干重大问题的决定》明确指出，要建立更加公平可持续的社会保障制度；实现基础养老金全国统筹，整合城乡居民基本养老保险制度、基本医疗保险制度；推进城乡最低生活保障制度统筹发展；建立健全合理兼顾各类人员的社会保障待遇确定和正常调整机制；健全社会保障财政投入制度，完善社会保障预算制度等。党的十九大报告中指出，要"加强社会保障体系建设"，"按照兜底线、织密网、建机制的要求，全面建成覆盖全民、城乡统筹、权责清晰、保障适度、可持续的多层次社会保障体系"。基于此，一是提高社会保障支出占财政支出的比例，增加财政对社会保障的投入金额，并建立固定增长的投入机制。二是缩小城乡社会保障支出差距。一方面，要打破城乡二元体制，统筹城乡经济发展，加大农业科技投入，提高农民受教育与培训的程度，加快农业产业化进程，大幅度增加农民收入，为农村社会保障的完善夯实基础。另一方面，必须扭转财政社会保障支出过于偏向城市的做法，从向城市倾斜改为向城乡平衡过渡，进一步加大对农村社会保障的支持力度，促进城乡社会保障事业的协调发展。

三、持续改进财政支出方式

在我国经济发展进入新常态，国家提出创新驱动战略之后，如何更有效地利用财政支出方式，提高资金使用效益，缓解财政支出压力，促进国家战略实现等，是我们必须思考的问题。

(一) 分类甄选财政支出方式

财政支出方式的选择应以财政支出的特点和目标为主要依据，以提高财政支出效率、改善财政支出效果为主要目标。结合我国现阶段的具体情况，针对财政支出的不同职能，在探索新的财政支出方式的基础上，区分不同的财政支出领域选择不同的财政支出方式。

一是对于一般公共服务、国防、立法和司法、治安、环境保护、基础科学研究、尖端前沿技术研究、义务教育、计划生育、公共卫生防疫等纯公共产品，政府应该选择足额、无偿的财政支出方式。

二是对于基础设施中的农村道路、城市道路，一般选择足额支出的方式；对于高速公路等存在收费可能的道路，可选择有偿或部分财政支出的方式。对于供水、供电、管道煤气等垄断性的基础设施应选择有偿支出的方式，政府对其进行直接投资经营。对于港口、机场、流域治理等具有外部性的基础设施，适宜选择部分支出的方式，特别是在公共财政困难之时，PPP 是解决其供给的有效途径之一。

三是对于教育的财政支出方式选择要根据不同阶段教育而有所区分。对义务教育而言，应选择无偿、足额的支出方式。对非义务教育阶段的教育产品，国家可选择部分支出的方式并对其补助。对于一些根据市场需求提供的职业教育可以根据需要选择有偿支出的方式进行扶持。

四是对于具有外溢性的文化、科技、卫生等准公共产品，应根据其外溢程度的高低，选择合适的支出方式。外溢程度较高的准公共产品，可选择承担全部支出的方式，也可选择承担部分支出的方式，这要根据国家的财政实力和公共产品的重要性等具体情况而确定。而外溢程度较低的准公共产品，政府应在控制其经营性收费价格的基础上通过财政补贴和税式支出等方式进行扶持。

五是对于具有稳定收入来源的经营性事业单位，如地方一般性剧团、非学术性杂志社、专业技术学校、地方性医院、康复中心，应适度采取有偿支出的方式给予支持。

六是对国民经济进行宏观调控时，对具有正外部性的准公共产品和税收弹性明显的领域，适宜选择隐性支出方式中的税式支出方式。从财政支出的具体项目来看，购买性支出只能采取显性支出方式，转移性支出中的社会保险支出和社会福利救济支出，也适合采用显性支出方式。

（二）优化财政拨款方式

一是要健全地方各级分税制财政体制，减少财政拨款环节。中央和地方分税制财政体制确立后，应加快建立省、市、县、乡（镇）各级分税管理体制，特别是完善乡（镇）财政管理体制，制定科学的县对乡（镇）转移支付制度，提高财政资金的分配效率，缓解收支矛盾。

二是要扩大推行政府采购制度、增加财政拨款的透明度。政府采购制度是一种行之有效的支出管理制度，它通过引入公开透明、公平竞争、公正的择优机制，能为政府部门采购到"物有所值"的货物、工程或者服务，为世界许多国家所采用。国内外的实践证明，实行政府采购制度，不仅总量节约，还提高了财政支出资金的效率，财政资金可以从国库账户直接进入采购账户，规范了政府分配，减少了分配环节，节约了分配时间，扩大了财政分配资金总量。

（三）推进财政补贴改革

一是清理整顿现行的补贴项目，合理确定补贴范围。对财政补贴项目要进行清理、筛选、压缩，补贴范围应主要集中在以下领域：（1）农副产品生产和流通领域。通过财政补贴的介入，以改善农业在市场竞争中的不利地位，保护农民利益，保持主要农副产品生产和供应的稳定。（2）固定资产投资领域。在市场化的固定资产投资活动中，非政府投资主体的投资占有举足轻重的作用，政府要贯彻国家产业政策，除直接投资外，还需要利用贴息，以及对某些需要发展的产业、企业、产品实行减免税等间接的财政补贴来诱导主体的投资方向。（3）重要的国有企业。如军工、航天、铁路、邮政承担政府赋予的某些特殊责任而发生亏损的企业，需要进行财政补贴。四是社会公益事业。

二是要制定科学合理的补贴标准，逐步减少补贴数额。必要的补贴项目，也要制定科学合理的补贴标准，大力压缩补贴规模，使之与国家财力相适应。

三是要改进补贴方式。变暗补为明补，增加补贴的透明度，变全民福利性补贴为目标补贴，变刚性补贴为弹性补贴，使补贴适时、适度，变被动补贴为主动补贴，变事前补贴为事前事后相结合补贴，以更好发挥财政补贴效益。

四是改善财政贴息的实施效果。财政贴息要以产业政策为依据，以市场为导向，以优化产品产业结构为目标。要突出重点，兼顾一般，对重点骨干企业的技术改造和技术引进项目给予优先扶持，充分发挥贴息资金的扶持、引导和带动作用。要有利于优化企业的资本结构，提高经济效益及增加社会就业。

五是明确税式支出的政策目标。根据当前的国际形势和我国的基本国情，在界定税式支出范围的基础上，应明确税式支出的政策目标。具体地说，可以把科技创新作为税式支出的第一政策目标，把产业结构调整作为税式支出的第二政策目标，把吸引和利用外资作为税式支出的第三政策目标。税式支出政策应积极配合国家宏观经济调控目标，鼓励企业技术进步，激励出口产业，提高企业市场竞争能力；鼓励各类企业和个人投资，鼓励发展多种类型经济，扩大就业、促进再就业；鼓励特定产业和部门的投资，激励产业结构调整，促进市场主体的公平竞争；鼓励对落后地区的投资，激励外商投资，促进中西部经济快速发展，从而实现科技兴国战略、就业优先战略、西部大开发战略和走新型工业化道路、全面建设小康社会的总体目标。

四、全面推进财政支出绩效评价

2018年，《关于全面实施预算绩效管理的意见》（简称"意见"）对全面实施预算绩效管理的必要性、总体要求、目标等作出了规定。"意见"提出，全面实施预算绩效管理是推进国家治理体系和治理能力现代化的内在要求，是深化财税体制改革、建立现代财政制度的重要内容，是优化财政资源配置、提升公共服务质量的关键举措。要构建全方位预算绩效管理格局、建立全过程预算绩效管理链条、完善全覆盖预算绩效管理体系、健全预算绩效管理制度、硬化预算绩效管理约束。财政支出绩效评价是预算绩效管理的重要内容，"意见"实际上对未来全面推进财政支出绩效评价指明了方向。

（一）拓展财政支出绩效评价的范围

一是将部门和单位预算收支全面纳入绩效管理，从运行成本、管理效率、履职效能、社会效应、可持续发展能力和服务对象满意度等方面，衡量部门和单位整体及核心业务实施效果，推动提高部门和单位整体绩效水平。二是将政策和项目全面纳入绩效管理，从数量、质量、时效、成本、效益等方面，综合衡量政策和项目预算资金使用效果。

（二）建立全过程财政支出绩效管理链条

建立囊括事前绩效评估、绩效目标管理、绩效运行监控和绩效评价结果应用在内的财政支出绩效管理体系。对新出台的重大政策、项目开展事前绩效评估，评估结果作为申请预算的必备要件和预算安排的重要参考依据。绩效目标不仅要包括产出、成本，还要包括经济效益、社会效益、生态效益、可持续影响和服务对象满意度等绩效指标。建立对绩效目标实现程度的监控和跟踪机制，对存在严重问题的政策、项目要暂缓或停止预算拨款，督促及时整改落实。开展绩效评价和结果应用，通过自评和外部评价相结合的方式，对预算执行情况开展绩效评价，健全绩效评价结果反馈制度和绩效问题整改责任制，加强绩效评价结果应用。

（三）明确绩效管理责任约束

按照党中央、国务院统一部署，财政部要完善绩效管理的责任约束机制，地方各级政府和各部门各单位是预算绩效管理的责任主体。地方各级党委和政府主要负责人对本地区预算绩效负责，部门和单位主要负责人对本部门本单位预算绩效负责，项目责任人对项目预算绩效负责，对重大项目的责任人实行绩效终身责任追究制，切实做到花钱必问效、无效必问责。

（四）强化绩效管理激励约束

各级财政部门要抓紧建立绩效评价结果与预算安排和政策调整挂钩机制，将本级部门整体绩效与部门预算安排挂钩，将下级政府财政运行综合绩效与转移支付分配挂钩。对绩效好的政策和项目原则上优先保障，对绩效一般的政策和项目要督促改进，对交叉重复、碎片化的政策和项目予以调整，对低效无效资金一律削减或取消，对长期沉淀的资金一律收回并按照有关规定统筹用于亟需支持的领域。

思考题

1. 分析财政支出不断增长的原因。
2. 自 2007 年以来我国财政支出规模和结构变化的趋势如何？
3. 举例说明财政支出的经济效应。
4. 举例说明如何进行财政支出绩效评价。
5. 如何认识现阶段中国的财政支出改革？

▶ 自测习题及参考答案

第四章　政府消费支出

作为几种有代表性的财政支出①大类，本章所涉及的行政管理支出、国防支出和教科文卫支出属于政府消费支出，它们与第五章的政府投资支出同属于购买性支出（或消耗性支出），直接影响社会资源配置；而第六章的社会保障支出作为典型的转移性支出，则承担着收入分配职能。政府消费支出之所以要安排，理由各不相同。其中，行政管理和国防近乎纯公共产品，政府责无旁贷；而教科文卫基本属于外部性很强的混合产品，是世界各国优先发展的事业。

本章共三节，第一节为行政管理支出，介绍行政管理支出的性质与内容、中国行政管理支出的现状与改革思路。第二节为国防支出，分析国防支出的内容与分类、最优国防支出理论以及中国的国防支出。第三节为教科文卫支出，概述教科文卫支出的内容与分类，分析中国教科文卫支出的发展与改革。

第一节　行政管理支出

根据马克思的国家（政府）观，"政治统治到处都是以执行某种社会职能为基础，而且政治统治只有在它执行了它的这种社会职能时才能持续下去"②。为此，政府一经建立就必须设立公安司法、经济管理等各类行政机构，因而行政管理便成为政府最基本的社会职能，行政管理支出也自然构成财政支出的基本内容之一。

一、行政管理支出的性质与内容

行政管理支出，是政府为履行社会管理职能所安排的开支，是政府为维持自身机构运转、提供一般公共服务、维护公共秩序与安全所消耗的成本。具体而言，行政管理支出是财政用于国家各级权力机关、行政管理机关、司法检察机关和外事机构行使其职能所需的费用。它既是维持国家政权存在、保证各级国家管理机构正常运转所必需的支出，又是纳税人必须支付的成本，也是政府向社会公众提供公共服务的经济基础。

---

① 第四章、第五章和第六章所论及的"财政支出"，除了明确说明的以外，都是小口径支出概念，均指一般公共预算支出。
② 《马克思恩格斯文集》第9卷，人民出版社2009年版，第187页。

（一）行政管理支出的性质

1. 公共性

政府的行政管理属于典型的公共产品，具有较强的非竞争性和非排他性。如前所述，纯公共产品的非排他性，是指一些人在消费这一产品并享用它的收益时，不排斥其他人同时消费并从中受益。行政管理也是如此。比如立法支出作为我国重要的行政支出项目，主要用于各级人民代表大会。人民代表大会负有立法的任务，它所制定的法律是从全体居民的利益出发，用于规范行政辖区内所有居民的行为。一项法律一旦形成，则对辖区内所有人都有约束力，你既不能抗拒，也难以拒绝享受因此而获得的利益，因而立法也具有非排他性。同样，其他的政府行政管理也都是政府从全体居民的利益出发制定和实施的，我们无法通过某种途径，将社会的任何一个成员排斥在行政服务的收益之外。

纯公共产品的非竞争性是指在增加消费者时，其边际成本为零，因而不具有市场竞争性。在政府的服务体系建成后，通常其成本并不因辖区居民的人数增加而增加。或者说，多增加一些社会成员，并不会因此而使原有社会成员的利益受到损失。因此，这类产品或服务的边际成本为零，或者接近于零。正是由于行政支出具有这一特点，因而，政府的行政支出一般与居民人数的多少关系不大，而与政府机构的大小和承担职责的多少密切相关。

根据萨缪尔森的公共产品有效供给理论，最优的行政管理支出应满足如下条件，即每个公民对最后一单位行政管理支出的边际评价之和刚好与其边际成本相等。由于行政管理支出的公共性，其资金来源于财政，财政资金又主要通过税收形式取得，这就要求政府的行政管理机构在行为上要有别于市场中的一般经济单位。

2. 非生产性

从直接生产与消费社会财富的角度看，行政管理支出属于非生产性的社会消费性支出。对政府各行政部门提供的经费一经使用，就会引起对社会物质产品的消耗及价值的丧失。因此，在一国经济资源一定的条件下，政府用于行政管理的费用过多，就会直接增加纳税人的负担，从而降低微观经济主体的投资能力或消费能力，使公共产品与私人产品的资源配置发生扭曲。在政府财政收入一定的条件下，如果政府用于行政管理的费用过多，政府就不得不压缩用于公共投资、教育、卫生等方面的支出，从而影响整个社会资源的配置效率。所以，在保证国家管理机构正常运转的条件下，应本着尽量减少经济效率损失的原则，对行政管理支出实行必要的规模控制。

从各国普遍情况看，政府职责在一定时期的稳定性和行政管理效率的强化决定了行政管理支出的绝对规模不断增长，而行政管理支出占财政支出总额的比重却呈现下降趋势。即各国政府均十分注意控制行政管理支出相对规模的增长，该指标越低，往往说明政府机构行政效率越高。

（二）行政管理支出的内容和分类

行政管理支出在不同国家可能会有不同的称谓，甚至有的国家根本不存在"行政管理支出"这一标签，但这一标签所对应的支出内容则必然是存在的而且是相近的。国际货币基金组织（IMF）为了规范各国的政府财政统计，特别发布了《2014 年政府财政统计手册》。在这本手册中就未出现"行政管理支出"这一标签，与之相对应的支出类别包括两大类，分别为"一般公共服务"和"公共秩序和安全"。其中，"一般公共服务"又细分为八个小类，为"行政和立法机关、金融和财政事务、对外事务""对外经济援助""一般服务""基础研究""一般公共服务的研究与开发""未另分类的一般公共服务""公共债务交易""各级政府间的一般性转移"。"公共秩序和安全"则包括"警察服务""消防服务""法庭""监狱""公共秩序和安全的研究与开发""未另分类的公共秩序和安全"六个小类。

行政管理支出按使用单位划分，有权力机关支出、公共安全和国家安全支出、司法检察支出、外交外事支出和国际组织支出。其中，权力机关支出，是指财政用于国家权力机关，如各级人民代表大会或国会、议会的各项经费支出；公共安全和国家安全支出，是指财政用于公共安全机关、国家安全机关、警察学校、边防检查和拘押收教场所的各项费用支出；司法检察支出，是指财政用于各级法院、检察院以及司法机关的各项经费支出；外交外事支出，是指财政用于驻外使领馆、常驻联合国及其专门机构的代表团、出访团体、接待外宾等各种外事活动的经费支出；国际组织支出，是指财政用于缴纳国际组织会费、国际组织捐赠支出、维和摊款和国际组织认捐款及基金等方面的支出。

行政管理支出按其用途划分，可分为人员经费和公用经费开支两类。人员经费是指用于保证行政人员正常行使其职责的费用支出，包括工作人员的工资、津贴、福利费、离退休人员费及其他费用；公用经费是指用于保证政府机关正常开展公务而花费的支出，也包括公务费、修缮费、业务费和设备购置费等。

行政管理支出按性质分为经常性支出和专项支出。经常性支出是指行政单位用来维持正常运转和完成日常工作任务所发生的支出；专项支出是指行政单位为完成专项或特定工作任务发生的支出。

二、中国的行政管理支出

从中国的实践看，新中国成立之初，以及"一五"至"四五"期间，行政管理支出占财政支出的比重呈现持续下降的趋势。但自改革开放以来，该比重开始以较快的速度不断上升，直至"十一五"之后，这一比重才转而呈现下降之势。鉴于2007年以后财政支出统计口径有了巨大变化，导致新旧数据可比性不大，因而下面分1949—2006年和2007—2016年两个阶段对中国行政管理支出的情况进行分析。

（一）1949—2006年的行政管理支出

新中国建立初期，行政管理支出占财政支出的比重，除1950年为19.3%，1951年为14.2%外，整个计划经济时期都比较低。一直保持在个位数上，最高为1956年的8.1%，最低为1973年的4.7%。需要指出的是，这其中并未包括政府经济管理部门的经费开支，该项支出一直列在经济建设支出项目中。自1978年改革开放以来，行政管理支出出现了不断增长的趋势，其占财政支出的比重到1987年上升到10%以上。这一时期，该比重最高年份是2004年，达19.38%，最低年份为1978年，为4.71%。1952—2006年行政管理支出的情况如图4-1所示。

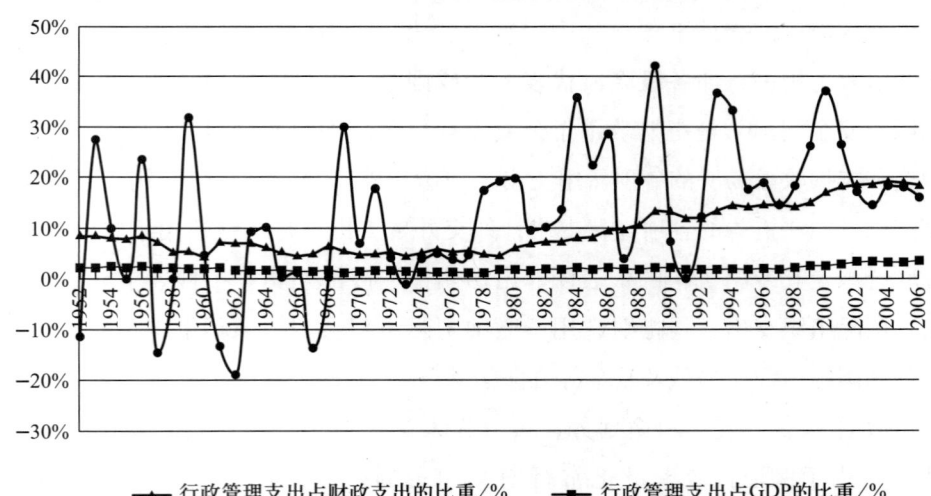

图4-1　1952—2006年行政管理支出情况

资料来源：各年度《中国统计年鉴》，国家统计局网站。

从行政管理支出的增速来看，新中国建立初期，虽时有起伏但增长不快。1956年行政管理支出为24.2亿元，到了1970年，也只有25.3亿元，在长达15年的时间里，其增量仅为 1.1 亿元，平均每年大约增长 733 万元。1970 年以后，行政管理支出呈现出不断增长的趋势，增速始终为正。1978 年到 1992 年，行政管理支出增长比较平稳。1992 年以后，行政管理支出增长速度加快，这种趋势一直维持到 2006 年。到 2006 年，行政管理支出的绝对规模达 5 639.1 亿元，已是 1992 年的 16 倍之多。改革开放前，中国行政管理支出相对于经济总量而言，并没有出现过快增长的态势，如图 4-1 所示，行政管理支出占 GDP 的比重基本维持在 1%~2%，甚至某些时段还呈现下降趋势。然而，在 1978—2006 年的 29 年间，情况发生了很大变化，行政管理支出占 GDP 的比重也由 1978 年的 1.33% 上升到 2006 年的 2.57%。

上述分析表明，自改革开放以来直至 2006 年，中国行政管理支出出现了快速增长，其增长速度远远高于财政支出和 GDP 的增速，其占财政支出的比率由"一五"时期的不到 5% 上升到"十五"末期的接近 20%。这意味着有限的财政支出中越来越多的部分被用来应付行政管理支出的不断膨胀，过多的行政管理支出不仅会浪费社会资源，而且可能助长政府行政机构重叠设置，人浮于事，降低政府的行政效率；不仅会影响其他支出的正常增长，而且势必对国民经济的协调发展和经济的顺畅运行带来不利影响。

（二）2007—2016 年的行政管理支出

为了与国际接轨，并加强财政透明度，中国参照 IMF 标准并结合国情，于 2006 年进行了一次财政收支分类科目改革。从 2007 年起，各级政府财政统计开始执行新的科目体系。具体到行政管理支出，在旧体系下（2007 年以前），与之相对应的主要有六个支出科目，分别为"行政管理费""公检法支出""武警支出""外交外事支出""对外援助支出""国内外债务利息支出"。而在新体系下（2007 年以来）与之相对应的科目则包括三大类，分别为"一般公共服务"（含国内外债务付息）、"外交"（含对外援助）和"公共安全"（含武装警察）。表 4-1 给出了 2007—2017 年的相关统计数据。

表 4-1　2007—2017 年中国行政管理支出

年份	GDP/亿元	财政支出/亿元	行政管理支出/亿元	行政管理支出占财政支出的比重/%	行政管理支出占GDP的比重/%
2007	270 232.3	49 781.4	12 215.7	24.5	4.5
2008	319 515.5	62 592.7	14 096.4	22.5	4.4
2009	349 081.4	76 299.9	14 159.2	18.6	4.1

续表

年份	GDP/亿元	财政支出/亿元	行政管理支出/亿元	行政管理支出占财政支出的比重/%	行政管理支出占GDP的比重/%
2010	413 030.3	89 874.2	15 124.1	16.8	3.7
2011	489 300.6	109 247.8	17 601.6	16.1	3.6
2012	540 367.4	125 953.0	20 145.9	16.0	3.7
2013	595 244.4	140 212.1	21 897.7	15.6	3.7
2014	643 974.0	151 785.6	21 986.3	14.5	3.4
2015	689 052.1	175 877.8	23 408.1	13.3	3.4
2016	743 585.5	187 755.2	26 304.5	14.0	3.5
2017	827 121.7	203 085.5	29 493.4	14.5	3.6

资料来源：国家统计局网站。其中，行政管理支出为"一般公共服务""外交""公共安全"三项支出金额之和。

如表4-1所示，2007—2016年"一般公共服务""外交""公共安全"三类支出合计占财政支出和GDP的比重均呈现下降态势。这说明近年来，一方面，中国经济的较快增长带动了财政收支的稳步上升，为行政管理支出占比的适度回落打下了基础；另一方面，党的十八大以后大力加强党风廉政建设，政府通过逐层推进机构改革和提高包括三公经费在内的预算透明度，明确政府职责，严格控制办公经费和人员经费，在一定程度上抑制了行政管理支出的继续膨胀，使得行政管理支出规模和增速得到有效控制。

但是，值得注意的是，新旧体系科目设置毕竟出入较大，使得新旧数据可比性降低。在2007年以来的新科目体系下，一些专业职能部门（如教育、科技、医疗卫生、社保、环保等）的行政运行支出从原行政管理费中分离出来，列入与其各自职能相对应的支出类别中，所以近年来行政管理费占比规模的下降，在一定程度上是统计方法改变带来的。

（三）行政管理支出规模膨胀的原因

行政管理支出一方面是政府提供一般公共服务的支出，另一方面也是政府机构维持自身运转的支出。中外各国的历史经验都表明，机构膨胀、政府雇员数量不断增加、雇员工资支出的增长，在很大程度上可归因于官员追求预算最大化的动机，这是导致行政管理支出快速扩张的政治经济学原因。

行政管理支出的规模是受多种因素影响形成的，而且具有历史延续性；直接的影响因素主要有政府职能范围、机构和人员设置、行政效率、管理水平以及法治化程度等。行政管理费是由人员经费和公用经费两部分组成的，政府职能范围的大小，机构设置的多少，以及由此而决定的机关工作人员的多少，再加上行政效率、管理水平和制度环境，自然是决定行政管理费规模的关键因素。中国行政管理支出的规模之所以居高不下，也要从这几个方面寻找原因。

1. 政府职能范围调整不到位

中国市场经济改革的目标之一，就是要转变政府职能，削减政府机构，然而，实际情况却不能令人满意。例如，与社会主义市场经济运行有关的若干机构在扩大或者增设，而那些与新体制运行不协调的机构却得不到有效的压缩，新旧叠加的结果自然是行政支出的增加。100多年前，马克思根据圣西门的以社会自治为中心的"小政府"理想，并在总结巴黎公社革命经验的基础上，提出了"小政府—大社会"的政府管理模式，从此，以精简、强干、厉行节俭为特征的"廉价"政府就成为许多国家，特别是社会主义国家政府设置和改革的目标模式与价值取向。虽然中国政府先后进行了多次机构改革，力图精简机构，但"精简—膨胀—再精简—再膨胀"的循环怪圈始终存在，制约着社会经济体的顺畅运行。最近十年的大部门制改革对政府直属部门进行了大幅度的合并重组，取得了一定效果，但一些政府机构在合并以后无法真正打通职能，仍然存在职能交叉、重叠乃至矛盾之处，使机构改革无法真正带动和引领政府职能转变。

2. 机构和人员的膨胀

中国在较长时间内政府机构和人员过分膨胀，是不争的事实。机构改革的目的就是精兵简政，但机构和人员膨胀的势头依然没有解除，由于机构设置的上下对口，中央每设一个机构，全国县以上就要设3 000多个机构，还有庞大的乡镇一级政府机构。在削减政府机构的同时，各种仍然和政府机构尚未完全脱钩的事业单位、学会、协会和基金会等却有增无减。有关统计资料显示，中国财政供养人口在1978年时为2 015万人，至2014年时增长到6 400万人，增长了2倍以上，相当于中国总人口同期增幅的3倍。[①]

3. 行政效率低下

所谓行政效率，是指行政效果与所消耗的人力、物力、财力和时间之间的比率，即在单位时间和空间内开展行政活动，所获得的效果与所付出的物质和精神代价的比率。现阶段中国在行政体制改革方面取得了很大成就，但是政府行政效率总体上仍然偏低。突出表现是：（1）有职无责。行政部门的很多人员都忽视自

---

① 资料来源：《四项经济改革亟须推进》，《经济参考报》2015年9月17日。

己的职责而片面强调政策性，本来属于自己权责范围内的事情，为了出问题后自己置身事外而以"集体"名义来承担责任，在遇到事情的时候犹豫不决，而且很小的事情还要"集体研究"，经常议而不决，决而不断，错失良机而贻误工作。（2）责权不分。很多部门以及人员往往都是划分不清职责并且缺乏协作精神，对于涉及几个部门共同处理的事务，则经常推诿扯皮。（3）责任虚化。由于公共机构具有目标多元性且难以量化的特点，加之公众监督困难，因此就造成了行政职能和责任虚化的现象。（4）程序繁杂。中国的行政机构十分庞大，职能交叉，机构重叠。以一个省的办事层次为例，政府下设委、办、厅、局，而厅局下边还有二三级单位等。在这样的机构设置下，就算是省级厅局办一件事情也要经历七八个环节，就更不用说基层办事经历的环节了。上述行政效率低下的主要原因在于行政垄断，从而缺乏监督和竞争。

4. 管理水平和法治化程度不足

行政管理支出虽然列入国家预算，但在实际预算执行过程中，如若缺乏健全的法律法规和财务预算约束机制，则往往会出现违规使用和普遍超标的情况。而且，由于缺乏信息透明度和成本—收益评价，各行政管理部门也缺乏自觉节约行政管理费用的意识，往往导致财政资金的使用效果不佳。有时甚至会发生拨付的财政资金越多，政府行政机构履行职能的效能反而越下降的情况。

三、中国行政管理支出的改革

近年来，八项规定的严格执行、"三公经费"的预（决）算信息公开、公车制度改革等，在很大程度上有效抑制了行政管理支出规模的非常规膨胀。如何进一步有效控制和削减过度膨胀的行政管理支出，仍是一个难题。要从根本上保证行政管理支出改革真正取得成效，必须从以下几个方面入手。

（一）进一步转变政府职能

行政管理支出是政府机构行使职能时所发生的费用开支，因此政府职能范围界定十分重要，它将直接影响行政管理支出的规模与结构。市场取向的改革要求政府由包办者转变为市场的服务者、管理者、监督者，党的十九大报告也明确将"简政放权""服务型政府建设""提高政府公信力和执行力"等作为当前政府职能转变的主要任务。与服务型政府的职能定位相适应，政府职能的转变必须顺应市场经济体制的要求，更好地顺应企业发展的要求，更好地顺应广大人民群众的需求，提供更加公开、透明、高效、廉洁的公共服务。

(二) 进一步整合机构，简政放权

中国历次政府机构改革往往主要对政府直属部门进行合并重组，而很少触及内设机构。这使各个政府机构的内设机构千篇一律，并很难适应经济社会发展的需求。以过去大部门制改革为例，各级政府合并的大部门仅对其综合管理的内设机构进行合并，如办公室、财务、信息、人事等，而很少针对职能职责加强重组。这也使一些政府机构在合并以后仍然是"两张皮"，无法真正打通职能，结果导致各内设机构间的职能交叉重叠、效率低下的问题仍然严重。因此，新一轮行政体制和机构改革要想避免重蹈覆辙，必须以政府职能转变和政府管理创新为目标，扎实、深入、彻底地推进。

第一，应大力精简不适应市场经济运行机制的机构、法规和审批环节，以减少政府对经济的过分干预，最大限度地发挥市场在资源配置和收入分配中的决定性作用。未来五年深化简政放权改革，一方面，要继续削减行政审批事项，全面清理各类职业资格、生产许可、经营许可等准入门槛，提升简政放权的含金量；另一方面，要创新审批方式，推动审批事项纳入全国统一的投资项目在线审批监管平台，实现行政审批标准化、法治化。

第二，应合并、调整原有的职能交叉或工作性质相近的党政机构，建立统一规范的互联网+政务服务各类资源交易平台，下大力气破解信息孤岛、部门壁垒、条块分割等历史性难题，真正做到"信息多跑路、群众少跑腿"。例如，生态环境保护过去存在职责分散，各管一段的"九龙治水"局面。按照2018年3月中共中央印发的《深化党和国家机构改革方案》的要求，新组建的生态环境部整合了分散于原环境保护部、国家发展改革委、水利部、原农业部和原国家海洋局等部门的环境保护职责，从大环境、大生态和大系统入手，着力解决突出生态环境问题。又如，为了健全金融监管体系，守住不发生系统性金融风险的底线，2018年4月新组建了中国银行保险监督管理委员会，不再保留中国银行业监督管理委员会、中国保险监督管理委员会，划转银行业、保险业重要法律法规草案和审慎监管基本制度制定职责到中国人民银行。这样一来，可以有效避免监管漏洞和监管重叠，在制定金融机构的风险控制标准时，也可以更好地协调统一，有助于建立起防范化解金融风险的长效机制。

第三，行政管理支出应该向维持经济秩序的工商、税务、司法、公安、安全等部门倾斜。因为要培育一个完善的市场，要保证经济的有序运行，这方面的行政管理支出的增长也是必不可少的。正如党的十九大报告所指出的，政府机构改革归根结底是要"转变政府职能，深化简政放权，创新监管方式，增强政府公信力和执行力，建设人民满意的服务型政府"。

（三）建立行政经费供给调控机制

要使行政管理支出提高资金使用效率，并保持在合理的水平上，必须赋予行政管理支出一种合理增长和自我调节的机制，即应在明确政府职能的基础上，构造行政经费合理增长预测模型，界定行政管理支出的规模及其合理区间，以此为目标对行政管理支出实施控制，使行政管理支出的控制有一个量化的标准。就一个时点而言，行政经费供给是经费需求的函数，行政经费的需求则是社会经济变量的函数。因此，行政经费供给调控机制可以从政府机构履行职能所应需要的财力和当前经济发展水平所能提供的财力两个方面加以考察，建立起行政管理支出数量模型，预测行政经费增长的合理区间，确立行政经费增长的控制目标。

（四）加强行政法治建设

为了确保行政经费供给调控目标的实现，首先，应将行政经费供给调控目标纳入有关行政、预算的法律规范中，切实加大对行政经费管理的执法力度，严格贯彻实施《中华人民共和国预算法》（简称《预算法》）等法规制度，以便在法律框架内保证行政经费的合理、高效使用。其次，应建立健全行政管理支出监督与管理制度，要改变目前行政管理支出中政策、拨款、监督不分家的管理模式，向"政策与拨款分离""拨款与监督分离"的模式转换，以便为行政经费供给调控目标的确定和实现提供一种约束机制。再次，各级政府要在重大决策公开、权力责任清单公开、预算信息公开、开放政府数据、政务诚信建设等方面实现突破，向全社会塑造和传递一个更加负责、更具回应性的政府形象。最后，要实行绩效预算，特别是在事后对预算执行效果进行评价的体制，配合以官员问责制度，强化部门领导的责任，可以在较大程度上约束官员的预算规模最大化动机。

第二节 国 防 支 出

与行政管理相似，国防也是一国政府的基本职责，因为政府一经产生，就必须防御外敌侵犯，保卫国家安全，为此就需要建立军队和军事设施。国防也同样接近纯公共产品范畴，在性质上具有非排他性和非竞争性。一方面，国防作为保障一国安全的屏障，国界疆域之内的所有居民不管身处何方，不管是否情愿，都会受益，而且人们也无法拒绝或阻止政府提供的国防服务；另一方面，国防一旦被提供，通常其成本并不因该国居民的人数增加而增加，即新增加享用者，并不会因此而使原有享用者的利益受损。正是由于国防具有较强的非竞争性，因而，一国政府的国防支出一般与居民人数的多少关系不大，而与政府机构的大小和承担职责的多少密切相关。

一、国防的提供与国防支出的分类

（一）国防的提供与生产

国防的基本任务是防止外敌侵犯，保卫国家安全，它具有纯公共产品性质。人们对公共产品持有的"搭便车"心理，使之无法通过市场和企业来提供，因而只能采取公共提供方式，由中央政府无偿提供。而就国防的生产而言，应当主要由政府生产，但其中某些消耗性物品，如飞机、坦克、导弹、枪支、弹药、运输工具、通信工具等，既可以公共生产，也可以私人生产，然后政府通过采购方式，转化为军事用途。

在许多国家，政府为降低军用品生产成本，加速军事技术向民用部门的转移，对军用品往往采用私人生产、政府订货的方式。此外，在军事科研上也采取私人研究与军事研究机构合作，或者政府通过对私人研究机构的招标、委托的方式共同参与研究。这些研究成果不仅用于本国军事上，经过政府批准，也广泛地向外出口。通过军用品的生产和出口而形成的军事工业产业，在一些国家里，已经成为支柱产业之一。

上述分析表明，国防的生产和提供可以有三种方式：第一种是政府生产、政府提供方式。第二种是私人生产、政府提供方式。第三种是整体上政府生产，但部分产品由私人生产、政府通过军事采购获得产品的政府提供方式。

一般说来，军用品采取政府生产的优点，一是它可以将最新的科研成果和装备灵敏、快速地转移集结部队。二是保密性强。但这种方式也有其缺点：一是政府生产是一种垄断生产，由于生产者和消费者都是唯一的，缺乏竞争机制，因而新武器和新装备的研制、开发水平有很大的限制。二是生产成本较高。为了维持军事产品的生产体系，政府必须设立庞大的军事工业体系。三是不利于军事技术向民事用途的转移。

正是由于这些原因，在第二次世界大战后，许多国家改革了军事产品的生产方式，具体措施是：第一，大部分军用品由民营企业生产，政府采购，只有那些关系到国家重大利益的军用品，才由政府的军工企业生产。第二，采用政府与民间机构合作的方式进行新武器、新装备的研制和开发，将一些军事研究机构转化为民用机构，在此基础上，政府通过项目招标方式委托其进行项目研究。第三，实行常备军和后备军相结合的制度。在平时，国防的任务由常备军负责，但后备军事人员要定期参加各种军事训练，以具备基本的军事理论和军事素养，一旦发生战争，国家就通过征召后备役部队和民兵，迅速形成强大的军事实力。

(二) 国防支出的内容和分类

根据瑞典斯德哥尔摩国际和平研究所（SIPRI）给出的权威定义，国防支出，也称为军费，反映了军事活动中的全部成本。《国防经济学手册》则将军费定义为一国在一定时期内（通常为一年），对军人和与军队有关的其他人员的全部支付，包括军队购买的商品和公民提供的服务。[①]

然而，各国政府在界定本国国防支出的内容时，常常可以任意取舍，这就导致各国统计的国防支出之间不存在可比性。为了便于国际比较，国际货币基金组织（IMF）在其《2014年政府财政统计手册》中，对国防支出的范围进行了统一，具体包括五个小类，分别为"军事防御""民防""对外军事援助""国防的研究与开发""未另分类的国防"。

国防支出按用途可分为维持费和投资费两大部分。其中，维持费主要用于维持军队的稳定和日常活动，提高军队的战备程度，是国防建设的重要物质基础。它包括军事人员经费、军事活动维持费、武器装备维修保养费和教育训练费等；投资费主要用于提高军队的武器装备水平，是增强军队战斗力的重要条件，它主要包括武器装备的研制费、武器装备的采购费、军事工程建设和国土防空费等。

国防支出按军兵种划分，分为国防部支出、战略部队支出、陆海空军支出、武装警察部队支出和预备役支出。

按支出项目划分，中国的国防支出包括：人员生活费，主要用于军官、士兵、文职干部和职工的工资、伙食、服装等；活动维持费，主要用于部队训练、工程设施建设和维护及日常消费性支出；装备费，主要用于武器装备的科研、试验、采购、维修和储备等。

二、最优国防支出结构的理论分析

一国的资源有限，而人们的潜在需求无限，经济学的首要任务就是要回答如何利用有限的资源去最大限度地满足人们无限的需求。我们将一国生产出来的全

---

① Michael Brzoska: World Military Expenditures, *Handbook of Defense Economics*, Amsterdam: Elsevier, 1995 (1): 45-67.

部商品分为两大类,"黄油"(代表民用品)和"大炮"(代表军用品)。给定资源约束和不变的生产技术,我们就可以得到一条生产可能性曲线,也就是著名的"大炮—黄油转换线"(guns-butter transformation curve)。根据大炮—黄油转换线和社会无差异曲线的切点,理论上可以确定最优国防支出,如图4-2所示。

为了与国家安全需要和公共财政能力相适应,国防支出不仅要与非国防支出保持合理的比例,国防部门内部的支出结构也要合理。这需要综合考虑国防支出的各种因素和国防支出的效

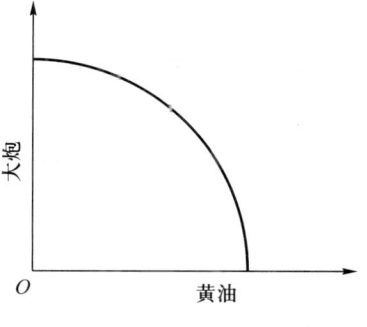

图 4-2 大炮—黄油转换线

果,使国防支出的边际收益与边际成本相等,从而实现国防的最佳供给。但是关于国防产品的边际收益和边际成本,很难较为精确地评估。在实际中,合理的国防支出结构的确定通常要处理好以下几个主要问题。

(一) 人力投入和技术装备投入的合理比例

一个世纪以来,由于科技的进步,人力因素在决定战争胜负中的重要性大大降低,而技术装备因素的决定性作用越来越明显。因此,国防支出中军事装备费用越来越高,而直接进行作战和操纵武器装备的人力不断减少,相应的国防费中人员费所占比重也在下降,军队的有机构成呈现不断提高的趋势。但在另一个方面,未来高技术战争也是一种技术与智力密集型战争,高素质的军事指挥人员和技术化的士兵仍然是决定战争胜负不可或缺的因素,在这种情况下,必须保持人员训练费用与技术装备采购费用的平衡关系。

(二) 国防科研投入和生产投入的合理比例

应该说,国防科研投入和国防生产投入在根本目的上是一致的,都是为了增强国防力量,但由于两者所产生效果的时限不同,在国防经费有限的情况下,要加强军事科研的力度就势必会减少军事装备生产的投入;而要多生产一些军事装备,又势必会引起军事科研经费的减少。实际上,两者之间的矛盾反映了国防远期利益和近期利益之间的矛盾,如果其中的比例关系不当,就会造成现有国防力量不足或国防体系缺乏发展后劲的不利局面。

(三) 作战系统投入和后勤保障系统投入的合理比例

现代战争的高技术性和复杂性,对于后勤保障系统的要求越来越高,后勤保障系统的运作往往对于军事行动的结果起到决定性的作用。例如,美国在20世纪90年代以来的两次海湾战争中,如果没有完备、可靠、快速的后勤保障机制,想

在远离本土上万公里的战场上取得胜利是难以想象的。因此，在国防投入中如果只重视作战系统的建设而忽视后勤保障系统，则军队的整体战斗力水平就会受到严重的影响。这已为我军和外军的战史多次证明。在现代社会，这一点仍是正确而必然的，因而必须注意调整两者之间的比例关系。

三、中国的国防支出

新中国建立初期，国防支出占财政支出的比重较大，1950年为41.1%，1952年为33.61%，这主要是由于新中国建立之初，解放战争和抗美援朝战争正在进行当中，导致巨额的战争经费开支。抗美援朝战争结束后，国防支出占财政支出比重的变化虽有起伏，但总的趋势是逐步回落，所占比重也逐步稳定。进入20世纪80年代以后，和平与发展逐渐成为国际政治经济的两大趋势，中国国内则开始改革开放，将经济建设作为工作中心，特别是1985年，中国向全世界宣布了"百万大裁军"的目标。在这种背景下，国防支出的比重出现了稳步下降的趋势，从1980年的15.8%下降为1990年的9.4%。1991年，苏联解体，冷战结束，世界和平与发展趋势得到加强，中国国防支出占财政支出的比重整体上继续下降，2000年降为7.6%，2010年进一步下降为5.9%。2017年国防支出占财政支出的比重为5.1%，占GDP的比重为1.26%，如图4-3所示。国防支出比重的下降，使得政府有更多财力用于提供一般公共服务和经济建设，全国人民都享受到了世界和平带来的红利。

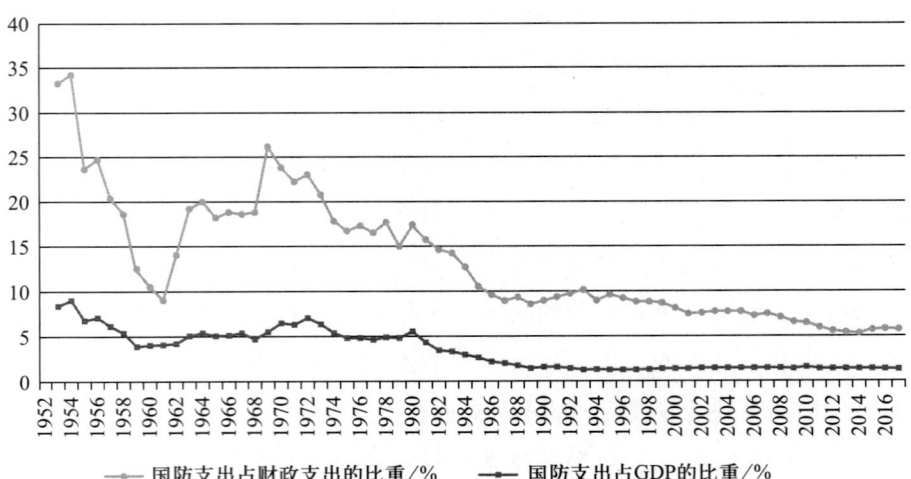

图4-3 中国国防支出占财政支出和占GDP的比重变化趋势

资料来源：各年度《中国统计年鉴》，国家统计局网站。

专栏 4-1　深入实施军民融合发展战略
有效化解"大炮"与"黄油"的矛盾

习近平在党的十九大报告中指出:"坚持富国和强军相统一,强化统一领导、顶层设计、改革创新和重大项目落实,深化国防科技工业改革,形成军民融合深度发展格局,构建一体化的国家战略体系和能力。"这是党中央着眼国家发展和安全全局作出的重大战略部署。

为何要把军民融合发展上升为国家战略?

破解"大炮"与"黄油"矛盾,关乎大国崛起的前途命运。把军民融合上升为国家战略可以有效破除军民二元体制结构,通过军民深度融合实现社会资源大整合,以强大的物质和精神力量为国家安全和发展提供坚实的基础。

我国军民融合发展取得了哪些成效?

党的十八大以来,军民融合发展取得了显著成效,突出表现是:(1)军民融合发展已被上升为国家战略。党中央专门成立了中央军民融合发展委员会,强化对军民融合发展的集中统一领导。(2)战略指导和规划统筹显著加强。除立法推进外,与军民融合发展相关的财政、税收、金融政策进一步完善,资金保障渠道不断拓展,国家主导、需求牵引、市场运作相统一的融合局面加快形成。(3)重点领域军民融合深化拓展。军民科技协同创新加速推进,北斗导航系统、国产大型客机C919、华龙一号等研发应用取得重大突破。(4)区域性军民融合蓬勃发展。地方上一批信息共享、投资融资、孵化转化平台相继建成。

军民融合深度发展的新形势新要求

推进军民融合深度发展,一是支撑国家由大向强的必然选择;二是赢得国际科技和军事竞争新优势的关键之举;三是实现国家治理体系和治理能力现代化的内在要求;四是建设世界一流军队的重要途径。为此,必须更好地把国防和军队建设融入经济社会发展体系,植根于我国日益雄厚的物质技术基础,加紧构建中国特色现代军事力量体系。

军民融合深度发展的目标任务

党的十九大报告明确提出,形成军民融合深度发展格局,构建一体化的国家战略体系和能力。当前和今后一个时期,就要紧紧围绕这一目标,坚持总体国家安全观,贯彻习近平强军思想,坚持党的领导,强化国家主导,注重融合共享,发挥市场作用,深化改革创新,推动军民融合由初步融合向深度融合过渡，进而实现跨越发展，力争到 2020 年形成全要素、多领域、高效益的军民融合深度发展格局。

资料来源：改编自钟新：《深入实施军民融合发展战略》，《党的十九大报告辅导读本》，人民出版社 2017 年版，第 385—391 页。

第三节　教科文卫支出

教科文卫支出是政府用于教育、科学研究、文化以及医疗卫生等方面的经费支出。在中国，代表政府承担全社会的文化教育、科学研究、技术进步、医疗保健、文化娱乐等多方面任务的单位被称为"事业单位"。事业单位是重要的公共部门，中国高级人才的 70%~80% 集中于这一部门，其拨款约占全部财政支出的一半。典型的事业单位具有三个特点：一是提供公共服务，即具有公共性；二是执行某些政府职能，是政府职能的延伸和具体化；三是属于非权力机关，这一点与行政单位不同。事业单位提供的服务在消费中具有外部收益，从性质上来说，它们大都属于准公共产品（亦称混合产品），在消费中具有不完全的非竞争性和非排他性。在科技日新月异、人民生活水平不断提高的今天，教科文卫事业在社会经济生活中所发挥的作用日益突出，已成为各国政府优先发展的支出项目。

一、教科文卫支出的内容与分类

（一）教科文卫支出的主要内容

财政教育支出，也被称为公共教育支出，是指政府用于维持和发展各类教育事业的经费支出，它包括一般公共预算教育支出，各级政府征收用于教育的税费，企业办学教育支出，校办产业、勤工助学、社会服务收入中用于教育的支出以及其他属于国家财政性的教育经费。

财政科技支出是指政府预算中用于科学技术活动的支出总量。所谓科学技术活动，泛指人类在自然科学、农业科学、医药科学、工程与技术、人文与社会科学领域（统称为科学技术领域）中与科技知识的产生、发展、传播和应用密切相关的有组织的活动。根据联合国教科文组织的分类，科技活动可分为研究与试验开发、研究开发成果应用及相关的科技服务三类活动。

公共文化支出是指财政用于发展文化艺术活动，传播科学知识，丰富人们精神生活的经费支出。它包括政府对图书馆、博物馆、美术馆、纪念馆和艺术表演团体等的经费支出。

医疗卫生支出是指财政用于防治各种疾病，保障人民身体健康的经费支出。它包含了公共卫生支出和医疗服务支出两个方面的内容。公共卫生是为了满足社会公众的公共卫生需求，实现健康安全的公共环境而提供的各项卫生服务，主要包括计划免疫、传染病控制、妇幼保健、饮用水安全、环境卫生和健康教育等内容；医疗服务则特指医院或诊所为治疗病人各种疾病所提供的诊疗服务。

（二）教科文卫支出的分类

1. 按支出部门划分

教科文卫事业涉及事权范围较为广泛，各级政府的不同职能部门对此有不同的分工。根据财政资金预算安排单位划分，教科文卫支出划分如表4-2所示。

表4-2 教科文卫支出按支出部门划分

编号	类别	具体内容
1	文化事业费	包括艺术表演团体经费、图书馆经费、群众文化经费等
2	教育事业费	包括教育部门举办的各类中小学及幼儿教育经费、中等或职业技术教育经费、成人高等教育以及广播电视教育、特殊教育经费和经国家批准设立的全日制普通高等院校（包括研究生）经费及留学生经费等
3	科学事业费	包括自然科学事业费、科协事业费、社会科学事业费、高技术研究专项经费等
4	卫生事业费	包括医院经费、卫生院补助费、防治防疫事业费、妇幼保健经费、合作医疗补助费、中医事业费等
5	体育事业费	包括体育竞赛费、优秀运动队经费、业余训练费、体育场馆补助费等
6	通讯事业费	指新华社及专业通讯社的事业费
7	广播电影电视事业费	包括广播电台经费、电视台经费、县广播站经费等

此外，教科文卫支出还包括出版、文物、档案、地震、海洋、计划生育等的事业费支出。

2. 按支出用途划分

按照资金支出的具体用途，主要包括人员经费支出和公用经费支出。前者主要用于教科文卫等事业单位的工资、补助工资、职工福利费、离退休人员费用、奖学金等的开支项目，其中工资是最主要的内容；后者主要用于解决教科文卫等事业单位为完成事业计划所需要的各项费用开支，主要包括公务费、设备购置费、修缮费、业务费等。

二、政府介入教科文卫支出的理论基础

（一）政府介入教育领域的原因

在现代市场经济社会里，几乎所有国家的政府在为社会提供教育服务中都起着主导作用。政府开办教育事业，为教育事业提供基本的经费来源，如提供免费教育、教育补贴、教育贷款等，所有这些都与教育本身的特性有关。

1. 教育是具有较强收益外溢性的混合产品

一方面，教育具有私人产品的性质，从这一角度看，个人或家庭可以通过市场来获得教育利益；但另一方面，有相当大的一部分教育利益通过受教育者外溢给了社会，因而又具有公共产品的性质。教育产品消费中的这种外部收益使得市场对该产品的资源配置往往不足，因此，教育不能完全依靠市场来配置，教育支出应该有政府的参与，并应根据不同层次教育的边际社会收益与边际社会成本的对比关系来决定政府参与的份额。

2. 教育是社会价值容易被低估的优值品

教育为优值品①，往往因私人评价低于社会对其应有的评价而供给或需求不足，此时政府有理由从家长主义的立场出发来介入教育的生产和提供，比如强制推行九年义务教育制度。

3. 教育具有实现社会收入分配公平的功能

政府积极发展教育事业，尤其是发展基础教育，有助于实现社会收入分配的公平。研究表明，教育公平与收入公平之间存在高度正相关性。公共教育支出占国内生产总值的比重、初等教育入学率、学校义务教育年数等指标均与个人收入的不公平程度成反比，教育的平等主要体现在为公民的发展创造一种起点公平的可能。一系列研究也认为，相比于高等教育，初等教育与中等教育更有利于贫困阶层。为此，世界上大部分国家都将一定年限的初等和中等教育作为义务教育，由政府投资免费供给，或者仅仅收取少量补偿费用。

4. 教育支出是重要的人力资本投资

从宏观角度看，当今社会已进入知识经济时代，科技进步成为经济增长的主

---

① 优值品，亦称为优效品或有益品，与劣值品含义相反，是指那些带来的实际效用高于个体主观评价效用的产品和服务。由于个体主观评价偏低可能造成对该产品的消费不足，于是政府一般采取低价提供或免费提供的政策，以促进消费；甚至采取强制消费措施，比如社会保险，不管愿意与否都必须消费。

要动力，而科技进步又以教育为源泉。从家庭角度来说，用于教育的支出是一种人力资本投资，如果低收入家庭暂时无力支付学费，照理可以向金融部门申请贷款。问题是人力资本市场是一个不完全的资本市场，在这个市场中，金融部门与借款者之间的信息不对称，人力资本投资究竟有没有回报或者回报率有多高，事先是难以确定的，因而金融部门不愿轻易发放贷款，由政府主办教育服务并为教育贷款提供担保，则有助于弥补教育资本市场的不足。

(二) 财政投入科技领域的原因

政府之所以在推动科技进步中发挥着至关重要的作用，与科技领域的特性密切相关。传统经济理论以完全竞争为前提，但现实的市场是一个不完全竞争的市场，且这种不完全竞争并不都是传统经济学所指的那种垄断、政府管制和专利保护的结果。在知识经济条件下，不完全竞争已成为经济的内在特性。

1. 基础性科学研究成果具有公共产品的特性

一些基础性科学研究成果不同于其他产品，通常具有两个特征，即非竞争性和非排他性。对于消费者来说，他可以免费使用，而且可以毫无代价地广泛传播这些科技成果。而对于创造者来说，研究成果通常并不给其带来直接的经济应用价值，由该成果带来的全部收益主要为社会所获得。这样，创造该成果的人将得不到经济补偿，因而私人不愿提供此类产品。于是，提供这种产品理所当然地成为政府的一项职责。如果没有政府的提供，为发展科学所做的基础性研究就会非常少。同理，应用性研究中的社会公益性研究（如气象服务、灾害研究等），以及服务于基础研究和公益性应用研究，同时具有广泛社会公益性的科技服务（如图书馆、科技博物馆、动植物园等），同样具有公共产品的性质，也难以实现市场化。

2. 应用研究与技术开发具有外部性

应用研究与技术开发不同于基础性科学研究，具有直接的经济应用价值，一旦获得成功，能够给生产者带来较大的收益，但是，生产者同样只能获得成果的一部分收益而不是全部，因而具有外部性。解决这种外部性的行之有效的办法，显然要通过政府的作用，或者建立知识产权法，或者由政府对生产者进行适当的补贴，使外部收益内在化。

3. 风险贷款市场的不完善

科技成果的研究与开发一般具有风险高、投资大、周期长的特点，从而给那些处于创办阶段的中小企业带来了技术开发资金上的"瓶颈"，因为这些中小企业由于其支付能力、资信评估的限制，要想在贷款市场上获得资金是非常困难的。

鉴于风险贷款市场上的这种不完善性，作为对企业科技创业、创新努力的一种补充与激励，政府提供担保和建立风险投资信贷资金以及制定税收等方面的优惠政策显然是必要的。

（三）财政扶持文化产业的原因

作为朝阳产业，文化产业具有巨大的发展潜力，已经成为新的经济增长点和社会和谐的润滑剂。随着经济社会的不断发展，全社会对文化产业发展的需求日益迫切，财政在促进文化产业发展过程中，正发挥着越来越重要的作用。

1. 文化产业具有明显的收益外溢性

从生产角度看，文化产业与很多产业密切关联，其发展壮大能够带动上下游产业的发展。近年来，由于文化所具有的高附加值特质，加上文化与移动互联技术、大数据、新媒体的融合，文化产业和旅游业、观光农业、手工制造业、信息产业和其他相关新兴产业相互促进，既增强了传统产业的附加价值，又延伸了原有产业的产业链，进而文化产业与其他产业一起形成环环相扣的产业网络生态。从消费角度看，文化产品或服务能够给消费者带来美好的精神享受，满足人民的精神需求，对构建社会主义和谐社会具有极其重要的意义。综合来看，正是由于文化产业具有的生产和消费的收益外溢性，文化产品或服务的供给与需求难以实现完全有效的均衡，必然存在市场失灵，因此财政扶持就显得极为必要。

2. 大多数文化产品或服务具有纯公共产品或准公共产品特征

具有纯公共产品性质的文化产品或服务很多，包括免费的文化主题公园、图书馆、博物馆、文化馆、展览馆、广电网络等；准公共产品的例子也较多，比如收费相对低廉的博物馆、广播电视、文化图书、音像制品、慰问性文艺表演，大多不以营利为目的。

3. 部分文化产品或服务虽带有较强的私人产品特征，但往往具有弱质性

一方面，该类文化产品或服务具有一定的营收能力，但另一方面，单纯依靠市场仍难以有效解决市场失灵和供给不足的问题。这就决定了这类文化产品如果完全由市场提供会导致供给不足，因此，需要政府采取必要的手段进行干预。

然而，对于公共文化产品和服务是否应纳入以及在多大程度上纳入财政扶持的范围，还存在较大分歧。一部分学者认为公共文化产品和服务理应由政府或政府资助的公益性文化事业单位来提供；也有部分学者认为政府在提供公共文化产品和服务时，无法应对差异化的需求，且供给效率低下，公共文化产品和服务供给应该走市场化道路，而不能将其简单地纳入财政保障范围；一种折中的观点是采用供给主体多元化的保障机制。在多元主体供给模式下，应该强调政府的财政

保障责任，区分公共生产和公共提供，提倡公共提供、私人生产，同时注重发挥地方政府的作用，通过建立和完善公共文化的需求反馈机制解决低效供给问题。

至于财政支出扶持文化产业的形式，概括起来有直接和间接两种：(1) 各级政府直接出资兴办文化产业，这是推行政府主导型国家文化产业发展战略的最主要途径。这种扶持方式有三个特征：一是以社会效益为先，同时兼顾经济效益；二是财政支出扶持国有文化产业具有扶持性和无偿性；三是国有文化产业资产也要实现保值增值功能。(2) 发挥财政支出引导社会资金的杠杆作用，这是针对具有一定营收能力的文化产业普遍实施的策略。财政支出发挥杠杆作用机制的主要途径包括财政贴息、基金扶持、以奖代投、转移支付、购股投入、政策性贷款等方式，以比达到吸收更多社会资金、培育文化市场产业主体、增加文化产品和服务供给、拉动文化产品和服务消费、推动文化产业参与国际竞争、增强文化产业国际竞争力等目的，最终实现"以小博大"和"乘数效应"。

(四) 政府介入医疗卫生领域的原因

医疗卫生是人力资本的重要基础之一。随着经济的发展，人们越来越认识到医疗卫生作为人力资本投资的重要性。在市场存在缺陷的情况下，人力资本投资的效率与公平会受到很大的影响。这正是各国政府在医疗卫生领域发挥作用的原因所在。

1. 医疗卫生领域的信息不对称性

医疗卫生领域的信息不对称问题集中地体现为作为医疗卫生产品需求方的患者，对其所购产品的有关信息了解不多，甚至一无所知。在接受医疗卫生服务之前，患者无法全面地比较有关医院、有关医生的情况，在接受医疗卫生服务过程中，患者无法准确地知道医生的服务质量，以及他所购产品的价格。

2. 医疗卫生领域的竞争有限性

在医疗卫生领域，信息不对称问题的存在使得"消费者主权"演变成了"生产者主权"，供求双方无法形成相互制约的机制，竞争的有效程度大大降低。有鉴于此，政府对医疗卫生领域采取一些合理的干预措施非常必要，如政府给医生颁发营业许可证、进行药物管理、普及卫生知识等。

3. 医疗卫生领域的收益外溢性

医疗卫生是一种混合产品，其中的卫生服务在性质上接近或等同于公共产品。个人在接受医疗卫生服务的过程中，预防和减少了疾病，提高了健康水平，为增强获取收入能力和提高生活质量奠定了基础。但是，医疗卫生服务通过个人消费，会有很大一部分外溢给社会，社会成员可以无差别地从中获取利益。医疗卫生产品消费过程中的收益外溢决定了这种产品的边际个人收益必定小于边际社会收益，若是完全由市场来提供，必然会导致这些外部收益较大的产品配置不足。因此，对于预防性、基础性的医疗卫生服务，尤其是卫生服务，政府应该承担起主要的责任。

4. 医疗卫生领域的公平性

对公平的关注是政府提供医疗卫生服务的又一重要理由。一个低收入家庭的子女，在享有政府提供的基本生活条件、基本教育条件、基本医疗条件的情况下，有可能在未来获得较高的收入，并为社会作出较大的贡献。但是，如果没有这些基本的医疗保障，疾病的打击可能使低收入者陷入贫困的深渊，显然，这对于公平与效率都是有害无益的。因此，世界上大多数国家把"人人享有基本的卫生保健"视为公民的基本权利，为穷人提供的医疗补助和为老人提供的医疗照顾正是保障人的这种基本生存权利的一种反映。

三、中国的教科文卫支出

（一）教科文卫支出的总体情况

20 世纪 80 年代以前，我国教科文卫支出呈现"马鞍形"，在 1970 年达到最低点，这主要与当时国内政治、经济的大环境有关。由于政策失误，从 1965 年开始，我国经济逐渐下滑，教科文卫支出和财政支出的绝对值也随之逐步降低。同时，教科文卫事业受到"文化大革命"严重冲击，学校停课，大批知识分子下放劳动，因此教科文卫支出占财政支出比重也降至谷底，之后才逐步回升，如表 4-3 所示。

表 4-3 改革开放之前我国教科文卫支出情况

年份	GDP/亿元	财政支出/亿元	教科文卫支出/亿元	教科文卫支出占财政支出的比重/%	教科文卫支出占 GDP 的比重/%
1950	—	68.1	5.0	7.3	—
1955	911.6	262.7	19.8	7.5	2.2
1960	1 470.1	643.7	50.5	7.8	3.4
1965	1 734.0	460.0	45.6	9.9	2.6
1970	2 279.7	649.4	43.7	6.7	1.9
1975	3 039.5	820.9	81.3	9.9	2.7
1977	3 250.0	843.5	90.2	10.7	2.8
1978	3 678.7	1 122.1	112.7	10.0	3.1

资料来源：国家统计局网站。

第三节 教科文卫支出

改革开放以来，我国教科文卫支出总量绝对数上升迅速。在1979—2006年间，预算内教科文卫支出总量由132.1亿元上升到7 426.0亿元，绝对数增加了约55.2倍。就相对指标而言，教科文卫支出占GDP的比重呈现凹形结构，1995年达到低点（2.39%），之后呈现上升趋势，2006年为3.38%，相比1995年，上升了接近1个百分点。但与此同时，教科文卫支出占财政支出的比重则呈现凸形结构，1980—1995年上升了约8.8个百分点，1995年达到高点，为21.50%，之后略有下降，2000—2006年基本保持稳定，在18%左右徘徊，如表4-4所示。

表4-4 1979—2006年我国教科文卫支出情况

年份	GDP /亿元	财政支出 /亿元	教科文卫支出 /亿元	教科文卫支出占财政支出的比重/%	教科文卫支出占GDP的比重/%
1979	4 100.5	1 281.8	132.1	10.31	3.22
1980	4 587.6	1 228.8	156.3	12.72	3.41
1985	9 098.9	2 004.3	316.7	15.80	3.48
1990	18 872.9	3 083.6	617.3	20.02	3.27
1995	61 339.9	6 823.7	1 467.1	21.50	2.39
1999	90 564.4	13 187.7	2 408.1	18.26	2.66
2000	100 280.1	15 886.5	2 736.9	17.23	2.73
2001	110 863.1	18 902.6	3 361.0	17.78	3.03
2002	121 717.4	22 053.2	3 979.1	18.04	3.27
2003	137 422.0	24 650.0	4 505.5	18.28	3.28
2004	161 840.2	28 486.9	5 143.7	18.06	3.18
2005	187 318.9	33 930.3	6 104.2	17.99	3.26
2006	219 438.5	40 422.7	7 426.0	18.37	3.38

资料来源：各年度《中国统计年鉴》，国家统计局网站。

在2007—2017年间，预算内教科文卫支出总量继续呈现高速增长态势。由于预算支出科目调整带来的统计口径变化，2007年，预算内教科文卫支出占财政支出的比重上升到24.40%，显然与2006年不具有可比性。2007—2017年间，教科文卫支出总量增长3.55倍，同期财政支出增长3.08倍，呈现同步增长态势。其中，2012年，教科文卫支出占财政支出的比重达到27.95%，占GDP的比重也达到6.52%，见表4-5。

表 4-5　2007—2017 年我国教科文卫支出情况

年份	GDP/亿元	财政支出/亿元	教科文卫支出/亿元	教科文卫支出占财政支出的比重/%	教科文卫支出占GDP 的比重/%
2007	270 232.3	49 781.4	12 146.6	24.40	4.49
2008	319 515.5	62 592.7	15 474.0	24.72	4.84
2009	349 081.4	76 299.9	19 101.6	25.03	5.47
2010	413 030.3	89 874.2	23 093.6	25.70	5.59
2011	489 300.6	109 247.8	29 617.2	27.11	6.05
2012	540 367.4	125 953.0	35 208.2	27.95	6.52
2013	595 244.4	140 212.1	37 910.4	27.04	6.37
2014	643 974.0	151 785.6	41 224.5	27.16	6.40
2015	689 052.1	175 877.8	47 164.3	26.82	6.84
2016	743 585.5	187 755.2	50 958.6	27.14	6.85
2017	827 121.7	203 085.0	55 262.7	27.21	6.68

资料来源：《中国统计年鉴 2018》，国家统计局网站。其中，教科文卫支出为"教育""科学技术""文化体育与传媒""医疗卫生与计划生育"四项支出金额之和。

（二）教育支出状况分析

我国目前各级政府对教育的投入都非常重视，教育支出无论是从总量上还是从结构上，都比过去有了很大改善，但仍有改进空间。

1. 财政性教育投入不足的局面显著改观

改革开放以来，我国教育事业有了快速发展，财政性教育经费①自 20 世纪 80 年代以来逐年稳定增长，但相对于财政支出占比就不尽如人意了，即使是 2012 年的 17.65%（见表 4-6）在发展中国家也属于平均偏低水平②；而我国财政性教育经费占 GDP 比重长期在 2%~3% 的水平，远低于经济发达国家平均水平（5.3%）和世界平均水平（5.1%），甚至低于发展中国家的平均水平（4.1%）。直到 2012 年终于有了质的飞跃，财政性教育经费占 GDP 的比重首次突破 4%，达 4.12%，而且此后连续 4 年保持在 4% 以上。教育投入的显著增长，意味着中国正从简单粗放的增长模式转向由知识和教育支撑的高附加值的发展阶段。

---

① 2012 年之前，财政性教育经费包括教育事业费、基建经费、教育费附加、科研经费和其他经费。2012 年起，财政性教育经费包括教育事业费、基建经费和教育费附加。
② 泰国教育支出占财政支出的比例早在 2000 年就达 22.44%。

表 4-6　1980—2016 年我国财政性教育经费与有关指标的比重

年份	财政性教育经费/亿元	财政支出/亿元	GDP/亿元	财政性教育经费占财政支出的比重/%	财政性教育经费占 GDP 的比重/%
1980	114.2	1 228.8	4 587.6	9.29	2.49
1985	226.8	2 004.3	9 098.9	11.32	2.49
1990	462.5	3 083.6	18 872.9	15.00	2.45
1995	1 196.7	6 823.7	61 339.9	17.54	1.95
2000	2 562.6	15 886.5	100 280.1	16.13	2.56
2001	3 057.0	18 902.6	110 863.1	16.17	2.76
2002	3 573.4	22 053.2	121 717.4	16.20	2.94
2003	3 850.6	24 650.0	137 422.0	15.62	2.80
2004	3 365.9	28 486.9	161 840.2	11.82	2.08
2005	3 974.8	33 930.3	187 318.9	11.71	2.12
2006	4 780.4	40 422.7	219 438.5	11.83	2.18
2007	7 122.3	49 781.4	270 232.3	14.31	2.64
2008	9 010.2	62 592.7	319 515.5	14.39	2.82
2009	10 437.5	76 299.9	349 081.4	13.68	2.99
2010	12 550.0	89 874.2	413 030.3	13.96	3.04
2011	16 497.3	109 247.8	489 300.6	15.10	3.37
2012	22 236.2	125 953.0	540 367.4	17.65	4.12
2013	24 488.2	140 212.1	595 244.4	17.47	4.11
2014	26 420.6	151 785.6	643 974.0	17.41	4.10
2015	29 221.5	175 877.8	689 052.1	16.61	4.24
2016	31 396.3	187 755.2	743 585.5	16.72	4.22

资料来源：国家统计局网站。

2. 教育投入结构和各级教育质量仍有改进提升空间

随着中国教育投入的继续增长，今后面临的课题将是如何更有效地使用教育经费，教育投入长效保障机制如何建立并完善。我国目前教育支出中仍然存在着投资结构不合理的问题，突出表现为：三级教育投入结构不合理，高等教育急剧扩张，初等教育却相对萎缩；随着收入差距的加大，不同地区之间教育投入上的差距日益明显；投入经费多侧重于教学设施等硬件的建设和规模扩张，对师资队伍建设和教育质量等软件的投入远远不足等。这就需要各级教育部门提高经费使用绩效，把有限的教育资金用在刀刃上，以使有限的教育投入获得最大的产出。教育领域近年成就见专栏4-2。

专栏4-2　12组数据解读教育领域五年成就

2017年10月22日，在十九大新闻中心举办的记者会上，教育部部长陈宝生用12组数据解读了最近五年来我国教育领域的重大成就。

4万亿。过去五年是教育现代化加速推进的五年。教育投入，由2万亿元上升到突破3万亿元大关，正在迈向4万亿元大关。

4%。国家教育投入，2012年占国内生产总值的比重达4%，这五年一直坚持4%。

90%。各级各类学校互联网的接入，五年前是20%多，现在是90%多。

2/3以上。教育系统取得的重大科研成果获国家三大奖的比例，这五年一直稳定在2/3以上，为我们提高教学质量提供坚强支撑。

8 000万。这五年共培养输送了近8 000万名高校和中职毕业生，人力资本总量大幅提升。这是非常了不起的，有力支撑创新驱动战略的实施。

90%。90%以上残疾儿童享有受教育机会。现在80%以上的农民工随迁子女在流入地公办学校就学，大部分省份还可在流入地参加高考。2017年，农民工子女在当地报名参加高考的有15万人，是五年前的36.5倍。

47个。现在180多个国家和地区与我们国家建立了教育合作关系，有47个国家和地区与我们国家签订了学历学位互认协议。

3和1。现在中国已经成为世界第三、亚洲最大的留学目的地国。我们在140多个国家建立了516所孔子学院和1 000多所中小学孔子课堂，对汉语教学、中华文化的传播发挥了重要作用。

4和8。一批标志性、引领性的教育改革方案都已出台，教育新体制"四梁八柱"已经搭建起来。我们现在整体上已经进入了"全面施工，内部装修"的阶段。像高考招生制度改革，上海、浙江今年落地，经第三方评估获得了成功。

85%。到2020年，学前教育（即幼儿园）毛入园率要达到85%，现在是77.4%，还有普惠性幼儿园要占幼儿园的80%以上，现在是60%多。

2020。到2020年，大班额必须完全消除。解决学生学业负担过重问题，特别是要化解好学校减负、校外增负问题。

50%。到2020年，高中阶段毛入学率达90%以上。高等教育毛入学率达50%，现在是42.7%。

资料来源：《12组数字！解读教育领域五年成就——看看教育部长怎么说》，中国教育在线网站。

(三) 科技支出状况分析

改革开放以后，我国政府作出了发展高新技术及其产业的战略决策，建立了学科齐全的独立发展的科技体系，造就了一支庞大的科技队伍，拥有了一定的科学技术攻坚能力，在某些领域已达到了世界先进水平。但是，同发达国家相比，我国的总体科技水平仍然不高，对经济增长也未发挥出应有的作用，其主要原因便在于我国的科技投入严重不足。从绝对额看，我国的科技支出虽然在不断增长，但是科技支出占财政支出、GDP 的比重却不高（见表 4-7），占财政支出的比重从 1980 年的 5.26% 下降到 2017 年的 3.58%，占 GDP 的比重从 1980 年的 1.41% 下降到 2017 年的 0.88%，这种变化显然与世界科技支出的发展趋势不相符合。

表 4-7 我国财政科技支出占相关指标的比例

年份	科技支出/亿元	财政支出/亿元	GDP/亿元	科技支出占财政支出的比重/%	科技支出占 GDP 的比重/%
1980	64.6	1 228.8	4 587.6	5.26	1.41
1985	102.6	2 004.3	9 098.9	5.12	1.13
1990	139.1	3 083.6	18 872.9	4.51	0.74
1995	302.4	6 823.7	61 339.9	4.43	0.49
2000	575.6	15 886.5	100 280.1	3.62	0.57
2001	703.3	18 902.6	110 863.1	3.72	0.63
2002	816.2	22 053.2	121 717.4	3.70	0.67
2003	975.5	24 650.0	137 422.0	3.96	0.71
2004	1 095.3	28 486.9	161 840.2	3.84	0.68
2005	1 334.9	33 930.3	187 318.9	3.93	0.71
2006	1 688.5	40 422.7	219 438.5	4.18	0.77
2007	1 783.0	49 781.4	270 232.3	3.58	0.66
2008	2 611.0	62 592.7	319 515.5	4.17	0.82
2009	3 276.8	76 299.9	349 081.4	4.29	0.94
2010	4 196.7	89 874.2	413 030.3	4.67	1.02
2011	4 797.0	109 247.8	489 300.6	4.39	0.98
2012	4 452.6	125 953.0	540 367.4	3.54	0.82
2013	5 084.3	140 212.1	595 244.4	3.63	0.85
2014	5 314.5	151 785.6	643 974.0	3.50	0.83
2015	5 862.6	175 877.8	689 052.1	3.33	0.85
2016	6 564.0	187 755.2	743 585.5	3.50	0.88
2017	7 267.0	203 085.5	827 121.7	3.58	0.88

资料来源：国家统计局网站。

此外，长期以来我国科技支出结构也不甚合理，没有正确处理好科学研究与技术开发的关系，忽视了对应用研究与技术开发的支持。有限的财政科技投资大量被吸纳在高精尖项目上，而没有注重相关项目之间的配套，没有发挥和利用财政投资聚集社会资金的作用，导致高科技成果的转化率较低。

针对这些问题，我国科技支出的政策取向应包括以下几个方面：

1. 加大科技投入力度，引导企业科技创新

政府的科技投入作为一种"诱导性投资"，可将企业资金吸引到高新技术产业上来，并使国民收入的创造达到一个较高的水平，从而带来高新技术产业中政府投资的"乘数效应"。

2. 扶持科技风险投资，促进科技成果转化

由于我国的风险投资机制与市场机制尚不健全，使得高新技术产业很难从资本市场上获取充足的资金投入。这就要求我们提供有力的政策扶持。我国应当逐步增加对高新技术产业的扶持资金投入，这其中包括增加专项拨款，保证专款专用，也包括设立专门基金，投入重点项目；提供贷款担保，即由政府组织建立高新技术产业投资公司，或者设立贷款担保基金，为高新技术产业的银行贷款提供担保，等等。

3. 制定税收优惠政策，赋予创新激励机制

我国可以考虑进一步降低高新技术产业的所得税税率，同时延长免税期限，增加抵扣基数等。通过这些税收优惠政策，来鼓励企业增加科技投入，鼓励科技人员创办高新技术产业，诱导、激励企业自主进行高新技术的研究与开发，促进企业技术进步，从而使高新技术产业的发展步入一种良性循环的状态。

4. 健全科技法规体系，加速科技市场进程

高新技术产业化涉及众多投资者的切身利益，因此必须要有一整套有效规范风险投资企业行为的法律和行政法规以及严格的政府监管程序，才会划清风险投资业与"乱集资"等活动的界限，创造其健康成长的环境。

（四）文化支出状况分析

文化产业的财政投入，主要采用"文化事业费"[①]和"中央补贴地方专项资

[①] 文化事业费是指区域内各级财政对文化系统主办单位的经费投入总和。一般包括艺术表演团体、公共图书馆、文化馆（站）等文化事业单位的财政拨款（不含基建拨款）及文化部门所属企业的财政补贴。根据现行统计口径，文化事业费不包括各级文化行政管理部门的行政运行经费。

金"① 两项指标来衡量。改革开放以来，中国文化产业飞速发展，成就显著，很大程度上得益于财政支出的大力扶持。

1. 文化事业费较快增长，总量和人均指标增加明显

文化事业费是文化产业财政投入的主要部分。如表4-8所示，1978年我国文化事业费仅为4.44亿元，2000年达到63.16亿元，2015年达到682.97亿元，2016年为770.69亿元。

在文化事业费总量实现稳步较快增长的同时，人均指标也稳步较快增长，呈现出每五年翻一番的趋势。1990年我国人均文化事业费只有1.33元，1995年为2.75元，2000年为5.11元，2005年达到10.23元，2010年达到24.11元，2015年达到49.68元，2017年达到61.57元（见表4-8）。

表4-8 我国文化事业费财政投入情况

年份	文化事业费 /亿元	人均文化事业费 /元	财政总支出 /亿元	文化事业费占财政 支出的比重/%
1978	4.44	—	1 122.1	0.40
1980	5.61	—	1 228.8	0.46
1985	9.32	—	2 004.3	0.47
1990	15.19	1.33	3 083.6	0.49
1995	33.39	2.75	6 823.7	0.49
2000	63.16	5.11	15 886.5	0.40
2005	133.82	10.23	33 930.3	0.39
2006	158.03	11.91	40 422.7	0.39
2007	198.96	15.06	49 781.4	0.40
2008	248.04	18.68	62 592.7	0.40
2009	292.31	21.90	76 299.9	0.38
2010	323.06	24.11	89 874.2	0.36
2011	392.62	29.14	109 247.8	0.36
2012	480.10	35.46	125 953.0	0.38
2013	530.49	38.99	140 212.1	0.38
2014	583.44	42.65	151 785.6	0.38
2015	682.97	49.68	175 877.8	0.39
2016	770.69	55.74	187 755.2	0.41
2017	850.80	61.57	203 085.5	0.42

资料来源：各年度《文化发展统计公报》，文化和旅游部网站。

---

① 根据2012年财政部印发的《文化产业发展专项资金管理暂行办法》的解释，专项资金由中央财政安排，专项用于提高文化产业整体实力，促进经济发展方式转变和结构战略性调整，推动文化产业跨越式发展。专项资金支持项目分为重大项目和一般项目，支持方式包括项目补助、贷款贴息、保费补贴和绩效奖励等。

2. 中央补贴地方专项资金快速增长，补贴领域更加合理

中央补贴地方专项资金是文化产业财政投入的重要组成部分。2006年，我国文化产业中央补贴地方专项资金仅为2.49亿元，2009年增加到30.59亿元，2013年迅速增加到46.19亿元，2016年迅速增加到61.03亿元，11年增加了23.5倍。[①] 在文化产业中央补贴地方专项资金快速增长的同时，补贴领域更加合理，2013年以来，中央财政补贴地方文化项目主要体现在美术馆、公共图书馆、文化馆（站）免费开放，非遗保护，公共数字文化建设，地市级公共文化设施建设等方面。

3. 财政投入向下倾斜，县及县以下文化事业费比重稳步增加

近年来，我国文化产业财政投入在保持总量快速增长的同时，城乡投入结构向下倾斜明显。以占比超过90%的文化事业费为例，2000年我国县及县以下文化事业费为16.87亿元，占比仅为四分之一多一点（26.7%）；到2014年和2015年基本占到了半壁江山；2016年县及县以下文化事业费达到399.68亿元，占比51.9%，首次超过了县以上文化事业费；2017年该数据更是升至457.45亿元，占比53.5%，如表4-9所示。可见，公共财政投入向乡村倾斜的趋势已非常显著。

表4-9 全国文化事业费按城乡和区域分布情况

项目		1995年	2000年	2005年	2010年	2014年	2015年	2016年	2017年
总量/亿元	全国	33.39	63.16	133.82	323.06	583.44	682.97	770.69	855.80
	#县以上	24.44	46.33	98.12	206.65	292.12	352.84	371.00	398.35
	县及县以下	8.95	16.87	35.70	116.41	291.32	330.13	399.68	457.45
	#东部地区	13.43	28.85	64.37	143.35	242.98	287.87	333.62	381.71
	中部地区	9.54	15.05	30.58	78.65	133.46	164.27	184.80	213.30
	西部地区	8.30	13.70	27.56	85.78	171.15	193.87	218.17	230.70
所占比重/%	全国	100.0	100.0	100.0	100.0	100.0	100.0	100.0	100.0
	#县以上	73.2	73.3	73.3	64.0	50.1	51.7	48.1	46.5
	县及县以下	26.8	26.7	26.7	36.0	49.9	48.3	51.9	53.5
	#东部地区	40.2	45.7	48.1	44.4	41.6	42.1	43.3	44.6
	中部地区	28.6	23.8	22.9	24.3	22.9	24.1	24.0	24.9
	西部地区	24.9	21.7	20.6	26.6	29.3	28.4	28.3	27.0

资料来源：各年度《文化发展统计公报》，文化和旅游部网站。

注：东部地区包括北京、天津、辽宁、上海、江苏、浙江、福建、山东、广东；中部地区包括河北、山西、吉林、黑龙江、安徽、江西、河南、湖北、湖南、海南；西部地区包括内蒙古、广西、重庆、四川、贵州、云南、西藏、陕西、甘肃、青海、宁夏、新疆。由于文化事业费除了投向东中西部地区以外，还会投向国家级文化团体和军队等系统，所以东中西部所占比重之和小于100%。

[①] 资料来源：各年度《文化发展统计公报》，文化和旅游部网站。

4. 财政投入注重区域均衡，西部文化事业费比重稳步增加

近年来，我国公共财政投入在保持总量快速增长的同时，地区投入结构向中西部地区倾斜明显。如表 4-9 所示，东部地区文化事业费投入比重从 2005 年的 48.1%下降到 2017 年的 44.6%；中部地区文化事业费投入比重从 2005 年的 22.9%上升到 2017 年的 24.9%；西部地区文化事业费投入比重从 2005 年的 20.6%大幅上升到 2017 年的 27.0%。可见，财政投入向中西部地区倾斜的趋势非常明显。

尽管财政投入文化产业取得了显著成效，但是也要看到，无论就文化产业发展整体而言，还是从财政投入规模、领域而言，还明显存在一些问题。第一，财政投入总量仍然不足。虽然近年来我国文化事业费的总量呈现了较快的增长趋势，但是与财政支出的总体增长趋势相比，文化事业费支出的增长仍然相对较慢，这集中体现在文化事业费支出在财政支出中的比重不断下降。从表 4-8 可以看出，这一比重在 1990 年和 1995 年达到 0.49%，1980 年开始到 2000 年以前始终维持在 0.45%以上；2000 年开始这一比重有所下降，2010 年和 2011 年下降到 0.36%，2017 年回升至 0.42%。第二，财政投入结构不尽合理。虽然近年来我国文化事业费支出的项目结构、地区结构和城乡结构呈现了明显的优化特点，但是仍然有一些问题，突出表现在：地区结构不尽合理。尽管呈现出了东部省份比重下降、中西部省份比重上升的态势，但地区发展不平衡的现象比较严重；城乡结构不尽合理，尽管我国县及县以下文化事业费占比已超过 50%，但对于落后地区农村文化的扶持仍然明显落后于城市。第三，财政投入模式有待完善。我国财政扶持文化产业发展的模式可以分为直接投入和间接投入，从投入方式上可以分为文化事业费、中央补贴地方专项资金、重大项目建设资金、公益性基金和产业投资基金等模式。然而，从目前的投入方式看，主要以文化事业费、专项资金和重大项目资金等直接投入为主，而具有市场化运作方式的投入模式仍然占比较小，投入效率难以有效发挥。

（五）医疗卫生支出状况分析

1960—1980 年间，我国政府通过公费医疗和劳保医疗以及农村合作医疗等形式为社会成员提供了广泛的医疗卫生服务，尤其是以预防性为主的公共卫生服务得到了充分的重视，医疗卫生几乎覆盖了所有的城市人口和85%的农村人口，使得我国人口的健康状况有了极大的改善。正因为如此，与处于同一发展阶段的其他国家相比，我国用于医疗卫生的 GDP 要比这些国家整整低一个百分点，而我国的预期寿命几乎要比这些国家高 10 岁。[①] 这个结果表明，政府提供的公共卫生服

---

① 世界银行：《1993 年世界发展报告：投资于健康》，中国财政经济出版社 1993 年版，第 54 页。

务和基本医疗服务在保护公民健康方面发挥了重要作用。

然而，自从20世纪80年代初企业放开搞活以及农村实行家庭联产承包责任制之后，公共卫生和基本的医疗服务，尤其是农村医疗卫生服务大大地削弱了。从医疗卫生投入来看，大多数年份，我国医疗卫生总费用占GDP的比重波动于4%左右，不仅低于世界上工业化国家的水平，而且低于世界卫生组织对发展中国家提出的5%的建议指标。直至2012年以来，该比重才终于稳定在5%以上的水平，2017年达6.36%，如表4-10所示。

表4-10　全国卫生总费用及其构成

年份	卫生总费用/亿元				卫生总费用构成/%			卫生总费用占GDP的比重/%
	合计	政府卫生支出	社会卫生支出	个人卫生支出	政府卫生支出	社会卫生支出	个人卫生支出	
1978	110.21	35.44	52.25	22.52	32.2	47.4	20.4	3.00
1980	143.23	51.91	60.97	30.35	36.2	42.6	21.2	3.12
1985	279.00	107.65	91.96	79.39	38.6	33.0	28.5	3.07
1990	747.39	187.28	293.10	267.01	25.1	39.2	35.7	3.96
1995	2 155.13	387.34	767.81	999.98	18.0	35.6	46.4	3.51
2000	4 586.63	709.52	1 171.94	2 705.17	15.5	25.6	59.0	4.57
2001	5 025.93	800.61	1 211.43	3 013.89	15.9	24.1	60.0	4.53
2002	5 790.03	908.51	1 539.38	3 342.14	15.7	26.6	57.7	4.76
2003	6 584.10	1 116.94	1 788.50	3 678.66	17.0	27.2	55.9	4.79
2004	7 590.28	1 293.58	2 225.35	4 071.35	17.0	29.3	53.6	4.69
2005	8 659.92	1 552.53	2 586.41	4 520.98	17.9	29.9	52.2	4.62
2006	9 843.34	1 778.86	3 210.92	4 853.56	18.1	32.6	49.3	4.49
2007	11 573.96	2 581.58	3 893.72	5 098.66	22.3	33.6	44.1	4.28
2008	14 535.40	3 593.94	5 065.60	5 875.86	24.7	34.9	40.4	4.55
2009	17 541.91	4 816.26	6 154.49	6 571.16	27.5	35.1	37.5	5.03
2010	19 980.39	5 732.49	7 196.61	7 051.29	28.7	36.0	35.3	4.84
2011	24 345.91	7 464.18	8 416.45	8 465.28	30.7	34.6	34.8	4.98
2012	28 119.00	8 431.98	10 030.70	9 656.32	30.0	35.7	34.3	5.20
2013	31 668.94	9 545.81	11 393.79	10 729.34	30.1	36.0	33.9	5.32
2014	35 312.39	10 579.23	13 437.75	11 295.41	30.0	38.1	32.0	5.48
2015	40 974.64	12 475.28	16 506.71	11 992.65	30.4	40.3	29.3	5.95
2016	46 344.88	13 910.31	19 096.68	13 337.90	30.0	41.2	28.8	6.23
2017	52 598.28	15 205.87	22 258.81	15 133.60	28.9	42.3	28.8	6.36

资料来源：《中国统计年鉴2018》，国家统计局网站。

从医疗卫生结构来看，近几年我国政府医疗卫生投入增长很快，2017年，政府卫生支出为15 205.87亿元，占整个卫生总费用的28.9%。多年来存在的主要问题是政府医疗卫生投入被集中、重复地用于城市医院建设和部分人群的医疗消费，造成部分城镇职工超越现阶段经济发展水平的过度医疗消费和医疗费用快速上涨，致使城乡基本医疗服务水平差距加大，公共卫生服务被削弱。目前，我国的一些百万人口的大城市所拥有的医生数、医院床位数和一些大型医疗设备数已经达到或超过经济发达国家的拥有水平。而那些符合全体公众利益、具有更大社会效益的公共卫生和基本医疗服务，尤其是涉及70%人口的农村医疗卫生服务，则因政府投入有限和社会筹资困难而发展缓慢。1990年，城镇居民和农村居民人均卫生费用之比是4.09∶1，2000年这一比例缩小为3.79∶1，但2008年又回升至4.09∶1。尽管近年来各级政府连年加大针对农村地区和农村居民的卫生投入，2014年这一比例已大幅下降至2.52∶1①，但城乡人均卫生费用的差距依然不小。

针对医疗卫生领域存在的问题，从1999年开始，我国初步建立起城镇职工基本医疗保险制度，实行社会统筹与个人账户相结合，覆盖城镇全体劳动者。逐步形成包括基本医疗保险、商业医疗保险、社会医疗救助等多层次的医疗保障体系。从2003年起，新型农村合作医疗制度②在全国部分县（市）试点，到2010年逐步实现基本覆盖全国农村居民，从2012年起建立了城乡居民大病保险制度。这些改革改变了以往医疗服务完全由政府包下来的状况，政府无须再支付公费医疗经费，改为主要由公民缴纳保险金，这使得政府能够将医疗服务开支从高级专科医院转移到提供基本医疗保健服务的初级社区医院，把更多的资金投入到社会效益很大的、能大大改善穷人健康状况的公共卫生服务以及基本医疗服务和大病救助，为公民广泛地提供预防、保健、康复、健康教育和计划生育等方面的服务，从而使政府有限的预算发挥更大的作用，进而真正逐步改变原来"重城市、轻乡村，重治疗、轻预防"的医疗卫生投资格局。

思考题

1. 谈谈你对行政管理支出产品属性的理解。

---

① 以上数据根据卫健委网站公布的各年度《中国卫生统计年鉴》计算得到。
② 新型农村合作医疗是指由政府组织、引导、支持，农民自愿参加，个人、集体和政府多方筹资，以大病统筹为主的农民医疗互助共济制度，采取个人缴费、集体扶持和政府资助的方式筹集资金。2014年后山东等部分省市统一实行了城乡居民基本医保制度。

2. 决定国防支出规模的因素有哪些？试分析国防支出对经济运行的影响。
3. 简要分析目前我国财政教育支出的现状。
4. 简述我国财政科技投入现状、问题以及进一步完善的思路。
5. 简要分析我国财政文化支出的现状。

▶ 自测习题及参考答案

第五章　政府投资支出[①]

作为最重要的经济范畴之一，投资的内涵随着经济发展而不断丰富。从扩大再生产的角度理解，投资是为扩大生产规模、增加生产能力而垫付的资金。随着市场经济的高度发展，资本的属性支配着一切经济行为，投资的目的已不仅是要增加生产能力，更重要的是服从于资本增值这一最终目标，因而投资的含义就扩展为将收入转化为资本，投入某项事业，以便未来能获得所期望的不确定收益的过程。从公共财政角度来说，基础设施属性的多样性决定了政府参与基础设施投资的方式可多种多样，而农业、农村和农民作为弱势产业、弱势区域和弱势群体，也离不开政府的投资扶持。

本章共三节，第一节概述政府投资的含义和特征，分析政府投资的原则和类型选择。第二节说明政府介入基础设施的理论依据、资金来源和方式选择，并分析中国基础设施投资的现状。第三节说明政府介入"三农"领域的理由，分析中国财政"三农"支出的现状。

第一节　政府投资概述

在任何社会中，社会总投资都可以分为政府投资和非政府投资两大部分。由于社会经济制度和经济发展阶段的不同，这两大部分投资在各国社会总投资中所占的比重存在相当大的差异。影响这个比重的因素主要有两个：一是社会经济制度的差异。一般来说，实行市场经济的国家，非政府投资在社会投资总额中所占的比重较大；在实行计划经济的国家，政府投资所占比重较大。二是经济发展阶段的差异。一般说来，发达国家中政府投资占社会总投资的比重较小；欠发达国家和中等发达国家的政府投资占社会总投资的比重较大。

一、政府投资的含义和特征

（一）政府投资的含义

政府投资是政府为了实现预期的社会效益和宏观经济效益，将一部分财政资

[①] 本章所关注的政府投资支出是一个狭义范畴，重点分析政府对基础设施和基础产业的投资支出，教育、科技等社会性投资支出在前文中已给予详细介绍。

金转化为公共性的实物或无形资产以满足社会公共需要的经济行为。政府投资这一概念可以从以下四个方面把握：

首先，投资的主体是国家或政府，包括中央政府和地方政府。这是政府投资与企业和居民投资最大的不同。

其次，投资的目标主要是获得社会效益和宏观经济效益。社会效益区别于单纯的经济效益，是指政府的投资活动应该对社会生态环境、公共福利以及精神文化素质等方面所作的贡献。宏观经济效益也不同于仅仅反映投资项目盈利能力的微观效益，是指政府投资活动应该有助于促进经济增长，维护物价稳定，提高就业率，缩小收入差距，并使经济总量趋向平衡，经济结构趋向协调。

再次，投资的资金来源是财政资金。除了一般公共预算资金以外，还有政府性基金、地方投融资平台等兼具财政性和金融性的各类拼盘自筹资金。其中，一般公共预算安排的投资支出，在 2007 年新实行的"支出经济分类科目"中分为基本建设支出和其他资本性支出两个类级科目，基本建设支出科目反映各级发展与改革部门集中安排的一般预算财政拨款用于购置固定资产、战略性和应急性储备、土地和无形资产，以及购建基础设施、大型修缮所发生的支出，其他资本性支出科目反映非各级发展与改革部门集中安排的用于上述项目的支出。

最后，投资的结果是形成公共部门的资产。例如中国政府自新中国成立以来进行了大量的投资。庞大的资产为公有制地位的巩固提供了雄厚的经济基础。

（二）政府投资的特征

与企业和居民等私人部门的投资相比，政府投资具有下列特征：

1. 政府投资对象的公共性、基础性

为了弥补市场失灵，政府投资应着眼于为全体公民和各类社会经济主体提供生产和生活必要的基础性的公共条件，例如基础设施等。同时，对某些新兴产业的开发，对高科技、高风险项目的研究开发，对落后地区的开发等，都具有耗资大、耗时长、风险高等特征，致使私人部门望而却步，市场机制无能为力。这是政府职能的内在要求，反映了经济和社会发展对政府配置资源的客观需要，在这里，政府投资发挥的是"社会先行资本"的作用，即政府投资为企业生产和居民生活提供了良好的外部环境，在客观上起到了降低企业交易成本和提高居民福利水平的效果。

2. 政府投资目标的社会性

与非政府投资在利己动因下追求经济效益最大化的目标不同，政府投资受非经济动因的支配，通常追求的是社会效益、生态环境效益和宏观经济效益的最大化，必要的时候甚至会牺牲经济效益。这里需要提及的是，政府投资追求社会综合效益并不意味着它可以不计成本、不讲效率，这是两个不同的问题。从政府投资项目本身来看，当然要衡量其成本和效益，并借此评价政府配置资源的效率；而从总体上对其实现的客观效果，则要超越项目本身，从社会综合效益方面来衡量。

3. 政府投资决策的复杂性

政府投资决策往往由多目标决策系统组成，包括经济、政治、社会、生态环境等因素，由于社会综合效益难以用统一的标准来衡量，而政治、社会和生态环境等因素也很难进行指标量化，因而投资项目的确定往往要经过复杂的行政甚至法律程序，并通过层层审批才能完成。

4. 政府投资在不同的经济发展阶段具有不同的侧重

根据发展经济学的理论，一般在经济起飞阶段，政府在社会基础设施等基础性项目方面的投资具有较强的拉动作用，随着经济发展走向成熟，私人部门力量日益扩大，私人投资会逐渐替代政府投资，政府投资的规模逐渐减小，更多地转向能够提高社会整体福利水平的教育、科学和文化体育等事业方面。

总之，由于政府在国民经济中居于特殊地位，它主要将自己的投资集中于基础设施以及农业、能源、通信、交通等有关国计民生的领域内。换言之，在投资主体多元化的经济社会中，如果政府不承担社会基础设施投资的责任或者这方面的投资不足，该社会的基础设施的供应就可能短缺，经济发展就会遇到瓶颈。

二、政府投资的类型选择

（一）政府投资的原则

在进行政府投资领域的最优选择时，应遵循以下两方面原则。

第一，政府投资尽量不要对市场的资源配置造成扭曲或障碍。政府投资的目的是弥补市场投资的不足，克服私人投资的局限性，因此，在选择投资项目时，最重要的原则是不能替代市场，尽量不对市场的资源配置造成扭曲或障碍，凡是能由市场解决的问题，政府就不应过度参与，把有限的资金集中用到"该管"的地方。正常情况下，只有在私人投资不愿进入、不能进入、不宜进入的领域，才是政府投资发挥作用的舞台，理应积极介入、责无旁贷。

第二，政府投资不宜干扰和影响民间投资的合理偏好和选择。市场经济的特征是投资主体多元化、投资来源多渠道、投资决策分散化。政府投资的选择，一方面，要为众多的民间投资创造必要的、与经济增长相适应的外部环境和基础条件；另一方面，又要充分考虑其给民间投资对市场竞争格局可能带来的种种影响，尤其要避免因政府不适当地介入竞争性投资领域或采取不当的投资调节政策而干扰和影响了民间投资的正常偏好和选择。

（二）政府投资的类型选择

一般说来，在市场经济条件下，政府投资项目大致可以分为以下三大类：

（1）公益性项目，是指不从事生产经营的国防、政府行政机构、司法部门、科研、文化、教育、卫生等事业，环保、农村扶贫和其他公用设施以及社会团体的投资项目。

（2）基础性项目，是指具有自然垄断性、投资额大、建设周期长且收益较低的基础设施和基础工业、农业以及需要政府重点扶持的高技术产业和部分支柱产业等。

（3）竞争性项目，是指那些经济效益较好、对市场信号反应比较灵敏、具有竞争能力的一般性项目。它多为投资较少、建设周期较短、投资完全能够回收并能实现价值增值的加工行业和服务行业，主要包括制造业、建筑业、流通仓储业、金融保险业（商业性部分）等。

这三类投资项目的划分，虽然在总体上较为清楚，但如做具体分析，就会发现各类项目之间有时互有交叉和重叠，操作起来比较困难，这是因为在一个国家或地区经济发展的不同时期，三类项目的内容具有阶段性的特征。例如铁路在美国已经是竞争性产业了，而在发展中国家大都还作为基础性项目。这就要求在涉及具体项目的时候，应该用发展的眼光对具体问题进行具体分析。

就中国当前而言，在处理国有企业与民营企业关系时，应遵循既有竞争、更有合作、互为补充、缺一不可的原则。第一，在一些已经完全向民营企业放开的竞争领域，国企与民企作为平等的市场主体，应该发挥各自优势，展开竞争，优胜劣汰，国家宏观政策对二者要一视同仁。这是遵循市场经济基本规律的表现，也是发挥市场在资源配置中起决定性作用的主要体现。第二，在一些非竞争领域，比如关系到国计民生的石油、电力等关键领域和重要行业，有必要保证国有企业的垄断地位。因为这些行业多数是自然垄断，即使允许民营企业进入，也不会改变垄断的性质，仅仅是把垄断权由国有企业转移到民营企业。而民营企业完全是以利润最大化为目标，在管制不力的情况下由其掌握自然垄断行业，有可能导致产品价格过高、影响经济稳定运行等问题，当然对于有实力且监管良好的大型民营企业也应持鼓励和开放的态度，不应打压和排斥。第三，基础设施建设、基础研发和高新技术的领域，需要大量的资金投入，并且短期内不能盈利，民营企业一般不愿意投资，但这类行业关乎国家长远发展，需要国有企业的支持。我国的国有企业发挥着产业协作的功能，在民营经济不愿意投资的行业大量投资，可以为民营经济的进一步发展奠定产业基础，引导民营企业投资方向，落实国家产业政策和经济发展规划。

第二节　基础设施投资

基础设施是指为社会生产和消费活动提供服务的各种公共设施，主要包括交通运输、机场、港口、桥梁、通信、水利和城市供排水、供气、供电等设施，为整个生产过程提供共同生产条件。根据世界银行报告的划分，基础设施包括三部分[①]：一是公共设施，如电力、电信、自来水、卫生设施与排污、固体废弃物的收集与处理及管道煤气；二是公共工程，如公路、大坝、灌溉及排水用的渠道工程；三是其他交通设施，如铁路、城市交通港口和水路以及机场。

一、政府介入基础设施领域的理论依据

基础设施是国民经济运行的基础，直接制约着经济各领域资源配置的效率水平。在市场经济条件下，政府投资的一个基本方面就是基础设施，这与该投资领域中存在着市场缺陷有密切的关系。

（一）基础设施消费中存在外部收益

由于基础设施普遍具有外部收益，且这种外部收益具有非排他性，因而不可能完全由市场来提供。要想纠正资源配置的不足，就必须使外部收益内在化，使基础设施产品的价格得以反映产品的全部收益。政府用于实现基础设施产品外部收益内在化的可能措施之一是补贴，即通过对基础设施产品的外部收益进行相应的补贴，以诱使市场将供给量调整到边际社会收益等于边际社会成本的水平，从而实现资源的最优配置。这正是基础设施历来被认为是政府职责范畴，并促使各国政府广泛介入该领域的一个主要原因。

（二）基础设施的生产与消费有与其他产品不同的特点

基础设施作为一个特定的概念，有不同于其他产业的特征：第一，基础设施

---

① 世界银行：《1994年世界发展报告——为发展提供基础设施》，毛晓威等译，中国财政经济出版社1994年版，第13页。

的生产大都投资大、周期长、回收慢、风险高，因而便决定了理性假设下的私人资本不愿意进行这方面的投资，或对这方面的投资较少。在这种情况下，只有政府才有能力集中社会资源来投资这些大型的长期的项目，并且使投资的风险由社会来分担，从而推动经济的增长。第二，基础设施作为一种"先行资本"，是一种基础性产品，对整个国民经济的发展具有很强的制约作用。在私人资本不愿或无力投资的情况下，政府应有充足的投入，否则会直接影响各类经济活动的有效进行，形成国民经济发展的瓶颈，从而影响经济的快速持续增长。第三，基础设施具有地域性。这种产品往往固着于一地，为某一或大或小的地域服务，因此它们所提供的服务不可能从外地引进或国外进口，极易形成垄断。这是各国政府对基础设施投资或对基础设施经营进行管制的一个重要理由。

（三）基础设施配置存在地区公平问题

政府介入基础设施，有时也是出于社会财富再分配的考虑。例如，政府帮助落后地区修建公路、铁路等基础设施，就是为了吸引私人资本流入这些地区，促进这些地区与其他地区尤其是经济发达地区的交流，以带动落后地区的经济发展，从而既提高了资源在地区之间的配置效率，又改善了地区之间的收入分配状况。

以上分析表明，为了弥补基础设施产品的外部收益、促进地区公平、推动经济增长，基础设施的投资应有政府的参与。

二、基础设施投资的资金来源

尽管基础设施在国民经济中的地位非常重要，但并不意味着对它们的投资所需资金主要由政府来"买单"。恰恰相反，在市场经济条件下，基础设施建设的投资来源，除了涉及国家经济安全的某些项目主要靠财政资金外，大部分项目都可采取多样化的筹资渠道，政府财政资金要充分发挥引导和示范作用，发挥杠杆作用，"四两拨千斤"，以少量的财政资金带动庞大的社会资金，以求取得一马当先引来万马奔腾的效果。

（一）政府财政资金

财政资金主要来自税收收入和非税收入。在计划经济时期，国家预算内资金是最主要的资金来源，随着经济体制的转变，政府逐步从营利性行业中退出，基础设施建设资金来源也变得多元化，国家预算内对基础建设的投资比重也逐渐变少。前些年锋芒初露的市政债券中有一部分也只是对国债资金的分流，且用于经营性项目的资金也并不多。因此，国家预算已不能肩负起基础设施建设主要资金来源的重任。

（二）银行贷款

21世纪初，银行贷款就成为我国市政公用基础设施建设资金的第二大来源，而且其贷款速度也逐年稳步增长。但是，为了应对更加复杂多变的金融形势，银行的经营体制也在发生改变，整个银行业越来越商业化，因此通过银行贷款所得的资金需要承担更大的风险，银行业要求从中获取更大的利润。基础设施项目一般都经历较长的建设周期，同时动用的资金较大但是从中获取的利润却不高，这就使得银行承担更大的贷款风险，因此很多银行不愿承担类似的贷款项目。可见，银行贷款也不是项目资金来源的长久之计。

（三）地方自筹资金

我国的城市基础设施建设的自筹资金主要来自土地批租收益，这也曾经是地方自筹的主要资金来源之一。但越来越少的可开发土地和不断上升的开发成本削弱了这一来源的贡献，同时暗箱操作等不良手段也使得土地批租净收益减少甚至沦为负数。除土地批租收益外，自筹资金还包括城市养护、市政设施、汽车牌照、给排水设备等所收取的使用费，但这些资金对于解决城市基础设施建设的巨大需求来说没有实质性作用，因此地方自筹资金也不会成为城市基础设施建设的主要资金来源。

（四）资本市场筹资

利用国内外资本市场，采用直接融资方式，发行债券和股票，将社会闲散资金直接转化为基础性项目投资资金，无疑也是解决基础性项目所需巨额资金缺口的有效途径。世界各国都有从事基础设施类业务的项目通过股票融资的例证。

（五）吸引外资

随着我国改革开放的推进，引进外资逐渐成为填补基础设施建设巨大资金缺口的有力方式之一。进入21世纪以来，我国通过多种金融贸易方式充分引进和利用外资。同时，随着时间的变化，我国政府在利用外资的结构方式上也经历了从信贷资金向直接投资和融资的改进。

（六）私人资本

引入私人资本参与基础设施投资越来越受人们关注。一方面，中国的民营企业在经历40多年发展之后，已经茁壮成长为具备雄厚实力的大企业，这为基础设施吸收民营资本投资提供了充裕的资本基础。另一方面，政府一般都会采取一些扶持措施来激励民营资本进入基础设施建设市场，这对民营资本来说无疑也是利好。近年来，相关部门相继出台了改革完善城市基础设施建设环境的文件和政策，政府通过改革投融资体制，建立健全创新的产权结构，有效地吸纳了建设资金。

民营资本越来越多的准入选择加之其本身所具有的灵活投资方式，预示着民营资本势将成为基础设施建设资金的重要来源。

三、政府参与基础设施投资的方式

从产品属性看，基础设施类型多样，既有公共产品性质的基础设施，又有私人产品性质的基础设施，而更多的基础设施是介于二者之间的混合产品。如图 5-1 所示，从左到右，基础设施产品的排他性是递减的，同时，外部性逐渐增强；从上到下，产品的竞争性逐渐减弱。政府在确定基础设施投资之后，通常要具体分析基础设施项目的特点，比如，是否关系国计民生，是否关系国家安全，是否具有自然垄断性质，外部性的强弱等。像农村公路、城市街道清扫等具有很强收益外溢性，难以通过收费弥补成本，私人部门通常不会投资这类基础设施，一般要由政府承担。但像电信业中的长话服务，具有明显的排他性，可以通过收费弥补成本，也不存在外溢性。因此，基础设施种类的多样性，决定了其供给和生产方式也必然是多样的，这为政府与市场在基础设施供给和生产上的分工与合作提供了广阔空间。

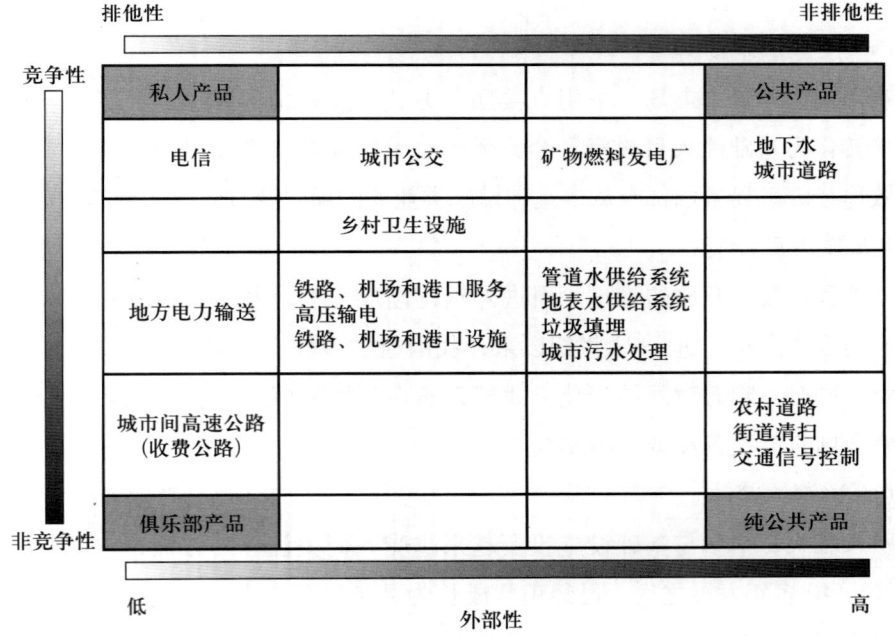

图 5-1 基础设施的产品属性

资料来源：世界银行：《1994 年世界发展报告——为发展提供基础设施》，毛晓威等译，中国财政经济出版社 1994 年版，第 25 页。

（一）政府投资，免费提供

这是政府投资于基础设施的一种最常见的方式。由政府独资或集资建设的项目主要出于三种考虑：一是关系国计民生的重大项目，诸如长江三峡工程、青藏公路、南水北调工程等，只能由政府采取多种渠道集资来提供；二是维护国家安全的需要，如宇航、核电站等；三是一些具有明显的收益外溢或很高的排他成本的基础设施，诸如农村道路、上下水道等，单项投资不大，数量众多，也适于作为公共产品由政府投资提供。

（二）政府投资，商业经营

这种方式是指由政府委托的法人组织按商业原则经营基础设施，自负盈亏，基础设施投资资金除了来自政府直接投资外，法人组织可以政府为担保者在金融市场上直接融资，政府作为唯一股东，享受投资的最终成果。这种提供方式有几个优点：一是政府既拥有最终的决策权，又可以使政府从具体的经营活动中解脱出来；二是法人组织拥有经营自主权，责任明确，可以提高成本效益的透明度，提高服务质量。在政府财力有限的情况下，政府投资、商业经营的投资方式对于某些具有排他性又较适宜于市场经营的基础设施（如道路、港口甚至中小型机场等）来说不失为一种较好的方式。

（三）建立政策性银行，开展财政投融资业务

财政投融资是指以政府信誉为基础、以产业政策为目标而进行的一种财政融资和金融投资活动。它既不同于一般的财政投资，又不同于一般的商业性投资，是一种新型的国家投资管理方式，它的投资范围比财政其他投资更为广泛，是贯彻国家产业政策的有效方式。国外的财政投融资，比较成功的经验是建立政策性银行，作为执行政府长期性投资政策的机构。1994 年我国撤销原来的六家专业投资公司，剥离专业银行的政策性业务，将政策性业务划归到新成立的国家开发银行，同时又成立了中国农业发展银行、国家进出口银行。这三家政策性银行以保本微利为基本前提，主要贷款对象是国家的基础设施项目和基础产业，它们充当公共投资的代理人，把计划、财政、银行的政策性投、融资业务揉合起来，形成了较有效的公共投资运作方式。

（四）PPP 模式

PPP 即 public-private partnership 首字母的缩写，通常译为"政府与社会资本合作"，是在公共基础设施建设中发展起来的一种以各参与方的"双赢"或"多赢"为合作理念的现代融资模式。它是指政府与私人组织之间，为了合作建设某些基础设施项目，或是为了提供某种公共产品和服务，以特许协议为基础，彼此

之间形成的一种伙伴式的合作关系,并通过签署合同来明确双方的权利和义务,以确保合作的顺利完成。积极探索并推广使用 PPP 模式,允许社会资本通过特许经营等方式参与基础设施投资,有助于大幅度减少政府对资源的直接配置,建立透明规范的建设投融资机制。PPP 本身是一个意义非常宽泛的概念,最大的优点在于将市场机制引入基础设施的投融资领域。

PPP 模式不是一种固定的模式,而是包含 BOT 等多种操作形式:(1) BOT (build-operate-transfer),意即"建设—经营—转让",是指政府将一些拟建的基础设施项目通过招商转让给某一财团或公司,由其组建一个项目经营公司进行建设经营,并在双方协定的一定时期内,由该项目公司通过经营该项目偿还债务,收回投资,协议期满,该项目产权转让给政府。(2) TOT (transfer-operate-transfer),即转让—经营—转让,是指委托方(政府)与被委托方(外商或私人企业)签订协议,规定委托方将已经建成投产运营的基础设施项目转让给被委托方在一定期限内进行经营,委托方凭借所转让的基础设施项目的未来若干年的收益,一次性地从被委托方那里融到一笔资金,再将这笔资金用于新的基础设施项目的建设。(3) ABS (asset-backed securitization),即以资产为支持的证券化,是指以项目所属的资产为基础,以该项目资产所能带来的预期收益为保证,通过在资本市场上发行高档证券来募集资金的一种项目融资方式。(4) BOT 模式的变异。近年来,由于基础设施种类、投融资回报方式、项目财产权利形态的不同,BOT 模式出现了不同的变异模式,如 BOOT(建设—拥有—经营—转让)模式、BTO(建设—转让—经营)模式、BOO(建设—拥有—经营)模式、DBOT(设计—建设—经营—转让)模式、BLT(建设—租赁—转让)模式等。

(五)民间机构投资和经营,政府监管

基础设施除了前面几种投资形式之外,其余的部分,政府可让民间机构投资经营。对于民间机构投资经营的基础设施,大部分必须接受政府的监督管理。

四、中国基础设施投资分析

由于国内各类统计资料并未直接给出每年的基础设施投资,只能根据统计年鉴提供的相关数据进行估算。参照世界银行报告给出的经济基础设施范围,结合历年《中国统计年鉴》和《中国固定资产投资统计年鉴》的可得数据,可以将 1981—2002 年期间基础设施投资的统计范围界定为经济中用于"电力、煤气及水的生产和供应业""地质勘查业、水利管理业""交通运输、仓储及邮电通信业"三个科目的固定资产投资。从 2003 年开始,统计口径发生了变化,2003 年以来的基础设施投资统计范围为经济中用于"电力、燃气及水的生产和供应业""交通运输、仓储和邮政业""信息传输、计算机服务与软件业""水利、环境和公共设施管理业"四个科目的固定资产投资。

基于上述统计范围,1981—2017年期间基础设施投资与全社会固定资产投资的统计数据如表5-1所示。

表 5-1 1981—2017 年中国的基础设施投资与全社会固定资产投资

年份	基础设施投资额/亿元	全社会固定资产投资总额/亿元	全社会固定资产投资中政府预算内资金/亿元	GDP/亿元	基础设施投资额占全社会固定资产投资总额的比重/%	基础设施投资额占GDP的比重/%
1981	130.10	667.50	269.76	4 935.8	19.49	2.64
1985	404.50	1 680.50	407.80	9 098.9	24.07	4.45
1990	798.50	2 986.30	393.03	18 872.9	26.74	4.23
1995	3 693.60	20 524.90	621.10	61 339.9	18.00	6.02
2002	10 871.50	45 046.90	3 161.00	121 717.4	24.13	8.93
2003	16 278.28	58 616.30	2 687.80	137 422.0	27.77	11.85
2004	20 170.77	74 564.88	3 254.91	161 840.2	27.05	12.46
2005	25 024.49	94 590.84	4 154.29	187 318.9	26.46	13.36
2006	30 752.37	118 956.99	4 672.00	219 438.5	25.85	14.01
2007	35 523.99	150 803.61	5 857.06	270 232.3	23.62	13.18
2008	43 718.52	182 915.29	7 954.75	319 515.5	23.90	13.68
2009	61 372.54	250 229.70	12 685.73	349 081.4	24.73	17.72
2010	73 036.28	285 779.24	13 012.75	413 030.3	25.56	17.68
2011	69 549.01	345 984.17	14 843.29	489 300.6	20.13	14.23
2012	80 431.09	409 675.65	18 958.66	540 367.4	19.53	14.88
2013	97 173.60	491 612.52	22 305.26	595 244.4	19.77	16.32
2014	119 380.40	543 480.60	26 745.40	643 974.0	21.97	18.54
2015	137 124.30	584 198.80	30 924.30	689 052.1	23.47	19.90
2016	158 611.20	616 933.50	36 211.70	743 585.5	25.71	21.33
2017	180 359.00	639 369.40	38 741.70	827 121.7	28.21	21.81

资料来源:国家统计局网站。

根据表 5-1 可知,改革开放以来,中国基础设施投资出现了迅猛增长,从名义价格来看，2017年的基础设施投资额相比1981年的水平增长了1 385倍，是一个非常惊人的数字。基础设施投资的增长速度远远超过了GDP的增长速度，占GDP的比重从不足3%持续上升到20%以上。同时，全国固定资产投资总额也整体上保持了快速增长，基础设施投资额占全社会固定资产投资总额的比重大致维持在18%～29%。这也反映了当前中国经济的增长离不开基础设施投资的拉动。

与此同时，全社会固定资产投资的来源结构也发生了显著变化。在计划经济时期，政府投入一直是中国基础设施发展的主要资金来源。尽管借助政府强制手段可以在短期内为基础设施筹集巨额资金，在一定程度上保证事关国民经济全局和具有长远意义的重点项目建设，但是这一筹资模式由于受政府财力约束，极大地制约了基础设施的发展，使得基础设施成为经济发展的瓶颈。

随着改革开放和市场经济体制的逐步建立和完善，基础设施的多元化筹资格局逐步形成。越来越多的社会资金进入基础设施投资领域。参见专栏5-1。

专栏5-1　基础设施投资离不开政府、企业和金融机构合作

经济学家林毅夫近日指出，目前是各国进行基础设施建设的最佳时机。

基础设施作为现代化的基础，其完善能够不断提高经济增长的速度。根据世界银行2010年的一项研究，发展中国家由于基础设施的改善，2001—2005年间相较于1991—1995年间，每年经济增长率提高了1.6个百分点。正是基于基础设施的重要性，2010年，20国峰会在韩国召开时发表了首尔发展共识，其共识的第一项内容就是基础设施建设；2015年联合国通过的到2030年可持续发展目标的17项目标中，第九项就是基础设施建设。

现在国际上对基础设施建设应该由政府主导已经形成共识。当国民经济面临下行、产能过剩严重的时候，正是进行基础设施建设最好的时候。这是因为，在经济下行、失业率高时，政府为了维持社会稳定，投资于基础设施项目，短期内会创造就业，减少失业；长期内会形成资产，提高该国的经济增长率，进而增加政府税收，偿还借贷。并且，在经济下行时，基础设施建设成本也会比较低。

林毅夫认为，对于中国来说，虽然现在是进行基础设施建设的最佳时机，但也面临一个问题，即基础设施建设所需要的资金缺口巨大。一方面，政府要动员大量资金来支持必要的基础设施建设，在资金上确实有相当大的困难；另一方面，民间的资金数量还是相当多的，如果有一些金融创新，能够将基础设施建设变成可投资的项目，并可以提供长期的、稳定的回报，那么民间的主权基金、退休基金、保险基金等就能够进入基础设施建设项目中。

> 这方面需要各种金融创新，其中一种方式是PPP项目，即由政府与企业共同投资这些基础设施建设。PPP可以采用BOT的方式，由私营企业先把基础设施建好，提供融资，经营一段时间后再转交给国家来经营；也可以由一些双边援助机构将其援助提供给基础设施建设，减少项目建设的风险程度和利息负担。像中国在"一带一路"建设中所提出的丝路基金、中国欧亚合作基金、中葡基金，都属于这种双边援助的资金，用来支持基础设施建设的项目。
>
> 此外，包括世界银行、亚洲开发银行、非洲开发银行、亚洲基础设施投资银行在内的多边机构，也可以利用它们的商业评级，采取基础设施资产证券化的方式在金融市场上进行融资，并进而支持基础设施项目。目前，各国都在尝试一些机制上的创新，鼓励政府、私营企业、金融机构合作，给基础设施的建设提供资金。
>
> 资料来源：改编自《林毅夫谈基建：钱是有的，关键看金融创新》，中国经济网，2016年6月3日。

第三节 "三农"支出

"三农"是农业、农村和农民的简称，虽然只是20世纪90年代中期出现的概念，但"三农"问题伴随中国的工业化历程却由来已久，只不过进入21世纪以来显得尤为突出。"三农"问题反映了在历史形成的二元社会结构中，一方面，城市不断现代化，二、三产业不断发展，城市居民不断殷实；而另一方面，农村的进步、农业的发展和农民生活的改善却相对滞后。当前，中国总体上已经进入以工业反哺农业、以城市带动乡村的发展阶段，具备了加大财政支出力度扶持"三农"的能力和条件。财政对"三农"的投入是事关农业发展、农村建设和农民生活多方面支出的综合性项目，在《政府收支分类科目》中没有单独的收支科目，而是混在有关的如农林水、交通运输、节能环保以及教育、科学技术、医疗卫生、社会保险等科目当中，其中既含有投资性支出，也含有消费性支出和保障性支出。

一、政府介入"三农"领域的理论依据

（一）农产品的供给弹性与需求弹性具有不对称性，农业比较利益较低

农业以有生命的动植物为主要劳动对象，以具有肥力为特征的土地为基本生

产资料，它的根本特点是经济再生产与自然再生产交织在一起。农业生产周期较长，受自然条件影响较大，生产具有强烈的季节性和地区性，人工控制较为困难。因此，在农产品市场上，农产品的供给由于受自然条件的约束和供给者决策的相应变化而经常出现波动。但是，农产品的需求却由于它的"必需品"性质而呈现出相对稳定的特点。可以说，农产品是社会消费与社会生产的"必需品"，农业是国民经济的基础，农业的稳定与发展直接制约着国民经济的稳定与发展。农产品市场上这种供给弹性与需求弹性的不对称，经常引起农产品价格的大幅度波动，进而影响工业生产，波及市场物价，不利于国民经济的稳定。此外，农业生产相比其他行业的生产来说，比较利益偏低，私人资本的积累相对较少。当农业比较利益较低时，不仅很难吸引优质资源等进入农业，甚至连农业本身的资源也会向效益较好的其他行业转移。因此，各国政府之所以普遍重视农业，与农业生产所固有的特点和其在国民经济中的重要地位有必然联系。

（二）在农业生产和农村地区，存在大量的公共产品和外部收益明显的混合产品

对农业和农村来说，政府提供的公共产品主要包括以农田水利为核心的基础设施和农村急需的生活设施建设、农业科研和科技推广、环境保护、义务教育、技能培训、公共卫生和社会保险等。应当明确，政府对农业和农村投入的必要性，从根本上说，不仅在于农业部门生产率较低下，自身难以产生足够的积累，而且在于某些农业投入只适合于由政府来提供，或理应由政府来提供。比如大江大河的治理、大型水库和各种灌溉工程等，其特点是投资额大，投资期限长，牵涉面广，投资以后产生的收益不易分割，而且投资的成本及其收益之间的关系不十分明显。又如基础设施、农业科技推广、农业教育与培训、农村生态环境的保护等是农业生产要素的重要组成部分，也是农业可持续发展不可或缺的因素，但这些产品在消费过程中存在着外部收益，因此不可能完全通过市场来提供，而只能由政府通过税收的方式来弥补。

（三）城乡居民所拥有的资源禀赋存在较大差异

对资源配置中城乡公平和地区公平的关注是政府介入"三农"领域的又一重要原因。从长远来看，工业与农业、城市与乡村的协调发展是建立国民经济长期稳定快速增长机制的必由之路。二元结构理论和两部门模型说明，中国当前正处于工业化和城镇化的中级阶段，是二元结构转变为一元结构的关键阶段，只有实现了这个阶段的飞跃，整个经济才可能保持稳步增长的势头，避免徘徊和波动，形成长期稳定快速增长的机制。中国由于各种特殊原因，与其他国家比较而言，

这个阶段的转变将更为困难,任务更为艰巨。这是因为:中国在过去的工业化过程中虽然吸收了一部分农村剩余劳动力,但由于农村人口增长过快,而且由于在城乡之间实行不同的户籍制度、社会保险制度以及各种社会福利制度,形成劳动力转移的藩篱,加大了农村剩余劳动力转移的难度;在过去工业化过程中曾通过工农产品价格剪刀差从农村吸取资金,而且由于人口增长过快,农业收益递减加重,农民收入增长过慢,形成城乡收入差距的扩大;改革开放后,城市面貌大为改观,而农村的基础设施、教育、卫生医疗、社会保险等方面的发展严重滞后;等等。协调城乡发展是构建和谐社会、实现乡村振兴的重中之重,是一项巨大的系统工程,必须由政府发挥主导作用,也自然离不开公共财政的大力支持。

二、中国财政"三农"支出的状况分析

2007年之前,我国政府直接用于"三农"的支出项目主要有四个:"支援农村生产支出和农林水利气象等部门事业费"(简称"支农支出")、"农业基本建设支出"、"农业科技三项费用"和"农村救济费"。其中"支农支出"数额最高,每年占全部财政"三农"资金总额的50%~75%;"农业基本建设支出"是排在第二位的支出大项;此外,"农村救济费"和"农业科技三项费用"数额相对较少,如表5-2所示。

表5-2 1978—2006年财政直接用于"三农"的支出情况

年份	用于"三农"的财政支出合计/亿元	支农支出/亿元	农业基本建设支出/亿元	农业科技三项费用/亿元	农村救济费/亿元	其他/亿元	用于"三农"的支出占财政支出的比重/%
1978	150.66	76.95	51.14	1.06	6.88	14.63	13.43
1980	149.95	82.12	48.59	1.31	7.26	10.67	12.20
1985	153.62	101.04	37.73	1.95	12.90	—	7.66
1990	307.84	221.76	66.71	3.11	16.26	—	9.98
1995	574.93	430.22	110.00	3.00	31.71	—	8.43
1996	700.43	510.07	141.51	4.94	43.91	—	8.82
1997	766.39	560.77	159.78	5.48	40.36	—	8.30
1998	1 154.76	626.02	460.70	9.14	58.90	—	10.69
1999	1 085.76	677.46	357.00	9.13	42.17	—	8.23
2000	1 231.54	766.89	414.46	9.78	40.41	—	7.75

续表

年份	用于"三农"的财政支出合计/亿元	支农支出/亿元	农业基本建设支出/亿元	农业科技三项费用/亿元	农村救济费/亿元	其他/亿元	用于"三农"的支出占财政支出的比重/%
2001	1 456.73	917.96	480.81	10.28	47.68	—	7.71
2002	1 580.76	1 102.70	423.80	9.88	44.38	—	7.17
2003	1 754.45	1 134.86	527.36	12.43	79.80	—	7.12
2004	2 337.63	1 693.79	542.36	15.61	85.87	—	9.67
2005	2 450.31	1 792.40	512.63	19.90	125.38	—	7.22
2006	3 172.97	2 161.35	504.28	21.42	182.04	303.88	7.85

资料来源：国家统计局网站。

从2007年开始，因采用新的财政支出分类方法，我国财政支农的"类"级科目统一为"农林水事务"，用以反映财政用于农林水事务的支出，具体包括农业支出、林业支出、水利支出、南水北调支出、扶贫支出、农业综合开发支出和农村综合改革支出等款级科目（见表5-3）。其中，扶贫支出是最近十年来增长最快的款级科目，体现了中央和各级政府对农村贫困地区、边远地区、少数民族地区、革命老区等地区贫困人群的大力帮扶。另外，2007年之前统计口径中农业基本建设支出项下的农林水支出和科技三项费用项下的农林水支出统一纳入新统计口径中的农林水事务类。所以，改革前的各支农支出之和与改革后的"农林水事务"类支出总额口径基本相同。也就是说，2007年以后，"农林水事务"可以代表公共财政对"三农"的直接支出。

表5-3 2007年以来财政直接用于"三农"的各项支出

年份	农林水事务支出/亿元	农业支出/亿元	林业支出/亿元	水利支出/亿元	南水北调支出/亿元	扶贫支出/亿元	农业综合开发支出/亿元	农村综合改革支出/亿元	农林水事务占财政支出/%
2007	3 404.7	—	—	—	—	—	—	—	6.8
2008	4 544.0	2 278.9	424.0	1 122.7	—	320.4	251.6	—	7.3
2009	6 720.4	3 836.9	532.1	1 519.6	—	374.8	286.8	—	8.8
2010	8 129.6	3 949.4	667.3	1 856.5	78.4	423.5	337.8	607.9	9.0
2011	9 937.6	4 291.2	876.5	2 602.8	68.9	545.3	386.5	887.6	9.1

续表

年份	农林水事务支出/亿元	农业支出/亿元	林业支出/亿元	水利支出/亿元	南水北调支出/亿元	扶贫支出/亿元	农业综合开发支出/亿元	农村综合改革支出/亿元	农林水事务占财政支出/%
2012	11 573.9	5 077.4	1 019.2	3 271.2	45.9	690.8	462.5	987.3	9.5
2013	13 349.6	5 561.6	1 204.3	3 338.9	95.6	841.0	521.1	1 148.0	9.5
2014	14 173.8	5 816.6	1 348.8	3 478.7	69.6	949.0	560.7	1 265.7	9.3
2015	17 380.5	6 436.2	1 613.4	4 807.9	81.8	1 227.2	600.1	1 418.8	9.9
2016	18 441.7	6 458.6	1 696.9	4 433.7	65.7	2 285.9	616.6	1 508.8	9.8
2017	19 039.0	6 194.6	1 724.9	4 424.8	116.2	3 249.6	572.2	1 486.9	9.4

资料来源：《中国农村统计年鉴2018》。

综合表 5-2 和表 5-3 可以看出，中国改革开放 40 多年来，财政直接用于"三农"支出的绝对额增长迅速，但相对额（即农业支出占比）没有明显增长。农业总支出占财政支出的比重，1978 年和 1980 年分别为 13.43% 和 12.20%，1980 年以后至今，就很少超过 10%。1998 年，政府为治理通货紧缩而采取积极的财政政策，以增发国债的方式大幅度增加农业基本建设支出，使得该比重提高到 10.69%。此后几年，农业总支出占政府财政支出的比重又有所回落。不过，随着 2004 年以来各种农村新政策①的不断出台，财政支农的力度已经大大加强。2010 年以来，财政支农占比始终保持在 9% 以上的较高水平，体现了国家对农业生产的重视和支持。

如果将视野放宽，将交通运输、节能环保以及教育、科学技术、医疗卫生、社会保险等科目当中用于"三农"的支出都考虑进去，会发现中央和地方财政对"三农"的总投入同样不断加大且增长迅速。2012 年，全国财政用于"三农"的投入首次突破 3 万亿元，其中，中央财政的投入超过 1.2 万亿元。2015 年，中央财政用于"三农"的投入高达 17 242 亿元，相比 2003 年的 2 144 亿元，年均增长率在 20% 左右（见图 5-2）。"三农"投入力度的加大，有力地促进了农业生产、农民增收和农村经济社会事业全面发展。

当然，三农问题有其复杂性和历史性，绝非单纯依靠国家投入和财政扶持就能解决好。必须清楚地认识到，近年来，随着我国工业化和城镇化的迅猛发展，

---

① 2004 年以来出台的农村新政策包括取消农业税、实施新型农村合作医疗、开展新农村建设、建立九年义务教育保障机制、允许流转土地承包权、建立农村信贷担保机制等。

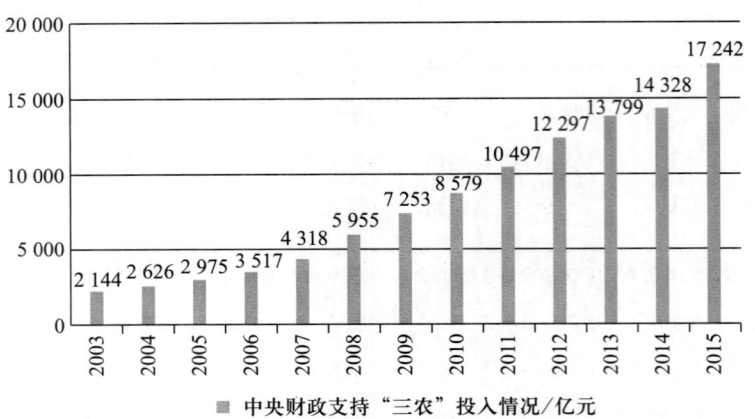

图 5-2　近年来中央财政支持"三农"投入情况

资料来源：2011 年之前数据来自财政部网站，之后数据来自《农村绿皮书：中国农村经济形势分析与预测（2015—2016）》，社会科学文献出版社 2016 年版。

农业发展中出现了一些新的问题：农业成本高，效益低；集体化耕作率不足，竞争力和抵御风险能力差；农业立体式污染严重，农产品安全受到威胁；来自国外质优价廉农产品的冲击与竞争等。以上问题严重制约了我国农业的进一步发展。参见专栏 5-2。

> **专栏 5-2　粮食"丰产"农民却难"增收"**
>
> 　　春节刚过，河南省西平县王孟试村村民王玉英就开始犯愁了：她家的 4 亩地今年还种不种玉米？
>
> 　　之所以如此纠结，跟她家去年玉米的收成有关。她家一亩地约产玉米 1 000 斤，去年玉米价格为 0.75 元/斤，1 000 斤玉米的收入是 750 元。4 亩地共收入约 3 000 元。这仅仅是毛收入，去除成本后，玉米的收入就更少了。她给记者算了一笔账：播种一亩地需要 5 斤种子，一斤玉米种子大概 6 元，一亩地的种子约 30 元；此外，种一亩地需投入化肥 150 元、机器播种支出 25 元、机器收割支出 80 元。这几项加起来每亩地的成本共 285 元左右，4 亩地的成本约 1 140 元。简单计算，去除成本后，4 亩地玉米的收益为 1 860 元。
>
> 　　"辛辛苦苦耕种 3 个多月，收入 1 860 元，平均每个月仅有 620 元的收入，只靠种地农民怎么才能富裕？"王玉英说，种地还不及她农闲时到漯河市的森林公园给人家养花，那样一个月也有 1 500 元的收入。
>
> 　　不仅玉米，小麦的收购价也比较低。越来越低的国内农产品收购价格跟越来越高的粮食产量形成了鲜明对比。

> 　　国家统计局发布的全国粮食生产数据显示，2016年全国粮食总产量为61 623.9万吨，再获丰收。按理说，粮食丰收，农民的钱袋子应该鼓起来了。但现实是，2016年全国农村居民人均纯收入为12 363元，增幅8.2%，扣除价格因素实际增长6.2%。这两个数据，都较往年明显放缓，也是近13年来最低。
> 　　探究粮食丰收后农民增收放缓的原因，中国社会科学院农村发展研究所研究员李国祥认为，农产品供求的结构性矛盾是当前我国农业发展的主要矛盾。"一方面，粮食多年增产，国内粮食库存压力很大；另一方面，国内市场上越来越多的农产品来自进口，一些地方的农民不时遭遇农产品销售难，社会上很多人又经常抱怨买不到放心、好吃的农产品。"
> 　　今后，如何协调好"稳粮"与"增收"的关系，在农民增收上继续加力，推进农民收入持续增长，成为三农工作需要着力解决的重要课题。
> 　　资料来源：改编自王红茹：《2016年农民实际增收却创新低 专家：不能仅依靠国家财政投入》，《中国经济周刊》2017年第7期。

可喜的是，党的十九大报告再次将"三农"问题列为关系国计民生的根本性问题和全党工作的重中之重，并首次提出了"乡村振兴战略"，包括坚持农业农村优先发展，巩固和完善农村基本经营制度，保持土地承包关系稳定并长久不变，深化农村集体产权制度改革，确保国家粮食安全，构建现代农业产业体系、生产体系、经营体系等各个方面和层次的部署。其中，为保持土地承包关系稳定并长久不变，第二轮土地承包到期后再延长30年，这体现了保护农民土地权益的决心。在此基础上，当前应着力做好三项工作：一是健全完善土地流转法规，在保障农民利益的同时，鼓励农民土地流转，促进成规模的农业生产经营；二是加快推进我国农业供给侧改革，协调好"稳粮"与"增收"的关系，保障粮食供给和质量的提升；三是坚持科技兴农、科技强农战略，提高农业效益和农产品国际竞争力。此外，还要通过大数据、云计算、互联网等科技手段，为农业生产做好前瞻和后延工作，合理划分农业生产规模，适时调整农业生产计划，从而整体提高我国农业发展水平。

思考题

1. 政府投资相比于非政府投资有哪些特征？
2. 联系实际说明我国基础设施投资资金来源的变化。

3. 政府参与基础设施投资的方式有哪些?
4. 为什么近年来各级政府会加大支持"三农"的力度?
5. 政府投资的重点是什么?

▶ 自测习题及参考答案

第六章　社会保障支出

如果把社会保障看作政府通过社会保险、社会救助、社会福利、社会优抚和社会互助等制度编织成的一张社会安全网，那么社会保障支出则是国家依据一定的法律和政策规定，通过国民收入再分配对社会成员的基本生活权利予以保障的转移性支出，是国家财政政策体系中的重要组成部分，是维持劳动力再生产、稳定社会发展、促进社会公平分配和调节经济运行的重要手段。

本章共三节，第一节为社会保障概述，解释政府介入该领域的理由，简要分析中国社会保障支出结构和社会保障制度改革。第二节为社会保险支出，描述社会保险的特征和社会保险基金筹资模式，介绍中国的社会保险支出，分析社会保险的现状和改革方向。第三节为社会救助支出，回顾社会救助的发展历程，分析中国社会救助支出的规模和结构。

第一节　社会保障概述

一、社会保障的含义和内容

（一）社会保障的概念及概念要素

社会保障一词最初出现在 1935 年美国的《社会保障法》中。在 1942 年国际劳工组织出版的文献中，社会保障被定义为："社会通过一系列公共组织，为其成员提供保护，以防止因疾病、产期、工伤、失业、年老和死亡致使停止或大量减少收入造成的经济和社会困难；提供医疗；和为有子女的家庭提供补助金。"根据国际劳工组织批准的社会保障公约，社会保障包括 9 个方面的内容：医疗、疾病、失业、老龄、工伤、家庭、生育、残疾和遗属津贴，几乎涉及了一个人"从摇篮到坟墓"的全过程。

从中国国情出发，可以对社会保障的概念作如下定义：社会保障是与社会主义市场经济体制基础相适应，国家和社会依法对社会成员基本生活予以保障的社会安全制度。

上述定义涵盖了四个方面的概念要素：（1）社会保障的责任主体是国家和社会。国家和社会在社会保障的规划、管理、监督和资金运营等方面负有重要责任，而社会化管理也是社会保障制度发展的必然趋向。（2）社会保障的实施以法律法规为支点。通过制定有关的社会保障法律法规，规定社会保障的实施范围、对象、资金来源、享受条件、待遇标准、管理办法，有助于规范社会保障中各方的责任、权利和义务。(3) 社会保障的最终目的是稳定社会。作为一项基本的社会经济制度，社会保障可以为遭遇疾病、生育、工伤、失业、年老、伤残、收入锐减和意外灾害等风险的公民提供保护，保障他们的基本生活，以避免社会动荡。(4) 社会保障的目标是满足公民的基本生活需要。因此，社会保障要与现行社会主义市场经济体制相适应，坚持兼顾公平和效率的原则，待遇标准以保障基本生活需要为宜。

(二) 社会保障的内容

在国务院 2004 年 9 月发布的《中国的社会保障状况和政策》白皮书中，我国的社会保障体系包括了社会保险、社会救助、社会福利、社会优抚、社会互助等内容。

1. 社会保险

社会保险是政府参照保险市场原则为社会成员提供的生活保证，是社会保障制度的核心组成部分。社会成员的生活困境并不完全来自残疾、收入低等原因，有时还可能来自选择不当等一些原因。对于这些原因造成的贫困，政府可采用社会保险的方式来解决。

各个国家社会保险项目的基本组成部分大致是相同的，主要包括：(1) 养老保险，又称老年保险，是劳动者在达到法定退休年龄、按规定退出工作岗位时，由养老保险基金支付养老金的一种社会保险项目。(2) 医疗保险，是劳动者及其直系亲属患病时，由医疗保险基金按规定支付一定医疗费用的一种社会保险项目。(3) 失业保险，是劳动者在失去工作、中断生活来源时，由失业保险基金按规定支付失业保险金的一种社会保险项目。(4) 工伤保险，是劳动者因工负伤时，由该保险按规定支付工伤津贴的一种社会保险项目，其待遇标准高于非因工负伤的情况。(5) 伤残保险，是劳动者在未达到退休年龄但却丧失了劳动能力时，由该保险按规定支付伤残补助金的一种社会保险项目。(6) 疾病、生育保险，是劳动者休病假、产假时，由该保险发放病、产假工资的一种社会保险项目。(7) 丧葬补助，是劳动者过世时，由该保险向其家属支付一次性丧葬补助金的一种社会保险项目。

2. 社会救助

社会救助是政府通过财政拨款，为贫困的社会成员提供的生活保证。社会救助与社会保险同属于社会保障，在性质上显然具有相通之处，主要体现为两者都具有强制性,且都是为了保障社会成员最基本的生活需要的目的服务的。但是,两者也有不同:(1)社会救助具有无偿性,贫困者不用为接受政府的救助而支付任何费用,而在社会保险方式下,受保人先得缴纳一定的费用才能获得相应的生活保障;(2)社会救助的对象主要是贫困者,因而是一种事后补救,而社会保险的对象是所有的劳动者,因而是一种防患于未然的预防性措施。因此,社会救助实际上是保障社会成员基本生活需要的最后一道"安全网"。在西方国家,社会救助项目主要包括贫困补助、赡养补助、住房补助、医疗补助等。

3. 社会福利

社会福利有广义和狭义之分。广义的社会福利与社会保障是同义语;狭义的社会福利是社会保障的组成部分。这里用的是狭义的概念。社会福利可以划分为三个层次:公共福利、专项福利、区域性福利。公共福利是指国家和社会团体兴办的以全体公民为对象的公益性事业,包括文化教育、公共卫生、公共娱乐、市政建设、环境保护、住房补贴等。专项福利是指国家和社会为特殊人群的特别需要举办的福利项目,如老人福利、妇女儿童福利、残疾人福利等。区域性福利是指国家和社会为改善一定范围内公民的生活状况设置的福利项目,如我国为淮河以北地区设立的冬季取暖补贴制度等。

社会福利计划旨在改善生活质量,保证公民享有一定水平的物质和精神生活,其所需资金主要来自公共财政,部分来自社会各界的善款。作为社会保障体系的最高层次,社会福利的发展与国民收入水平密切相关,规模、水平随国力的强大不断提高。

4. 社会优抚

社会优抚是指国家和社会为确保军人等从事特殊工作的人员及其家属的一定生活水平,给予的优待、抚恤和妥善安置措施的总和。我国的优抚措施包括向烈属、军属、复员退伍军人、残废军人提供抚恤金、优待金、补助金,设立荣誉军人疗养院、光荣院,安置复员退伍军人等。社会优抚是面向特殊对象的带有褒扬性的社会保障措施,所需资金来自财政。

5. 社会互助

我国在社会保障制度框架中增加了社会互助。社会互助是指在政府引导和支持下,社会团体和社会成员自愿组织和参与的扶危济困活动。它包括群众团体组织的互助互济,民间团体组织的慈善救助,群众自发的互助等。社会互助在社会保障体系中属于软性内容,是对主要社会保障项目的补充。社会互助资金来自参与活动成员的自愿交费和捐赠，国家通过经济政策给予支持。

二、政府介入社会保障的理论基础

社会保障是一项由政府引导的强制性的制度，它需要政府依法予以推动。而从中外社会保障制度的发展过程来看，社会保障体系都是在政府的主导下逐步建立起来的，当代各国都毫无例外地把提供社会保障纳入政府的职能范围。

（一）保护公民基本生活权利

基本生活权利是公民的一项经济权利，意味着人们具有摆脱贫困、拥有生活所需的基本物质财富的权利。在市场经济条件下，单靠市场的资源配置无法实现这一权利。例如，当社会成员在遭遇无法预料或人力无法抗拒的灾难（如严重疾病、自然灾害等）而导致生活困难时，只有通过政府提供的无偿援助，才能真正使这部分社会成员摆脱困境。然而，在早期市场经济体制下，政府和法律并不保障这一基本经济权利。在斯密《国富论》关于政府义务的经典论述中，也没有提到政府有保障公民不受物质匮乏的义务，人们只能靠自己的双手去摆脱贫困，获得基本的生活权利。直到20世纪，人们才逐步认识到人类免于贫困的基本生活权利是一项基本人权，政府有责任去保护公民的这一权利。1948年，联合国大会通过并颁布了《世界人权宣言》，其中第25条明确宣称，"人人有权享受为维持他本人和家属的健康和福利所需的生活水准，包括食物、衣着、住房、医疗和必要的社会服务；在遭到失业、疾病、残废、守寡、衰老或在其他不能控制的情况下丧失谋生能力时，有权享受保障。"至此，公民的基本生活权利终于成为全人类所共同认可和追求的基本价值，保障公民的这一权利也逐渐成为世界各国政府义不容辞的责任。

（二）提供个体评价低于社会评价的优值品

社会保险是一种优值品，政府的介入体现了家长主义的观点。按照家长主义的观点，公民会时常不明智，没有远见，所以既不能在年轻时安排足够的储蓄，也不愿意为预防未来可能的风险而购买商业保险，因此，政府有必要强制地要求社会成员将现在的一部分收入存入其个人账户或存入政府的社会保险账户，并为其管理这笔资金以供未来使用。

（三）消除保险市场上的逆向选择

逆向选择是信息不对称导致的一种后果。在保险市场上，逆向选择是指保险公司面临的索赔概率大于平均概率的现象。当风险较小的投保人认为自己的付出会比可能得到的利益大，因而不愿意投保，而愿意投保的大多是风险较大的个人时，保险公司必然亏损。这时，理性的保险公司将会选择退出这一险种的市场，社会保险就会成为社会成员的共同需要。政府应对逆向选择问题一个最简单的办法就是实行强制性的全民保险。如果所有人都购买了保险，那么索赔概率必然等于平均概率，逆向选择现象也就自然消失了。

（四）调节收入分配，缩小贫富差距

市场经济向效率倾斜，在激烈的市场竞争中强者愈强、弱者愈弱，如果不加以干预，强弱两极分化会引发社会不公平感，导致社会矛盾激化。政府通过社会保障计划实现国民收入的再分配，缩小贫富差距，保障基本生活，扶助弱者，为弱者继续参与社会竞争创造条件，有利于维持社会公平。同时，社会福利计划为公民提供了减费或免费的公共服务和各类福利措施、福利津贴，方便了生活，提高了生活质量。

（五）维护宏观经济稳定，平抑经济周期波动

健全完善的社会保障体系不仅是"社会安全网"和"社会减震器"，还能够在一定程度上帮助政府调节经济、平抑经济周期波动。由于社会保障体系中的扶贫支出和失业费等支出，在经济过热时大幅度减少，在经济过冷时大幅度增加，从而促进经济回升或抑制经济衰退，因而对经济运行具有自动稳定功能。

三、中国的社会保障和社会保障支出

20世纪90年代以前，中国城乡社会保障呈现相互独立且分治的制度格局。城镇企事业单位的职工主要依靠建立在城市工业和劳动保险（或企业保险）基础上的单位保障。而农村则依托集体土地制度，建立了面向乡村孤老残幼的"五保"制度、面向农民的农村合作医疗制度。自20世纪90年代中期以来，随着市场经济体制目标的明确，社会保障制度进行了一系列的重要改革，并取得了一定的进展。不仅初步建立了以养老、失业保险为主的，包括医疗、工伤、生育等保险项目及社会救助、抚恤等在内的社会保障总体框架，而且确定了多渠道、多层次兴办社会保障的方针，提出了社会保障费用要由国家、集体和个人多方共同负担的社会保障原则，探索出了社会保障要实施社会统筹与个人账户相结合的基金运行模式。这些改革思路、措施及其成果，标志着我国社会保障体系建设已经进入了一个新的阶段。参见专栏6-1。

> **专栏6-1　"十二五"期间社会保障制度全面推进大事记**
>
> 1. 以2014年国务院制定并实施《社会救助暂行办法》为主要标志，由民政部主导，以最低生活保障与特困人员供养制度、受灾人员救助以及医疗救助、教育救助、住房救助、就业救助和临时救助为主体，以社会力量参与为补

充的综合型社会救助制度基本形成。2015年国务院又决定全面建立临时性的急难救助，使综合型社会救助制度进一步健全。

2. 以2012年实现基本养老保险制度全面覆盖城乡居民和2015年国务院发布《机关事业单位工作人员养老保险制度改革的决定》为主要标志，普遍性养老金制度得以确立。职工基本养老保险、机关事业单位工作人员基本养老保险和城乡居民基本养老保险三大制度能够覆盖所有适龄人口。

3. 以基本医疗保险制度覆盖全民和2015年全面推进大病医疗保险为主要标志，全民医保体系基本建成。

4. 以2013年国务院发布《关于加快发展养老服务业的若干意见》、2015年国务院发布《关于全面建立困难残疾人生活补贴和重度残疾人护理补贴制度的意见》、2014年民政部印发《关于进一步开展适度普惠型儿童福利制度建设试点工作的通知》等为主要标志，各项社会福利事业在稳步发展，也为"十三五"期间全面推进以老年人、儿童、残疾人为主要对象的社会福利事业的全面发展奠定了相应的基础。

5. 以2013年财政部等三部委联合发布《关于企业年金、职业年金个人所得税有关问题的通知》和2014年国务院先后发布《关于加快发展现代保险服务业的若干意见》《关于促进慈善事业发展的指导意见》为主要标志，多层次社会保障体系建设的制度框架轮廓已经清晰。

此外，国务院还于2015年8月17日发布了《基本养老保险基金投资管理办法》，这意味着养老保险基金长期贬值的困局将得以解脱，基金保值增值的目标可以通过更加宽松的投资方式与投资渠道得到保证。

资料来源：节选自中国社会保障学会组织编写、郑功成主编：《中国社会保障发展报告2016》，人民出版社2016年版，总报告。

然而，在社保体系构建过程中，由于我国的养老、医疗和失业等社会保险政策各地差别大，统筹层次低，且保险收支不列入财政预算内，因而直接由一般公共预算（即小口径财政）安排的社会保障支出仍然不多。表6-1列示了政府预算中直接用于社会保障方面的支出项目，包括社会保险基金补助支出、就业补助支出、行政事业单位离退休支出、自然灾害生活救助支出、城市和农村居民最低生活保障支出等。扣除财政对社保基金补助后的余额，实际上也就是财政用于非缴费型社会保障项目的支出。可以看出，财政对社会保障事务的支出主要包括社会保险基金补助支出以及行政事业单位离退休支出，而财政用于就业补助和城乡居民最低生活保障的资源比较有限。

表 6-1 中国财政社会保障支出结构　　　　　　单位：亿元

年份	财政支出中社会保障支出	其中：					
		社会保险基金补助支出	就业补助支出	行政事业单位离退休支出	自然灾害生活救助支出	城市居民最低生活保障支出	农村居民最低生活保障支出
1998	595.63	—	6.48	274.36	52.56	8.86	—
1999	1 197.44	169.66	4.12	393.92	32.31	17.95	—
2000	1 517.57	298.65	6.35	478.57	31.16	26.48	—
2001	1 987.4	342.97	6.81	624.72	35.86	45.74	—
2002	2 636.22	517.29	11.38	788.83	38.62	101.63	—
2003	2 655.91	493.9	99.24	894.97	56.95	160.63	—
2004	3 116.06	519.77	130.12	1 028.11	49.04	178.83	—
2005	3 698.86	577.23	160.91	1 164.83	62.97	198.21	—
2006	4 394.11	888.95	345.37	1 330.2	70.99	241.01	—
2007	5 447.16	1 275	370.9	1 566.9	91.57	296.04	109.10
2008	6 804.29	1 630.88	414.55	1 812.49	356.92	411.70	228.70
2009	7 606.68	1 776.73	511.31	2 092.95	122.82	517.85	363.00
2010	9 130.62	2 309.80	624.94	2 353.55	333.72	539.53	446.59
2011	11 109.40	3 152.19	670.39	2 737.75	231.65	675.06	665.48
2012	12 585.52	3 828.29	736.53	2 848.84	272.02	666.36	698.71
2013	14 490.54	4 403.14	822.56	3 208.43	240.91	763.38	861.04
2014	15 968.85	5 042.83	870.78	3 668.01	210.47	737.47	869.00
2015	19 018.69	6 596.19	870.93	4 360.95	195.52	753.81	931.53
2016	21 591.45	7 633.54	784.98	5 234.64	273.15	643.10	1 014.50
2017	24 611.68	7 448.66	817.37	7 578.95	192.38	1 475.83*	—

资料来源：各年度《中国财政年鉴》，财政部网站。

注：*2017 年的最低生活保障支出为城市与农村的合计数。

就相对指标而言，财政社会保障支出占一般公共预算支出的比重，在 1998—2017 年期间年平均在 10% 以上，2017 年达到了 12.12%（见图 6-1）。近年来，尽管列入一般公共预算的社会保障支出总额每年都有所增加，支出总额占 GDP 的比重也呈上升势头，但该比重却并不高，即使 2017 年也仅为 2.98%。如果将不列入一般公共预算的社会保险基金支出计算在内，我国社会保障支出总额占 GDP 的比重将超过 10%。从国际比较来看，欧盟各国的社会保障支出占 GDP 的比重自 20 世纪 80 年代以来就已超过 16%，我国的指标虽然低于欧盟国家，但已超过发展中国家的平均水平。

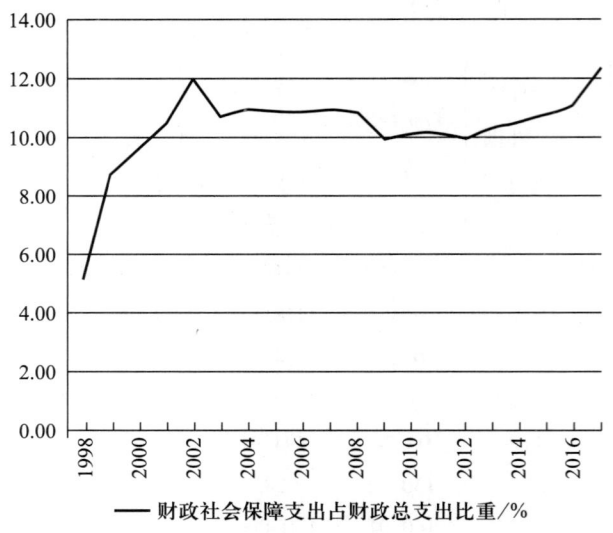

图 6-1　中国财政社会保障支出占比

资料来源：根据各年度《中国统计年鉴》，国家统计局网站数据计算。

第二节　社会保险支出

社会保险支出是与社会保险制度联系在一起的。如前所述，社会保险制度是政府为了预防和应对年老、失业、疾病以及死亡等引起的社会风险，而强制社会多数成员参加的，具有收入再分配功能的非营利性的社会安全制度。社会保险的需要是随着生产的社会化而产生和发展的。在自给自足的自然经济中，人们在一家一户的土地上劳动，劳动时间没有严格的规定，劳动的组织不严密，劳动的成果也基本上属劳动者自己所有。那时，人们尚未组织成相互密切联系的社会，因而也没有实行社会保险的需要。随着生产力的发展，劳动者之间形成了分工，"社会"作为一个现实的实体出现在人们之间并制约着人们的活动，虽然分工越细效率越高，但人们对社会的依赖性也越强，这时便有了实行社会保险的需要。

一、社会保险的特征

（一）覆盖广泛性

社会保险旨在保障参与者在一定条件下的基本生活需要。为有效应对风险，社会保险遵循大数法则，即参与人数越多，社会保险应对风险的能力就越强。完善的社会保险制度犹如一张安全网，社会保险的受益范围广，形式多样，能确保社会成员享受从"摇篮"到"坟墓"的各个层次、各个方面的制度保障。

（二）参与强制性

作为保障民生的重要社会政策设计，社会保险旨在为社会劳动者提供基本的生活保障。为避免社会成员在短期利益和长期利益选择中的"短视"问题，政府通常以立法的形式确定强制性的参保责任，并依法规范国家、企业（雇主）、个人（雇员）在社会保险实施中的责任和权利。制度参与的强制性不仅有利于保障更多的劳动者被覆盖到社会保险安全网内，更重要的是能更好地提升社会保险的保障能力。

（三）受益适度性

社会保险制度的定位在于保障参保人的基本生活需要，而非追求较高生活质量的福利享受。社会保险项目过多或受益水平过高不仅会对社会成员的劳动积极性产生影响，降低劳动供给意愿，从而降低市场运行效率，也不利于社会保险制度的可持续发展。因此，社会保险待遇水平需要与经济社会发展水平、社会保险筹资状况及社会成员心理预期等相适应。

二、社会保险基金

社会保险基金，是指为实施社会保险制度而通过各种渠道建立起来的专款专用的法定经费，具有强制性、非营利性和储备性的特点。社会保险基金的筹集、运用及规模，决定着社会保险制度实施的广度和深度。筹集社会保险基金，应遵循"收支平衡"的基本原则，使筹集的基金与按规定支付的费用保持大体平衡的关系，从而在经济上确保各社会保险项目的正常运行。

社会保险基金的筹集模式，概括起来主要有三种，即现收现付制、完全基金制和部分基金制。

（一）现收现付制

现收现付制是指当期的缴费收入全部用于支付当期的社会保险开支，不留或只留很少的储备基金。其做法为：首先，对当年或近期内各项社会保险所需支付的费用进行测算；然后，按照需要分摊到参保的单位和个人，按统一比例提取，当年支付，不为以后年份提供储备基金。这种方式体现了社会保险互助互济的调剂职能，简便易行，也可避免物价上涨后基金贬值的危险。但由于只以现实收支平衡为基础，该模式不仅对受保人的权利义务关系缺乏数量上的长期规划，时间与空间上的调剂能力也较差，而且在保险费用逐年增加、提取比例不断上升后，还可能导致在职职工、企业和国家负担过重。以养老保险为例，现收现付制的养老保险是一种靠后代养老的保险模式，上一代人并没有留下养老储备基金的积累，其养老金全部需要下一代人的缴费筹资，实际上这种保险靠的是代与代之间的收入转移。

（二）完全基金制

完全基金制又称完全积累制，是指当期缴费收入全部用于为当期缴费的受保人建立储备基金，而建立储备基金的目标应当是满足未来向全部受保人支付保险金的资金需要。该模式要求劳动者在整个就业或投保期间，采取储蓄积累方式筹集社会保险基金。其办法为：首先，对社会经济发展水平、人口状况、失业率、退休比率、指数化工资率、预期平均寿命、利息率等相关指标进行预测，综合测算出参加社会保险的成员在整个投保或退休期间应享受的各种社会保险待遇所需的基金总额；然后，采取"先提后用"的办法，将其按一定的提取比例分摊到整个投保期间，向投保人按期提取；与此同时对已提取而尚未支付的保险基金进行有计划的管理和运营。这种方式体现了社会保险的储备职能，使社会保险能有一个较为稳定的经济保证，但关键是，该方式需要合理地确定一个长期的收支平衡的总平均收费率。因此，在长期预测和科学管理中要求其有较强的专业性，但是这种方式由于时间跨度大，储备基金容易受到通货膨胀的影响，基金的保值与增值的压力就非常大。

（三）部分基金制

部分基金制亦称部分积累制，是介于现收现付制和完全基金制之间的一种筹资模式，即期的缴费一部分用于应付当期的社会保险开支，一部分用于为受保人建立储备基金。部分基金制是建立社会保险基金较灵活的模式。它一方面可避免收费率的频繁调整，使企业和财政的社会保险支出负担均衡；另一方面由于储备数量少，受通货膨胀的影响就小，因此它能较好地保证社会保险基金受益者的生活水平不致下降。由于兼容了以上两种筹资模式的优点，部分基金制为许多国家所采用。按照世界银行的标准，当一个非完全基金制的养老保险储备基金可以满足 2 年以上的养老金支出需要时，则属于部分基金制。

一国政府在考虑采用什么社会保险筹资模式时，必须考虑以下几个主要因素。（1）不同社会保险项目的支出特点。如果是短期支付项目，由于其发生支付的时期和支出规模变化有较大的随机性，因此，一般适宜采用现收现付制，如疾病和生育保险；而长期支付项目作为一种较长时期内的定期支付，则适宜采用部分基金制或完全基金制,如养老保险。(2)人口年龄结构的变化趋势。面对世界人口老龄化的趋势与挑战,许多过去采用现收现付制的国家都在向完全基金制转变,由于一步到位难以实现,现阶段各国普遍实行部分基金制养老模式。所以,部分基金制实际上成为现收现付制向完全基金制转变的一种过渡形式。(3)社会保险基金筹集方式对储蓄和投资的影响。从宏观调控与微观影响的角度考虑,当社会保险基金的提取率过高、积累过多时,就会加重微观主体的负担,并引起人们对某些社会保险项目的质疑与抵触。

三、中国的社会保险项目和社会保险支出

(一)社会保险项目

1. 养老保险

(1)城镇职工养老保险。1997年,国务院发布了《关于建立统一的企业职工基本养老保险制度的决定》,规定实施统一的企业和个人的缴费比例、基本养老保险的计发办法等重要内容,标志着我国社会统筹与个人账户相结合的企业职工养老保险模式正式确定。经过不断发展完善,我国城镇企业职工养老保险覆盖范围不断扩大,养老保险基金筹资规模增长迅速。

(2)城乡居民养老保险。2009年和2011年,我国相继开展新型农村社会养老保险制度和城镇居民社会养老保险制度的全国试点,实现了农民养老保障"从无到有"的转变,也实现了全国养老保障制度全覆盖。依据《中华人民共和国社会保险法》的有关规定,在总结新型农村社会养老保险和城镇居民社会养老保险试点经验的基础上,2014年,国务院出台《关于建立统一的城乡居民基本养老保险制度的意见》,将新型农村养老保险和城镇居民养老保险两项制度合并实施,在全国范围内建立统一的城乡居民基本养老保险制度。

(3)机关事业单位工作人员养老保险。为统筹城乡社会保障体系建设,建立更加公平、可持续的养老保险制度,2015年1月14日,国务院发布《关于机关事业单位工作人员养老保险制度改革的决定》,决定改革机关事业单位工作人员养老保险制度。将按照公务员法管理的单位、参照公务员法管理的机关(单位)、事业单位及其编制内的工作人员,纳入机关事业单位养老保险的改革之中。

2. 医疗保险

(1)城镇职工医疗保险。在计划经济时期,我国体制内实施的是实报实销的公费医疗制度。1998年,国务院颁布并实施了《关于建立企业职工基本医疗保险制度的决定》,标志着我国社会医疗保险正式取代原有的公费医疗和劳动医疗制度。现行

社会医疗保险制度的定位是为劳动者提供基本医疗水平的保障，医疗费用由单位和个人共同负担，实行社会统筹和个人账户相结合的方式。其中，社会统筹基金用于支付住院和大病医疗费用，而个人账户主要用于支付门诊或小病医疗费。

（2）城乡居民医疗保险。除城镇职工医疗保险制度外，2003年和2007年，我国针对农村人口、城镇非就业人口分别建立了新型农村合作医疗和城镇居民基本医疗保险制度。两项制度建立以来，覆盖范围不断扩大，但近年来随着经济社会快速发展，两项制度城乡分割的负面作用开始显现，出现了重复参保、重复投入、待遇不够等问题。2016年1月，国务院印发了《关于整合城乡居民基本医疗保险制度的意见》，整合城镇居民基本医疗保险和新型农村合作医疗两项制度，决定建立统一的城乡居民基本医疗保险制度。这意味着城乡居民不再受城乡身份的限制，参加统一的城乡居民医保制度，按照统一的政策参保缴费和享受待遇，城乡居民能够更加公平地享有基本医疗保障权益。城乡居民医保制度覆盖范围包括现有城镇居民医保和新农合所有应参保（合）人员，覆盖除职工基本医疗保险应参保人员以外的其他所有城乡居民。城镇务工的农民和灵活就业人员依法参加职工基本医疗保险，有困难的可按照当地规定参加城乡居民医保。城乡居民医疗保险制度坚持多渠道筹资，实行个人缴费与政府补助相结合为主的筹资方式，鼓励集体、单位或其他社会经济组织给予扶持或资助。各地考虑城乡居民医保与大病保险保障需求，按照基金收支平衡的原则，合理确定筹资标准。

3. 失业保险

失业保险与其他保险不同，它针对劳动者就业过程中的失业风险及其劳动收入降低的情况，一般追求短期财务平衡、略有结余的基金运行原则。1986年，国务院颁布了《国营企业职工待业保险暂行规定》。1993年，国务院发布《国有企业职工待业保险规定》，但真正意义上的失业保险制度始于1999年颁布实施的《失业保险条例》。这是中国政府首次以法规形式确立的失业保险制度。《失业保险条例》实施以来，覆盖范围持续扩大，失业保险基金规模日益扩大，其在保障失业工人基本生活方面发挥了日益突出的作用。

4. 工伤保险

工伤保险，也称职业伤害保险，具有强制性、个人不缴费、无过失补偿以及补偿与预防、康复相结合等特点。而工伤预防、工伤赔偿和工伤康复是工伤保险的三大支柱。工伤保险基金的筹资主要来自雇主缴费，但政府也承担财政补贴的责任。1996年，原劳动部颁布的《企业职工工伤保险试行办法》不仅确立了社会化原则，而且将工伤保险的覆盖范围扩大到所有企业和劳动者。2004年，更高立法层次的《工伤保险条例》颁布实施。2010年国务院对其进行了较大幅度的修订并于2011年开始实施。工伤保险待遇主要包括医疗给付、工伤津贴、残疾补助金及遗属津贴等内容。

5. 生育保险

生育保险制度是指国家和企业为怀孕、分娩、哺乳和节育的妇女提供医疗服务、生育津贴、产假和休假,以保障因生育、节育、抚养孩子而造成收入中断的妇女及其孩子的基本生活的一项社会保险制度。生育津贴一般相当于生育女职工的原工资水平。2016年3月17日,中国"十三五"规划全文正式发布,明确提出"将生育保险和基本医疗保险合并实施"。

(二)社会保险支出

社会保险支出是中国社会保障支出的主体,采取部分基金制运转方式。社会保险基金并不体现在一般公共预算中,2014年以前一直作为预算外收支项目,由各地自收自支。直到2014年以后,才在独立的社会保险基金预算中反映。表6-2给出了1939—2017年期间社会保险基金支出情况。

表6-2 中国财政社会保险基金支出结构　　　　单位:亿元

年份	社会保险基金支出	基本养老保险基金支出	失业保险基金支出	医疗保险基金支出	工伤保险基金支出	生育保险基金支出
1989	120.9	118.8	2.0	0	0	0
1990	151.9	149.3	2.5	0	0	0
1991	176.1	173.1	3.0	0	0	0
1992	327.1	321.9	5.1	0	0	0
1993	482.2	470.6	9.3	1.3	0.4	0.5
1994	680.0	661.1	14.2	2.9	0.9	0.8
1995	877.1	847.6	18.9	7.3	1.8	1.6
1996	1 082.4	1 031.9	27.3	16.2	3.7	3.3
1997	1 339.2	1 251.3	36.3	40.5	6.1	4.9
1998	1 632.6	1 511.6	51.9	53.3	9.0	6.8
1999	2 108.1	1 924.9	91.6	69.1	15.4	7.1
2000	2 385.6	2 115.5	123.4	124.5	13.8	8.3
2001	2 748.0	2 321.3	156.6	244.1	16.5	9.6
2002	3 467.6	2 842.9	182.6	409.4	19.9	12.8
2003	4 016.4	3 122.1	199.8	653.9	27.1	13.5

续表

年份	社会保险基金支出	基本养老保险基金支出	失业保险基金支出	医疗保险基金支出	工伤保险基金支出	生育保险基金支出
2004	4 627.4	3 502.1	211.3	862.2	33.3	18.8
2005	5 400.8	4 040.3	206.9	1 078.7	47.5	27.4
2006	6 477.4	4 896.7	198.0	1 276.7	68.5	37.5
2007	7 887.8	5 964.9	217.7	1 561.8	87.9	55.6
2008	9 925.1	7 389.6	253.5	2 083.6	126.9	71.5
2009	12 302.6	8 894.4	366.8	2 797.4	155.7	88.3
2010	14 818.6	10 554.9	423.3	3 538.1	192.4	109.9
2011	18 054.7	12 764.9	432.8	4 431.4	286.4	139.2
2012	22 181.6	15 561.8	450.6	5 543.6	406.3	219.3
2013	26 567.9	18 470.4	531.6	6 801.0	482.1	282.8
2014	33 002.7	23 325.8	614.7	8 133.6	560.5	368.1
2015	38 988.1	27 929.4	736.4	9 312.1	598.7	411.5
2016	46 888.4	34 004.3	976.1	10 761.1	610.3	530.6
2017	57 145.0	40 423.8	893.8	14 421.7	662.3	743.5

资料来源：各年度《中国统计年鉴》，国家统计局网站。

注：由于计算过程中存在四舍五入，总项不是百分之百等于分项和。

如表 6-2 所示，1989 年以来，社会保险基金呈指数形态增长，始终保持了迅速的增长趋势。2017 年基金支出是 1989 年的 473 倍，是 2000 年的 24 倍。其中，养老保险基金是最重要的社保基金，养老基金支出占总基金支出的比例超过 70%。

四、中国社会保险制度的改革和完善

目前，中国已按照逐步推进、城乡分开并最终走向法治化、系统化和城乡一体化的基本原则与思路，在构建城乡社会保险体系方面取得了重要进展。其中，城镇社会保险体系由养老保险、医疗保险、失业保险、工伤保险、生育保险①等内容构成；而农村社会保险体系则以已经全面推开的新型农村合作医疗制度、大病医疗保险和新型农村社会养老保险制度为主要内容。一些经济较发达的地区，如

---

① 按照"十三五"规划纲要的设计思路，今后会将生育保险和基本医疗保险合并实施，这样既可以统一管理、降低成本，又可以改变生育保险参保率过低（目前参保率不足 50%）的局面。

北京、上海和浙江等，已经基本实现了养老、医疗等制度的城乡统一。但是，与发展社会主义市场经济的内在要求相比，中国的社会保险制度改革仍有待深化，对社会保险支出的管理也需要进一步完善。

（一）现行社会保险制度存在的主要问题

1. 缺乏科学的顶层制度设计和协同推进

中国的社会保险制度改革，是伴随经济领域的渐进改革而采取自下而上、局部试验的方式来推进的，尽管这种策略激发了地方的改革创新积极性，但缺乏统筹考虑与顶层设计的改革必定陷入理念摇摆不定、方案五花八门、利益固化分割的格局，进而对制度整合形成了巨大的阻力。比如，就改革理念而言，期望政府包办一切的"泛福利化"思潮和主张个人自我负责的"反福利"主张在当前都很有市场。前者表现为对社会保险制度的期望越来越高，不仅要求持续提高养老金、医保等社会保险待遇，而且要求免费医疗、普遍性福利，一些地方亦将福利项目作为短期政绩工程看待；后者则不是正视中国社会保险水平总体依然偏低、保障权益结构依然失衡等客观事实，而是渲染所谓"福利国家病""福利陷阱"和社会保险财政崩溃论调，主张基本养老保险采取大账户制、社会医疗保险实行商业保险化、限制甚至削减公共福利等。这些极端性思潮必然直接影响人们对社会保险制度的认识与评价，也会对制度变革产生复杂的影响。又如，就改革方案而言，社保方案的制定是按地区和部门分开进行的，条块之间既无统一的管理机构，又无规范的管理办法，养老保险、医疗保险等重要保险项目普遍采取各地试点先行、渐次推进的策略，结果导致责任失衡、层次不清、与相关制度之间缺乏协同等缺陷。

2. 公平性不足与效率不高并存

一方面，尽管近年来国家已将城乡统筹和普惠全民作为改革的终极目标，但公平性不足仍然是各项社会保险制度的共性。养老金待遇在机关事业单位与企业退休人员之间的差距依然巨大，医疗保险的城乡分割、群体分割背后实质上是待遇差异。除了社会保险权益存在不公平现象，在承担义务方面亦具有不公平性。如养老保险缴费，广东等地区缴费偏低，基金结余多，保险待遇高；而东北地区缴费高，基金结余少，保险待遇低；这种地区差异完全是制度的地区分割导致的结果。另一方面，社会保险实践中的浪费与低效现象惊人。在医疗保险中，职工基本医疗保险因个人账户的存在导致45%以上的资源处于低效状态，严重损害了这一制度的互助共济功能，也造成统筹基金负担日益沉重。由于医院的营利性与医药供应失范，医疗服务过程中过度诊断、过度检查、过度用药几乎是一种普遍现象，医疗卫生资源与医保基金浪费惊人，医疗保险中甚至存在着医患合谋侵蚀医保基金的现象。在养老保险中，由于制度的地区分割，在部分地区养老保险基金不足当年支付的同时，全国累计结余的基金却高达3万多亿元，但受无法集中运营和投资政策的限制，每年处于贬值状态，损失同样惊人。由于现行制度规范不严密、监管不到位、技术手段不完善，实践中的许多漏洞也让冒领养老金等现象并不罕见。

3. 社会保险资金来源结构失衡，国家和企业不堪重负

中国现行的社会保险基金来源主要是企业支付，少量部分由国家补充，个人很少缴纳。企业办社会，国家负责职工大量或明或暗的各种生活补贴、福利性分配的现象仍普遍存在。在现行制度的责任分担中，养老保险的单位缴费率为20%、个人为8%，医疗保险的单位缴费率为6%、个人为2%，反映的是单位责任大、个人责任小；在城乡居民医保中，政府补贴相当于个人缴费的3倍以上，反映的是政府责任大、个人责任小。这种责任分担失衡的格局，一方面会造成受保人自我保障意识的缺乏，并易产生依赖思想；另一方面，也大大加重了国家尤其是企业的负担，同时很容易产生压缩福利与扩张福利的极端取向。

4. 现行社保体系受到人口老龄化和大规模人口流动的严重冲击

中国是世界上人口老龄化速度最快、规模最大且家庭保障功能持续弱化的国家。老龄化对社会保险的影响最为直接，它不仅需要适时调整制度结构与财力投入结构，而且需要更多类型的专业人才和更具人文关怀的各种公共服务，还会导致养老保险缴费人数下降和待遇领取人数上升，增加养老保险制度的财政压力。调查表明，近年来养老服务业虽在发展，但供给总量依然严重不足，供需脱节现象普遍，正面临着"谁来为中国老人养老"的质疑。与此同时，中国目前的流动人口规模也在2亿至3亿之间，数以亿计的人口处在缺乏归属感的、不稳定的流动状态，对社会保险制度构成了又一重大挑战。例如，珠江三角洲、长江三角洲是改革开放最早、经济最发达的地区，它吸引了中西部地区大量年轻的农村劳动者，在养老保险制度地区分割的条件下，这些最发达的地区因劳动力队伍的年轻化而出现缴费低且养老保险基金大量结余的现象；反观发展滞后的东北地区，退休人员多，年轻劳动力外出多，结果缴费率高还出现收不抵支的财务危机。这种发达地区负担轻、待遇高，欠发达地区负担重、待遇低的格局，无疑与地区间的协同和均衡发展的目标相悖。

5. 福利支出刚性增长与政府财力增长减缓的矛盾日益凸显

"十二五"期间社会保险公共投入规模急剧放大，年均增长在15%以上，有的

项目投入增长在20%以上，直接带来了各项社会保险制度待遇的显著提升，而城乡居民还在期盼着养老金继续提高、个人疾病医疗负担持续减轻、各项社会福利事业能够持续发展。然而，伴随经济发展进入新常态，国民经济增速已从20世纪的两位数下降到一位数，近年来更从8%以上降到7%左右，财政收入增幅也从曾经的20%以上降低到个位数。因比，国家财政收入增速减缓与国民福利快速增长已成为现实矛盾。在这样的背景下，如何优化现行社会保险制度安排，如何调动市场力量与社会力量参与，以便确保整个社会保险制度的物质基础不断得到壮大，无疑是一个巨大的挑战。

（二）进一步完善我国社会保险制度的思路

根据共享发展的理念，未来我国社会保险改革与发展的目标任务，是构建和完善更加公平、更可持续的现代社会保险制度。这一制度应当具有先进的建制理念、明确的发展目标、完整的体系结构、合理的责任分担机制，并且更加适应中国国情。

1. 以公平为首要建制理念，并将效率融入公平之中

社会保险制度与生俱来的使命，就是创造起点公平、维护过程公平、缩小结果不公平。没有公平就没有现代社会保障制度。在近年来各项社保制度已经初步实现城乡并举、普惠全民的条件下，促使其更加公平应当成为未来的首要任务。当前应当尽快消除因制度分割带来的养老、医疗保险权益不平等与身份标识，并同步发展养老服务、儿童福利、残疾人事业等，使不同群体的社会保险权益走向相对公平。

2. 贯彻适度原则，逐步扩大社会保险范围

社会保险的终极目标是保障全体公民。为了实现这一目标，我国社会保险应在统一管理机构、统一征缴办法、统一法律法规的基础上实行适度原则：（1）低起点：范围上从城镇起步，项目上从养老、医疗、失业等保险入手，保持与经济发展水平相应的适度水平并逐步扩大。（2）低成本：改变过去管理分散、浪费严重的状况，建立集中统一的社会保险机构，降低管理成本与社会成本。（3）低标准：收取社会保险费用的标准与发放社会保险金的标准均不能过高，要与现阶段生产力发展水平，以及企业与个人的承受能力相适应。只有这样，才能保证改革中有充足的福利增量和足够的利益补偿来化解随时可能出现的社会摩擦和冲突，避免走西方"福利国家"的老路。

3. 牢固树立责任共担意识，构建合理的责任分担机制，确保可持续发展

国民福利的发展呈刚性增长态势，而政府财力却无法持续扩张，这一矛盾决

定了必须树立责任共担的意识，在政府、企业、社会、个人之间构建合理的责任分担机制，尽可能调动社会力量与市场资源，不断壮大社会保险的物质基础。为此，应彻底摒弃居民个人只享受社会保险权益而不承担任何义务的现有状况，将居民个人作为社会保险筹资方式的一个重要渠道。从养老保险改革来看，应逐步提高个人缴费比例，最终达到基本上与国际惯例接轨，使个人所缴部分与企业应承担部分达到各占一半。从医疗保险看，通过建立个人账户，应使个人在医疗保险中缴费的从属地位逐步升级，当个人账户的基金不足以支付时，由社会统筹医疗基金解决。

4. 实现基本保险制度全覆盖，让全民共享国家发展成果

一方面，医疗保险与养老保险作为面向全民的制度安排理应覆盖全民。迄今为止，中国已经实现了所有老年人都能够按月领取养老金的初步目标，但还有5%左右的城乡居民因各种原因漏在医疗保险制度外，更有1亿多适龄劳动人口还未被基本养老保险制度覆盖，一些参保职工因各种原因亦出现漏保或脱保的现象。因此，今后医疗保险、养老保险发展的方向，就是将漏在制度外的未参保人群全部纳入进来。另一方面，那些面向特定群体的保险制度安排，如工伤保险、失业保险、生育保险等，需要真正覆盖到该群体全体成员身上。

5. 大力发展各种补充保险，全面建成多层次的社会保险体系

构建多层次的社会保险体系是各国社会保险改革的共同取向，它的实质是通过多层次体系的构架来进一步合理划分不同主体的责任分担，更加合理地配置社会保障资源。以养老保险为例，基本养老保险由用人单位或雇主、劳动者与政府三方分担责任，职业年金、企业年金通常由用人单位或雇主与劳动者分担缴费责任，而商业性的人寿保险则纯粹是参保者个人自负缴费责任。在老龄社会背景下，单一层次的养老保险难以持续发展，发展第二、三层次的养老保险就具有了必要性和重要性。再以医疗保险为例，要全面解决疾病医疗的后顾之忧，要想获得更为便捷、高效的医疗服务，仅有基本医疗保险制度是不够的，还需要有补充医疗保险或者商业性健康保险加以补充，这就是第二层次的医疗保险，它不会损害第一层次参保人的权益，却可以满足有需要、有条件者的更高要求。

6. 统一社保管理体制，实现征缴、管理、使用三分离

统一管理体制，应包含三个方面的内容：其一，从上至下建立统一的社会保险管理机构，负责社会保险各方面的政策业务；其二，从上至下建立相对独立的社会保险基金经办机构，不依附于行政主管部门，独立经营、统一负责各项基金

的具体运营活动；其三，建立专门的社会保险监督组织，专司社会监督职能。在目前过渡时期，应坚持基础征缴、管理、使用分离的原则，使三者各司其职，做到征缴有度、管理有方、使用有效。同时，应加强三者间的相互监督，提高社会保险基金的社会效益与经济效益。相关案例参见专栏6-2。

专栏6-2　中国实现城乡医保全覆盖

我国城镇基本医疗保险和新农合的参保人数目前已超过13亿，实现城乡医保全覆盖。有外媒评论，中国的医疗保险堪称人类有史以来最大的社会福利计划。

在相当长一个历史阶段，"看病报销"曾是少部分城里人的"福利"。大部分人看病要自掏腰包，尤其是广大农民，许多人采取的办法是"小病忍，大病扛"，能不去医院就不去医院。

随着全民基本医保体系的建立完善，我国就医人数出现爆发式增长。直到2004年，全国医疗卫生机构的年诊疗人次从未超过23亿次，到2009年实行"新医改"当年，这一数字暴增到55亿次，2015年则达到77亿次。

2016年7月，世界卫生组织驻华代表施贺德赞叹，2000年左右，中国医保覆盖不到30%，现在已经达到全覆盖，这确实是一个非常了不起的成就。

令人欣慰的是，基本医保实现全覆盖后并未止步。2016年，国务院要求有序推进整合城乡医保，财政补助上涨到420元，2017年这个补助会再提高30元。同时，"实现大病保险全覆盖"被写入2016年的《政府工作报告》。另外，政府下决心要推进全国医保联网，争取用两年时间，使符合转诊规定的异地就医住院费用实现直接结算。

2016年11月，国际社会保障协会将三年一度的"社会保障杰出成就奖"授予中国政府，表彰中国扩大社会保障覆盖面的成就。

资料来源：节选自石之岩：《李克强为何力推医保"全覆盖"？》，《第一财经日报》2017年2月28日。

第三节　社会救助支出

一、社会救助制度的演变

社会救助是指国家对因自然灾害或其他经济原因、社会原因而无法维持最低生活水平的社会成员给予帮助，以保障其最低生活水平的制度设计。与社会保险不同，社会救助不是根据受益者负担的原则，而是单方面的受益。它通常被视为政府的当然责任或义务，采取的也是非缴费制与无偿救助的模式，是收入再分配的重要手段。其目的是帮助社会弱势群体摆脱生存危机，以维护社会秩序稳定。社会救助常被称为社会成员生活保障的最后一道防线。作为社会保障的原始形式，社会救助是历史最悠久的社会保障项目。

中国社会救助起步于早期的临时性紧急生活救助，逐步发展为以农村为主、城乡分置的定量救助，再到改革开放以后以城乡最低生活保障制度为核心的新型社会救助体系。20世纪90年代初，上海、北京等地在全国率先建立居民最低生活保障制度，现已成为中国城乡社会救助体系的核心组成部分。最低生活保障制度建立的初衷是为了解决大规模国有企业改革所导致的下岗职工的生计问题，使其成为国有企业改革的重要配套措施。而最低生活保障制度步入正规化、制度化的标志是1999年9月国务院颁布的《城市居民最低生活保障条例》。进入21世纪以来，全国各地相继建立了城乡居民最低生活保障标准调整机制，对最低生活保障待遇标准进行了规范化调整，并将部分特殊人群纳入最低生活保障救助范围。为进一步加强城乡最低生活保障资金管理，财政部、民政部于2012年出台了《城乡最低生活保障资金管理办法》。

2014年，国务院颁布并实施了《社会救助暂行办法》，第一次以行政法规形式明确构建了一个分工负责、相互衔接、协调实施，政府救助和社会力量参与相结合的中国特色社会救助制度体系，标志着中国已初步建成覆盖城乡、项目完整、层次多样的现代社会救助体系，社会救助事业进入制度定型和规范发展的新阶段。该办法具有如下几个鲜明的特色：

一是构建了社会救助制度体系。主要包括最低生活保障、特困人员供养、受灾人员救助、医疗救助、教育救助、住房救助、就业救助、临时救助八项制度以及社会力量参与办法。

二是加强了社会救助统筹协调。规定由国务院民政部门统筹全国社会救助体系建设，各部门按照各自职责做好相应的社会救助管理工作，并要求建立健全政府领导、民政部门牵头、有关部门配合、社会力量参与的社会救助工作协调机制。

三是坚持了社会救助城乡统筹发展理念。这有助于确保社会救助广泛惠及城乡所有困难居民。

四是强化了社会救助家庭经济状况查询核对机制。要求建立信息核对平台，根据救助申请及获得救助家庭的请求、委托，由县级以上民政部门代为查核其收入状况、财产状况。这为今后科学、准确认定社会救助对象并完善退出机制，确保社会救助公平、公正实施奠定了基础。

二、社会救助支出的规模和结构

近年来,随着中国社会救助制度覆盖面不断扩大,社会救助支出水平也迅速提高。社会救助已经成为保障中国城乡贫困群体和因各种原因陷入生活困境的人员不可或缺的安全保障网。从社会救助制度的内容看,中国城乡最低生活保障是最主要的项目,其中农村最低生活保障对象规模最大,最多时超过5 000万人。随着近年来政府扶贫工作的深入推进和对社会救助对象识别能力的提升,社会救助对象规模呈逐年下降趋势(见表5-3)。

表6-3 2007—2017年中国城乡社会救助对象人数 单位:万人

年份	城市低保	农村低保	农村特困人员救助供养			传统救济	临时救助
			合计	集中供养	分散供养		
2007	2 272.1	3 566.3	531.3	138.0	393.3	75.0	646.0*
2008	2 334.8	4 305.5	548.6	155.6	393.0	72.2	831.0*
2009	2 345.6	4 760.0	553.4	171.8	381.6	62.2	546.4*
2010	2 310.5	5 214.0	556.3	177.4	378.9	59.5	766.7
2011	2 276.8	5 305.7	551.0	184.5	366.5	68.7	886.9
2012	2 143.5	5 344.5	545.6	185.3	360.3	79.6	639.8
2013	2 064.2	5 388.0	537.3	183.5	353.8	73.0	698.1
2014	1 877.0	5 207.2	529.1	174.3	354.8	74.5	650.7
2015	1 701.0	4 903.6	561.7	162.3	354.4	63.8	655.4
2016	1 480.2	4 586.5	496.9	—	—	—	850.7
2017	1 261.0	4 045.2	466.9	—	—	—	970.3

资料来源:各年度《民政事业发展统计公报》,民政部网站。

注:* 2007—2009年临时救助人数只包含农村临时救助人口。

从社会救助支出情况看,城乡社会救助各项支出总体呈现持续提高的趋势,尤其农村低保财政支出总额增长迅速。2010年之前,由财政安排的低保支出,农村尚低于城市,但自2011年之后,农村低保支出超过了城市低保。不过,就保障对象个体而言,城乡社会救助人均待遇水平差距明显,农村救助水平不到城市救助水平的50%。尽管城市最低生活保障对象约为农村最低生活保障对象的1/3,但人均财政支出额却明显高于农村,城乡差距明显(见表6-4)。在城乡最低生活保障支出总额中,约有50%的资金来自中央财政转移支付,救助支出中来自中央转移支付的比例超过 2/3，而超过 70%的医疗救助支出来自中央财政转移支付。

表 6-4　2008—2017 年中国城乡社会救助支出情况

年份	城市低保/亿元	农村低保/亿元	医疗救助/亿元	自然灾害生活救助/亿元	城市低保支出/元/人·月	农村低保支出/元/人·月	农村五保集中供养支出/元/人·月	农村五保分散供养支出/元/人·月
2008	393.4	228.7	86.5	609.8	143.7	50.4	171.3	93.4
2009	482.1	363.0	128.1	199.2	172.0	68.0	193.0	107.0
2010	524.7	445.0	157.8	237.2	189.0	74.0	205.0	118.0
2011	659.9	667.7	216.3	128.7	240.3	106.1	256.8	147.9
2012	674.3	718.0	230.6	163.4	239.1	104.0	291.4	186.4
2013	756.7	866.9	257.4	178.7	264.2	116.1	339.9	227.0
2014	721.7	870.3	284.0	124.4	285.6	129.4	389.7	269.1
2015	719.3	931.5	333.1	148.5	316.6	147.2	425.7	298.9
2016	687.9	1 014.5	332.7	156.1	494.6	312.0	—	—
2017	640.5	1 051.8	376.2	128.0	540.6	—	—	—

资料来源：各年度《中国民政统计年鉴》。

思考题

1. 为什么说政府在社会保障制度中具有重要责任？
2. 如何进一步完善中国的社会保障制度？
3. 分析社会保险基金的筹集模式及其效应。
4. 中国的社会保险制度还存在哪些问题？
5. 说说中国现行社会救助体系的特色。

▶ 自测习题及参考答案

第七章 财政收入总论

　　政府必须有财政收入才能保证其正常履行职能，并且为公众提供充足的公共产品和公共服务，因此，财政收入是政府正常运转和满足财政支出需要的基础。第三、四、五、六章主要讨论财政资金的去向和用途，即财政支出问题，它体现了政府政策的意图，代表着政府活动的方向和范围。随之而来的问题是，政府为何能够以及通过什么方式获得这些财政资金从而形成财政收入？本章就是对财政收入的总体分析。

　　本章共三节，第一节为财政收入概述，介绍财政收入的概念和分类。第二节主要对财政收入的规模进行理论分析和实证考察，客观评判最优财政收入规模问题。第三节分析财政收入的结构及变化趋势。

第一节　财政收入概述

一、财政收入的概念

　　财政收入，亦称政府收入或公共收入，是指政府为履行职能而筹集的一切资金的总和。财政收入是政府从事一切活动的物质前提，财政收入的状况如何，直接影响政府各项职能的发挥和政府各项政策目标的实现。同时，财政收入又是政府凭借其公共权力从社会获取的，并由财政部门掌握和支配的收入，它会对私人资本的获利水平和居民的收入水平产生重要影响，从总量上改变社会总需求和总供给的均衡状况，从结构上影响产业结构和经济结构的变动方向。

　　从根本上说，财政收入产生于社会公共利益的需要，是为了满足社会共同需要而由政府筹集的收入。在现代社会，社会共同需要主要由公共产品的提供来满足，伴随着公共产品内涵与种类的不断扩大，财政支出也基本上涵盖了日益多样化的公共产品和社会共同需要的各个方面。然而，公共产品的供给是有成本的，需要占有和使用一部分社会资源，为了筹集提供公共产品所需的资金，作为公共产品主要提供者的政府就需要相应地获得一部分国民收入或社会产品，这就是财政收入存在的主要依据和基本理由。另外，从经济活动的外部性来看，由政府出面来弥补市场机制的不足是纠正外部性的一个有效手段，由此需要取得一定数量的财政资金也是财政收入产生的一个重要原因。而从市场失灵的角度来看，除了公共产品和外部性外，收入分配的不公平、经济的周期性波动、公共秩序紊乱及社会动荡、市场垄断的效率损失等都是市场失灵的表现,对这些市场失灵的矫正也都大大拓展了政府的职能范围。与政府职能的不断扩展相对应,要求日益增多的财政收入来满足其实现职能的需要即社会共同需要。由此可见,为了满足社会共同需要,提供公共产品、矫正经济活动的外部性和市场失灵,财政收入必须存在,并且它的规模随着经济社会的发展而相应地扩大,内容更加丰富,形式也日益多样化。

为了全面地掌握财政收入的这一范畴,需要从不同的角度理解财政收入的概念。首先,分别从动态和静态的角度来理解。从动态的角度看,财政收入是政府筹集财政资金的过程,是以国家为主体的分配活动的一个阶段或一个环节,通过组织收入、筹集资金,形成特定的分配关系;从静态的角度看,财政收入是国家通过一定的形式和渠道集中起来的以货币表现的一定量的社会产品价值。其次,以国家财政预算的编列方式和分类为标准,可以分别从广义和狭义的角度来理解财政收入。广义的财政收入是指各级政府所支配的全部资金,其范围与政府收入一致,包括全口径财政预算的所有收入,就我国的预算收入体系而言,由一般公共预算收入、政府性基金预算收入、国有资本经营预算收入和社会保险基金预算收入四项组成。狭义的财政收入是指一般公共预算收入,以税收为主体,也包含纳入一般公共预算的非税收入、债务收入和转移性收入等。我国通常所说的财政收入主要是指狭义的财政收入。

更进一步分析,财政收入是由各种不同的因素构成的,它们不仅决定财政收入的性质,而且决定财政收入的量。为了寻求组织和增加财政收入的最佳途径,完善对财政收入的筹集和加强对其管理,有必要对构成财政收入的因素作进一步的分析,根据财政收入构成因素的不同,对财政收入进行形式分类。所谓财政收入形式,实际上就是政府利用什么名称、采用什么方式取得财政收入的问题。例如,以强制性的方式取得税收收入,以有偿性的方式取得债务收入,等等,这里说的税收收入和债务收入分别属于不同的财政收入形式。各种财政收入形式的有机组合,便构成了一个国家的财政收入体系。财政收入体系既是政府与其他社会主体之间理财关系的具体体现,又从收入的角度反映出一国政府社会经济活动的范围。因此,选择适当的财政收入形式,确定相应的财政收入体系,对于科学、合理地组织财政收入,协调好各种经济关系,具有重要意义。

二、财政收入的分类

财政收入分类是财政收入管理的重要组成部分。首先,财政收入分类是分析财政收入的前提和条件。财政收入分析可从多个角度进行，如财政收入的形式、规模、结构等，而财政收入从形式和构成上看又非常复杂，为了保证分析的可靠性和正确性，必须对财政收入进行科学的分类。其次，财政收入分类也具有自身的实践价值。财政收入分类可以帮助我们寻求组织和增加财政收入的有效途径，加强对财政收入的组织和管理。

根据不同的标准，可以将财政收入进行不同的分类，这些分类反映了财政收入的来源和性质。

（一）按价值构成分类

财政收入是货币形态的社会产品价值，从它的价值构成来看，不外是 C、V、M 三部分。进一步分析可以看出，在社会总产品中，相当于生产过程中物质消耗的 C，只有回到生产过程，才能保证社会再生产以原有的规模进行，因此，这部分价值一般在生产单位内部经过财务分配后继续进入再生产过程，属于企业经营管理权限的范围，不宜由政府集中使用，因此也不适宜构成财政收入的来源。

社会总产品中用来补偿劳动消耗的 V，是个人消费基金的最主要部分，它在初始分配阶段归劳动者个人所有，既保证劳动者脑力和体力的恢复，又保证劳动者多方面的发展，这一部分可以成为财政收入的来源。就现实的经济运行来看，来自 V 的财政收入主要有以下几个方面：第一，直接向个人征收的税收，如个人所得税、车船税等；第二，直接向个人收取的规费收入和使用费收入等；第三，居民个人购买的公债券；第四，政府通过高税率消费品（如烟、酒）的销售所获得的收入；第五，服务行业和文化娱乐业等企事业单位上缴的税收，其中一部分是通过对 V 的再分配转化来的。今后，随着人民生活和收入水平的不断提高，以及个人所得税制及财产税制的改革和完善，我国财政收入中来自 V 的比重将不断提高。西方经济发达国家普遍实行高工资政策和以个人所得税为主体税种的税收制度，财政收入中很大一部分来自 V。

社会总产品价值构成中的 M，是劳动者为社会创造的剩余产品价值，是提高人民生活和收入水平以及满足社会共同需要的财力保证，是财政收入的主要来源。这不仅因为这部分价值在分配中与 C 和 V 相比具有较高的灵活性，而且因为这部分价值的分配使用影响着社会发展的方向和速度。从我国的实际情况看，财政收入主要来自 M，而且在相当长的时期内，M 都将是财政收入的主要来源。

研究财政收入价值构成的重要意义在于：从根本上说明影响财政收入的基本因素，从而采取有效措施增加财政收入。由于 M 是财政收入的主要来源，财政收入规模大小直接受到 M 大小的制约，因此要增加财政收入，就必须把重心放在努力增加 M 上。在国民经济中影响 M 增减变化的因素主要有三个：生产、成本和价格。其中，生产是从绝对量上影响 M，生产发展的规模和速度以及实现的产品产量和产值决定财政收入规模和增长速度。在产品产量和价格不变的情况下，成本和 M 成反比例变化，财政收入随 M 相应增减。因此，要持续增加财政收入，根本的途径就是增加生产和厉行节约，即降低成本，增加盈利，提高经济效益。这既是提升经济发展质量的问题，也是增加财政收入的主要方向。

（二）按收入来源分类

无论国家以何种形式参与国民收入分配，财政收入过程总是和该国的经济制度及经济运行密切相关。如果把财政收入视为一定量的货币收入，它总是来自国民收入的分配和再分配。经济作为财政收入的基础和最终来源，对财政收入本身具有决定作用。按财政收入的来源进行分类，有助于研究财政与经济发展之间的制衡关系，有利于合理调整财政收入的规模和结构，并建立经济决定财政分配、财政分配影响经济发展的和谐运行机制。

按财政收入来源的分类，包括两种不同的亚类：一是以财政收入的所有制结构为标准，将财政收入分为国有经济收入、集体经济收入、私营与个体经济收入、合资与合营经济收入、外商独资经济收入和股份制经济收入等；二是以财政收入来源中的部门结构为标准，将财政收入分为工业部门和农业部门收入，轻工业部门和重工业部门收入，生产部门和流通部门收入，第一产业部门、第二产业部门和第三产业部门收入等。目前，我国已经停征农业税和绝大部分的农业特产税，直接来自第一产业部门的财政收入已微乎其微，财政收入主要来自第二和第三产业部门。随着城镇化进程的加快和科学技术的进步，第三产业产值在国民生产总值中的占比会越来越高，财政收入来源于第三产业的比重也会随之提高，第三产业终将成为最主要的财政收入来源。

（三）按收入形式分类

按收入形式，财政收入可分为税收收入和非税收入两大类。这种分类方式突出了税收收入在财政收入中所占据的主体地位。税收收入是政府凭借其公共权力无偿占有的一部分社会资源或收入，包括所得税、商品税、财产税、资源税等各项税收。在现代社会中，政府所凭借的这种公共权力通常是以国家法律的形式表现出来的，如《中华人民共和国宪法》中的有关条款、《预算法》等，政府正是依据这些法律来课税的。从数量上看，税收收入通常也是一个国家主要的财政收入来源，它在财政总收入中具有绝对的主体地位。比如，发达国家的财政收入中税收约占 90%，即使经济欠发达国家税收也占 60%~80%。目前我国一般公共预算收入的 80% 以上来自税收。

非税收入是相对于税收收入而言的,是指国家(政府)在依照税法征税取得税收收入以外,各级行政机关、司法机关和代表政府行使管理职能的事业单位,以专项收入、公共债务收入、规费和使用费等形式向法人、社会团体和居民个人取得的收入,以及依据财产权利收取的国有资本经营收入、国有资源(资产)有偿使用收入等项收入。各种非税收入的资金筹集过程、属性及反映的分配关系、在政府理财活动中的作用以及对社会经济生活的影响等与税收收入有所不同,但在财政收入中也具有相当重要的独特地位。

按照财政收入形式进行分类 也称为财政收入的项目分类法,是一种实用性较强的财政收入分类方法,这种分类方法在各国预算的编制过程中,包括我国的预算编制和财政统计中已经普遍采用。

此外,财政收入还可以按征收管辖政府的不同级别分类,分为中央财政收入和地方财政收入;按编制复式预算的要求分类,分为经常性收入和资本性收入;按财政资金的预算管理方式分类,分为预算内收入和预算外收入;按取得收入的稳定性分类,分为经常性收入和临时性收入等。

第二节 财政收入规模

一、财政收入规模及其变化趋势

(一)财政收入规模及其衡量指标

财政收入规模指财政收入的总体水平,是衡量一国政府财力的重要指标,它体现政府在国民收入分配中所占的份额,以及政府与企业、居民个人之间占有和支配社会资源的关系,也反映政府在社会经济生活中职能范围大小、广度和深度,以及政府在经济社会生活中的地位和作用。

衡量财政收入规模通常用绝对指标和相对指标来表示。绝对指标是财政收入总额(FR)或财政总收入,能够反映一定时期一个国家财政收入的数量、构成、形式和来源。衡量财政收入规模的相对指标反映政府对一定时期内新创造的社会产品价值总量(或 GDP)的集中程度,又称为财政集中率(K)。这一指标可以表示为:

$$K = \frac{FR}{GDP} \times 100\%$$

一般而言，财政收入的相对指标在对一国财政收入与其他国家财政收入进行横向对比及对本国财政收入变化进行纵向比较时，都具有较强的参考和分析意义。

(二) 财政收入规模的变化趋势分析

从世界各国的历史和现实考察，与财政支出规模的总体变化趋势相似，财政收入规模无论从绝对指标，还是相对指标来看，都表现出不断扩大和逐渐增长的基本趋势。

1. 发达国家财政收入规模增长分析

在早期的资本主义经济中，财政收入数量及占 GDP 的比重都比较小。由于早先资本主义国家大都奉行经济自由主张，国家的职能基本上限于所谓"维持社会秩序"和"保卫国家安全"，在经济、文化、社会等方面很少有所作为，因此财政支出及相应的财政收入规模都被控制在较低的水平上。随着资本主义基本矛盾的激化和政府干预经济的增强，加之为了缓和社会矛盾及防止社会动荡而不得不为公众提供基本的社会保障，资本主义国家的财政支出日益膨胀，由此逼迫财政收入不断增长。尤其从第二次世界大战结束至 20 世纪末这个时期，主要发达国家财政收入的绝对量和相对量均大幅度上升，财政收入占 GDP 的比重迅速提升，平均值约为 30%，上升比例超过了 10%（见表 7-1）。有些国家如挪威，财政收入（含社会保险缴费）占 GDP 的比重甚至接近 50%。

表 7-1 1980—2014 年部分发达国家财政收入占 GDP 比重的演变   单位:%

国家	1980 年	1990 年	2000 年	2010 年	2011 年	2012 年	2013 年	2014 年
美国	19.07	18.16	20.51	16.50	16.73	16.85	18.97	19.07
加拿大	—	19.77	20.93	16.94	16.97	16.96	17.07	17.10
日本	11.30	13.79	—	10.82	10.88	10.74	11.53	—
韩国	16.36	15.55	21.20	21.01	21.57	27.86	27.42	26.28
法国	37.41	38.00	42.90	43.24	42.99	43.99	44.92	45.25
德国	24.59	24.50	29.85	27.85	28.23	28.42	28.38	28.55
意大利	29.72	—	36.05	37.40	37.21	38.75	38.98	38.81
挪威	36.63	40.91	47.99	47.72	49.46	49.20	47.13	46.80
瑞典	31.35	39.30	37.99	33.05	32.52	31.98	32.14	31.69
瑞士	16.83	—	22.37	16.53	17.04	16.82	17.56	17.42
英国	33.49	32.61	34.03	34.87	35.36	34.73	35.58	34.53

续表

国家	1980年	1990年	2000年	2010年	2011年	2012年	2013年	2014年
非加权平均值								
全部国家	25.67	26.95	31.38	27.81	28.09	28.76	29.06	30.55
欧洲国家	30.00	35.06	35.88	34.38	34.69	34.84	34.96	34.72
非欧洲国家	15.58	16.81	20.88	16.31	16.53	18.10	18.75	20.82

资料来源："收入统计1965—2008"，经济合作与发展组织网站；"世界发展指标2015"，世界银行网站。

进入21世纪以来，主要西方国家财政收入的绝对额虽然继续增长，如美国政府2013财年财政收入为2.77万亿美元，2014财年更达到3.02万亿美元的惊人数字，但财政收入在国民收入中的比重却变化不大，有些国家甚至还略有下降，如加拿大、日本、瑞典等国。发生这种变化的主要原因，一是20世纪80年代之后，西方国家普遍出现滞胀现象，经济增速放缓甚至遭遇严重经济衰退，大大制约了财政收入持续快速增长；二是近三四十年来新经济自由主义在西方国家大行其道，主要发达国家都在重新审视政府干预与市场机制的关系，认为以往长期信奉并推行的国家强行干预经济运行的政策造成过多扭曲，政策失误在加剧经济衰退方面难辞其咎，因此主张更加重视市场作用，减少政府不必要的干预，在节减财政开支、控制财政支出过快增长的同时，对财政收入的增长也要加以控制，防止巨额财政赤字发生，以实现政府预算收支平衡，必要时可以采取减税等措施，因而延缓了财政收入的增长速度。

2. 发展中国家财政收入规模变化分析

从总体和趋势上看，发展中国家自第二次世界大战结束后，同样出现了财政收入增长的情况，特别是20世纪八九十年代之后，这种增长的态势尤为明显。根据国际货币基金组织《2007年政府财政统计年鉴》公布的2006年数据计算，全部51个国家的财政收入（包含社会保险缴费）占GDP的比重平均为40.6%，21个工业化国家的平均水平为45.3%，30个发展中国家的平均水平为35.9%，发展中国家财政收入的平均水平比第二次世界大战后初期提高了一倍左右。

尽管发展中国家的财政收入无论从绝对数量还是从相对数量来说均呈现出不断增长的基本趋势，但是，囿于经济发展水平的制约和现代财税制度不尽完善，发展中国家的财政收入规模毕竟比经济发达国家低很多，进入21世纪以来增长速度还略有下降。另以一项选取了24个发达国家和18个发展中国家的统计为例，在发达国家中，不含社会保险缴费的财政收入规模，2005—2006年期间，若择取北欧几个高福利国家，丹麦为47.8%，冰岛为39%，瑞典为37.4%，挪威为35.4%；

全部 24 个发达国家包含了社会保险缴费的财政收入规模平均为 37%～38%。而在发展中国家中，同一时期按照前一个口径计算，东欧国家的匈牙利为 24.6%，保加利亚为 24.1%，波兰为 21.5%，属于亚洲国家的马来西亚和泰国均为 18.5%，印度为 14.3%，印度尼西亚为 12.3%；按照后一个口径计算，平均为 23%～25%。

3. 我国财政收入规模变化趋势分析

我国财政收入绝对数额随着经济的不断发展而增长。1950 年财政收入规模（不包括国内外债务部分）仅有 62.17 亿元，到 1978 年增长为 1 132.3 亿元，2000 年达到 13 395.2 亿元，50 年间增长了 214 倍，年均增长 11.3%。2003 年度，我国财政收入再上新台阶，突破两万亿元大关，当年实现财政收入 21 715.3 亿元。2005 年度，我国财政收入达到 31 649.3 亿元，增长 19.9%。2007 年财政收入累计完成 51 321.8 亿元，较上年增收 12 561.6 亿元，增长 32.4%。继 2008 年度财政收入突破 6 万亿元之后，我国 2010 年度财政总收入突破 8 万亿元，达到 83 101.5 亿元，比上年增加 14 583.2 亿元，同比增长 21.3%。2011 年度财政收入突破 10 万亿元，达到 103 874.4 亿元。2017 年度财政收入达到 172 592.8 亿元，在实行"营改增"改革措施并减税降费超过 1 万亿元的情况下，仍同比增长 7.4%。可以看出，就绝对规模而言，我国财政收入的增长速度并不慢，20 多年来大多数年份更是呈现高速增长态势。

表 7-2 列示了改革开放以来我国一般公共预算收入①的增长变化趋势。从中可以看出，就绝对规模而言，我国财政收入的增长速度并不慢，近年来更是呈现高速增长态势。

表 7-2　1978—2017 年我国财政收入增长变化趋势

年份	财政收入/亿元	比上一年增长/%	GDP/亿元	财政收入占 GDP 比重/%
1978	1 132.3	—	3 678.7	30.8
1979	1 146.4	1.2	4 100.5	28.0
1980	1 159.9	1.2	4 587.6	25.3
1985	2 004.8	22.0	9 098.9	22.0
1990	2 937.1	10.2	18 872.9	15.6
1995	6 242.2	19.6	61 339.9	10.2

---

① 2012 年之前我国采用"一般预算收入"的概念和统计口径，亦称为"预算内财政收入"。2012 年实行预算制度改革之后，将"一般预算收入"改称为"一般公共预算收入"，但不包含政府性基金预算收入、国有资本经营预算收入和社会保险基金预算收入。

续表

年份	财政收入/亿元	比上一年增长/%	GDP/亿元	财政收入占GDP比重/%
1996	7 408.0	18.7	71 813.6	10.3
1997	8 651.1	16.8	79 715.0	10.9
1998	9 876.0	14.2	85 195.5	11.6
1999	11 444.1	15.9	90 564.4	12.6
2000	13 395.2	17.0	100 280.1	13.4
2001	16 386.0	22.3	110 863.1	14.8
2002	18 903.6	15.4	121 717.4	15.5
2003	21 715.3	14.9	137 422.0	15.8
2004	26 396.5	21.6	161 840.2	16.3
2005	31 649.3	19.9	187 318.9	16.9
2006	38 760.2	22.5	219 438.5	17.7
2007	51 321.8	32.4	270 232.3	19.0
2008	61 330.4	19.5	319 515.5	19.2
2009	68 518.3	11.7	349 081.4	19.6
2010	83 101.5	21.3	413 030.3	20.1
2011	103 874.4	25.0	489 300.6	21.2
2012	117 253.5	12.9	540 367.4	21.7
2013	129 209.6	10.2	595 244.4	21.7
2014	140 370.0	8.6	643 974.0	21.8
2015	152 269.2	5.8	689 052.1	22.1
2016	159 605.0	4.8	743 585.5	21.5
2017	172 592.8	7.4	827 121.7	20.9

资料来源：国家统计局网站。

注：财政收入中不包括国内外债务收入；2012年以来的数据系指全国一般公共预算收入。

数据表明，我国财政收入随着经济的不断增长而增长，从总体上说，尽管各个年份的增速有起伏波折，但一直保持着持续增长的态势，大多数年份保持了两位数以上的增长率。然而，从我国自身的纵向比较看，相对于GDP的增长而言，则呈现出明显不同的几个阶段：改革开放以前我国财政收入占GDP的比重很高，因为在计划经济体制下我国实行"统收统支"的集中财政体制，财政收支囊括了政府和企业的主要收支，甚至包含了居民户的一部分收支，财政收入占 GDP 的比重在 1960 年曾经高达 39.3%，1978 年仍占 30.8%；改革开放至 1995 年表现为不断下降的趋势，1995 年财政收入占 GDP 的比重仅为 10.2%；从 1996 年开始回升并从 1998 年开始表现为持续较快回升的态势；在经历了 2007 年的跳跃式增长之后，至 2017 年逐渐稳定在 20% 左右的比重上。

从国际横向比较来看，我国一般公共预算收入规模明显偏低。根据世界银行的统计，2007 年度我国小口径政府收入（即税收收入）占 GDP 的比重仅为 17.2%，相对于同期所有发达国家（见表 7-1）都是较低的，也低于同期发展中国家的平均水平。但是，由于各国财政体制差异很大，税率各异，政府财政收入来源也存在多样性，财政经济的统计方式也存在很大差别，所以仅仅观察简单数字并不能准确衡量各国财政收入占 GDP 的比重和财政收入规模的真实情况，因此，对于国际的财政收入差距我们应剔除统计口径差异因素后综合考虑。首先，我国使用的财政收入口径是指一般公共预算收入，多年来仅指预算内部分，是狭义财政收入的概念，而从广义的财政收入——全口径财政收入角度看，还应包括政府性基金预算收入等非税收入、国有资本经营预算收入和社会保险基金预算收入等，这些收入均属于政府的财政收入或公共收入，并且在我国财政收入中占有不小的比重。如果仅拿我国狭义财政收入的口径与国际上通用的广义财政收入的口径简单对比，会导致我国财政收入规模过小的错觉和误判。其次，国外社会保险税的税负（社会保险税占 GDP 的比重）较大，如 2007 年度美国为 4.8%、日本为 10.3%、英国为 6.6%、法国为 16.1%、德国为 13.3%、瑞典为 12.6%。[①] 如今我国的社会保险基金收入也已纳入预算，随着社会保障制度的不断完善和社会保障筹资机制的逐渐健全，我国的社会保险基金收入的持续增加将进一步提升财政收入规模。最后，国外大多数国家的财政收入中没有包含政府性基金预算收入和国有资本经营预算收入，我国现已将这两项收入纳入国家财政全口径预算收入范围，这也将扩大广义财政收入的规模。表 7-3 为 2012—2017 年我国四本预算收入。

---

① "收入统计 1965—2008"，经济合作与发展组织网站；"世界发展指标 2009"，世界银行网站。

表 7-3　2012—2017 年中国四本预算收入

年份	一般公共预算收入/亿元	一般公共预算收入中的税收收入/亿元	政府性基金预算收入/亿元	国有资本经营预算收入/亿元	社会保险基金预算收入/亿元
2012	117 254	100 614	37 535	1 196	30 739
2013	129 210	110 531	52 269	1 713	35 253
2014	140 370	119 175	54 114	2 008	39 828
2015	152 269	124 922	42 338	2 551	46 012
2016	159 605	130 361	46 643	2 609	53 563
2017	172 593	144 370	61 480	2 581	67 154

资料来源：《中国财政年鉴》《中国统计年鉴》历年数据或据此计算。

二、财政收入规模变化的理论分析

（一）影响财政收入规模的主要因素

一个国家财政收入的规模和增速，并不仅仅由政府的意志决定，而往往会受到经济、政治、社会以及历史文化传统等条件的制约，是由多种因素综合决定的，包括经济发展水平、生产技术水平、收入分配政策和分配制度、价格水平等，其中最主要的是经济发展水平和生产技术水平。

1. 经济发展水平

经济发展水平是影响财政收入的最基本因素。经济发展水平的主要指标，如 GDP、人均 GDP 等从总体上反映了一国社会产品的丰富程度和经济效率水平。经济发展水平越高，社会产品就越丰富，其净值——国内生产总值就越多，一般而言，则该国的财政收入总额越大，占国内生产总值的比重也越高。当然，一个国家的财政收入规模还受其他因素的影响，但经济发展水平对财政收入的影响表现为基础性和根本性的制约是确定无疑的，两者之间存在源与流、根与叶的关系，源远则流长，根深则叶茂。

从世界各国的现实情况来考察，发达国家的财政收入规模大都高于发展中国家；而在发展中国家中，中等收入国家又大都高于低收入国家，绝对额是如此，相对数亦是如此。同时，从各国历史发展的纵向比较来看，随着社会经济发展水平的提高，各国财政收入规模一般都随之扩大，财政收入比重普遍有所提高。由此证明了一个普适性的财政原理：经济决定财政，经济不发达则财政不丰裕。

2. 生产技术水平

生产技术水平指生产中采用先进技术的程度，又可称为技术进步。生产技术水平内涵于经济发展水平之中，也是影响财政收入规模的重要因素。因为一定的生产发展水平总是与一定的生产技术水平相适应，较高的经济发展水平往往是以较高的生产技术水平为支柱的。所以，对生产技术水平制约财政收入规模的分析，事实上是对经济发展水平制约财政收入规模分析的进一步深化。

生产技术水平对财政收入规模的制约，一方面是由于技术进步导致生产速度加快和产品质量提高，另一方面是由于技术进步带来物质消耗的降低和经济效率的提高。现代社会中生产技术水平加速提高，使社会积累更为丰富，带来了 GDP 的快速增长，为财政收入的增长奠定了基础，对财政收入具有直接和明显的影响。据测算，从世界范围来看，目前技术进步对财政收入增长的贡献是其他因素的 3 倍以上。我国的生产技术水平与发达国家相比还有一定的差距，科技进步对经济增长和财政增收的贡献率还不高，因此，大力促进技术进步和经济发展方式转变，不断提高经济效益，是实现财政收入持续高效增长的主要途径。

3. 收入分配政策和分配制度

制约财政收入规模的另一个重要因素是政府的分配政策和分配制度。生产决定分配，经济决定财政，财政收入规模的大小，归根结底受经济发展水平的制约，这是马克思主义经济学和财政学的基本观点。经济发展水平是分配的客观条件，而在客观条件既定的前提下，还存在通过收入分配进行调节的可能性。所以在不同的国家（即使经济发展水平相同）和同一国家的不同时期，财政收入规模也会因分配政策和制度的不同而有所不同。

在国民收入（或用 GDP 表示）既定的前提下，分配政策对财政收入规模的制约主要表现在以下两个方面：（1）国民收入分配政策决定剩余产品价值占整个社会产品价值或国民收入的比重，进而决定财政分配对象的大小；（2）财政分配政策决定财政集中资金的比例，从而决定财政收入规模的大小。设国民收入为 N，财政收入为 F，则分配政策对财政收入规模的影响可用公式表示如下：

$$\frac{F}{N} = \frac{M}{N} \times \frac{F}{M}$$

上式中 M/N 这个指标，说明国民收入扣除居民收入部分之后，归社会支配的那部分剩余产品价值所占的比重，可称为剩余价值率。F/M 说明归社会支配的剩余产品价值中由财政集中支配的那部分价值，可称为财政集中率。分配政策正是通过决定上述两个比例关系来影响财政收入规模。

一个国家分配制度的安排和设计，能够从总体上决定国民收入分配格局，进而也会影响财政收入规模。以我国为例，我们党历来重视正确处理好收入分配关系，兼顾国家、企业和个人三者利益，一旦分配关系出现失衡，通过及时调整和改进分配制度加以矫正。在20世纪80年代至90年代前半期，财政收入占GDP的比重一直呈下滑趋势，财政状况极其严峻，国家随后采取了调整分配制度，逐步提高财政收入占国民收入比重的措施，使财政收入规模逐年增长。当国家财政状况改善、财政实力增强之后，近年来党中央提出让人民群众分享改革发展的成果，逐步提高劳动报酬在初次分配中的比重、提高居民收入在国民收入中的比重，通过增加工资、政府减税、扩大财政转移支付、提高社会保障和福利水平等多项分配制度改革措施，提高了企业和居民的收入规模和水平，而国家财政收入规模连续多年保持基本稳定。

4. 价格水平

财政收入是一定量的货币收入，它是在一定的价格体系下形成的，又是按一定时点的现价计算的，所以，价格变动必然会影响财政收入的规模。

价格变动对财政收入的影响，首先表现为价格总水平升降的影响。价格总水平的变动会通过财政收入制度影响财政收入水平。在实行以累进所得税为主体税种的国家中，纳税人所适用的税率会随着价格水平和名义收入的提高而上升，即出现所谓"档次爬升"效应，使财政收入有所增长，因此，这种税收制度下的财政收入对通货膨胀的影响有一定的抵御能力。而在大部分发展中国家，实行的是以流转税和间接税为主体的税收制度，多数流转税采用比例税率，当通货膨胀率高于财政收入增长率时，将会导致财政收入的实际增长低于其名义增长，甚至实际是负增长，因而在这种税制结构下，通货膨胀对财政收入的影响较大。

另外，价格总水平的变动往往是和产品比价的变动同时发生的，而产品比价关系变动会以另一种形式影响财政收入：一是产品比价变动会引起货币收入在企业、部门和个人各经济主体之间的转移，形成GDP的再分配，使财源分布结构发生变化；二是由于财政收入在企业、部门和个人之间的分布呈非均衡状态，或者说，由于各经济主体上缴财政的税利比例是不同的，当产品比价变化导致财源分布结构改变时，相关企业、部门和个人上缴的税利就会有增有减，增减的综合结果就是对财政收入的最终影响。

（二）最优财政收入规模分析

财政收入规模体现的是一国在一定时期政府收入占经济总量的比重，政府与企业、居民个人之间占有和支配社会资源的关系，同时也反映政府职能的广度和深度，以及政府在经济社会生活中的地位和作用。可是，多大的财政收入规模才是适宜的？有没有一个最优的财政收入规模？长期以来，国内外一直存在着争议，甚至出现大相径庭的观点和截然不同的结论。

其实，对于何为最优财政收入规模，现实中并不存在统一的、绝对的衡量标准，因为每一个国家的具体国情不同，各国在不同的历史阶段政府的职能和社会发展的需求不同，财政收入规模必然存在差别，不能简单类比。就此而言，与其说最优财政收入规模，不如说适宜的或合理的财政收入规模更为恰当。

判断财政收入规模的大与小、多和少，应当从以下几个方面展开分析：

1. 运用的计算口径和方法须一致

财政收入规模的计算口径有多种，计算方法各异，若采用的衡量标准不统一，必然会得出不同的结论。

现实中，财政收入规模有三种计算口径：小口径财政收入规模一般是指税收收入占 GDP 的比重，之所以把税收收入视为小口径的财政收入，是因为税收在世界上几乎所有国家都是基本的和最主要的财政收入形式；中口径财政收入规模则是指一般公共预算收入占 GDP 的比重，一般公共预算收入中除了数量最多、比重最大的税收收入以外，还包括政府债务收入及收费收入等；大口径财政收入规模是指所有政府财政收入占 GDP 的比重，大口径财政收入中既有一般公共预算收入，还包括了政府性基金预算收入、国有资本经营预算收入、社会保险基金预算收入等，亦被称作全口径财政收入[①]。以我国为例，2015 年三种口径的财政收入占 GDP 的比重分别为 18.13%、22.1%和 35.3%，大小之间相差近一倍。就财政收入规模的计算方法而言，也因国家和时期不同而各异。

2. 与经济发达程度相适应

经济决定财政。研究和实践均表明，一国的财政收入规模和宏观税负水平与该国人均 GDP 大体成正相关关系，即随着经济发展，财政收入规模逐步扩大，宏观税负水平相应上升，达到一定水平后又会趋于基本稳定。自改革开放以来我国国民经济实现了持续快速增长，经济发展的质量不断提高，财政收入持续增长的基础更加稳固，因此具备继续上升的空间和条件。应当指出，虽然财政收入规模与经济发展水平和发达程度相对应是一般规律和总体趋势，但不能由此得出财政收入规模越大越好的简单结论，也就是说，一个国家在一定发展阶段和经济发展

---

① 国内学界又将财政收入规模称为"宏观税负"，因此也相应区分了三种口径的宏观税负。

水平上应当保持一种财政收入占 GDP 的适当合理比重。

3. 与政府职能大小相关联

每个国家在不同时期和阶段所面对的社会发展的需求不同，政府承担的职能亦有不同且时有变动。一般来说，处于经济转轨时期的新兴国家和发展中国家，为了实现经济的快速增长，政府大量参与经济方面的建设，尤其是投入大量资金用于基础设施和基础产业等公共投资领域，政府的经济职能尤为突出，财政收入规模较大。而对于工业化国家和发达国家而言，当经济由起飞阶段进入成熟阶段之后，社会公众对政府所提供的公共性消费支出的需求日益扩大，相应地，政府用于教育、卫生和安全等方面的消费性支出，以及用于解决收入分配问题的转移性支出开始增加，政府职能主要转向为社会公众提供公共服务和福利，由此也致使财政收入规模不断扩大。目前世界上主要发达国家财政收入规模平均超过 30%。

4. 与政府提供的公共服务相对应

综观世界现代化历程，随着经济不断发展和社会文明进步，社会公众期望享有的公共产品和服务的规模、质量与水平也越来越高。从当下世界主要发达国家的情况考察，其财政支出绝大部分用于居民的社会保障和社会福利。进入 21 世纪以来，我国在构建公共财政基本框架的理念指引下，财政支出结构不断优化，用在与人民群众生活直接相关的教育、医疗卫生、社会保障和就业、保障性住房、环境保护、文化等方面的民生支出迅速增长，增幅连续高于同期 GDP 的增幅，这就促使国民收入分配格局调整的倒逼机制形成，在努力扩大公共产品和服务供给、着力改善民生的同时，合理扩大财政收入规模，为政府履行公共服务职能提供财力资源保障。

由此看来，所谓最优财政收入规模其实是一个相对的、动态的概念，是一种在一定时期处于社会经济均衡状态下的适度规模，一种持之以恒、不断靠拢和接近"最优"的状态。

第三节　财政收入结构

对财政收入结构及变化趋势进行理论和实际分析，有助于正确研判财政收入的演进趋势并确定增加财政收入的合理途径。

一、财政收入结构及其变化趋势

(一) 财政收入结构分析

1. 财政收入的形式结构

财政收入的形式结构,是按财政收入形式分析财政收入的结构及其变化趋势。在各种收入形式中,税收是最重要的财政收入来源,发达国家占90%以上,发展中国家占80%左右。其中,发达国家的所得税及社会保障收入比重较高,说明发达国家的收入水平和社会保障水平都比较高。发展中国家商品和服务税较高,表明发展中国家对商品流转和劳务提供的依赖性较大(见表7-4)。另外,财政收入形式和一国的政治经济体制密不可分。一般而言,国有化程度较高的国家,财政收入中国有资产收入和国有企业收入较多。

表 7-4　2014—2016 年部分国家财政收入构成　　　　　单位:%

国家	2014 年			2015 年			2016 年		
	商品和服务税	所得税	社会保障收入	商品和服务税	所得税	社会保障收入	商品和服务税	所得税	社会保障收入
印度	30.76	35.93	0.16	21.68	43.59	0.26	27.30	46.58	0.19
韩国	21.81	24.92	25.79	21.25	26.20	26.31	21.92	27.21	25.97
斯里兰卡	45.41	16.69	1.26	49.58	17.98	1.04	49.65	15.29	1.07
泰国	40.97	33.94	5.40	42.42	31.91	5.61	42.66	30.66	5.46
加拿大	—	54.07	23.45	—	54.18	23.22	—	54.11	23.64
美国	2.95	53.10	34.36	2.94	54.05	34.38	2.86	53.74	35.32
法国	21.49	25.47	42.16	21.79	25.38	41.84	21.88	25.40	41.92
德国	23.66	16.55	54.53	23.17	16.91	55.02	22.12	17.44	55.62
意大利	23.72	31.89	33.78	23.71	31.85	33.88	23.53	31.17	33.37
荷兰	25.72	24.42	38.51	26.35	26.98	37.36	26.87	26.86	38.25
英国	33.83	32.92	20.85	33.49	32.99	21.19	33.26	33.68	21.34
波兰	35.53	12.13	40.72	35.10	12.19	41.01	36.29	12.31	41.43
新西兰	28.64	50.46	3.30	28.81	51.60	2.86	28.98	51.77	2.32
澳大利亚	23.80	63.61	—	21.91	65.00	—	21.82	64.21	—

资料来源:《国际统计年鉴2018》,国家统计局网站。

注:印度的数据分别为 2005 年、2010 年、2013 年。

2. 财政收入的部门结构

对财政收入的部门结构进行分析,在于说明各生产流通部门在提供财政收入中的贡献及其贡献程度，便于根据各产业的发展趋势和特点，合理组织财政收入，开辟新的财源。部门结构既包括传统意义上的国民经济结构分类，如工业、农业、建筑业、交通运输业及服务业等，又包括现代意义上的产业结构分类，即第一产业、第二产业和第三产业。

第一产业是国民经济的基础，第一产业的发展会影响整个国民经济的发展。从这个意义上说，第一产业也是财政收入的基础。第一产业对财政收入的影响主要表现在以下两个方面：第一，直接来自第一产业的收入，主要是农牧业税。目前世界各国对这一产业普遍实行稳定负担和轻税政策，因此，农牧业税在全部财政收入中仅占有很小的比重。第二，间接来自第一产业的收入，主要表现在由于工农业产品交换中存在着价格剪刀差，使农业部门创造的一部分价值转移到以农副产品为原料的轻工部门及部分服务业来实现。虽然各国对农业实施保护政策，通过不断提高农副产品收购价来缩小工农业产品的剪刀差，但由于农业劳动生产率难以迅速提高，工农产品的剪刀差不可能立即消除，农业通过价格转移为财政提供收入的情况会依然存在。

第二产业是国民经济的主导，对财政收入的状况起着决定性的作用。这是因为第二产业生产技术装备先进，劳动生产率高，创造的剩余产品价值多。在我国，第二产业的主体是国有经济，其创造的社会纯收入大部分上缴国家，因此，第二产业成为我国财政收入的最主要来源。但财政收入能否随着第二产业的发展而相应增长，一是取决于生产经营企业的经济效益；二是取决于产业内部各行业的比例结构：轻重工业之间，基础工业与加工工业之间等比例关系。只有企业经济效益提高了，各行业之间比例关系合理协调，财政收入才能相应增长。所以，加快企业改革特别是国有大中型企业的改革，建立现代企业制度，提高经济效益，促进经济协调发展，将是财政收入增长的关键。

第三产业部门创造的价值构成国民生产总值的重要部分，同时也是财政收入的重要来源。随着社会生产力的发展和科学技术的进步，第三产业产值占国民生产总值的比重发生明显变化并且越来越高，这是世界各国产业发展的一般趋势。与此趋势相对应，财政收入来源于第三产业的比重越来越高。在主要发达国家，第三产业创造的价值占 GDP 的比重已达 60% 以上，其提供的财政收入占全部财政收入的 50% 以上，第三产业对于国民经济和财政收入的贡献度越来越高。

3. 财政收入的所有制结构

财政收入的所有制结构是指来自不同经济成分的财政收入所占的比重。这种结构分析的意义，在于说明国民经济所有制构成对财政收入规模和结构的影响程度及其变化趋势，从而采取相应的增加财政收入的措施。我国实行社会主义市场经济体制，国民经济中的所有制结构与其他国家有较大差别，财政收入的所有制结构分析具有更为重要的意义。

我国经济以公有制为主体、国有经济居主导和支配地位，同时允许并鼓励个体、私营、外商投资与合资、股份制等多种经济成分共同发展，财政收入由不同所有制经营单位上缴的利润、税金和规费等共同组成。在传统计划经济体制下，国有经济居主导地位，财政收入自然以国有经济为主体，中华人民共和国成立初期国有经济约占财政总收入的半数，并逐年增加，"四五"时期达到87.4%的最高点，到改革前夕的1978年仍高达87%。进入改革开放时期以来，国家在继续支持国有和公有制经济发展的同时，鼓励非国有经济及多种经济成分共同发展，财政收入中来源于非国有经济单位及居民个人的收入逐渐提高，来源于国有经济单位和企业的收入有所下降，但后者仍然保持了主导地位，仍是财政收入的主要创造者和提供者。由于改革开放以来经济结构发生了重大变化，目前我国已不再按照所有制结构对财政收入进行分类。

（二）财政收入结构的变化趋势

财政收入结构变化，是经济发展、经济体制、财政税收制度等多因素变化的反映和结果。从总体趋势看，财政收入形式随着经济社会的演进和发展不断变化并且逐渐多样化，形成了税、费、债、利、租、捐并存的格局，财政收入也由单元结构向着多元结构转变。

以我国为例，在计划经济体制下，财政收入主要来自国有经济的上缴，对国有（国营）企业主要采取上缴利润和税收两种形式。由于实行统收统支体制，国有企业的生产经营和分配活动也都处于国家的直接控制和管理下，企业多交税就少交利，交税交利对企业没有什么利益上的差别，而且由于将国家社会管理者和国有资产管理者的身份混为一谈，一度曾导致"非税论"的盛行，简化税制、以利代税的倾向十分严重，直到改革前夕的1978年，以上缴利润为主的企业收入项目仍占财政收入的50%以上。实行经济体制改革以来，国民经济的运行机制有了根本性的转变，由过去国家的指令性计划管理为主转变到依靠市场引导和指导性计划管理为主的轨道上来，由过去的行政性管理转变到主要运用经济手段并配之以必要的行政手段和法律手段管理经济上来。经济运行机制的转变，不仅要求税收成为国家组织财政收入的主要手段，同时还要真正成为调节经济的杠杆。在经过两次"利改税"和1994年的税制改革后，企业收入开始从财政收入项目中消失，税收逐步取代了利润上缴，占据着国家财政收入的主导地位。从

2008年开始实施中央一级的国有资本经营预算，收取实施范围内企业所实现的国有资本收益，各省、自治区、直辖市和计划单列市人民政府决定各地区国有资本经营预算的试行时间、范围、步骤。国有资本经营预算的实行明确了国家以所有者身份依法取得国有资本收益，结束国有企业不向国家上缴红利的历史，规范和完善了国家和国有企业之间的收入分配制度，国有企业收入成为财政收入的重要内容之一。

从我国目前政府预算体系观察，财政收入构成包含了一般公共预算收入、政府性基金预算收入、国有资本经营预算收入和社会保险基金预算收入四个部分，其中，一般公共预算收入是主体部分。在推进财政制度改革过程中，我国在逐渐加大政府性基金预算、国有资本经营预算与一般公共预算的统筹力度，尽快形成将政府性基金预算中应统筹使用的资金列入一般公共预算的机制，并逐步加大国有资本经营预算资金调入一般公共预算的力度。这样做的目的是更好地优化财政收入结构，加强对收入的管理和提高财政资金使用效益，而不是重新回到财政收入的单一结构。

二、财政收入结构变化的理论分析

从人类社会发展史的角度考察，财政收入结构呈现出由单元向多元变化的趋势；从理论角度分析，财政收入结构的变化，主要是由经济制度、经济形态和经济发展状况决定。

在自然经济形态下，小农经济和农耕制度是主要的生产方式，商品经济很不发达，尽管大多数国家都把税收作为筹集财政收入的基本手段，但大多实行的是以土地为征税对象的田赋、以人口为征税对象的丁税和以个人财产为征税对象的以财产税为主的收入结构，其中以田赋为代表的农业税在财政收入中占有很大的份额。因此，前资本主义时期的财政收入结构表现为较为单一的农业税赋及少量的工商税。

到了资本主义社会，商品经济有了很大发展，以商品生产、商品流通和工商业为课征对象的商品税、流转税等工商税收在财政收入中的比重逐渐上升，工商税收逐渐取代农业税赋成为主要的财政收入形式。随着商品经济进一步发展，工商企业利润的很大部分以企业和公司所得、红利、利息、股息等形式为企业和个人所占有，又为所得税成为资本主义社会重要的财政收入形式提供了经济前提。基于缓和阶级矛盾、缩小贫富差距、保护生态环境、维护社会稳定以及调节经济运行、防止经常性经济危机发生等多重考虑，现代资本主义国家除了继续保持以所得税、流转税为主体的财政收入结构外，财政收入形式日渐多样化，陆续建立了包括财产税、社会保险税（费）、国有或公有资产收益等在内的多元财政收入结构。

我国实行的是建立在生产资料公有制基础上的市场经济，国家兼有社会管理者和国有资产所有者的双重身份，作为国家化身的政府同时拥有行政管理权和代表人民行使的国有资产终极所有权。与此相对应，财政收入主要采取税收和国有资产收益的形式。在计划经济时期，后者的表现形式为企业利润上缴，目前则为国有经济单位按照有关规定上缴财政的国有资本经营收益。同样出于宏观管理、社会稳定和调节经济运行的需要，我国的财政收入中还包含政府性基金预算收入，主要是政府规费、土地出让金及基金性收入；社会保险基金收入，主要是养老保险基金和医疗保险基金收入等。由此可见，由于我国经济制度、经济体制的特点，形成了多种收入形式并存、更加多元化的财政收入结构。

还应指出的是，经济运行机制亦对财政收入结构状况有重要的影响。在不同的经济运行机制下，不同财政收入形式发挥作用的经济条件存在差别，因而所要求的财政收入结构也就有所差异。不同的收入结构与不同的经济运行机制相适应，前者受后者的制约。在与计划经济体制相伴而行的高度集中运行机制下，我国国民经济运行过程从宏观到微观的各个环节，均在国家的直接计划和行政指令控制之下，国家社会管理者和国有资产所有者的双重身份混为一谈，无论企业利润上缴还是税收，都被视作筹集财政收入的手段，两者没有本质的区别，进而试图逐步取消税收，只保留企业利润上缴。就此而言，财政收入结构必然极其简化且单一。我国实行经济体制改革以来，国民经济的运行机制有了根本性的转变，由过去国家的指令性计划管理为主转变到依靠市场引导和指导性计划管理为主的轨道上来，由过去的行政性管理转变到主要运用经济手段并配之以必要的行政手段和法律手段管理经济上来，由对宏观和微观经济的直接调节转变到主要实施总量调控和间接调节上来。包括国有经济单位在内的各类企业开始成为具有独立经济利益的经济实体和市场主体，实现了所有权和经营管理权的分离，逐渐理顺了企业与国家之间的分配关系。经济运行机制的转变，不仅要求税收要成为体现国家社会管理者身份和行使管理职能、组织财政收入的主要手段，同时还要使其成为调节经济运行和国民经济重大比例关系、调节各方面利益关系的杠杆，保证经济社会健康协调发展。与税收是主要财政收入并行不悖的是，在新的经济运行机制逐步建立的过程中，我国逐渐形成了多渠道筹集、多形式征收、全方位协调的财政收入结构。因此，我国市场经济体制下的经济运行机制客观上要求实行以税收为主体，与其他各种非税收入并存的多元复合型财政收入结构。

思考题

1. 怎样从动态和静态角度理解财政收入的概念？
2. 为什么说经济发展水平和生产技术水平对财政收入规模起决定性作用？
3. 你是怎样看待最优财政收入规模的？
4. 试对财政收入结构变化做出理论解释。
5. 试从财政收入部门结构角度分析增加财政收入的合理途径。

▶ 自测习题及参考答案

第八章 税 收

税收是现代国家政府收入的最主要形式,是政府运作的物质基础和经济保障,具有强制性、无偿性和固定性的形式特征。税收的原则主要体现为公平和效率两个方面。政府征税,必然会对纳税人形成一种经济负担,由于纳税人与负税人的不一致,税收负担会发生转嫁现象,主要表现为前转、后转和消转等形式。一国税收制度中税种的构成及主体税种设置构成了税制结构,从人类社会的发展变化看,税制结构表现出由以古老直接税为主到以间接税为主,最后变成以现代直接税为主的演变历程。

本章共四节,第一节为税收概述,介绍税收的概念与分类、形式特征、税制要素及税收的微观效应。第二节为税收负担,分析税收负担的概念、口径以及税收负担的转嫁与归宿。第三节为税制结构,介绍税制结构的概念、影响因素及最优税制结构。第四节是中国税收制度,介绍中国现行的税收体系,分析中国税制的改革方向。

第一节 税 收 概 述

一、税收的概念与分类

（一）税收的界定

税收是现代国家（政府）财政收入最主要的来源。从其性质上看,税收应当定义为:国家为了实现其职能的需要,凭借政治权力强制无偿地取得财政收入的重要手段或形式。正是由于税收是国家取得财政收入的重要手段,所以有史以来,它就成为国家机器赖以运转的物质基础,是政府得以存在的经济保障。对此,马克思有过一系列精辟的论述:"国家存在的经济体现就是捐税"[1] "赋税是官僚、军队、教士和宫廷的生活来源,一句话,它是行政权的整个机构的生活来源"[2] "赋税,这是喂养政府的母乳"[3]。

国家取得财政收入除了税收以外,还有以下几种形式,它们与税收都有一定

---

[1] 《马克思恩格斯全集》第4卷,人民出版社1958年版,第342页。
[2] 《马克思恩格斯文集》第2卷,人民出版社2009年版,第570页。
[3] 《马克思恩格斯文集》第2卷,人民出版社2009年版,第156页。

区别。

1. 捐

捐和税都是国家古老的筹集财政收入的形式。捐也是国家强制课征的一种形式，它是国家为了某项特定事业而向单位或个人收取的一种缴费，收入具有指定的用途，专门为政府的某项支出融资。比如，政府要修路，就可以向附近的居民征收"路捐"。目前我国的社会保险缴费就具有捐的性质，它筹集到的资金要专门用于社会保险事业，即使有结余也不能用于财政的其他开支。英国政府向企业和个人收取的社会保险缴费直接叫做"国民保险捐"。可见，捐与税的最大区别是使用的目的性：税在征收时一般没有指定的用途，而捐的收入则专款专用。由于捐的征收依赖的也是国家政治权力，也带有强制性，所以国内外也有人将"捐"称为"目的税"。我国 1985 年开征的城市维护建设税就属于这种目的税，该税以纳税人实际缴纳的增值税等流转税税额为计税依据，专款用于城市建设。后来，城市维护建设税的使用不再限于城市建设，从而也就从捐（目的税）变为了一般税收。

2. 费

"费"是收费的简称。私人部门对外提供商品、劳务时要向购买者收取一定的费用，以弥补成本和赚取利润；而政府提供的主要是公共产品，它们具有消费的非排他性，因而很难用收费的方式筹集资金。但政府特别是基层政府也可以向当地居民提供一些私人产品或混合产品，这时政府就可以仿效私人部门以收费而非收税的方式来筹集资金。比如，政府负责为居民处理垃圾，其所需资金就可以通过向居民收取垃圾处理费筹集。居民虽然缴纳了一定的费用，但同时却从政府那里直接得到了垃圾处理服务。我国目前一般预算中的非税收入很重要的一项就是所谓的"规费收入"，如工商企业登记费、商标注册费、公证费等，它们都属于政府的服务性收费，具有有偿的性质，与无偿性的税收有本质的不同。由于是有偿，所以费也不具有强制性，它是一种自愿的缴纳。

3. 利润收入

利润收入是国家凭借财产权向国有企业收取财政收入的一种形式。国有企业的资产属于国家所有，所以，国有企业除了要向国家缴纳所得税外，还要向国家上缴利润，即所谓"税利分流"。这时，国家从国有企业取得利润，凭借的不是政治权力，而是财产的所有权。利润收入要进入政府的国有资本经营预算，2017 年，全国国有资本经营预算收入为 2 581 亿元，其中 70%以上是利润收入。此外，国家从国有控股和国有参股企业中取得的股利和股息收入在性质上与利润收入基本相同。

(二) 税收的形式特征

与国家的其他收入相比,税收具有如下形式特征。

1. 强制性

税收的强制性是指国家在取得收入时凭借的是政治权力,而非产权或债权。这种政治权力是所有社会领域中最具权威性、强制性的一种权力,它是统治阶级运用国家机器实现自己意志的一种制度保障。强制性意味着只有国家才拥有征税权,社会上的其他组织或团体不能行使征税权。正因为国家征税凭借的是政治权力,所以纳税人如果违反税法,不按规定纳税,就意味着直接与国家的政治权力相对抗,从而必然要受到国家法律的制裁。有一种看法,认为税收的强制性体现在税收是依法征收的,不纳税就是违法,所以要受到法律制裁。不过,在一个法治国家,产权和债权也是受法律严格保护的,资产经营者或债务人如果不向产权人或债权人缴纳资产经营收益或利息也是违法的,也同样要受到法律的制裁,但我们不能说资产经营收益或利息收入具有强制性。所以,税收的强制性关键体现在国家征税凭借的是手中的政治权力。

2. 无偿性

由于国家征税依据的是政治权力,所以通过税收取得的收入是不需要偿还的,它是一种无偿的征收,不需要像公债那样需要事后偿还给债券认购人。同时,税收的无偿性也意味着国家向纳税人征税不需要做任何直接的返还,即税收不需要像收费那样,国家一方面从企业或个人手中取得收入,另一方面要向企业或个人直接提供一定的服务。正如列宁所说:"所谓赋税,就是国家不付任何报酬而向居民取得东西。"[①] 当然,税收的无偿性是从直接定义上而言的,是有一定限制条件的,税收收入最终要由国家用来向纳税人提供公共产品,因此也具有本质上的返还性。

3. 固定性

税收的固定性是指国家在征税以前要通过立法预先规定征税的数额与课税对象之间的数量比例(即税率),不得临时或随意变更征税的税率。另外,税收的固定性还包含连续征收的含义,即这种课征要定期进行,而非只征收一次了事。但税收的固定性具有相对意义,从长期来看税率不可能一成不变。

---

① 《列宁全集》第32卷,人民出版社1958年版,第275页。

（三）税制要素

税收制度是国家规定的税收法规、条例和征收办法的总称。税收制度由纳税人，课税对象，纳税期限与纳税环节，税率，附加、加成和减免，处罚等基本要素构成。

1. 纳税人

纳税人是税法规定的直接负有纳税义务的单位和个人。例如，《中华人民共和国增值税暂行条例》（以下简称《增值税暂行条例》）第1条规定，在中华人民共和国境内销售货物或者加工、修理修配劳务，销售服务、无形资产、不动产以及进口货物的单位和个人，为增值税的纳税人。但纳税人和负税人不是同一个概念。负税人是最终负担税款的单位或个人，负税人并不一定是税法中规定的纳税人。例如，增值税的负税人一般是货物的最终消费者，而不是税法规定的销售或进口货物的单位或个人（纳税人）。当然，对有些税种而言，纳税人和负税人是一致的。例如，个人所得税的纳税人往往就是负税人。[①] 这里的关键问题是税负能否转嫁，当税负可以完全转嫁出去时，纳税人就不等于负税人。而税负能否转嫁出去，则取决于课税商品的需求价格弹性。对于需求价格弹性小的商品（即价格上涨时需求量下降很小的商品），纳税人就很容易做到先交税再转嫁；而对于需求价格弹性大的商品，纳税人很可能要自己负担一部分税款。

2. 课税对象

课税对象又称征税对象，是征税的客体。每种税都有自己的课税对象。例如，所得税的课税对象是所得额，商品税的课税对象是商品，财产税的课税对象是财产。在实践中，人们对税种的划分主要是依据课税对象的不同来进行的，可以说，课税对象是一种税区别于另一种税的主要标志。上面提到的所得税、商品税、财产税等就是按照课税对象来划分的。

与课税对象密切相关的一个概念是税目。税目是课税对象的具体项目，它是对课税对象的具体划分。例如，个人所得税的课税对象是个人取得的所得额，而工资薪金、劳务报酬、租金、股息、利息等就是个人所得税的税目。又比如，消费税的课税对象是特定的消费品，其中烟、酒、高档化妆品、成品油、小汽

---

① 个人所得税的纳税人一般都是负税人。但在我国二手房交易中，税法规定卖房人要就财产转让收入缴纳个人所得税，即卖房人是纳税人，可是在房产交易的实践中卖房人往往要把这笔税款加到房产的价格中去由买房人负担，从而造成纳税人和负税人的不一致。这种情况的发生，是由于我国的二手房市场主要还是卖方市场，卖房人比较容易通过抬高住房价格转嫁其缴纳的个人所得税。

车、高档手表、游艇、木制一次性筷子、实木地板等 15 类消费品就是消费税的税目。

3. 纳税期限与纳税环节

纳税期限是指纳税人的纳税义务发生以后必须向税务机关交纳税款的时间期限。它有两层含义：一是应纳税款的结算期限，即纳税人每次要就多长时间内发生的纳税义务向国家交纳税款。不同的税种往往有不同的税款结算期限。例如，我国《增值税暂行条例》第 23 条规定，增值税的纳税期限为 1 日、3 日、5 日、10 日、15 日、1 个月或者 1 个季度。纳税人的具体纳税期限由主管税务机关根据纳税人应纳税额的大小分别核定；不能按照固定期限纳税的，可以按次纳税。当然，要想严格执行税款结算期限，还必须充分了解纳税义务发生的时间，这样才能将税款结算期间内发生的纳税义务（应纳税款）计算准确。每个税种在税法中都规定有明确的纳税义务发生时间。比如，《增值税暂行条例》第 19 条规定，发生应税销售行为，为收讫销售款项或者取得索取销售款项凭据的当天；先开具发票的，为开具发票的当天。

纳税期限的另一个含义是应纳税款的上交（入库）期限，即纳税人要在多长的时间内将已结算的税款上交税务机关。不同的税种往往也有不同的税款入库期限。例如，《增值税暂行条例》第 23 条规定，纳税人以 1 个月或者 1 个季度为 1 个纳税期的，自期满之日起 15 日内申报纳税；以 1 日、3 日、5 日、10 日或者 15 日为 1 个纳税期的，自期满之日起 5 日内预缴税款，于次月 1 日起 15 日内申报纳税并结清上月应纳税款。

纳税环节是指国家对其课税的具体环节。例如，消费税的纳税环节一般为产制环节（金银首饰、钻石及钻石饰品除外，它们的纳税环节为零售环节；卷烟除了在产制环节缴纳消费税外，在批发环节还要缴纳一道消费税），即生产企业销售应税消费品就要缴纳消费税。我国的增值税为多环节增值税，纳税环节包括产制、批发、零售和进口。

4. 税率

税率是税额与计税依据之间的比例。计税依据是征税时的具体课税标准。例如，商品税的计税依据为商品流转额；所得税的计税依据为收入总额减除税法规定的成本费用标准后的应税所得额。计税依据与税率的乘积等于应纳税额。所以，在计税依据一定的情况下，税率越高，应纳税额就越大。由于税率决定着纳税人的税收负担，关系到国家的税收收入，所以税率是税收制度的中心环节。我国现行的税率可以分为三大类：

（1）比例税率。顾名思义，比例税率是采用比例数形式的税率。在比例税率的情况下，不论计税依据数额大小，都按同一个比例征税。例如，目前高档化妆品的消费税税率是15%，生产企业销售高档化妆品无论是销售100万元还是1 000万元，都要按15%的税率缴纳消费税。比例税率一般适用于商品课税（流转课税）。

（2）累进税率。累进税率是一种多档次的比例税率表。在累进税率下，计税依据的数额被分为若干个级次，每个级次分别对应一个比例税率，计税依据的数额越大，其对应的税率就越高。累进税率一般适用于个人所得税的征收，因为这种税率形式最能体现个人所得税的纵向公平原则（即收入水平越高的人应当缴纳越多的税）。

累进税率分为全额累进税率和超额累进税率两种。全额累进税率是指把计税依据划分为若干个等级，由低到高分别规定税率，计税依据的全部数额按照与之对应的一个税率纳税。超额累进税率是指把计税依据的数额划分为若干个等级，由低到高分别规定税率，计税依据中的不同等级部分分别按照与之对应的税率计算税额，一定量的计税依据可以同时适用几个等级的税率。

全额累进税率和超额累进税率各有不同的特点：① 在名义税率相同的情况下，全额累进税率的累进程度高，税负重。② 全额累进税率在计税依据的级距临界点附近税负会出现跳跃性，即税负的增加可能会大大超过计税依据数额的增加，这种税负的跳跃是很不合理的。而超额累进税率由于分段计税，计税依据的数额超过某个级距时，则只有超过的部分才适用较高的税率，从而大大地缓解了税负的跳跃性问题。③ 全额累进税率条件下税额的计算简便；而在超额累进税率情况下由于需要分段计税，税额计算起来比较复杂。由于超额累进税率的税负较轻，累进程度较低，税负不存在明显的跳跃性，所以在实践中它得到了普遍采用。例如，我国的个人所得税对综合所得实行超额累进税率。

为了解决超额累进税率条件下税额计算复杂的问题，人们在实践中采用"速算扣除数"的办法。所谓"速算扣除数"，是指在计税依据确定的情况下按全额累进税率计算的税额与按超额累进税率计算的税额之间的差额。它用公式表示即为：速算扣除数 = 全额累进税额-超额累进税额。

（3）定额税率。定额税率是指按课税对象一定的实物单位直接规定一个固定税额。例如，我国消费税法规定，汽油的税率是每升1.52元，啤酒的税率是每吨220元；资源税法规定，北方海盐的税率为每吨15元，等等。定额税率是根据课税对象的实物单位确定的，计算应纳税额十分简便。但因它与价格无关，所以当通货膨胀比较严重时，使用定额税率的税种其税收收入并不会随物价大幅度上涨而相应地增加，税收对生产消费的调节功能弱化，这是定额税率最大的缺点。

5. 附加、加成和减免

附加、加成和减免都是调节纳税人税收负担的政策措施。其中，附加和加成属于加重纳税人税收负担的措施；减免则属于减轻纳税人负担的措施。国家在税法中规定附加、加成和减免措施，目的是把税收制度的严肃性与必要的灵活性结合起来，更好地贯彻执行税收制度。

（1）附加。附加是地方附加的简称，是地方政府在正税之外附加征收的一部分税款，作为地方政府的收入来源。例如，我国过去征收的外商投资企业和外国企业所得税的正税税率为30%（1991年该税出台时正税收入归中央财政），地方附加税规定为3%，这样，该税的合并税率为33%。

（2）加成。加成是加成征收的简称，是国家出于某种政策性考虑而对特定纳税人加税的一种措施。加一成等于加正税税额的10%，加两成等于加正税税额的20%，以此类推。例如，我国过去个人所得税法对劳务报酬所得就有加成征收的规定，即对纳税人劳务报酬收入的应纳税所得额一次超过2万~5万元的部分，按应纳税额加征五成；对超过5万元以上的部分，加征十成。

（3）减免。税收的减免措施主要包括以下内容：

① 减税、免税。减税就是减征部分税款；免税即免交全部税款。例如，《中华人民共和国企业所得税法》第27条规定：企业从事农、林、牧、渔业项目的所得，可以免征、减征企业所得税。

② 起征点、免征额。起征点是指税法中规定的课税对象开始被征税的起点，课税对象的数额达不到起征点不对其征税，超过了起征点要对课税对象的全部数额征税。例如，我国的增值税就有起征点的规定，即按期纳税的起征点为月销售额10万元，按次纳税的起征点为每次（日）销售额300~500元。

免征额是指税法规定的课税对象中可免予征税的数额，课税对象的数额超过了免征额，国家只对超过免征额的部分征税。例如，从2018年10月1日起，我国个人所得税综合所得的免征额（费用扣除标准）为每月5 000元（全年60 000元）。

6. 处罚

为了保证税法的严肃性，法律要对纳税人的违法行为给予一定的经济处罚和刑事处罚。纳税人违反税法的行为包括偷税、欠税、骗税、抗税等。偷税是指纳税人有意识地采取一些非法手段不交或少交税款的行为。《中华人民共和国税收征收管理法》（简称《税收征管法》）第 63 条规定："纳税人伪造、变造、隐匿、擅自销毁账簿、记账凭证，或者在账簿上多列支出或者不列、少列收入，或者经税务机关通知申报而拒不申报或者进行虚假的纳税申报，不缴或者少缴应纳税款的，是偷税。"需要指出的是，目前我国税法中已没有"漏税"的概念。过去"漏税"是指纳税人非故意地不缴或少缴税款的行为，但由于在实践中执法者很难判定纳税人不缴或少缴税款的行为是故意还是非故意，所以在《税收征管法》中不再有"漏税"规定。欠税是指纳税人不按规定的纳税期限缴纳税款的行为。骗税又称出口骗税，是指纳税人利用假报出口的欺骗手段，骗取国家出口退税款的行为。抗税是指以暴力、威胁的方法拒不缴纳税款的行为。《税收征管法》对于纳税人各种违反税法的行为都规定有一定的处罚措施，包括行政处罚（罚款等）和刑事处罚（拘役和监禁）。

（四）税收的分类

税收按不同的标准可以分为不同的种类，对税收进行一定的分类有助于人们研究税收结构问题。通常税收有以下几种分类方法。

1. 按课税对象分类

税收按课税对象不同可以分为流转税、所得税、财产税、资源税和行为税。

（1）流转税。流转税又称商品税，它是以流通中的商品（服务）作为课税对象的一个税类。这类税收的计税依据为流转额，因此被称为流转税，包括增值税、消费税、关税等税种。

（2）所得税。所得税是指国家对纳税人的收益或净收入课征的税收。所得税在国外主要包括两个税种：一是企业（公司）所得税，即对法人课征的所得税；二是个人所得税，即对自然人课征的所得税。此外，社会保险税也被看做是所得税，因为社会保险税是根据雇员的工资薪金所得向雇主和雇员课征的税收，其课税对象也是所得额。但社会保险税与所得税有所区别，即社会保险税是一种目的税，其收入要专款专用于社会保险计划的开支；而所得税的收入没有具体的指定用途，可以被政府用于任何目的；社会保险税的课征对象仅是个人所得中的工资薪金项目，而且往往还有上限，而个人所得税的课征对象是个人的各类收入之和。所得税在一些发达国家是税收制度的主体，但在发展中国家所得税一般不在税制中占主体地位。

（3）财产税。财产税是对财产价值课征的税收。它分为一般财产税和特别财产税。一般财产税又称财富税，要对纳税人的全部财产价值课税，课税对象包括动产和不动产，特别财产税只对土地、房屋等不动产进行课税。财产税不仅可以对纳税人拥有的财产课税,而且可以对纳税人转移的财产课税。比如遗产税、赠与税就是对纳税人转移的财产进行的课税。

(4) 资源税。资源税是以自然资源为课税对象的税收。企业和个人开采自然资源,利润率高低在很大程度上取决于其开采的自然资源的品位状况和开采条件,有的企业或个人开采的资源状况好,开采成本低,就可能取得高于同行业水平的利润。这种级差利润并不是企业或个人主观努力创造的,理论上并不应归企业或个人所有,国家开征资源税的目的就是要把这种级差收入从企业或个人的利润中剔除,使自然资源开采企业能够在同一条起跑线上公平竞争。

(5) 行为税。行为税是指政府开征的以调节或影响纳税人社会经济行为为目的的税收。政府征税主要是为了取得财政收入,同时,任何一种税收(除了人头税以外)客观上都会对纳税人的经济行为产生这样或那样的影响。但并不是所有的税收都可以叫做行为税,只有那些以影响和调节纳税人行为为最主要目的的税收才属于行为税。例如,我国开征的环境保护税,就是一种以环境保护为目的的行为税。

2. 按课税标准分类

课税标准是国家征税的实际依据。按课税标准分类,可将税收分为从价税和从量税两大类。以课税对象的计税价格为课税标准的税收是从价税;以课税对象的实物单位数量(数量、重量、容量等)为课税标准的税收是从量税。从税率的使用情况看,从价税多使用比例税率,而从量税多使用定额税率。例如,我国的增值税属于从价税;资源税(原油、天然气除外)和对啤酒、黄酒、汽油、柴油课征的消费税则属于从量税。

3. 按税收与价格的关系分类

从价税中有价内税和价外税之分,这种划分主要是看计税价格中是否应包含税金。所谓价内税,是指计税价格中含有税金的一类税收。我国的消费税就是价内税,消费税税款包含在消费税的计税价格中。

所谓价外税,是指计税价格中不含有税金的一类税收。我国的增值税就是价外税,即增值税的计税价格中不含有增值税的税金。

4. 按税收收入是否规定专门用途分类

税收按是否有专门的用途,可以分为一般税和特定目的税。一般税的收入没有指定的用途,可以为政府的一般预算支出筹资。例如,我国征收的增值税、消费税、企业所得税和个人所得税等就属于一般税。特定目的税又称特定用途税,是指税款有指定用途而不可挪作他用的一类税收。例如,一些国家征收的社会保险税就是特定目的税，它的收入要专款专用于养老金、失业救济金等社会保险方面的津贴支出，即使税款有结余也要储存在专门设立的社保基金中，不可为政府的其他预算支出筹资。

5. 按税种的隶属关系分类

税收是政府的财政收入来源，而现代国家的政府一般都要分为中央（联邦）政府和地方政府（个别国家如新加坡例外），所以税收也有一个隶属于哪级政府的问题。隶属于中央（联邦）政府、专门为中央（联邦）政府预算筹资的税收称为中央（联邦）税；而隶属于地方政府、专门为地方政府预算筹资的税收称为地方税。另外，税收收入还可以在中央（联邦）政府和地方政府之间共享，这类税收称为共享税。

6. 按税负能否转嫁分类

税负转嫁是指纳税人通过提高价格等手段把税款转移给他人负担的一种经济行为或经济现象。按照税负能否转嫁，可将税收分为直接税和间接税两类。税款不能或很难转嫁的税收属于直接税，这类税收的纳税人也是负税人，税款由负税人直接向税务机关缴纳。税款能够或很容易转嫁的税收称为间接税，这类税收的纳税人一般并不是负税人。间接税的负税人虽不直接向税务机关纳税，但却要负担税款，这实际上等于负税人间接地向税务机关缴纳了税收。一般认为，所得税和财产税属于直接税，因为这两类税的税款不容易转嫁；而商品税（流转税）属于间接税，其税款很容易被纳税人通过提高价格的办法转嫁出去，尤其是对需求价格弹性较小的商品课征的间接税更容易转嫁。与税负转嫁相关的一个概念是税收归宿，它是指税款的最终负担者。一般认为，商品税的归宿即最终的负税人是商品的最终消费者。前面已经提到，我国税收收入的50%左右来自流转税，而流转税是对流通中的商品或服务课征的，这样，尽管我国缴纳个人所得税的人数并不算多，但大多数老百姓通过购买商品（服务）间接地向国家缴纳税款，他们对国家财政同样做了贡献。

二、税收原则

税收原则是指指导人们设计税收制度的理念、思想和准则。[1] 最早明确系统地

---

[1] 我国历史上有十分丰富的治税思想，比如强调征税要有度，《管子·权修》曾指出"取于民有度，用之有止"；还如，强调全国税制应统一，商鞅指出，"上一而民平，上一则信，信则臣不敢为邪"；再如，强调征税要有常，税制要保持稳定，傅玄针对魏晋时期税制兴废无常，影响人民的生产和生活的安定，指出"国有定税，下供常事，赋役有常，而业不废"。

提出税收原则的，是英国古典经济学家斯密。1776年，斯密在其出版的《国富论》第五篇中，提出了"公平、确实、便利、经济"四大课税原则。以后不断有学者提出自己的税收原则，① 但归纳起来，无非体现在以下两个方面。

(一) 公平原则

公平原则强调税收负担要做到公平合理。公平原则具体体现在两个方面：一是横向公平，具有相同纳税能力的人应该负担相同的税收；二是纵向公平，纳税能力不同的人应当缴纳不同的税收，纳税能力较强的纳税人应当缴纳更多的税收。

这里的问题首先在于，哪个客观指标最能反映人们的纳税能力，是财产、收入还是消费？在早期的农耕社会，人们普遍认为财产最能反映人们的支付能力，即财产越多的人纳税能力越强。但进入工业化社会以后，在商品和货币经济条件下，多数人的观点则认为收入（所得）是反映人们支付能力最好的指标。因为财产是存量，是人们过去收入的凝结，而收入是流量，最能反映人们当期的经济状况；另外，人们纳税是要向政府支付现金的，财产只有变现或有收益才能给人们带来现金流，而这又属于人们收入的一部分。至于消费支出，这个指标又受到了人们行为偏好的影响，即一个人即使收入水平很高，支付能力很强，但他如果储蓄动机很强，不愿意消费，其消费规模也不会很大，但这并不意味着这个人的支付能力不强。只有当政府需要大力鼓励人们储蓄时才会把消费支出作为课税的依据。

接下来的问题是，既然收入最能反映人们的支付和纳税能力，那么对收入怎样征税才最能体现出税收的纵向公平原则？当然，总的要求是：较高收入的纳税人所缴纳的税款占其收入的比重，应当比那些收入较低的纳税人更高，而只有采用累进税率才能够做到这一点，比例税率是承担不了这一重任的。所以，一般认为，使用超额累进税率的个人所得税最能体现纵向公平的原则。因为随着个人收入的增长，其适用的边际税率也会增加，从而使个人的平均税率和实际税率都会随着收入的增长而提高。

(二) 效率原则

1. 税收效率原则的界定

税收的效率原则，主要是指征税不能损害微观经济效率，它要求政府在课税时对经济运行的干扰越小越好。也就是说，政府课税在取得财政收入的同时，不

---

① 德国学者瓦格纳提出了"财政收入、国民经济、社会正义和税务行政"四个方面九项税收原则。

应当对市场主体的经济行为产生任何扭曲作用。这种扭曲作用是通过税收的替代效应产生的，税收有替代效应，就会产生扭曲，就会给经济活动的主体带来超额负担。政府课税，从经济效率角度看，最理想的状态就是只产生收入效应而没有替代效应。如果能做到这一点，那么就意味着税收是中性的。关于税收的超额负担和税收中性，我们下面再做详细的介绍。

税收的效率原则还有一层含义，即税收的行政效率或管理效率越高越好，它主要是靠降低征税成本来实现的。斯密提出的税收四原则中的"经济"原则实际上指的就是税收的行政效率。作为政府的征税机关，要提高税收的行政效率，就需要在征收既定税款的前提下耗费尽可能少的资源，国际上一般用税务机关的征税成本（管理费用）占税收收入的比重来衡量税收行政效率。目前世界主要国家税务机关的征税成本占税收收入的比重一般都在1.5%以内，例如2011年，德国为1.4%，加拿大为1.3%，阿根廷为1.25%，法国为1.2%，南非为1.06%，俄罗斯为0.9%，荷兰为0.97%，巴西为0.91%，西班牙为0.86%，英国为0.83%，美国为0.62%。①

2. 税收的超额负担和税收中性

税收的超额负担，是税收理论中的一个重要概念。从字面上看，所谓税收的超额负担，就是国家征税给纳税人造成的超过税款的那部分负担。从微观经济学的角度来说，税收的超额负担是指国家征税给纳税人带来的超过税款的那部分福利损失。由于个人的福利是由个人的偏好和效用函数决定的，所以税收如果影响了个人的偏好或效用，就会影响个人的福利，从而给个人带来超额负担。我们在下面还要说明，税收有收入效应和替代效应，其中替代效应会影响人们的选择（包括生产者选择和消费者选择），正是这种替代效应才是导致税收超额负担的"元凶"。一种税如果仅有收入效应而没有替代效应，它是不会产生超额负担的。例如，人头税就只有收入效应而没有替代效应，它只能减少人们的收入，但不能干扰人们在生产、投资、储蓄和消费等方面的经济选择。但在人头税制度下，每个人不论收入多寡，都要缴纳一样的税，所以它最大的问题是不公平。在早期的欧洲，一些不关心人民疾苦的封建国家的人头税是十分普遍的税种，但在当代很少有国家开征人头税或把它作为一个主要的税种。尽管税收的超额负担难以用货币来衡量，甚至是一种虚拟的负担，但用这个概念可以提醒人们，国家征税是要考虑经济效率的，在税制的设计上要尽量优化，使税收在公平和效率方面尽量

---

① 经济合作与发展组织网站。

实现合理的平衡。

税收中性是指税收不影响或不干扰人们的经济选择。一种税收具有中性，表明它对经济活动保持中立，在取得收入的同时对纳税人的经济活动或经济选择不产生任何影响。税收替代效应、税收超额负担和税收中性三个概念是紧密相关的：一种税如果不产生替代效应，就没有超额负担，同时就是中性的；而如果一种税在产生收入效应的同时也产生替代效应，则一定会带来超额负担，同时也一定是非中性的。对于税收中性应当辩证地看待，一般来说，在市场经济条件下，由于资源配置和收入分配以市场机制为主导，所以不需要税收处处都起调节作用，因此税收在多数情况下应当保持中性。但由于市场是不完善的，存在缺陷和失灵，所以政府有时也需要利用税收的非中性来调节经济。如果所有税收都像人头税那样只有收入效应而没有替代效应，那么发挥税收杠杆的调节作用就成为一句空话。

三、税收的微观经济效应

税收的微观经济效应是指税收对微观经济主体（企业和个人）的经济行为产生的干扰。税收的效率原则要求这种干扰越小越好。

（一）税收对生产和消费决策的影响

在市场经济条件下，企业生产什么、生产多少的决策是根据利润最大化的目标而做出的；消费者制定购买模式的消费决策虽然要最大限度地满足其福利目标，但也要受制于他们的预算约束。因此，无论是生产决策还是消费决策，都与商品的市场价格有着密切的关系。商品价格如果发生变化，生产者和消费者的行为决策也会相应地发生变化。由于政府对商品课税（即流转税）会影响其市场价格，所以流转税对生产决策和消费决策也会产生一定影响。

1. 税收的价格效应

对商品课征的流转税会造成生产者价格与消费者价格相分离。在没有税收的情况下，市场上的生产者出售商品能实际得到的价格（生产者价格）与消费者购买商品所实际支付的价格（消费者价格）是一致的。政府对商品课征流转税以后，上述情况会发生一定的变化，这时，税收就像一个生产者价格与消费者价格之间的楔子。也就是说，当政府课征流转税以后，生产者价格加上流转税税额等于消费者价格。

那么，在政府课征流转税以后，市场上商品的生产者价格和消费者价格会发生哪些变化？我们以汽油的定额消费税为例来加以说明。假定在没有课税前汽油的市场均衡价格（生产者价格和消费者价格）为每升 5 元。现在政府决定对汽油课征定额消费税，税率为每升 1.52 元，由汽油的供应商缴纳。在这种情况下，如果汽油的供应商要维持原有的利润率，那么每升汽油的销售价格（消费者价格）就要定为 6.52 元。不过，政府对汽油课征消费税并没有改变消费者的预算线，因此也不会改变消费者对汽油的需求曲线，所以汽油的消费者价格提高后，汽油的需求量将会下降，这必然导致汽油的供大于求。为了减少库存和追求利润最大化的目标，汽油的供应商不得不降低汽油的销售价格，形成一个新的均衡价格（消费者价格），例如每升 6.00 元，同时汽油的均衡交易量也会比征税前有所下降。由于供应商每卖出一升汽油就要缴纳 1.52 元的消费税，所以其生产者价格只能是每升 4.48 元。由此可见，政府对商品课征流转税后，商品的消费者价格会有所提高，生产者价格会有所下降。上述情况从税负转嫁的角度看，说明在商品的需求具有一定弹性（即需求曲线不呈垂直状态）的情况下，政府对该商品课征流转税，税负是由生产者和消费者共同负担的；生产者虽然可以通过抬高消费者价格的方式将一部分税款转嫁给消费者负担（表现为消费者价格的提高），但生产者自身也要负担一部分流转税（表现为生产者价格下降）。

2. 税收的生产替代效应

税收的生产替代效应，是指税收对企业的产品结构产生的影响，它表现为政府课税会改变企业各种产品之间的产量结构。税收的生产替代效应是由政府课征选择性的商品税引起的。因为政府对个别商品课税以后，课税商品的成本和价格会发生不利于企业的变化，这样会导致企业相应减少课税商品的产量甚至放弃课税商品的生产，同时把资源更多地转向非税商品的生产。当然，如果政府对所有商品课征统一的税率，税收的生产替代效应就会消失。

3. 税收的消费替代效应

税收的消费替代效应，是指税收对消费者选择商品的影响，它表现为政府对个别商品课税后，引起市场上课税商品相对价格上涨，从而导致消费者在选购商品时减少课税商品的购买量，相应地增加非税商品的需求量。我们把税收导致消费者增加非税商品需求来替代对课税商品需求的影响，称为税收的消费替代效应。例如，假定市场上有两类商品：化妆品和服装。如果政府对化妆品课税而对服装不征税，这时化妆品对服装的相对价格就会提高，消费者以同样多的收入能够购买到的化妆品的量就会比过去减少。而在消费者最优商品组合中，化妆品的购买量减少了，其服装的购买量则会有所增加。这种情况表明，税收导致消费者用一定量的服装替代了一定量的化妆品消费。

(二) 税收对劳动力供求的影响

1. 税收对劳动力供给的影响

无论是工薪所得税还是社会保险税，都是对劳动者的工薪收入课征的，其结果必然是降低劳动者的实际工资率或净收入。面对政府对工薪课征的税收，劳动者在劳动力供给的决策上会做出一定的反应。

第一，税收对劳动力供给的收入效应。税收对劳动力供给的收入效应，是指对工薪课征的税收所产生的增加劳动者劳动时间从而增加劳动力供给的影响。政府对工资收入课税以后，劳动者的实际工资率下降，可支配收入也随之减少。假定闲暇和其他商品一样都是正常商品（即消费量与人们的实际收入成正比），那么，劳动者可支配收入减少将迫使其不得不减少闲暇和其他商品的消费，增加劳动力的供给。或者说，劳动者在税后工资收入下降的情况下，为了维持原有的收入水平和生活水平，他们会比过去更努力地工作，从而增加劳动力的供给。

第二，税收对劳动力供给的替代效应。税收对劳动力供给的替代效应，是指对工薪课征的税收所产生的增加劳动者闲暇时间而减少劳动力供给的影响。一个人的一天24小时可以分为劳动时间和闲暇时间两部分。这里的劳动是指个人在市场上为取得工资收入而进行的工作；而闲暇是指劳动者除劳动以外的其他活动。由于劳动时间和闲暇时间二者此消彼长，个人实际上是在用工资与闲暇进行交换。如果我们把闲暇看作是一种商品，那么工资率就是闲暇的价格（劳动者闲暇的机会成本是其劳动时间内可以取得的工资收入）。政府对工资收入课税，会降低劳动者的实际工资率，这意味着闲暇变得比以前便宜了。这时人们会增加对闲暇的消费（即延长闲暇的时间），减少劳动时间，出现所谓的闲暇替代劳动的税收替代效应。

由此可见，政府对劳动者的工资收入课税，既可能产生减少劳动力供给的替代效应，也可能产生增加劳动力供给的收入效应。而税收对劳动力供给的净效应是什么，则取决于这两种效应孰大孰小。由于人们对劳动或闲暇的偏好不同，所以他们在劳动力供给方面对税收所做出的反应也不可能完全相同。因此，税收对劳动力供给的净效应实际上是因人而异的，如果人们要准确获知税收对劳动力供给的净效应，必须进行实证分析。

2. 税收对劳动力需求的影响

税收对企业劳动力需求的影响，主要表现为政府对企业课征的社会保险税会提高企业的劳动力价格，从而导致企业减少对劳动力的需求。社会保险税一般是按职工工资的一定比例向雇主和职工分别征收的，企业雇用一个工人，除了要支付工资以外，还要为其缴纳社会保险税（费）。因此，企业的劳动力价格不仅取决于工人的工资率高低，还要受社会保险税的影响。在工资率一定的情况下，政府对企业征收社会保险税或提高社会保险税率，企业的劳动力价格就会随之提高，由此影响企业劳动力的需求：一是替代效应。替代效应指政府对企业课征社会保险税以后，企业的劳动力价格上升，劳动力成本提高，从而导致劳动力对资本（机器设备）的相对价格提高。由于资本和劳动力之间存在技术上的替代性，所以企业为了保持原有的投入水平，就可能多使用资本以替代一部分劳动力，其结果将减少企业劳动力的需求。二是规模效应。规模效应指政府对企业课征社会保险税以后，企业的劳动力价格提高，边际成本上升，导致均衡产量下降，从而导致企业对劳动力投入需求的减少。社会保险税对企业劳动力需求的影响可以从欧盟国家的经验得到验证。欧盟经济学家对1970—2002年的数据进行分析后发现，劳动力课税（包括对企业雇主课征的社会保险税）对欧盟国家的失业率有很大影响，劳动力课税减少3个百分点，可以导致失业率下降1个百分点。另外，戴维瑞和塔贝利尼的研究表明，欧盟国家的失业税收弹性为0.5，即劳动力课税增加1个百分点，失业率就会上升0.5个百分点。

（三）税收对家庭储蓄行为的影响

储蓄和消费是家庭的基本经济活动。消费是家庭购买商品和劳务以获得当期满足的活动；储蓄则是把家庭的经济资源从现期转移到未来某个时期以便在未来得到满足的活动。从某种意义上说，储蓄就是未来的消费，是推迟了的消费。家庭储蓄行为受多种因素影响，税收是其中之一。这里主要分析个人所得税对家庭储蓄行为的影响。

个人所得税对家庭储蓄行为的影响是通过对储蓄利息课税引起的，这种课税可以是单独对利息收入课征，也可以是把利息收入纳入个人所得税的征税范围。政府课征利息所得税，必然会降低储蓄的实际利息收入，这对家庭出于生命周期动机和谨慎动机而进行的储蓄都会产生一定的影响。不过，如同税收对劳动力供给的影响一样，个人所得税对家庭储蓄行为的影响方向在理论上也是不确定的，这种影响分为收入效应和替代效应。

1. 收入效应

利息所得税的收入效应表现在：政府对利息收入课征个人所得税，会减少个人未来的实际利息收入，而利息收入是个人第二阶段（退休期）生活的收入来源，为了实现既定的储蓄收入目标（以维持个人退休后的生活需要），个人将会减少第一阶段（工作期）的消费，以增加储蓄。所以利息所得税的收入效应表现为增加家庭储蓄。

2. 替代效应

如果把储蓄看作是第二阶段（退休期）的消费，那么对储蓄利息课税会减少储蓄的实际利息率，这相当于提高了第二阶段的消费价格。在这种情况下，个人为了保持一生中的效用和福利水平不变，将会放弃一些第二阶段的消费以增加第一阶段的消费。当前消费的增加，意味着储蓄的减少。这种增加现期消费而减少储蓄的效应就是利息所得税的替代效应。

由于利息所得税的收入效应和替代效应的作用方向相反，所以其净效应就取决于其中哪种效应较大，而这又是因人因时因地而异的。参见专栏 8-1。

专栏 8-1　中国的储蓄存款利息所得税

中国的利息所得税始于 1950 年，当年颁布的《利息所得税条例》规定，对存款利息征收 10%（后降为 5%）的所得税，1959 年利息所得税停征。1999 年 11 月 1 日根据第九届全国人民代表大会常务委员会第十一次会议《关于修改〈中华人民共和国个人所得税法〉的决定》再次恢复征收，税率为 20%。

但课征利息所得税以后，我国的城乡居民储蓄存款余额仍然呈大幅度递增之势。据统计，1999 年年底，我国城乡居民储蓄存款余额为 5.96 万亿元，到 2006 年年底达到了 16.16 万亿元，年平均增长 24.4%，高于同期我国 GDP 和城乡居民收入的增长速度。这在一定意义上表明，在我国，利息所得税的收入效应大于替代效应，利息所得税并没有抑制城乡居民储蓄的增长。

2008 年国际金融危机爆发后，我国开始采取宏观调控措施。为了配合宏观调控政策的需要，自 2008 年 10 月 9 日起，国家对储蓄存款利息所得暂免征收个人所得税。

第二节　税收负担

一、税负的概念与分类

税负是纳税人税收负担的简称。由于税收属于强制无偿的征收，纳税人在缴纳税收的同时没有从政府那里取得直接回报，所以税收是对纳税人私有财产的一种合法剥夺，必然对纳税人形成一种经济负担。

在理论和实践中，税负分类有多种方法，比较常见的有宏观税负和微观税负之分。所谓宏观税负，是指一定时期内（通常为一年）政府的税收收入占当期国内生产总值（GDP）的比重。从国民收入核算上看，增值税、消费税等间接税本身就构成 GDP 的一部分；而企业所得税和个人所得税又都是对 GDP 构成要素中的工薪、租金、利息、企业利润等课征的，所以宏观税负的高低可以从总体上反映出经济活动主体对国家税收的负担程度。而微观税负则是从纳税人的角度反映企业或者个人等微观经济主体税收负担水平的指标。例如，某企业的税负，就可以通过该企业全年缴纳的各项税收占企业销售收入（或总产值）的比重来衡量。当然，企业缴纳的税收并不一定要由企业负担，例如增值税、消费税等间接税（流转税）是由最终消费者负担的，但在企业税负的核算上，人们往往也要将这些间接税计算在内，尽管这种做法并不一定妥当。与企业税负相类似的，还有所谓行业税负。

税负还可以按税种进行分类，例如增值税税负、企业所得税税负等，而且这种划分也有宏观和微观之分。比如，企业所得税的宏观税负，就是企业所得税收入占 GDP 的比重，它是用来衡量企业所得税负担轻重的指标。2017 年，我国企业所得税的宏观税负为 3.88%，而发达国家这一指标基本上都在 2%~3%，我国企业所得税的税负相对偏高。又比如，2017 年，我国个人所得税的宏观税负（个人所得税收入占 GDP 的比重）仅为 1.45%，而 OECD 国家 2014 年平均为 8.2%，丹麦甚至高达 26.8%。①

税负还有名义税负和实际税负之分。名义税负是按照一般税收法律法规计算出来的税负，而实际税负则是按照纳税人实际缴纳的税款所计算出来的税负。由于税收优惠、税收征管水平等因素的作用，纳税人的名义税负与实际税负可能并不一致。

二、宏观税负分析

（一）宏观税负的统计口径

近年来，国内学术界对我国宏观税负轻重的判断存在较大的争论，而争论很大程度上起源于税收统计口径。2017 年，我国一般公共预算中税收收入为 144 369.87 亿元，占当年 GDP 827 121.7 亿元的 17.5%（小口径宏观税负）。如果与国外进行比较，则还应当把社会保险缴费考虑进去，因为很多国家都将社会保险税（费）统计在税收总额之中。2017 年，我国社会保险基金缴费收入为

---

① 经济合作与发展组织网站。

42 417.66 亿元，如果将这部分收入计入税收总额，当年我国的宏观税负为 22.8%（中口径宏观税负，也称国际口径宏观税负）。但在研究宏观税负时，一些学者认为，宏观税负不能只看税收和社会保险费，还应当把政府的其他收入也考虑进去。例如，2017 年，一般公共预算收入中非税收入为 28 222.9 亿元，政府性基金收入为 61 479.7 亿元，全国国有资本经营收入 2 580.9 亿元，把这些收入都予以考虑，2017 年，我国政府的所有收入占 GDP 的比重已高达 34%（大口径宏观税负）。据此，有人惊呼，我国的宏观税负水平已接近发达国家的水平。

那么，在分析宏观税负时，是否应当将公共预算中的非税收入以及政府性基金收入和国有资本经营预算收入也考虑在内？如前所述，国家取得财政收入，除了税收形式以外，还有捐、收费、利润收入等，其中捐税是强制无偿征收的，对企业和个人会形成一种经济负担，但其他形式的收入有的是政府依据所提供的服务收取的，有的是依据财产权取得的（如国有资本经营预算收入），它们与税收有经济性质上的区别，因此在计算宏观税负时不应当将它们也涵盖进去。比如，目前的非税收入主要是专项收入（排污费、水资源费、教育费附加、矿产资源收入等）、行政事业收费收入和罚没收入，这些收入的取得大多是以政府提供服务或者让渡自然资源开采权或使用权为前提的。从费用支付者的角度看，他们一方面支付了各种收费，但同时也从政府得到了一定的服务或资源使用权，这与无偿性的税收在性质上是根本不同的。正是由于这个原因，国际上通常衡量或比较的是税负，而不是"费负"。2017 年我国政府性基金收入占到 GDP 的 7% 以上，但其中 80% 以上是土地出让收入；此外还有各种政府性基金收入如铁路建设基金收入、民航发展基金收入、港口建设费收入、旅游发展基金收入等，这些收入在 2011 年之前都属于预算外资金收入，是政府向企业和个人提供服务时收取的一种具有补偿性质的收费。从这个角度考虑问题，我们在计算宏观税负时，不应当考虑政府性基金收入。因此，大口径的宏观税负，不能作为准确衡量税收负担的指标，但其对于分析政府与企业关系、规范政府收入形式等，有着重要的指导意义。

（二）宏观税负的国际比较①

如前所述，2017 年我国国际口径（包括税收和社会保险缴费）的宏观税负水平目前为 22.8%，这个宏观税负水平与发达国家相比还是较低的。例如，2017 年，OECD 国家宏观税负的平均水平为 34.2%，其中法国高达 46.2%，丹麦、比利时和

---

① 本部分数据除标注外，均来源于经济合作与发展组织网站。

瑞典也分别高达 46.0%、44.6% 和 44.0%。当然，发达国家的宏观税负水平高低不一，差距也比较大。例如，2017 年美国的宏观税负水平仅为 27.1%，远低于 OECD 国家的平均水平。一个国家宏观税负水平高低，与它的财政开支水平有关，政府支出责任较小从而财政支出水平较低的国家，其宏观税负水平也就较低。例如，2017 年韩国宏观税负为 26.9%。除了财政支出水平以外，宏观税负水平高低还取决于政府的其他收入项目，如政府的非税收入或债务收入规模都可能影响宏观税负的水平。例如，在发达国家中，美国的宏观税负水平是较低的，2017 年仅为 27.1%。但美国财政支出的水平并不低，2017 年美国各级政府的开支约占 GDP 的比重为 37.0%。这样巨大的收支缺口靠什么来弥补？一是非税收入，美国的地方政府特别是基层政府大量依赖非税收入取得财政收入，美国联邦政府财政收入中非税收入很少，但州和地方政府的财政收入中，各项收费占的比重较大，2014 年收费与公用事业收入占比就达到 16.9%。[①] 二是债务收入，即政府预算安排赤字再通过发行债务进行弥补。第二次世界大战以后，美国多届政府推行赤字财政政策。2008 年美国爆发金融危机，美国政府加大了赤字力度以刺激经济，由于赤字政策和大量发债，美国各级政府的债务负担率（债务余额占 GDP 的比重）2015 年年末已经达到 136.6%，远远超过宏观税率较高的丹麦（53.4%）、瑞典（61.6%）、荷兰（78.6%）等国。[②] 可见，依赖债务筹资是美国宏观税负低于其他发达国家的一个重要原因。

（三）宏观税负轻重的判定

一个国家税负轻重往往指的是宏观税负，那么，如何来判定税负的轻重，是否一国宏观税负水平越高，其税负也就越重？其实，一个国家税负的轻重是一个很复杂的问题，人们很难得出一个明确的或一致的结论。

首先，税负轻重是一个相对的概念，人们衡量一国税负的轻重首先要看宏观税率，即税收收入占该国 GDP 的比重高低；这个比率越高，税负往往就越重。

其次，一国税负的高低要看税负在社会成员之间的分配是否公平合理。因为尽管很多税的纳税人是企业，但最终的归宿是个人，而每个人的经济能力和负税能力又是不同的。如果一国的税收负担很大一部分压在了占人口多数的中低收入者身上，那么绝大多数人就会感觉税负重；反之，如果一国的税收主要由高收入者负担，而高收入者有负税能力，其占人口的比重也低，这时大多数普通百姓就

---

① 美国普查局网站。
② 经济合作与发展组织网站。

会感觉税负不重。

最后,考察一个国家的税负轻重,还要结合税收收入的使用方向。如果税收收入的使用效率很高,真正做到了"取之于民,用之于民",即使宏观税率较高,但公众从政府那里得到的公共服务水平也较高,那么他们也不会感觉税负过重;反之,如果税款的使用不尽如人意,广大的纳税人和负税人的获得感不强,那么即使宏观税率不高,公众也会普遍感到税负重。例如,2012年印度的宏观税率仅为10.8%,[1] 在世界上属于很低的国家,但印度的公共服务也较差。仅以公共卫生为例,2012年印度政府的公共卫生支出仅占财政总支出的4.8%,占全社会医疗卫生总支出的比例为33%,而OECD国家上述两个比例的平均水平分别为14.4%和72%;印度每1 000人中只有0.7个医生和1.1个护士,而OECD平均水平分别为3.2个和8.8个;印度的预期寿命为66.3岁,OECD国家则达到80.2岁;印度的婴儿死亡率为43.8‰,而OECD仅为4‰。[2] 印度的实例说明宏观税负并不是越低越好,也说明税负的高低与税负的轻重并不是一个概念,税负的高低比较好判断,它只要比较数字就可以做到,但判断税负的轻重绝不是一件容易的事,它必须结合政府的财政支出以及公共服务水平来评价。

分析我国税负轻重,也必须结合财政支出结构以及公共服务水平的变化。党的十七大以后,"执政为民、以人为本"的执政理念深入人心,国家财政开始向"民生财政"的模式转变。特别是党的十八大以后,财政用于民生领域的支出所占比重逐年加大。2017年,全国财政用于教育、医疗卫生、社会保障与就业、住房保障、城乡社区服务五项直接性民生支出在总支出中所占的比重达到了47.4%,比2007年的35.8%提高了11.6个百分点。[3] 从2007年至2017年,我国狭义的宏观税率(不含社会保险缴费)从16.9%提高到17.6%,只增加了0.7个百分点,但财政用于上述五大民生领域的支出占GDP的比重却从6.6%提高到了11.7%,增加了5.1个百分点。[4] 从这一角度分析,近年来我国的税负状况是不断改善的。

三、税负转嫁与税负归宿

(一)税负转嫁与税负归宿的含义

税负转嫁是财政学长期以来一直关注的问题。所谓税负转嫁,是指纳税人将

---

[1] 世界银行网站。
[2] "经济合作与发展组织卫生统计2014",经济合作与发展组织网站。
[3] 财政部网站。
[4] 财政部网站。

自己缴纳的税款转移给他人负担的一种经济过程，在这个过程结束后，纳税人便不再是负担税款的人（负税人）。税负转嫁可以是多次完成，但最终负担税款的人不能将税款再转嫁出去，成为税负转嫁过程的终点，所以这个最终负担税款的人也叫税负归宿。一种税，凡是纳税人与负税人不一致的，即存在税负转嫁。在国家开征的各个税种中，属于流转税的税种比较容易转嫁，它们的纳税人往往是企业（商家），但其在缴纳税款后，一般都要把税款加到价格上由商品或服务的购买者负担，经过一系列的税负转嫁过程，这些税款最终要由广大消费者负担。消费者虽然不是税法规定的纳税人，但却在购买商品和服务时通过支付价格间接缴纳了这种税，所以流转税也被称为间接税。一般认为，所得税或者财产税不容易发生转嫁，因为这两种税不是对交易额课税。比如工薪个人所得税，纳税人很难将其转嫁出去，只能自己负担，这种直接由纳税人自己负担的税种又被称为直接税。目前我国也存在所得税转嫁现象。按照目前个人所得税法，个人出售二手房，如果不是"五年唯一"（即购房五年以后出售，而且是家庭唯一住房），应按20%的税率就其取得的财产转让所得缴纳个人所得税，这部分税款往往最终由买房人负担。因此，不能说所得税一律都不发生转嫁，还要具体情况具体分析。

研究税负转嫁和税负归宿问题十分重要，因为它有助于国家设计出比较理想或者最优的税制。税收制度的设计主要涉及两大问题：一是税收负担的高低；二是税收由谁负担。

(二) 税负转嫁的类型

1. 前转

前转是指纳税人在缴纳税款后将税款加到价格中由自己提供的商品或服务的购买者负担的税负转嫁过程。前转是最典型、最常见的税负转嫁，通常人们所说的税负转嫁，一般都是指前转。

2. 后转

后转是指纳税人将自己未来所要缴纳的税款通过压低购入商品或服务价格的方式转嫁给自己供应商负担的一种税负转嫁过程。后转往往发生在前转无法或者很难进行的情况下，也就是说，当纳税人提高自己的销售价格会大大影响销售数量时，其就会考虑将税负转嫁给自己的供应商负担。

3. 消转

消转是指纳税人自己消化所缴纳的税款，即纳税人自己负担税款。当纳税人前转和后转都难以进行时，消转就成了唯一选择。不过，在现实中，消转往往要伴随着前转或者后转，也就是说，纯粹的前转或后转都是较少发生的，纳税人缴纳的税款往往是转嫁一部分，自己负担一部分。

（三）税负转嫁的条件

1. 税负转嫁的难度与商品（服务）的需求价格弹性成正比

前面提到，国家对商品或服务征税，纳税人总希望通过提高价格将税负转嫁给购买者负担，但在现实经济生活中，有些商品或服务销售价格一旦提高，消费者的需求量就会下降。这里存在一个需求价格弹性的问题，即价格每提高百分之一，消费者需求量下降的百分比。有的商品如食品等生活必需品，是刚性需求，需求价格弹性为零，如果政府对生产这种商品课征流转税，那么企业会将全部税款加到商品价格上由消费者负担。因为需求价格弹性为零，消费者价格（生产者价格+流转税）提高再多消费者的需求量也不会减少，这时企业就能够将全部税款转嫁出去而自己不负担分文。

另有一种极端情况，即商品（一般为非生活必需品）的需求价格弹性为无穷大，即消费者价格稍有提高，需求量就会下降到零。在这种情况下，政府对商品课征流转税，企业不敢也不能转嫁给消费者，只能全部自己负担。当然，上述两种都属于极端的情况，在现实中商品和服务的需求价格弹性都介于零和无穷大之间，因此政府对商品和服务征税，税负往往是前转或后转和消转同时发生。但其中有一点可以证明，就是商品（服务）的需求价格弹性越大，对其课征的流转税越不容易向消费者转嫁。在现实中，越容易找到替代物的商品（服务），其需求价格弹性也就越大。

另外，从税收效率的角度看，如果只对少部分商品征税而对其他商品不征税，消费者为了规避税负就可能放弃征税商品的消费转而寻求其他替代品，从而产生对消费者选择的扭曲，引发消费的替代效应。为了避免对消费者选择产生干扰，国家应当对商品普遍征税，而且税率的高低应当与商品的需求价格弹性成反比：即需求价格弹性越大的商品亦即税负越不容易转嫁的商品，对其课征的税率也应当越低；反之，需求价格弹性越小从而税负容易转嫁的商品，对其课征的税率也就应当越高。但像粮食、药品等生活必需品，其需求价格弹性较小，如果对它们征收较高的税收，就会损失效率，同时又不符合社会公平的原则，这就需要政府在公平和效率之间进行权衡。

2. 税负转嫁的难度与企业的供给价格弹性成反比

企业的供给价格弹性是指其供给量对价格变化的敏感程度，即商品（服务）的供给价格每提高或降低百分之一，其供给量增加或减少的百分比。企业的供给价格弹性与企业转产的难易度有关。如果企业很容易转产，那么当产品价格降低时，企业就可以迅速减产并将生产要素投入到其他产品的生产中；但如果做不到这一点，那么即使产品的价格不断下降，企业为了维持固定资本投资的生产水平，仍必须保持原有的生产规模，供给量就不可能大幅度下降。那么，从税负转嫁难易的程度看，企业供给价格弹性越小，对企业产品课征的税款就越难以转嫁给消费者负担；反之，供给价格弹性越大，税负就越容易转嫁给消费者。例如，生产钢铁、汽车的资本密集型企业，前期已有巨额固定资本投入，很难转产其他产品，如果国家对其产品课税，企业就很难压缩产品的供应量；供应量难以压缩，产品价格很难提高，税负也就很难通过提高消费者价格的方式转嫁给消费者，企业缴纳的税款就只能挤压自己的利润。

第三节 税制结构

一、税制结构的概念与分类

税制结构是指一国税收制度中税类、税种的构成及主体税种的设置。现代国家均实行复合税制，即为了取得既定的税收收入，采取多种税在经济活动多个环节征收的办法。国家同时开征多种税收，主要是为了避免征收单一或少数几个税种会给纳税人或负税人造成税负过于集中从而负担过重的局面，同时也有利于发挥税收的调节作用。由于各国的国情不同，税收的历史发展也不同，所以不同国家开征的税种也不尽相同。但开征的税种大致可以分为流转税、所得税、财产税和行为税等。大多数国家的流转税实行的是增值税，尽管有的国家不称为增值税，而称货物和劳务税（如加拿大）或者消费税（如日本），但其都具有增值税的性质。美国是少数未开征增值税的国家之一，其地方政府（州和县市）征收的是零售税。也有个别国家（如阿根廷）联邦政府征收增值税，地方政府征收零售税。除了国际避税地以外，大多数国家都征收企业所得税和个人所得税。在财产税中，对居民个人的住房征收的房地产税也比较普遍，还有少数国家征收遗产税和财产转移税。

各国税制之间的差异主要体现在主体税种方面。有的国家以所得税（主要是个人所得税）为主体税种，有的国家以流转税（主要是增值税）为主体税种。整体而言，发达国家的税制多以所得税为主体，流转税（商品和服务税）在税收收入中占的比重不大。例如，2017年，美国各级政府的流转税占税收总收入（含社会保险税费）的比重仅为16.0%，法国为24.4%，德国为26.3%，意大利为

28.4%，澳大利亚为27.1%，英国为31.5%。① 总之，除少数国家（如丹麦、芬兰、希腊、澳大利亚、新西兰、葡萄牙、英国等）外，多数发达国家流转税在税收总收入中所占的比重都不超过30%。

由于现代国家政府支出的相当部分用于社会保障，而社会保障不同的模式所要求的筹资方式也不同：社会保险模式有自己独立的筹资渠道即社会保险费（税），它对职工的工资、薪金征收，由企业和职工分别缴纳，专款专用于社会保险津贴的发放；而社会救助或普遍津贴模式完全依靠政府的一般税收筹资，企业和职工个人不用缴费。不同的国家可能选择不同的社会保障模式，所以在其税制结构上就可能出现差异：有的国家依赖社会保险计划，其社会保险费占的比重就大，而有的国家社会保障采用社会救济或普遍津贴模式，这样它就可能没有社会保险费收入。例如，澳大利亚、丹麦和新西兰的社会保障采取的是社会救助或者普遍津贴的模式，所以这三个国家基本上没有社会保险费收入，主要是靠一般税收中的个人所得税来为社会保障计划筹资，因此这些国家个人所得税所占的比重相对就高。2017年，澳大利亚、丹麦和新西兰个人所得税收入占税收总收入（含社会保险缴费）的比重分别为40.7%、53.4%和37.7%。而发达国家中，奥地利、比利时、捷克、法国、德国、日本、荷兰、西班牙等国家社会保险制度相对发达，因而这些国家的社会保险费占税收总收入的比重都较高，一般均在30%以上，超过了个人所得税在税收中所占的比重。例如，2017年，奥地利社会保险费占比为34.8%，个人所得税占比为21.7%；同期这两个比例在法国分别为36.4%和18.5%，德国分别为37.9%和27.2%，日本分别为40.4%和18.6%，荷兰分别为35.7%和21.6%，意大利分别为30.4%和25.7%。②

可见，个人所得税和社会保险费（税）占比的差异主要是由各国选择不同的社会保障模式造成的，在分析税制结构问题时，我们可以将这两个税费统一看待，都视作是所得课税。在所得课税占主体（一般占60%以上）的国家，一类是奥地利、法国、德国、日本、荷兰等国家，其社会保险费的征收规模大于个人所得税；另一类国家情况相反，其个人所得税的占比高于社会保险费的占比，例如，2017年，芬兰个人所得税收入占税收总收入的29.2%，社会保险费占27.9%。相同情况的国家还有英国（27.3%、19.2%）和美国（38.7%、23.1%）。③

目前，流转税在税收收入中占主体地位的主要是发展中国家以及新兴工业化

---

① 税收数据库，经济合作与发展组织网站。
② 税收数据库，经济合作与发展组织网站。
③ 税收数据库，经济合作与发展组织网站。

国家。这些国家个人所得税和社会保险费制度都不发达，政府筹资主要依靠流转税。例如，2016年，流转税（商品和服务税）占税收总收入（含社会保险缴费）的比重，柬埔寨为60.2%，印度尼西亚为47.4%，老挝为68.5%，泰国为54.4%，埃及为46.4%，乌干达为53.1%，塞舌尔为57.3%，哥伦比亚为38.4%，巴西为39.1%，智利为55.1%。①

二、税制结构的影响因素

税制结构的影响因素，实际上也是政府在选择税制结构时需要考虑的因素。这里将根据各国税制结构的形成和发展，分析影响一国税制结构的主要因素。

（一）政府的税收工具范围

众所周知，税收最主要的职能是筹集财政收入，筹资是税收的第一大功能。因此，一国开征哪些税，以什么税作为主要的收入来源，首先要考虑政府手中掌握着哪些有效的税收工具，即哪些税征收率高，征收成本较低。这实际上是从管理角度考虑税制结构问题。因为一种税即使理论上再优，但如果现实中难以征收，也不能作为政府可选择的税种，更不能作为主体税种。从汉字的"税"可以看出，"税"是由"禾"和"兑"组合而成的，意思是税收就是民众把谷物按照承诺付给国家。显然，在中国古代农业社会，国家主要是对土地征税，民众每年都要把收获的一部分农作物交给国家。不仅是中国，发达国家在漫长的奴隶社会和封建社会也是以原始的直接税（土地税和人头税）为税收主体。因为在人类社会发展的早期，各国经济均以自给自足的农业经济为主导，工商业极不发达，国家尚不具备课征流转税和所得税的客观条件。为了取得财政收入，国家只得对当时大量存在而且极易捕捉的课税对象——土地和人身征税。正如马克思所指出的："直接税，作为一种最简单的征税形式，同时也是一种最原始最古老的形式，是以土地私有制为基础的那个社会制度的时代产物。"② 以英国早期的"门窗税"和"烟囱税"为代表的人类社会古老的直接税，也因课税对象易于发现而且征收管理比较便利而问世，这些现在看来十分落后的税种在当时是适应税收征管水平的。到了资本主义初期，随着商品生产和流通规模的扩大，以商品流转额为课税对象的关税和国内商品税（消费税）才开始逐步取代原始的直接税，成为各国税制的主体。进入19世纪，无论是商品货币经济的发展还是税收征管水平的提高，都支撑了发达国家普遍开征个人所得税和企业所得税，甚至在第二次世界大战后它们在一些国家成为税收制度的主体。

---

① 《政府财政统计年鉴2017》，国际货币基金组织网站。
② 《马克思恩格斯全集》第8卷，人民出版社1961年版，第543页。

(二) 政府的税收政策目标

在保证财政收入的前提下，税制结构还要服务于政府的微观税收政策目标，具体而言，就是要看政府在公平和效率目标之间如何进行选择。政府在公平和效率之间的侧重点不同，税制结构的制定可能就不同。西方国家税制结构的发展变化就充分说明了这一点。

在资本主义发展的早期，各国的税制结构开始由以原始的直接税为主体向以关税和流转税等间接税为主体过渡。到了18世纪，由于关税管理能力的提高以及商品和劳务流转额的扩大，间接税成为大多数国家的主体税种。但是，各国政府很快就认识到，这种以间接税为主体的税制结构不利于市场经济的发展。正如马克思所指出的："后来，城市实行了间接税制度；可是，久而久之，由于现代分工，由于大工业制度，由于国内贸易直接依赖于对外贸易和世界市场，间接税制度就同社会需求发生了双重的冲突。在国境上，这种制度体现为保护关税政策，它破坏或阻碍同其他国家进行自由交流。在国内，这种制度就像国库干涉生产一样，搞乱各种商品的相对价值，损害自由竞争和交换。"①

为了取代间接税在税制中的主体地位，许多国家开始发展和完善所得税制度和财产税制度。尤其是资本主义工商业的发展，为政府提供了日益丰裕的所得税税源，也为所得税的征收管理奠定了必要的物质基础，从而为所得税在税收制度中地位的提高创造了条件。需要指出的是，西方国家在第二次世界大战结束之前发展所得税，并不是出于社会公平的目标，而是因为间接税阻碍国际贸易和国内商品流通而不得不寻找所得税作为替代税源。当时各国重点发展的是企业所得税，而不是个人所得税。例如，1927年，美国联邦政府的税收收入中，所得税已经占到62.2%，但其中企业所得税占36.6%，个人所得税只占25.6%。而且在早期发展个人所得税时，各国并没有实行超额累进税率，即使后来实行了累进税率，累进程度也十分有限。例如，1909年英国实行个人所得税改革，对个人的高收入部分加征累进的超额税，但最高边际税率仅为5.8%，加上8.3%的比例所得税，最高合并税率也只有14.1%。

第二次世界大战后，西方国家的税收政策目标开始从经济效率转向社会公平，为了实现这个目标，各国纷纷加强了个人所得税征收，一方面扩大征收面，另一方面提高个人所得税税率。例如，1938年英国个人所得税的纳税家庭仅为380万户，而到了1958年纳税家庭增加到了近1 800万户；1973年的税制改革对高收入

---

① 《马克思恩格斯全集》第11卷，人民出版社1995年版，第579页。

者的劳动所得征收附加税,最高税率为75%,1974年更提高到83%;这次改革对投资所得也开征了最高15%的附加税,从而导致投资所得的最高边际税率达到98%。① 美国个人所得税的最高一档税率在1944年和1945年高达94%,第二次世界大战后1946年至1963年一直维持在91%或92%的高位;1964年降到77%,在接下来的16年中直到1981年进行税制改革,始终保持在70%的较高水平。除了英、美以外,第二次世界大战后许多西方国家也都出于社会公平目标和建设"福利国家"的资金需要而加大个人所得税的课征力度,到20世纪70年代中期,主要西方国家的个人所得税收入已占到各级政府全部税收收入的30%~50%。

(三)财政支出规模

税制结构与财政支出规模是相互影响的:一方面,政府的财政支出规模要受一定的税制结构所制约;另一方面,政府一定的财政支出规模又要求有适当的税制结构与之相适应。如果财政支出的规模迅速扩大,则往往会导致税制结构发生变化。这方面最明显的例子就是西方国家随着人口老化和福利国家的建设,其财政支出特别是其中的社会支出(包括教育、医疗、社会保障等支出)规模也越来越大。例如,1960年,财政社会支出占GDP的比重OECD国家的平均规模为8.18%,而到了2016年,该比重增加到了21%。许多国家如挪威、德国、希腊、瑞典、奥地利、丹麦、意大利、比利时、芬兰、法国等这个比例在2016年都超过了25%。② 由于政府的社会保障和社会福利支出主要靠个人所得税和社会保险费(税)筹集资金,所以财政社会支出的增加直接导致这两个税种在税收总收入中的占比提高。1965年,OECD国家个人所得税和社会保险费占全部税收收入的比重平均为44%,到2015年,这个比重提高到50.2%。③

三、最优税制结构

政府筹集税收收入,究竟是应以流转税为主体,还是以所得税为主体,这是一个在财税理论界长期争论的话题,它直接涉及所谓的最优税制结构问题。所谓最优税制结构,是指一种能使效率与公平取得最佳平衡的税制结构。由于流转税和所得税在效率和公平方面的效应不同,流转税侧重的是效率,而所得税更加侧重公平,所以最优税制结构问题实际上是在一定的社会经济条件下流转税和所得

---

① Tom Clark, Andrew Dilnot, *Long-Term Trends in British Taxation and Spending*, The Institute for Fiscal Studies, Briefing Note No. 25, 2002.
② 经济合作与发展组织网站。
③ "收入统计1965—2016",经济合作与发展组织网站。

税的合理搭配问题。也就是说,最优税制结构在不同的国情条件下是因国而异的,没有统一的模式。因为不同国家所处的经济发展阶段不同,其所追求的社会经济目标也不同,税收征管水平也存在差异,所以其税制结构也不可能有一样的最优模式。发达国家经济发展水平以及税收征管水平已经达到了相当高的阶段,税制结构更需要满足政府的社会公平目标,因而会偏好以所得税为主体的税制结构;而发展中国家经济正处于起飞阶段,税收征管也亟待完善,因此会更加重视经济效率问题,在税制选择上就会更加注重以流转税为主体的税制结构。这恐怕也是现实中发达国家的税制多以所得税为主而发展中国家的税制又多以流转税为主的重要原因。

第四节 中国税收制度

一、中国现行税收体系

（一）中国税制概况

中国现行税收体系是在 1994 年全面进行的税制改革的基础上建立的,经过 2016 年 5 月 1 日全面完成"营改增"以后（参见专栏 8-2）,目前共开征有 18 个税种,其中增值税是第一大税种,约占全部税收收入①的 40%。流转税中主要包括增值税、消费税、城市维护建设税、车辆购置税和关税,2018 年,流转税约占税收收入的 54.0%。② 所得税类中主要包括三个税种,即企业所得税、个人所得税和土地增值税,2018 年占税收收入的 35.0%,其中个人所得税占税收收入的 8.9%。财产税类中主要有房产税、城镇土地使用税和契税,2018 年约占税收收入的 8.0%。行为税和其他税种包括印花税、车船税、耕地占用税、资源税、船舶吨税、烟叶税和环境税,它们在税收收入中约占 3.0%。

专栏 8-2 "营改增":我国一项重大的流转税制改革

1994 年税制改革确定了我国流转税"增营并征"的格局。根据这种税制,在我国从事货物的销售及进口,或者提供加工、修理修配劳务的纳税人,需要缴纳增值税;提供交通运输、建筑安装、金融保险、邮电通信、文化体育、娱乐、服务等劳务以及转让无形资产和销售不动产的纳税人,则需要缴纳营业税。

---

① 本节税收收入中均不含社会保险缴费。
② 2018 年各项税收收入的数据来自财政部网站公布的"2018 年财政收支情况"。

> 按照1994年财税体制改革确立的税收征管体制，各地的国家税务局负责征收增值税，而地方税务局负责征收营业税。但实践证明，"增营并征"的流转税制度存在许多问题，突出表现在几个方面：一是货物和劳务有时很难分清，二是纳税人的经营活动往往是对一个客户销售货物和提供劳务同时进行，三是纳税人还可能从事兼营业务，既有销售货物的业务，也有提供劳务的业务。
>
> 从2012年1月1日开始国家实行"营改增"的试点，先从上海的交通运输业和现代服务业开始试点，然后将试点工作在地区和行业两方面不断推进。2013年8月1日，上述行业的"营改增"的试点扩大到全国。从2014年1月1日起，国务院又在全国范围内开展了铁路运输和邮政业"营改增"的试点；从2014年6月1日起，电信业的"营改增"也在全国推开。"营改增"的"大决战"是从2016年5月1日开始的，从该日起，"营改增"的试点范围扩大到建筑业、金融业、生活服务业、文化体育业、娱乐业以及销售不动产等营业税的最后"阵地"。从2016年5月1日起，"营改增"试点在全国范围内各行业全面推开。2017年11月19日李克强总理签署国务院第691号令废止了《中华人民共和国营业税暂行条例》，营业税正式退出历史舞台。

(二) 主要税种简介

1. 增值税

增值税是对纳税人从事的各项经济活动课征的一种流转税，征税范围包括在中国境内销售或进口货物、提供劳务、销售服务、销售不动产和转让无形资产。其中，劳务指加工、修理修配；服务包括交通运输服务、邮政服务、电信服务、建筑服务、金融服务、现代服务和生活服务。凡是在中国发生增值税征税范围内经济活动的单位和个人，都是增值税的纳税义务人。单位包括企业、行政单位、事业单位、军事单位、社会团体及其他单位。个人指个体工商户和其他个人。增值税的纳税人分为一般纳税人和小规模纳税人。一般纳税人采取当期销项税额减当期进项税额的计税方法，并实行价外税即计税依据中不含增值税税额。增值税的税率设置三档，分别是13%、9%和6%，各档税率的适用范围参见表8-1。小规模纳税人实行简易征收，即用不含税销售额直接乘以征收率计算应纳税额，其征收率为3%。此外，目前增值税制度中还有一档5%的征收率，适用于一般纳税人销售其2016年4月30日前自建的不动产、一般纳税人出租其2016年4月30日前取得的不动产、小规模纳税人销售其自建的不动产、小规模纳税人出租其取得的不动产以及个人出租住房等。

表 8-1　增值税一般纳税人税率表

纳税人	应税行为		具体范围	税率
原增值税一般纳税人	销售或者进口货物（另有列举的货物除外）；销售劳务			13%
	粮食、食用植物油			9%
	自来水、暖气、冷气、热水、煤气、石油液化气、天然气、沼气、居民用煤炭制品			
	图书、报纸、杂志			
	饲料、化肥、农药、农机、农膜			
	初级农产品、音像制品、电子出版物、二甲醚、食用盐			
	出口货物			0
营改增一般纳税人	交通运输服务，包括陆路运输服务、水路运输服务、航空运输服务、管道运输服务			9%
	邮政服务，包括邮政普遍服务、邮政特殊服务、其他邮政服务			9%
	电信服务		基础电信服务	9%
			增值电信服务	6%
营改增一般纳税人	建筑服务，包括工程服务、安装服务、修缮服务、装饰服务、其他建筑服务			9%
	金融服务，包括贷款服务、直接收费金融服务、保险服务、金融商品转让、融资性售后回租			6%
	现代服务	研发和技术服务、信息技术服务、文化创意服务、物流辅助服务、鉴证咨询服务、广播影视服务、商务辅助服务、其他现代服务		6%
		租赁服务	有形动产融资租赁服务、有形动产经营租赁服务	13%
			不动产融资租赁服务、不动产经营租赁服务	9%
	生活服务	文化体育服务、教育医疗服务、旅游娱乐服务、餐饮住宿服务、居民日常服务、其他生活服务		6%
	销售无形资产	技术、商标、著作权、商誉、其他权益性无形资产		6%
		自然资源使用权	海域使用权、探矿权、采矿权、取水权、其他自然资源使用权	6%
			土地使用权	9%
	销售不动产	建筑物、构筑物		9%
	出口服务（适用增值税免税政策的除外）			0

2. 消费税

消费税是对少数非生活必需品性质的消费品课征的一种流转税，目前的征税范围包括 15 大类商品，这 15 大类商品可分为以下四种类型：一是过度消费对人体有害或不利于社会秩序、生态环境的消费品，例如烟、酒、鞭炮及焰火、涂料、电池等；二是奢侈品，如高档化妆品、贵重首饰及珠宝玉石、高档手表、游艇、高尔夫球及球具等；三是高能耗的高档消费品，如小汽车、摩托车等；四是不可再生和替代的稀缺资源消费品，如成品油、实木地板、木制一次性筷子等。凡在中国境内生产、委托加工和进口应税消费品的单位和个人均为消费税的纳税义务人。消费税主要是在产制环节缴纳，但金银首饰、钻石及钻石饰品的消费税在零售环节缴纳；卷烟除了在产制环节缴纳之外，还要在批发环节缴纳消费税。消费税的计税依据为销售额，并实行价内税，计税销售额中应当含有消费税税额但不含增值税税额。消费税有比例税率和定额税率两种形式，比例税率最低为 1%，最高为 56%。黄酒、啤酒以及汽油和柴油等适用于定额税率。另外，对白酒和卷烟实行从量定额和从价定率相结合的复合计税方法。例如，白酒生产企业出售白酒先要缴纳从量定额税，税率为每斤（500 克）0.5 元，然后再按出售价格缴纳从价税，税率为 20%。

3. 城市维护建设税

城市维护建设税原是一种具有特定目的的附加税，它以纳税人实际缴纳的增值税、消费税税额为计税依据。目前，凡是缴纳增值税和消费税的单位和个人，都是城市维护建设税的纳税人。从 2010 年 12 月 1 日起，外商投资企业和外国企业也要缴纳该税。城市维护建设税的税率有 3 档，分别适用于立于不同地区的纳税人：纳税人所在地为市区的，其适用税率为 7%；纳税人所在地为县、镇的，税率为 5%；纳税人所在地不在市区、县和镇的，税率为 1%。①

4. 关税

关税是中国政府对进出本国国境的货物和物品征收的一种流转税。货物是指贸易性商品；物品包括入境旅客随身携带的行李物品、个人邮递物品、各种运输工具上的服务人员携带进口的自用物品、馈赠物品以及以其他方式进入我国国境的个人物品。贸易性商品进口关税的纳税人是经营进口货物的收、发货人，包括外贸进出口公司、工贸或农贸结合的进出口公司以及其他经批准经营进出口商品的企业。物品进口关税的纳税人包括入境旅客随身携带的行李、物品的持有人、

---

① 《城市维护建设税法（征求意见稿）》中取消了 1% 的税率。

各种运输工具上服务人员入境时携带自用物品的持有人、馈赠物品以及以其他方式入境的个人物品的所有人、进口个人邮件的收件人。关税采用差别比例税率，税率分为进口税率和出口税率。进口货物按照必需品、需用品、非必需品、限制进口品等分成若干级别分别规定不同的税率。必需品的进口税率低于需用品的税率，需用品的税率低于非必需品的税率，限制进口品的税率最高。另外，关税的差别税率还体现在进口货物的生产国别。对原产于与中国未订有关税互惠协定的国家或地区的进口货物要按照普通税率征税；对原产于与中国订有关税互惠协定的国家或地区的进口货物则按照优惠税率征税。改革开放以来特别是加入世界贸易组织以后，我国多次大幅度降低了进口关税的税率，到2018年11月，我国进口关税的算术平均税率已由2001年的15.3%降到7.5%。出口关税的税率也为比例税率，但没有普通税率和优惠税率之分。目前我国只对213项出口商品征收出口关税，其中有50项暂定税率为零。

关税的应纳税额＝进（出）口应纳税货物数量×单位完税价格×适用税率

5. 企业所得税

企业所得税的课税对象为企业的生产经营所得和其他所得。生产经营所得是指企业从事的主营业务活动取得的所得。其他所得包括财产转让所得、利息所得、股息所得、租赁所得，等等。企业所得税的纳税人为中国居民企业和非居民企业。中国居民企业是指依法在中国境内成立，或者依照外国（地区）法律成立但实际管理机构设在中国境内的企业；非居民企业是指依照外国（地区）法律成立且实际管理机构不在中国境内，但在中国境内设立机构、场所，或者在中国境内未设立机构、场所，但有来源于中国境内所得的外国企业。企业所得税的计税依据为应纳税所得额，它等于企业的年度收入总额，减除不征税收入、免税收入、各项扣除以及允许弥补的以前年度亏损后的余额。企业所得税的税率为25%。但非居民企业在中国境内未设立机构、场所，或者虽设立机构、场所但取得的所得与其所设机构、场所没有实际联系的，其来源于中国境内的所得按照10%的税率缴纳企业所得税。符合条件的小型微利企业，减按20%的税率缴纳企业所得税。另外，年应纳税所得额在100万元以下的小微企业，其所得减按25%计入应纳税所得额，实际税率仅为5%；对年应纳税所得额超过100万元但不超过300万元的部分，减按50%计入应纳税所得额，实际税率为10%。国家对需要重点扶持的高新技术企业减按15%的税率征收企业所得税。企业所得税税率的具体情况见表8-2。

表 8-2　企业所得税的税率表

类别	税率
企业所得税法定税率	25%
非居民企业在中国境内未设立机构、场所，或者虽设立机构、场所但取得的所得与其所设机构、场所没有实际联系的	10%（其来源于中国境内的所得按照10%的税率缴纳企业所得税，或执行税收协定税率）
符合条件的小型微利企业	减按 20%
年应纳税所得额在 100 万元以下的小微企业	5%（其所得减按 25% 计入应纳税所得额，实际税率为 5%）
年应纳税所得额在 100 万元以上 300 万元（含）以下的部分	10%（其所得减按 50% 计入应纳税所得额，实际税率为 10%）
高新技术企业	减按 15%

6. 个人所得税

个人所得税的纳税人包括中国公民、个体工商户以及在中国取得所得的外籍公民、华侨和中国香港、台湾、澳门同胞。个人所得税的纳税人也可以分为居民纳税人和非居民纳税人。这两类纳税人负有的纳税义务不同。居民纳税人负有无限纳税义务，即纳税人要就来源于中国境内和境外的一切所得向中国政府缴纳所得税。非居民纳税人则只需就其来源于中国境内的所得向中国政府缴纳所得税。我国现行个人所得税的征税范围包括纳税人取得的 9 大类所得，具体包括以下项目：（1）工资、薪金所得；（2）劳务报酬所得；（3）稿酬所得；（4）特许权使用费所得；（5）经营所得；（6）利息、股息、红利所得；（7）财产租赁所得；（8）财产转让所得（我国境内上市公司的股票转让所得暂免征收个人所得税）；（9）偶然所得。从 2019 年 1 月 1 日起，我国实行综合与分类相结合的个人所得税制度，即：居民个人取得的综合所得即上述第（1）项至第（4）项所得，要按纳税年度合并计算个人所得税；非居民个人取得的上述第（1）项至第（4）项所得，按月或按次分项计算个人所得税；纳税人取得上述第（5）项至第（9）项所得，依法分别计算个人所得税。个人所得税的计税依据为个人的应纳税所得额，应纳税所得额等于纳税人应税项目的收入额减去税法规定的费用扣除标准后的余额。不同收入项目的费用扣除标准不尽相同。例如，居民个人的综合所得，每一纳税年度可以减除费用六万元以及专项扣除（按国家规定缴纳的"三险一金"）、专项附加扣除（包括子女教育、继续教育、大病医疗、住房贷款利息或者住房租金和赡养老人）和依法确定的其他扣除；非居民个人取得的工资、薪金所得，每月可以减除费用5 000元，劳务报酬所得、稿酬所得、特许权使用费所得以每次收入额为应纳税所得额，不能扣除费用；经营所得，每一纳税年度可以从收入总额中减除成本、费用以及损失；财产租赁所得，每次收入不超过4 000元的减除费用800元，4 000元以上的减除20%的费用；财产转让所得，可以减除财产原值和合理费用；利息、股息、红利所得和偶然所得，以每次收入额为应纳税所得额，不能减除任何费用。另外，劳务报酬所得、稿酬所得、特许权使用费所得以收入减除20%的费用后的余额为收入额；稿酬所得的收入额减按70%计算。

个人所得税专项附加扣除的标准分别为：（1）子女教育（包括年满3岁后的学前教育至高等教育），按照每个子女每月1 000元的标准定额扣除，父母可以选择由其中一方按扣除标准的100%扣除，也可以选择由双方分别按扣除标准的50%扣除；（2）继续教育，纳税人在学历（学位）教育期间按照每月400元定额扣除，或在取得相关证书的当年按照3 600元定额扣除；（3）大病医疗，纳税人发生的与基本医保相关的医药费用支出扣除医保报销后个人负担累计超过15 000元的部分，在80 000元限额内据实扣除，可以选择由本人或者其配偶扣除；（4）住房贷款利息，纳税人或其配偶购买中国境内住房发生的首套住房贷款利息支出，在实际发生贷款利息的年度，经夫妻双方约定，可以选择由其中一方按照每月1 000元的标准定额扣除；（5）住房租金，纳税人在主要工作城市没有自有住房而发生的住房租金支出，可以根据城市的规模按照每月1 500元、1 100元和800元的标准定额扣除，并由签订租赁住房合同的承租人扣除；（6）赡养老人，纳税人为独生子女的，按照每月2 000元的标准定额扣除；纳税人为非独生子女的，由其与兄弟姐妹分摊每月2 000元的扣除额度，每人分摊的额度不能超过每月1 000元。

个人所得税的税率按所得项目不同而分别确定。例如，综合所得适用7级超额累进税率，最低为3%，最高为45%（见表8-3）；经营所得适用5%至35%的5级超额累进税率（见表8-4）；利息、股息、红利所得，财产租赁所得，财产转让所得，偶然所得，适用20%的比例税率。

表8-3 个人所得税税率（综合所得适用）

级数	全年应纳税所得额	税率/%
1	不超过36 000元的	3
2	超过36 000元至144 000元的部分	10
3	超过144 000元至300 000元的部分	20

续表

级数	全年应纳税所得额	税率/%
4	超过 300 000 元至 420 000 元的部分	25
5	超过 420 000 元至 660 000 元的部分	30
6	超过 660 000 元至 960 000 元的部分	35
7	超过 960 000 元的部分	45

表 8-4 个人所得税税率（经营所得适用）

级数	全年应纳税所得额	税率/%
1	不超过 30 000 元的	5
2	超过 30 000 元至 90 000 元的部分	10
3	超过 90 000 元至 300 000 元的部分	20
4	超过 300 000 元至 500 000 元的部分	30
5	超过 500 000 元的部分	35

7. 土地增值税

土地增值税是国家为了抑制土地的炒买炒卖和调节房地产投机暴利而开征的一种税，它实际上是房地产企业的第二道所得税。土地增值税的纳税人为转让国有土地使用权、地上建筑物及其附着物并取得收入的单位和个人。其课税对象为纳税人转让房地产取得的增值额。这里的增值额是指纳税人转让房地产取得的各项收入（包括货币收入、实物收入和其他收入）减去国家规定的各项扣除项目后的余额。国家规定的允许扣除的项目有以下几项：（1）取得土地使用权所支付的金额，包括纳税人取得土地使用权所支付的地价款及交纳的有关费用；（2）房地产开发成本，包括土地的征用和拆迁补偿费、前期工程费、建筑安装工程费、基础设施费、公共配套设施费、开发间接费用等；（3）房地产开发费用，包括与房地产开发有关的销售费用、管理费用和财务费用；（4）旧房及建筑物的评估价格，即当转让的建筑物为已经使用的房屋时，由政府批准的房地产评估机构评定的房屋价格可以扣除；（5）与转让房地产有关的税金，包括转让房地产时缴纳的城市维护建设税、印花税、教育费附加等；（6）财政部确定的其他扣除项目，这里主要是指财政部规定，对从事房地产开发的纳税人，可以按其取得土地使用权所支付的金额和房地产开发成本这两项金额之和，加计 20% 的扣除。土地增值税实行四级超率累进税率，分别是 30%、40%、50% 和 60%，累进的依据为增值额与允许的扣除项目金额之比。土地增值税的应纳税额按以下公式计算：

$$应纳税额 = \sum (每级距的土地增值额 \times 适用税率)$$

8. 房产税

房产税属于财产税，是对纳税人拥有的房屋财产课征的税收。房产税的纳税人为在中国境内拥有房屋产权的单位和个人。房屋产权属于国家所有的，房屋的经营管理单位为纳税人；房屋产权属于集体或个人所有的，纳税人为集体单位或个人。位于农村的房屋不属于房产税的课税对象。房产税的计税依据为房屋的计税价值（即房产原值一次减除10%至30%后的余值）或者是房产的租金收入。房产税的税率为比例税率：按房产计税价值征收的，税率为1.2%；按房产租金收入课征的，税率为12%。但从2001年起，个人按市场价格出租居民住房用于居住的，可减按4%的税率缴纳房产税。对个人自住的房产（非营业性住房）免税。

9. 城镇土地使用税

城镇土地使用税的征税范围包括在城市、县城、建制镇和工矿区内的国家所有和集体所有的土地。其纳税人为拥有城镇土地使用权的单位和个人，或者实际使用城镇土地的使用人和代管人。城镇土地使用税的税率采用差别定额税率，因大城市、中等城市、小城市和县城、建制镇、工矿区而异，税率幅度为0.6～30元/平方米，具体税率由各省、自治区、直辖市政府根据本地的实际情况在上述幅度内确定。另外，对个人自住的房屋用地免征城镇土地使用税。

10. 契税

契税是对土地使用权和房屋产权的转让征收的一种税，属于对转移财产的课税，也是一种财产税。契税的课税对象是在中国境内转移的土地、房屋的权属。具体包括：（1）国有土地使用权的出让；（2）土地使用权的转让；（3）房屋买卖；（4）房屋赠与；（5）房屋交换。契税的纳税人为在中国境内转移土地、房屋权属过程中承受的单位和个人。契税实行3%~5%的幅度税率。各省、自治区、直辖市政府可根据本地的具体情况在该税率幅度内选择本地的适用税率。从2016年2月22日起，对个人购买家庭唯一住房（家庭成员范围包括购房人、配偶以及未成年子女，下同），面积为90平方米及以下的，减按1%的税率征收契税；面积为90平方米以上的，减按1.5%的税率征收契税。对北京市、上海市、广州市、深圳市以外的个人购买家庭第二套改善性住房，面积为90平方米及以下的，减按1%的税率征收契税；面积为90平方米以上的，减按2%的税率征收契税。

11. 资源税

资源税的课征是为了调节开采自然资源企业取得的级差收入。资源税的课税对象主要是自然资源，但目前并非所有的自然资源都属于应税范围，应税的自然资源只包括矿产品、盐和水资源三大类，而森林资源暂不课税。具体而言，资源税的税目包括 8 大类，即原油、天然气、煤炭、其他非金属矿原矿、黑色金属矿原矿、有色金属矿原矿、盐和水（地表水、地下水）。过去，资源税长期采用定额税率征收，其计税依据为课税数量。自 2011 年 11 月起，原油、天然气改为从价征税，计税依据为销售收入，自 2014 年 12 月 1 日起税率调整为 6%～10%。自 2014 年 12 月 1 日起，煤炭资源税也改为从价计征，税率为 2%～10%，由各省、自治区、直辖市政府自行确定。自 2015 年 5 月 1 日起，稀土、钨、钼三种矿产品实行从价计征，稀土税率各省不一，钨的税率为 6.5%，钼的税率为 11%。自 2016 年 7 月 1 日起，铁矿、金矿、铜矿、铝土矿、铅锌矿、镍矿、锡矿、石墨、硅藻土、高岭土、萤石、石灰石、硫铁矿、磷矿、氯化钾、硫酸钾、井矿盐、湖盐、提取地下卤水晒制的盐、煤层（成）气和海盐都改为从价计征资源税，中央政府为每一种矿产品制定幅度税率，然后由省级人民政府在规定的税率幅度内提出具体适用税率建议，报财政部、国家税务总局确定核准。同时自 2016 年 7 月 1 日起，国家开始在河北省开展水资源税试点，并自 2017 年 12 月 1 日起将水资源税改革试点扩大到北京、天津、山西、内蒙古、山东、河南、四川、陕西、宁夏 9 个省（自治区、直辖市），并实行从量计征。下一步，还要将其他矿产品纳入从价计征的范围。另外，从促进资源节约集约利用和生态环境保护的角度考虑，国家还将创造条件，逐步对水、森林、草场、滩涂等自然资源开征资源税。

12. 环境保护税

《中华人民共和国环境保护税法》（简称《环境保护税法》）于 2016 年 12 月 25 日由第十二届全国人民代表大会常务委员会第二十五次会议通过，于 2018 年 1 月 1 日起实施。环境保护税是向那些在我国境内及所管辖的海域直接向环境排放应税污染物的企业事业单位和其他生产经营者课征的一种税，目的是促进纳税人减少污染物的排放，推进生态文明建设。应税污染物包括大气污染物、水污染物、固体废物和噪声，具体范围依照《环境保护税法》所附的《环境保护税税目税额表》和《应税污染物和当量值表》确定。环境保护税的税率实行定额税率，例如，大气污染物每污染当量 1.2 元至 12 元；水污染物每污染当量 1.4 元至 14 元；固体废物中的煤矸石每吨 5 元；工业噪声超标 1～3 分贝每月 350 元，超标 4～6 分贝每月 700 元，等等。应税大气污染物和水污染物具体适用税额的确定和调整，由省、自治区、直辖市人民政府统筹考虑本地区环境承载能力、污染物排放现状和经济社会生态发展目标要求，在《环境保护税法》规定的税额幅度内提出，报同级人民代表大会常务委员会决定，并报全国人民代表大会常务委员会和国务院备案。纳税人排放应税大气污染物或者水污染物的浓度值低于国家和地方规定的污染物排放标准30%的，减按75%征收环境保护税；纳税人排放应税大气污染物或者水污染物的浓度值低于国家和地方规定的污染物排放标准50%的，减按50%征收环境保护税。

二、中国税制改革的方向

（一）税制改革的基本原则

中国现行税制自1994年确立以来，对保障国家的财政收入起了十分重要的作用，同时也基本适应税收征管水平的要求。但现行税制毕竟是二十多年前确立的，在此期间国家的社会经济发生了巨大变化。1994年的税制改革是适应当时提出的社会主义市场经济要求而进行的，1993年11月党的十四届三中全会通过的《关于建立社会主义市场经济若干问题的决定》中提出实行"效率优先、兼顾公平的收入分配制度"，这在当时国家刚开始进行社会主义市场经济建设，其主要任务是提高经济效率的历史时期是完全必要的。在二十多年后的今天，中国的经济效率有了很大的提高，GDP规模已居世界第二，与此同时，国民收入的分配状况却不尽如人意，基尼系数不断攀升，尽管近些年来有所下降，但2017年仍高达0.467，[①]超过国际公认的0.45的警戒线（参见专栏8-3）。从党的十八大开始，党和国家更加重视社会公平。特别是党的十九大报告提出中国特色社会主义进入了新时代，人民美好生活需要日益增长，不仅对物质文化生活提出了更高要求，而且在民主、法治、公平、正义、安全、环境等方面的要求也日益增长；因此，必须坚持以人民为中心的发展思想，不断促进人的全面发展、全体人民共同富裕，履行好政府再分配调节职能，加快推进基本公共服务均等化，缩小收入分配差距。另外，党的十九大报告还要求"深化税收制度改革，健全地方税体系"。改革的原则仍然是党的十八大报告提出的"形成有利于结构优化、社会公平的税收制度"。这一税制改革的原则十分有针对性，它实际上也指出了当前我国税制存在的主要问题是过于倚重流转税，造成税制结构不合理。目前增值税约占我国税收收入的40%，虽然税款均由企业缴纳，但其中有很大一部分要转嫁给消费者负担。根据国家统计局的统计调查，2011年，中国最低收入的10%的家庭用于生活消费的支出占家庭可支配收入的93%，而最高收入的10%的家庭其生活消费支出仅占可支配收入的59%。这表明，在以流转税为主的税制结构下，低收入家庭负担的税收占其收入的

---

① 国家统计局网站。

比重要远远大于高收入家庭。这种税负的累退性与社会公平的目标相去甚远，因为税收纵向公平的原则要求负税能力较强的人应当负担更多的税收。因此，党的十八大报告提出下一步税制改革的重要任务是优化税制结构，以实现税制的社会公平。党的十八届三中全会通过的《中共中央关于全面深化改革若干重大问题的决定》对如何优化税制结构提出了具体要求，即"逐步提高直接税比重"。这里所指的直接税最主要的是个人所得税，因为在全部税收中，个人所得税是最公平的税种。一是它的税负公平，"多得多征、少得少征、不得不征"；二是它采取累进税率征收，有利于调节社会成员的收入分配。但这样一种公平合理的税种，2018年在我国一般公共预算的税收收入中仅占 8.9%；如果按国际口径（税收中包括社会保险费），其在我国税收收入中的占比就更低，仅为 6% 左右。而这个比重在 OECD 国家平均达到 24%，在一些发展中国家也达到 15%。当然，房地产税也是直接税的重要内容，它的发展和完善对于优化我国的税制结构也十分重要。

专栏 8-3　中国的基尼系数

国际上用来综合考察居民内部收入分配差异状况的一个重要指标是基尼系数。该指标是比例数值，在 0~1 之间。基尼系数越小，收入分配越平均，基尼系数越大，收入分配差距越大。收入分配的理想状态要求基尼系数在 0.2~0.4 之间，国际上通常把基尼系数等于 0.4 作为贫富差距的警戒线。如果基尼系数超过 0.6，则意味着收入分配的公平性急剧恶化。

自 2013 年开始，国家统计局根据新的中国统一城乡可比的统计标准，并对历史基础数据进行整理计算，公布了 2003 年以来的基尼系数。数据显示，自 2003 年以来，我国基尼系数一直处在全球平均水平 0.44 之上，2008 年达到最高点 0.491，之后基尼系数呈回落态势，见图 8-1。

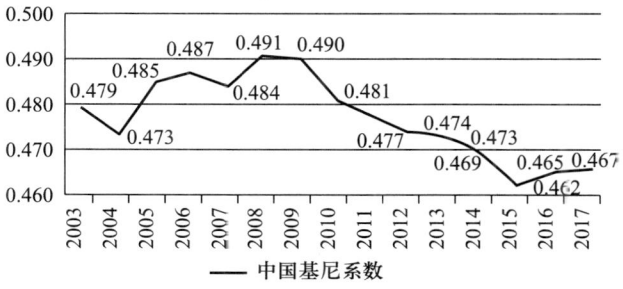

图 8-1　2003—2017 年间中国基尼系数

资料来源：根据国家统计局网站数据整理。

(二) 下一步税制改革的主要内容

《中共中央关于全面深化改革若干重大问题的决定》为今后税制改革提出了具体的战略部署，即"推进增值税改革，适当简化税率。调整消费税征收范围、环节、税率，把高耗能、高污染产品及部分高档消费品纳入征收范围。逐步建立综合与分类相结合的个人所得税制。加快房地产税立法并适时推进改革，加快资源税改革，推动环境保护费改税。"

1. 完善增值税制度

2016年5月1日全面实行"营改增"试点，营业税正式退出历史舞台。但增值税改革远没有结束。下一步，增值税还面临立法的问题，在立法过程中，增值税制度还需要进一步完善。这里最主要的问题之一是增值税税率档次仍有13%、9%和6%三档。目前虽然不再有增值税和营业税的混合销售和兼营的问题，但由于多个税率档次，增值税自身仍然存在混合销售和兼营的问题，比如销售货物和销售服务二者的混合，以及适用9%和6%税率服务的兼营，使得增值税的征收管理十分复杂，也给纳税人逃税提供了空间。因此，下一步增值税的改革仍要适当简化税率档次，由三档向两档的方向发展。如果暂时不能简化税率档次，按照"增值税要实质性减税"的原则，基本税率和中档税率也要适当下调。另外，"营改增"试点方案对增值税抵扣链条的考虑不足，例如纳税人支付的银行贷款利息和相关费用进项税不能抵扣，这些在增值税立法时都需加以完善。

2. 改革消费税制度

下一步消费税改革重点是调整征税范围和税率，把一些有利于调节收入分配和抑制环境污染的产品列入消费税的征税范围。

3. 完善个人所得税制度

我国过去实行的分类所得税制度最大的好处是便于源泉征收，由支付所得的单位和个人代扣代缴，纳税人一般不需要进行申报纳税（两头取得工资、境外取得所得、没有扣缴义务人以及年收入超过12万元等情况的除外）。但这种制度在面对收入来源不同的纳税人时，由于各类所得都有其不同的费用扣除标准（免征额），所以它无法做到税收的横向公平。实行"综合和分类相结合"的个人所得税，有望解决这一问题。当然，从世界各国的做法来看，把纳税人的所有收入综合缴纳所得税的情况也不多见，一般资本所得（股息、利息、财产转让所得等）往往单独征税。这次个人所得税改革先将工薪所得、劳务报酬所得、稿酬所得和特许权使用费所得四项劳动性所得纳入综合征税范围，其他所得仍实行分类征收。今后我国个人所得税征收模式应当由"小综合"向"大综合"的方向发展，逐步将经营所得、财产租赁所得等纳入综合征收的范围。另外，修正后的《个人所得税法》将个人所得税综合所得的费用扣除标准由每月 3 500 元提高到每月 5 000 元（60 000 元/年），同时还增加了专项附加扣除，即子女教育支出、继续教育支出、大病医疗支出、住房贷款利息和住房租金支出以及赡养老人支出，这比过去费用扣除标准"一刀切"的做法有了很大的改进。今后应当不断完善费用扣除办法，基本费用扣除标准（如现在的每年 60 000 元）应当随物价的上涨进行动态调整。

另外，目前我国的个人所得税对个人的财产性收入都有许多免税规定，例如银行存款利息所得、上市公司的股票转让所得、持有一年以上上市公司股票取得的股息红利所得等。随着我国居民收入来源中财产性收入的比重不断提高（1990 年城镇居民的收入来源中财产性收入仅占 1.01%，2016 年已达到 9.73%），① 国家从社会公平的角度考虑也应当对个人的一部分财产性收入征收个人所得税。

4. 研究房地产税的征收

目前我国并没有开征房地产税这个税种，但开征了房产税和城镇土地使用税。国外一般都征收房地产税，而我国由于城镇土地属于国家所有，因此当时并没有将房产与土地合并征税，而是单独征收了城镇土地使用税，它实际上是一种地租或使用费。房产税目前是按照房产原值一次减除 10% 至 30% 后的余值作为计税依据，税率为 1.2%；房产出租的，则依照房产租金收入按 12% 的税率计征房产税。城镇土地使用税则以纳税人实际占用的土地面积为计税依据，税率为定额税率，例如大城市为每平方米 1.5 元至 30 元；中等城市为每平方米 1.2 元至 24 元，等等。可见，无论是房产税还是城镇土地使用税目前都不是按照房地产的评估价值征收的。另外，目前房产税和城镇土地使用税主要是对企事业单位征收，对个人不从事营业用途的住房免征房产税和城镇土地使用税。党的十八届三中全会提出"加快房地产税立法并适时推进改革"，其主要内容为：一是将企事业单位的房产税和土地使用税合二为一，开征房地产税；二是时机成熟时将个人符合条件的非营业性住房纳入房地产税的征收范围；三是该改革要在全国人大立法的框架内进行。

思考题

1. 税收与其他收入形式有什么区别？

---

① 国家统计局网站。

2. 如何理解税收替代效应、税收超额负担和税收中性三者之间的关系？
3. 如何看待我国的宏观税负？
4. 哪些因素会影响一个国家的税制结构？
5. 我国下一步税制改革的主要任务有哪些？

▶ 自测习题及参考答案

第九章 非税收入

现代国家的政府收入体系由多种形式的收入构成，其中税收是最主要和最典型的形式，是政府收入的主体。税收以外的其他收入，如政府性收费收入、政府性基金收入、政府性债务收入、国有资本经营收益及利润、社会保险基金收入、土地出让收入、罚没收入等，是政府收入的辅助和补充形式，又被统称为"非税收入"，由此与税收共同形成"税费债利租"的政府收入格局及"全口径财政收入"的概念。由于政府性债务收入（公债）的特殊性，本书专辟一章加以论述。

本章共四节。第一节是政府性收费，介绍政府性收费的含义及特点，分析政府性收费存在的理由，介绍中国政府性收费的主要形式。第二节是政府性基金，分析政府性基金的含义和分类，说明中国政府性基金的概况和改革方向。第三节是国有资本经营收入，介绍国有资本经营收入的含义、属性，说明中国国有资本经营收入的形式与改革方向。第四节是社会保险基金收入，分析社会保险基金收入的含义和类型，分析中国社会保险基金的概况与改革设想。

第一节 政府性收费

一、政府性收费的概念

（一）政府性收费的含义

政府性收费是非税收入的重要形式，是政府为提供特定社会产品和服务，参与国民收入分配和再分配的一种形式，包括行政性收费和事业性收费两部分。行政性收费是指国家机关、具有行政管理职能的企业主管部门和政府委托的其他机构，在履行或代行政府职能过程中，为了特定目的，依照法律、法规并经有关部门批准，向单位和个人收取的费用，一般具有强制性和排他性特征。事业性收费是指事业单位向社会提供特定服务，依照国家法律、法规并经有关部门批准，向服务对象收取的补偿性费用，一般具有补偿性和排他性特征。政府性收费遵循非营利原则，是政府非税收入的重要形式，目前，我国政府性收费种类主要包括：管理性收费、资源性收费、证件性收费等。从广义上讲，凡是以政府部门为主体的收费，都可以被称为政府性收费。政府性收费是政府财政收入的重要来源之一，同时又是一种特殊的价格形式，其实质是国家意志和权威的经济体现。

（二）政府性收费的特征

政府性收费作为公共财政非税收入的重要形式，是政府在履行其职能的过程中收取的费用，且一般都有专项用途。它与财政收入的主要形式——税收相比，其特点是：

1. 征收主体是履行政府某种管理职能的部门或单位

政府性收费的征收主体有国家及其政府有关部门，也有事业单位，还有代行政府职能的社会团体，而税收由税务机关负责征收。

2. 使用方向的特定性

政府性收费是为了满足准公共需要即特定的公共产品和公共服务而收取的，资金的使用方向相对固定。税收通常是政府为满足纯公共需要，筹集一般公共产品和服务所需资金而征收的，使用方向不固定。

3. 征收上的有偿性、自愿性和不固定性

政府性收费的征收虽然具有一定的强制性，但在很大程度上体现了自愿和有偿，具体表现是为缴费人提供特定的公共产品和公共服务，同时每项政府性收费一般都明确征收期限，且征收标准与提供的准公共产品和公共服务直接相关，适时调整。

4. 资金管理方式的特殊性

政府性收费由于是政府为提供特定公共产品和公共服务而收取的，一般实行专款专用；而税收收入全部纳入财政预算，用于政府一般性开支，实行集中管理。

二、政府性收费存在的理由

在我国，政府性收费存在的理由和必要性在于：

第一，需要税收之外的其他财政收入来补偿公共产品的提供成本。一般而言，满足公共需要的产品和服务，应由政府提供并以税收和其他财政收入形式获得成本的补偿。由政府提供的纯公共产品的补偿形式主要是税收，而准公共产品的补偿主要是依靠政府性收费等向特定服务或受益对象收取的有关费用。所以，纯公共产品主要由政府采用"税收—公共支出"机制来分摊其生产的成本费用，是一种有效的社会分配机制；对于准公共产品则应由政府根据成本费用的分摊机制，按照"谁受益谁付费"的原则让公共产品的使用者和受益者以使用费的方式进行补偿和调节，这不仅可以提高公共产品的使用效率和公共服务的质量，可以解决公共产品面临的"拥挤"和"搭便车"问题，使公共产品的消费调整到合理状态，同时还可以缓解政府财政资金的紧张状况。

第二，需要通过政府性收费矫正某些"负外部性"。在现代社会，微观主体的行为会产生正的或负的外部性。由于"外部性"损益的大小及范围难以确定，因此受"外部性"影响者不可能因获益而向产生"正外部性"者付费，也不可能因受害而向产生"负外部性"者索赔，这必然造成环境的恶化。对此，由政府出面按照治理"外部性"所需要的成本来核定收费，使产生"负外部性"者负担真实的活动成本，从而能够从利益机制上约束其产生"负外部性"。如排污费、交通违纪和事故处理费、各种罚没款等，这类惩罚性收费的标准就可按照治理成本，即边际社会成本与边际私人成本之差来核定。

第三，需要以适量的政府性收费等非税收入作为公共财政收入的补充。我国地域辽阔且各地区的经济基础、自然条件、人文地理状况都存在很大差异，由此也造成了我国税源因各地区、行业、领域不同而不均衡的局面。如果将所有凭借国家职能取得的收入都设置成各种固定的税种，必将会造成税制结构的繁杂和混乱，而且会带来高成本、低效率的结果，因此，对一些社会公益性项目和特定项目的支出收取费用会提高效率。

而且，政府性收费的存在，也适应了政府事权不断扩大的情况。随着经济发展和人民收入水平的不断提高，公众对公共产品和公共服务的需求不断增加，政府履行公共职能的事权范围也在逐步扩大，这必将导致公共财政支出的不断增长，并且经常超出一般公共预算收入的增长。因此，政府有必要开辟一些收入渠道，增加一些除税收之外的收入形式，以避免因财力缺乏而造成公共产品提供不足、政府职能缺位等情况发生。

三、政府性收费管理

政府性收费反映了政府与非政府主体的一种特殊经济联系，它是政府为提供特定公共产品和公共服务而收取的、主要用于纯公共产品成本补偿的特殊公共收入形式，属于公共财政资金范畴。

我国政府性收费自 20 世纪 90 年代之后至 21 世纪初呈现出显著增长态势。主要原因在于随着经济社会发展和民生改善，公众对公共产品和公共服务的需求不断增加，政府履行公共职能和提供公共产品的事权范围也在逐步扩大，导致公共支出快速增加，相应地就需要增加财政收入。然而，由于国民收入分配格局的重大调整，财政收入在 GDP 中的占比偏低，作为财政收入主要形式的税收，因其固定性的特征已经不能保证税收收入随公共支出的增长而相应增长，其法定性的规定也限制了税种的任意设置和开征，因此，政府尤其是地方政府通过征集一些非税收入如政府性收费和基金等,以避免因财力缺乏而造成公共产品提供不足、政府职能缺位等情况发生。特别是在一些经济不发达的地方,政府性收费不仅在提供地方性公共产品和维持地方政府运转等方面发挥了很大作用,而且也促进了当地文化教育卫生和福利事业的发展。但与此同时,因管理制度不健全及管理约束不严,也衍生了"税收缺位、收费越位"的扭曲性税费关系。

伴随着公共财政体系的创立和改革的逐步深化,中国政府性收费制度改革也在努力探索和不断深化,通过实行税费制度综合改革①,借以整顿分配秩序,理顺分配关系,扭转财政困难局面,增强国家尤其是中央的宏观经济调控能力。在新形势下,对政府性收费实行综合财政预算管理,既是理顺分配关系、健全公共财政职能的客观要求,又是依法理财、完善公共财政收入体系的重要途径和严肃财经纪律、推进廉政建设的必要措施。

政府性收费制度改革,是为规范政府收入机制所采取的一项重大改革举措,是涉及经济、政策和制度的系统工程,必须统筹协调,稳步推进。其基本改革思路是:在对现有的政府性收费进行清理整顿的基础上,用税收取代一些具有税收特征的收费,通过进一步深化财税改革和完善财政管理制度,初步建立起以税收为主,以少量的、必要的政府收费为辅的科学规范的政府公共收入体系。具体改革措施是:

第一,准确界定政府性收费。关键是正确清晰地认识政府性收费与经营服务性收费的区别。两者混淆会产生两大问题:一是若将属于市场行为的收费纳入政府性收费管理,会扩大政府管理范围,造成政府包揽事务过多,影响政府效能的发挥;二是若将政府性收费作为经营服务性收费管理,会造成财政资金流失和政府职能弱化,甚至导致收费部门利用行政权力和垄断地位,强征强收,出现政府权力商品化及"寻租",滋生腐败。因此必须明确:除法律、法规及国务院明确规定之外,政府性收费不能转为经营服务性收费管理。同时要把真正的经营服务性收费从政府收费管理范围中分离出去,实行市场化运作,自收自支,并依法纳税。具体参见专栏9-1。

> **专栏9-1 多措并举降成本**
>
> 名目繁多的收费使许多企业不堪重负,要大幅降低非税负担。一是全面清理规范政府性基金,取消城市公用事业附加等基金,授权地方政府自主减免部

---

① 中国实行的税费制度综合改革,被简称为"费改税"。但严格来说,"费改税"不是税费制度综合改革的全部,也不是一种准确的语境表达。

分基金。二是取消或停征中央涉企行政事业性收费35项，收费项目再减少一半以上，保留的项目要尽可能降低收费标准。各地也要削减涉企行政事业性收费。三是减少政府定价的涉企经营性收费，清理取消行政审批中介服务违规收费，推动降低金融、铁路货运等领域涉企经营性收费，加强对市场调节类经营服务性收费的监管。四是继续适当降低"五险一金"有关缴费比例。五是通过深化改革、完善政策，降低企业制度性交易成本，降低用能、物流等成本。各有关部门和单位都要舍小利顾大义，使企业轻装上阵，创造条件形成我国竞争新优势。

资料来源：李克强：《政府工作报告——2017年3月5日在第十二届全国人民代表大会第五次会议上》。

第二，明确政府性收费的管理主体。政府性收费的征管主体只能是管理政府资金的财政部门，因此，在管理过程中要坚持财政部门的主体地位，变征管主体"多元"为"一元"，在财政部门内部设立专门的管理机构，负责政府性收费的全面管理工作，统一征收，统一管理，统一政策。

第三，规范政府性收费的范围和标准。借鉴市场经济国家准公共产品的收费范围，结合中国的实际，政府性收费范围一般限定在：提供特定服务和社会管理的行政管理机关；提供准公共性和准公益性服务的文化事业、基础设施、高等教育、职业教育、广播电视、医疗保健等事业单位。坚决杜绝一切随意性越权收费和不合理搭车收费，收费标准的审批也必须依法进行。

第四，强化对政府性收费的预算管理。坚持政府收入规范化和预算"完整性"，是市场经济国家历来推行的原则。据此，必须把全部政府性收费和所有财政性资金纳入公共财政预算，实行全口径政府预算管理，并做好政府性收费管理与政府财政管理和部门预算管理相互衔接。强化预算执行刚性约束，执行"收支两条线"管理办法，专款专用，制止"坐收坐支"。公共财政预算管理要从单纯的预算内收支平衡转移到对整个社会财力的管理和分配上来，全面反映政府收支总量、结构和管理活动。

第五，建立政府性收费的法律体系和监督检查机制。健全法律体系，在制度上规范和约束政府性收费的项目审批、标准制定、征收管理、资金使用、稽查核等工作。强化对政府性收费的监督检查，形成法律监督、社会监督、职能部门监督三位一体的监督体系，形成全方位、多层次、多形式的监督网络。

第六，将部分政府性收费改为税收。对于带有税收性质的政府性收费，应创造条件，将其尽快规范为税收。多年来，许多以收费形式存在的实质上的税收存在项目重复、收取依据软化、多头管理、收支一条线、缺乏监督、使用效益差等缺陷，应当通过"费改税"还其税收面目，纳入一般公共预算的规范化管理。比如近年来在环境保护、水资源等资源产品的开发与使用方面推行的"费改税"改革措施。

第二节 政府性基金

一、政府性基金的概念与分类

（一）政府性基金的含义

政府性基金是指各级人民政府及其所属部门根据法律、行政法规和国家有关文件规定，为支持公共事业发展和特定基础设施建设，向公民、法人和其他组织无偿征收的具有专项用途的财政资金。目前中国政府性基金主要是政府通过出让土地、发行彩票等方式取得的专项收入，是仅次于税收的第二大财政收入来源，是国家财政收入体系的重要组成部分，对各级政府筹集资金、加快经济建设和社会事业发展起到了重要和积极的作用。

根据财政部公布的数据：2017年，全国政府性基金收入达61 479.7亿元，比上年增长31.8%。分中央和地方看，中央政府性基金收入为3 824.8亿元；地方政府性基金本级收入为57 654.9亿元，比上年增长35.8%，如表9-1所示。

表9-1 2013—2017年中国政府性基金收入　　　　　单位：亿元

年份 内容	2013	2014	2015	2016	2017
中央政府性基金收入	4 238.4	4 108.1	4 067.6	4 178.1	3 824.8
地方政府性基金本级收入	48 030.3	50 005.6	38 270.5	42465.2	57 654.9
合计	52 268.7	54 113.7	42 338.1	46 643.3	61 479.7

资料来源：根据财政部网站发布的历年财政决算数据整理。

（二）政府性基金的特征

从属性上说，政府性基金其实是政府参与国民收入分配和再分配的一种形式，它一般不直接与被征收主体发生管理或服务关系，与税收性质基本相同，是一种典型的"准税收"。因此，可将政府性基金界定为：政府凭借权力强制性无偿征收的、具有特定目的的收入。政府性基金既具有一般财政资金的共性，又具有专款专用的特点，资金的财政性、政府的主体性和用途的特定性构成了它的三大鲜明特征。

（三）政府性基金的分类

按征收对象是否特定划分，我国政府性基金可分为两大类：一类基本面向所有社会成员征收，如民航发展基金、国家电影事业发展专项资金等；另一类面向特定行业或阶层征收，如铁路建设基金。

按收入归属划分，我国政府性基金可分为三类：一是中央政府独有的政府性基金，如铁路建设基金收入、民航发展基金收入、烟草企业上缴专项收入等；二是地方政府独有的政府性基金，如国有土地使用权出让金收入、城市基础设施配套费收入等；三是中央和地方政府分享的政府性基金，如新增建设用地土地有偿使用费收入、彩票公益金收入等。

按支出用途划分，我国政府性基金分为用于公路、铁路、民航、港口等建设的基金；用于水利建设的基金；用于城市维护建设的基金；用于教育、文化、体育等事业发展的基金；用于移民和社会保障的基金；用于生态环境建设的基金；用于其他方面的基金。

二、中国政府性基金的发展沿革

1990年以前，国家对政府性基金的管理权限没有明确的规定。1990年之后，中央和国务院发布文件，规定把设立各种政府性基金的审批权集中在财政部，由财政部会同有关部门审批，并报国务院批准。

1995年，国家对各种基金进行清理整顿，陆续公布取消了一批不合法、不合理的基金项目。

1996年国务院发布的《关于加强预算外资金管理的决定》规定，从当年起，将养路费、车辆购置附加费和民航机场管理建设费等13项数额较大的政府性基金纳入财政预算。

1997年，中央和国务院再次重申"政府性基金由财政部统一审批，重要的报国务院审批"的规定，之后的多个年份对各种政府性基金进行了清理整顿，陆续取消多达三项"不适应社会主义市场经济发展要求、国务院其他有关部门越权设立，以及省、自治区、直辖市及其所属部门和省级以下人民政府及其所属部门越权设立"的政府性基金项目。

2009年，财政部制定印发《关于进一步完善政府性基金预算编制的工作方案》，明确了完善基金预算编制的主要目标和任务，正式建立政府性基金预算，将政府性基金纳入制度化规范化的预算管理。

2010 年财政部发布《政府性基金管理暂行办法》，进一步规范基金审批、征收、使用和监管等行为，以切实加强政府性基金管理和保护公民、法人和其他组织的合法权益。

随着公共财政制度改革的深入，国家不断改进完善政府性基金预算制度，持续加强政府性基金管理，并加大政府性基金预算调入一般公共预算的力度，目前全国性政府基金种类数量保持在 30 项上下，项目数量控制在 100 项以内，标志着政府性基金进入了一个相对稳定的完善阶段。

三、我国政府性基金的改革方向

政府性基金是我国财政收入来源的重要组成部分，加强对政府性基金的管理，对于维护国家利益和保护公共资金安全、构建全面统一的公共预算体系、促进完善国家治理具有重要的意义和作用。

从改革方向和发展趋势来看，未来中国政府性基金的征收应限于那些设立的目的是解决社会发展过程中出现特定问题的项目。因此，当特定问题已经解决或者该问题扩展至具有普遍性而有必要通过税收来规制时，相应的政府性基金项目就应终止。据此，政府应制定并公布确实应当征收的基金项目目录清单，对于不属于政府性基金性质的项目进行全面清理，对开征的政府性基金进行规范化管理。

本着"推进全口径政府预算管理，全面反映政府收支总量、结构和管理活动"的改革精神，中国政府日益严格控制政府性基金项目的设立，强化政府性基金预算与一般公共预算的统筹衔接，加快把政府性基金纳入一般公共预算的改革步伐，包括政府性收费在内的政府性基金收入得到控制和减少，政府性基金的征收管理和使用、政府财政收入将更加法治化和规范化。

第三节 国有资本经营收入

一、国有资本经营收入的含义与属性

国有资本经营收入是指国有资本经营、转让、清算等形成的财政收入，它反映的是经营和使用国有财产取得的收入，是政府非税收入的又一个重要组成部分。它包括国有企业、国有独资公司依法上缴的税后净利润，国有控股、参股企业分配的国有股利以及企业国有产权转让收入和企业清算净收益中国家所得的部分。

国有资本经营收入之所以能够成为财政收入的一部分，根本依据在于国家

（政府）是国有资本（国有资产）① 的终极所有者，按照"谁投资、谁所有、谁受益"的原则，国家拥有依法取得和通过财政支出形成的国有资产的完整所有权。收入权是所有权的一项重要权能，收入的获取是资产所有权借以实现的经济形式。因此，国家可以凭借其对国有资产的所有权获得应有的经营利润、租金、股息、利息和红利等收入，以及国有产权的转让、清算和拍卖收入等。参见专栏9-2。

专栏9-2　国有资本经营应实现"社会分红"

财政部近日发布的2014年中央国有资本经营预算收支情况显示，2014年中央国有资本经营预算收入达1 410.91亿元，完成预算的98.9%，增长33.3%。其中，调入公共财政预算用于社保等民生支出达184亿元。

社会分红理论认为，国家将从投入社会化企业的资本和土地中获得利润，其中一部分作为社会分红分给公众，另一部分用于再投资。虽然我国国有资本收益直接分红条件尚不成熟，但可通过政府将国有资本经营收入用于民生支出，以此增加社会保障、教育、医疗卫生等公共产品供给，让全民享有国有资本收益带来的福利。目前，我国现行国有资本经营预算制度已初步实现了出资企业的收益权，但仍然有三大问题亟须改革。

一是支出方向不合理，呈现出非民生倾向。2014年调入公共财政预算用于社保等民生支出的只有184亿元，其余1 200多亿元仍回流到国有企业。

二是上缴比例偏低。目前我国央企中税后利润上缴比例最高的资源性行业及垄断性行业的上缴比例也仅为15%~25%。根据国际惯例，上市公司股东分红的比例为税后可分配利润的30%~40%。大多数国家国有企业分红占净利润的比例平均为30%~50%，有些特殊情况下甚至高达70%。

三是涉及企业范围较窄。2014年有799家企业纳入预算范围，相对于5 000家左右的央企来说，范围还比较窄，特别是利润状况良好的金融类国有企业仍未纳入收益上缴的范围。

资料来源：盘和林：《国有资本经营应实现"社会分红"》，《经济日报》2015年2月17日。

---

① 广义的国有资产是指属于国家所有的一切财产。狭义的国有资产一般是指经营性国有资产，可以定义为法律上确定为国家所有的，并能为国家提供未来经济利益的各种经济资源的总和。与国有资产相关的经济范畴还有国有资本、国有法人资本和国家所有者权益等。国有资本是指国家（政府）以其掌握的国有资产对企业的出资，或者说是政府实际投入企业的、用于享有权利和承担义务的国有资产，它体现在企业资产负债表中的负债与所有者权益方。

二、我国国有资本经营收入的形式

国有资本经营收入的具体形式主要取决于国有资产的运作和经营方式,随着国有资产运作和经营方式的多样化,国有资本经营收入的形式也相应多样化。

在我国预算科目中,"国有资本经营收入"款下按照收入形式设置主要有三项:(1)"国有资本投资收益",它是国有资本经营收入的主要形式,反映使用国有资产的企业上缴的利润、股息、红利及国有资产出租收入等,一般是常年性收入;(2)"国有企业计划亏损补贴",反映按规定由预算收入退库安排的国有企业计划亏损补贴;(3)"产权转让收入",反映国有资产和股权转让或出售收入,即政府的一种资产转变为另一种资产,一般为一次性收入。

表 9-2 显示的是 2013—2017 年国有资本经营收入的执行情况。

表 9-2　2013—2017 年国有资本经营收入　　　　　　单位:亿元

年份 项目	2013	2014	2015	2016	2017
全国国有资本经营收入	1 713.36	2 007.59	2 550.98	2 608.95	2 580.9
其中:利润收入	1 288.08	1 700.15	2 033.89	1 252.65	1 823.78
中央国有资本经营收入	1 058.43	1 410.91	1 613.06	1 430.17	1 244.27

资料来源:根据财政部网站发布的财政决算数据整理。

三、国有资本经营收入管理

在理论上和实践中,国有资本经营收入体现的是国家凭借国有财产所有者的身份获得的权益,它构成公共财政收入体系中的重要部分。因此,将国有资本经营收入管理纳入公共财政预算管理体系,建立国有资本经营预算制度,是建设和完善公共财政收入体系的题中应有之义。

国家获得国有资本经营收入并且实行国有资本经营预算管理的客观根据主要在于:国家代表全体社会成员对全民所有制的国有资产和国有资本行使终极所有权;国家承担和履行经济管理(包括国有资产管理)的职能。因此,国家具有的政权行使者与国有资产所有者的"双重身份",以及国家承担的社会管理职能与经济管理职能的"双重职能",反映在公共财政预算体系上,就有了"一般公共预算"与"国有资本经营预算"的区别和衔接问题。

国有资本经营收入管理体现的是国家基于财产所有者的身份所从事的对公共收入的管理活动。通过这种管理所要达到的目标是:维护国有资产所有者权益,促进国有资本结构调整和优化,引导、促进市场机制的成熟和完善,充实公共财政收入。在中国，国有资本在关系国家安全和国民经济命脉的重点领域和重要行业占据统治和主导地位，作用非凡，且数量巨大、收入丰厚，因此强化对国有资本经营收入管理尤其重要。按照"完善各类国有资产管理体制，改革国有资本授权经营体制，加快国有经济布局优化、结构调整、战略性重组，促进国有资产保值增值，推动国有资本做强做优做大，有效防止国有资产流失"的改革要求和总体部署，中国国有资本经营预算制度逐步趋于完善，国有资本经营收入管理不断改善。

总的来看，我国多年以来国有资本经营收入上缴公共财政的比例较低，今后在完善国有资产管理体制和国有资本经营预算制度的改革过程中，应当逐步提高国有资本收益上缴公共财政比例。初步目标是在 2020 年提高到 30%。

第四节　社会保险基金收入

一、社会保险基金收入的含义

社会保障是一项由政府主导和举办的需要缴费的社会福利计划，有独立的收入来源。在现代国家，社会保障实行国家、企业（用人单位）和个人责任共担的原则，采取社会保险基金征缴方式筹集资金，① 主要来自参保单位和参保个人的缴纳，资金由政府的社会保障机构统一征缴和管理，并专款用于全体社会成员的社会保障项目。

社会保险基金筹资的原则是"以支定收，收支平衡"，即一定时期内社会保险基金的筹集总额，应以同期预计支付的社会保险费用总额为依据来确定，并使两者始终保持大体上的平衡关系。

二、我国社会保险基金收入的类型

目前我国社会保险基金分为五种类型，即所谓"五项保险"——养老保险、医疗保险、失业保险、工伤保险和生育保险。作为最大保险项目的养老保险和医疗保险，采取"社会统筹与个人账户相结合"的筹资模式。

社会保险基金收入是一种强制性的专款专用的财政收入形式，我国五项保险

---

① 目前世界上社会保险基金主要采取两种征缴方式：社会保险税和社会保险缴费，即缴税制和缴费制。我国目前采取缴费制。

基金收入项目中又都包括了保险费收入、财政补贴收入和基金的其他收入（主要是基金的利息收入）等。

三、我国社会保险基金收入概况与改革设想

根据国家统计局公布的数据：2017 年，我国五项社会保险基金总收入为 6.72 万亿元，同比增长 25.4%，总支出为 5.71 万亿元，同比增长 21.9%，当年收入大于支出约 10 009 亿元，当年末累计结余超过 7.7 万亿元，如表 9-3 所示。

表 9-3 2013—2017 年中国五项社会保险基金总收支情况

项目 年份	总收入 总额/亿元	总收入 比上年增长/%	总支出 总额/亿元	总支出 比上年增长/%	当年末累计结余 总额/亿元	当年末累计结余 比上年增长/%
2013	35 253	14.7	27 916	19.7	45 588	19.6
2014	39 828	13.0	33 003	18.2	52 462	15.1
2015	46 012	15.5	38 988	18.1	59 533	13.5
2016	53 563	16.4	46 888	20.3	66 350	11.5
2017	67 154	25.4	57 145	21.9	77 312	16.5

资料来源：国家统计局网站。

今后我国社会保险基金收入制度改革的基本设想是：精简归并"五项保险"，把生育保险和基本医疗保险合并实施，实行"四项保险"制；降低社会保险缴费率，尤其是养老保险缴费率，切实减轻企业和个人缴费负担；丰富社会保险基金收入来源渠道，拓宽社会保险基金投资渠道，推进基金市场化、多元化、专业化投资运营；逐步提高国有资本收益上缴公共财政的比例，更多用于保障和改善民生；划转部分国有资本充实社会保险基金；积极探索做实社保基金个人账户的途径和方式，实现社会保障事业的可持续发展。

思考题

1. 请说明政府收费不同于税收的性质和特殊作用。
2. 怎样理解政府性收费存在的理由和必要性？
3. 作为专项收入的政府性基金为什么要加以适当控制？
4. 将国有资本经营收入纳入财政收入体系的理论依据是什么？
5. 国有资本经营收入怎样实现"社会分红"？

6. 请思考我国社会保险基金收入制度改革的基本构想。

▶ 自测习题及参考答案

第十章 公　　债

　　公债是公共债务的简称，是政府公共部门的债务。财政收入不足以满足支出需要，出现缺口，就意味着财政赤字的出现，公债是弥补财政赤字的重要手段。公债发行会产生公债负担，其中既包括国民经济的负担，也包括不同利益主体的负担。整体看，中国公债的风险还在可控范围内，但也需加强从发行到流通乃至偿还全过程的管理。

　　本章共三节。第一节为公债概述，主要介绍公债的概念、用途、分类与规模。第二节是公债负担，主要说明公债负担的含义和类型，分析中国公债负担的现状。第三节为公债管理，主要分析公债的发行管理、流通管理和偿还管理。

第一节　公债概述

一、公债的概念

（一）公债的含义与特征

　　公债是国家或政府以其信用为基础，在向国内外筹集资金的过程中所形成的债权债务关系，即国家或政府以债务人的身份，采取信用方式，通过借款或发行债券等方式取得资金的行为。

　　与政府的其他收入形式相比，公债具有以下特征：

1. 信用性

　　公债是以政府信用为基础的政府收入形式，离开了政府信用，公债也就不存在。公债是政府的信用活动，这是公债与私债的根本区别。无论是私债还是公债，都必须遵循有借有还的信用原则。

2. 自愿性

　　是否认购、认购多少，完全由认购人自主决定。这使得公债不同于强制性的税收和罚没收入等财政收入形式。

3. 有偿性

　　政府通过发行公债取得一定的财政收入，这部分公债收入的使用是有偿的。政府必须按照公债发行时规定的期限和利率，偿还公债的本金和利息。有偿性也是公债区别于税收等无偿性财政收入的主要标志。

4. 灵活性

公债发行与否、什么时间发行、发行多少、以什么方式发行,通常由政府视情况而定,既没有时间上的连续性,也没有发行数额上的固定性,与固定性的税收截然不同。

(二)公债的产生与发展

作为一个财政范畴,公债的产生晚于税收。据记载,公债最早出现于公元前4世纪左右的古希腊和古罗马。当时的公债只是一种偶然经济现象。公债规模较小,且常以高利贷形式出现,主要作用是为政府筹资并满足政府财政支出需要。

公债的产生需要具备相应的社会经济条件。首先,随着政府活动增多和职能扩大,财政支出日益扩大,尤其是突发性和临时性的支出需求越来越多,仅靠税收已不能满足财政支出的需要,这时国家不得不寻求其他财政收入来源渠道,这是公债产生的需求条件。其次,社会上充足的闲置资金是公债产生的经济基础,它为公债产生提供了充足的资金供给。最后,社会上的闲置资金只有通过信用制度才能顺利转移到发行公债的政府手中,信用制度的发展是连接公债资金供给方与需求方的纽带,是公债产生的媒介条件。

随着现代社会经济的发展和政府职能的增强,公债制度也发生了深刻的变化。公债不仅承载着弥补财政赤字的重要功能,而且成为国家调控经济运行的重要杠杆,公债的规模与日俱增。

新中国的公债制度历经三个阶段:第一阶段是1950年,为恢复和发展国民经济,发行了总价值约为302亿元的"人民胜利折实公债",见专栏10-1。第二阶段是1954—1958年,为进行社会主义经济建设,分五次发行了总额为3 546亿元的"国家经济建设公债"。第三阶段是1978年改革开放以后,从理论上矫正了"既无内债又无外债是社会主义的优越性"的错误思想,按照社会主义市场经济的要求积极完善公债制度,公债的发行次数、种类、数量等方面与改革开放前相比发生了较大变化,公债的作用也得以加强。

专栏10-1　关于发行人民胜利折实公债的决定

(一九四九年十二月二日中央人民政府委员会第四次会议通过,一九四九年十二月三日发布)

一、为支援人民解放战争,迅速统一全国,以利安定民生,走上恢复和发展经济的轨道,决定于一九五零年度发行人民胜利折实公债。

二、本公债之募集及还本付息,均以实物为计算标准,其单位定名为"分"。

> 每分以上海、天津、汉口、西安、广州、重庆六大城市之大米（天津为小米）六斤、面粉一斤半、白细布四尺、煤炭十六斤之平均批发价的总和计算之。此项平均市价，统一由中国人民银行每十日公布一次。
>
> 三、本公债总额为二万万分，于一九五零年内分期发行。第一期在一九五零年一月至三月间定期发行。继续发行时间，由政务院决定之。
>
> 四、本公债分五年偿还，第一年抽还总额百分之十，以后每年递增百分之五。每期自发行截止时起，每满一年抽签还本一次。
>
> 五、本公债定为年息五厘，亦照实物计算。每期于发行截止时起，每满一年付息一次。
>
> 六、责成政务院根据本决定制定人民胜利折实公债条例，公布实行。
>
> 资料来源：《人民日报》1949年12月4日。

二、公债的用途

现代经济中，公债的用途主要体现在以下几个方面：

（一）弥补财政赤字

发行公债弥补财政赤字是公债最原始和最基本的用途。从历史上看，公债本身就是同财政赤字相联系的经济范畴，是作为弥补公共收支差额的手段而产生的。公债其他方面的用途大都是随着公债的发展而派生出来的。

以公债弥补财政赤字，实质是将不属于政府支配的资金在一定时期内让渡给政府使用，是社会资金使用权的单方面转移。与其他弥补财政赤字的方式，如增税和向银行透支等弥补财政赤字的方式相比，这种方式的副作用较小，一般不会影响经济发展。首先，发行公债只是部分社会资金使用权的暂时转移，社会资金总量并没有因此增加，因而一般不会引起通货膨胀。其次，公债的认购通常遵循自愿原则，如果发行规模得当，吸收的基本上是社会闲置资金，一般不会对经济发展产生不利影响。

当然，也不能把公债视为医治财政赤字的灵丹妙药。第一，如果财政赤字过大，用于弥补赤字的公债发行规模过大，就会形成债台高筑，最终会导致财政收支的恶性循环；第二，社会的闲置资金是有限的，政府集中过多往往会侵蚀经济主体的必要资金，从而降低社会的投资水平和消费水平，即产生"挤出效应"。

（二）筹集建设资金

通过发行公债，筹集国家重点建设项目资金是许多国家通行的做法。我国从

1987年开始发行的重点建设债券和重点企业建设债券（其中包括电力债券、钢铁债券、石油化工债券和有色金属债券）就是这一用途的体现。1998—2002年我国为实行积极的财政政策，发行了6 600亿元的特种公债，也主要是为国家重点建设项目筹集建设资金。而另有一些国家则从法律上对公债弥补财政赤字和筹集建设资金这样两种不同用途做出明确规定。如日本在法律上将公债明确分为建设公债和赤字公债两种。

（三）执行经济政策

政府利用公债可以灵活地执行不同时期的经济政策，以稳定经济。在现代经济条件下，公债的发行常常是政府执行"反衰退"政策的手段。面对经济衰退、私人需求不足的形势，政府要刺激经济发展，就应该或者增加政府支出，或者缩减政府税收，或者两者兼而有之。增支减税的结果，必然伴随着政府财政赤字的产生。一般说来，弥补财政赤字主要靠增加税收、增发货币和发行公债三种方法。增加税收会直接压低私人需求，显然与反衰退政策的初衷相违背；增发货币在现代金融制度下难以办到，并极易引发通货膨胀；发行公债则既同反衰退政策的目标相一致，又能有效弥补财政赤字。正因为如此，当今西方各国政府的反衰退政策，主要以公债为后盾。2008年9月，为克服"次贷危机"引起的金融危机，美国政府经国会批准发行7 000亿美元公债购买"不流动"按揭证券，并将公债的法定上限从10.6万亿美元提升至11.3万亿美元，从而成为经济萧条以来美国最大的救市方案。

公债是对GDP的再分配，反映了社会资源的重新配置，是财政调节的一种重要手段。这部分财力用于生产建设，将扩大社会的积累规模，改变既定的积累与消费的比例关系；用于消费，则扩大社会的消费规模，使积累和消费的比例向消费一方偏多；用于弥补财政赤字，就是政府平衡社会总供给和社会总需求关系的过程；短期公债可以作为中央银行进行公开市场操作的重要手段。

（四）调剂季节性资金余缺

利用公债，政府可以灵活调剂财政收支过程中所发生的季节性资金余缺。政府的公共收入（主要是税收）在一年中往往不是以均衡的速率流入国库的，而公共支出则基本上以较为均衡的速率进行。这意味着即使从全年来看政府财政预算是平衡的，在个别月份也有可能发生赤字。例如，以所得税为主体收入的国家，如美国，每年的4—6月份通常为公共收入的"旺季"，其余月份则是"淡季"。尽管如此，其公共支出一般是在一年中均匀分布的。由此势必造成整个预算年度中的某些月份收不抵支，某些月份却收大于支。即使以增值税为主要收入的国家，如法国，这种季节性收支不平衡的情况也经常发生。为弥补这种纯属季节性的赤字,保证政府职能的正常履行,许多国家都把发行期限在一年之内(短至几个月,最长不超过52周)的短期公债,作为一种季节性的资金调剂手段,以求解决暂时的收支失衡。一般地,政府在公共收入"淡季",发行短期公债,取得资金,而在公共收入"旺季",便以盈余资金偿还债务,从而使收入与以较为均衡的速率进行的公共支出相适应。

三、公债的分类

(一) 按偿还期限划分,可分为短期公债、中期公债和长期公债

按债务偿还期限(或债务存续期限)划分,公债可分为短期公债、中期公债和长期公债。短期公债是指债务期限在一年以内的公债。短期公债灵活性较大,政府可根据需要随时发行短期债券,弥补财政资金的不足。金融市场发展到一定程度,短期公债还是执行货币政策、调节市场货币供应量的一个重要政策工具。

中期公债是债务期限在1年以上、10年以下的公债。与短期公债相比,中期公债从发行到偿还时间较长,政府可在较长时间内使用这笔资金。许多国家将中期公债筹集到的资金用于弥补财政赤字或进行中长期投资。

长期公债是债务期限在10年以上的公债。政府发行长期公债,可以在更长时间内使用公债资金,但由于发行期限较长,债务人利益可能会受到币值和物价波动的影响,这会影响长期公债的发行。

(二) 按发行地域划分,可分为国内公债和国外公债

国内公债(也称内债)是指政府在本国境内发行的公债。一般来说,内债以本国居民和企事业单位认购为主,内债的发行及还本付息也以本国货币进行,但也不排除外国居民在本国境内购买公债的可能性,同时,政府也可以用外币发行国内公债。因此,只要是本国政府在本国境内发行的公债,不管其发行对象是否为本国居民,也不管其发行的货币单位是否以本国货币计量,都为国内公债。国内公债不会影响国际收支,也不影响国内资源总量,但内债的发行和偿还会影响一定时期内国内资源的重新配置。

国外公债(也称外债)是指政府在国外的借款及在国外发行的公债。外债的债权人多为外国政府、国际金融组织和外国公民,也不排除本国居民在居住国购买本国在国外发行的公债的可能性。外债的发行及还本付息须以外币支付。外债的发行可以弥补国内资金短缺,加快国内经济的发展速度。

(三) 按发债主体划分,可分为中央公债与地方公债

中央公债即国债,是以中央政府作为债务主体的公债;地方公债是由地方政

府发行的公债。

国债和地方公债对国民经济的影响不同。国债的发行、对债务收入的使用和还本付息的安排，考虑的是国民经济全局，地方公债决策则立足于本地。地方公债的发行范围可以超出本地，但它对国民经济的影响仍是局部的。

（四）按流动性划分，可分为自由流通公债和非自由流通公债

自由流通公债是指可在金融市场上买卖或转让的公债。自由流通公债一般不记名，并有期限、利率和票面价值的规定。自由流通公债既受金融市场影响，又反过来影响金融市场态势。其市场价格取决于金融市场供求状况，并随着市场利率和币值变化而变动。

非自由流通公债是指按规定不允许在市场上公开买卖、转让的公债。一般来说，非自由流通公债的偿还期较长，利率较高，但变现能力较差。

在一国的公债结构中，既有自由流通公债，也有非自由流通公债。在发达的市场经济国家，公债多数为自由流通公债。1988年之前，中国公债基本上是非自由流通公债，但目前这种状况已经改变。

（五）按票面利率划分，可分为固定利率公债和浮动利率公债

固定利率公债的票面利率在发行时确定，在公债的整个存续期内保持不变。浮动利率公债的票面利率随市场利率的变化而浮动，付息利率为付息期起息日当日相同期限市场利率（基准利率）加固定利差确定。由于票面利率可以浮动，因此浮动利率公债能在较大程度上帮助发行人和投资者规避未来由于利率变动带来的风险。

国际上浮动利率债券产生于20世纪70年代前半期，80年代末90年代初，在公债利率水平不断降低的情况下，浮动利率公债得到了较大发展。2000年5月22日我国财改部首次在交易所成功发行浮动利率公债。

（六）按付息方式划分，可分为零息公债和附息公债

零息公债在存续期内不支付利息，到期一次还本付息。

附息公债的利息一般按年支付，到期还本并支付最后一期利息。我国于1996年6月14日首次发行了十年期附息公债（000696）。2001年6月4日财政部招标发行的15年期公债是我国第一只每年付息两次的附息债券。

四、公债的规模

（一）制约公债规模的主要因素

现实生活中，公债的规模要受很多因素制约，这些因素主要有：（1）认购者

的承受能力。认购者的承受能力是指居民和各经济实体的承受能力。(2)政府的偿债能力。政府的偿债能力是指政府作为债务主体对其所借债务还本付息的能力。政府的偿债能力通常由财政收入增长速度和国民收入增长速度两个因素决定。(3)其他因素。认购者的承受能力和政府的偿债能力是制约公债规模的主要因素,此外,公债的使用效益、公债期限长短、社会总供给的结构、外贸出口创汇能力等因素也是控制公债规模时应该予以考虑的。

(二) 衡量公债规模的指标及其控制

公债规模通常是采用一系列指标来衡量和控制的。这些指标主要包括:

1. 公债负担率

这一指标反映了当年公债的余额与国内生产总值的数量关系,它是衡量经济总规模对公债的承受能力的重要指标,也是用于反映公债规模的主要指标之一。计算公式为:

$$公债负担率 = \frac{当年公债余额}{当年国内生产总值} \times 100\%$$

2. 公债依存度

这一指标反映了当年财政支出对公债的依赖程度,它是控制公债规模的重要指标。公债依存度的国际通行控制标准,一般在15%~20%为宜。

计算公式为:

$$公债依存度 = \frac{当年公债发行额}{当年财政支出额} \times 100\%$$

3. 财政偿债率

它反映了当年财政所承担的还债负担,也反映了财政收入中政府可直接支配的数额,即通过公债偿还转移给债权人的财力数额;在借新债以偿还旧债时,它还制约着当年公债的发行规模。计算公式为:

$$财政偿债率 = \frac{当年国债还本付息额}{当年财政收入额} \times 100\%$$

4. 反映外债规模的主要指标

(1) 外债负担率。按照国际上公认的标准,外债负担率在100%~120%被认为是安全的。如果期限、利率条件比较优惠,这一比率可适当提高,反之则应低一些。

计算公式为:

$$外债负担率 = \frac{当年外债余额}{当年贸易和非贸易收汇额} \times 100\%$$

(2) 外债偿债率。国际上认为,外债偿债率应控制在20%,最高不能超过

25%这一警戒线。

计算公式为：

$$外债偿债率 = \frac{当年外债还本付息额}{当年商品和劳务出口收汇额} \times 100\%$$

第二节 公债负担

一、公债负担的概念

公债负担是指政府发行公债给各相关方面造成的利益损失和政府因负担所承受的经济压力。公债负担既包括国民经济的负担，也包括不同利益主体的负担。

（一）国民经济的公债负担

国民经济的公债负担是指政府负债给国民经济发展带来的损失。这种负担是否形成，关键是公债的使用方向和使用效益。如果公债用于经济发展并发挥良好效果，它并不减少社会积累的总规模，并且形成了良好的宏观经济环境，对国民经济发展产生推动作用，发行公债不会给经济发展带来损失，也不形成对国民经济的负担。反之，如果发行公债仅仅是为了满足政府的纯消费性开支，它减少了社会积累的总规模，影响经济发展，则会构成公债的经济负担。

（二）政府的公债负担

政府的公债负担是指政府作为债务人因负债所承受的经济压力。政府的公债负担往往体现在政府对公债还本付息的能力上。如果公债增长推动了经济增长，并且产生出足够的偿还能力或者具备借新债还旧债的经济条件，那么公债的增长并不会形成政府的公债负担。反之，如果公债的偿还是通过增加税负或压缩正常的支出来实现的，则可能干扰正常的财政活动，形成政府财政的拖累，构成政府作为债务人的公债负担。

（三）认购者的公债负担

认购者的公债负担是指认购者作为债权人因认购公债所承担的利益损失。认购公债作为公民投资的一种方式具有风险低、收益高等特点，通常能给投资者带来收益而不是带来损失。因此，投资公债往往并不构成认购者的负担。但在被强制购买影响资金使用或福利以及公债利率低于通货膨胀率等情况下，这种负担却是客观存在的。

（四）纳税人的公债负担

纳税人的公债负担是指因偿还公债而增加税负给纳税人造成的利益损失。公债发行可以增加财政收入，但在偿还期则会增加财政支出。而国家还债资金的重要来源是税收收入。如果公债的增加推动了经济发展，使税源得以扩大，则偿债增加的税收本应是公债效益的一部分，是公债再投资所产生的偿债能力，只不过以税收形式征集而已。在这种条件下，公债偿还并不构成纳税人的负担。反之，如果公债的使用并未增加社会的或宏观的经济利益，也没有引起税源的相应扩大，而是靠减少微观利益主体的利益来增加税收，以满足偿债的需要，则实质上便构成了纳税人的公债负担。马克思所说的公债是一种延期的税收，就是指公债与税收的这种关系。

二、公债负担的类型

（一）货币负担和实物负担

公债的货币负担是指以货币为单位计量的公债负担，这种负担可以用货币数额来测定其大小。公债的实物负担是指以实物为单位计量的公债负担，它通常按照实物数量的损失来测定。

（二）直接负担和间接负担

公债的直接负担是指由于公债的发行而引起有关经济主体经济利益的直接损失。比如，依靠增加税收偿还公债，则纳税人缴纳的税款为其直接负担。在外债方面，债务国政府向外债债权人偿还公债的本息，使本国的财富减少，形成债务国直接负担。如果举债主体单方面取消债务，公债持有人的利益就会受到损失，此亦为直接负担。公债的间接负担是指由于公债直接负担而引起的对未来经济发展和社会福利的进一步影响。比如，政府征税还债，纳税人被课征税款后减少了其生产投资额，从而使得未来的社会产出减少。

（三）形式负担和实质负担

公债的形式负担是指政府因清偿债务而引起的实际支出额，它并不考虑发债阶段所取得的资源和债务收入使用效益，而只计算其未来付息和还本支出。因此，还本付息成为政府举债的形式负担。公债的实质负担是指由于公债的发生而引起的真实资源的损失，它是从债务形成到结束的整个过程来分析社会真实资源的增减变化情况。真实资源增加则无负担，真实资源减少则构成负担。

三、中国公债负担的现状

（一）公债负担率考察

从表10-1可以看出，我国国民经济的国债负担率自1990年以来逐步提升，

2007 年发行 1.5 万亿元特别国债,这一比率上升到 19.27%,此后其他年份的国债负担率基本稳定在 14%~18%,国民经济的国债负担率维持在合理限度内。

表 10-1 1990—2017 年我国国民经济的国债负担率

年份	国内生产总值/亿元	国债余额/亿元	国债负担率/%
1990	18 872.9	890.34	4.72
1995	61 339.9	3 300.30	5.38
2000	100 280.1	13 020.00	12.98
2001	110 863.1	15 618.00	14.09
2002	121 717.4	19 336.10	15.89
2003	137 422.0	22 603.60	16.45
2004	161 840.2	25 777.60	15.93
2005	187 318.9	32 614.21	17.41
2006	219 438.5	35 015.28	15.96
2007	270 232.3	52 074.65	19.27
2008	319 515.5	53 271.54	16.67
2009	349 081.4	60 237.68	17.26
2010	413 030.3	67 548.11	16.35
2011	489 300.6	72 044.51	14.72
2012	540 367.4	77 565.70	14.35
2013	595 244.4	86 746.91	14.57
2014	643 974.0	95 655.45	14.85
2015	689 052.1	106 599.59	15.47
2016	743 585.5	120 066.75	16.15
2017	827 121.7	134 770.15	16.29

资料来源:国家统计局网站。

我国国债负担率的指标远远低于发达国家的水平。但要正确认识我国的公债负担率,与国外这一指标进行对比时,必须注意把握以下几个重要因素。

首先,虽然我国目前的国债负担率比国外发达国家低不少,如 2007 年年末主要发达国家国债负担率,英国 43.0%,美国 60.8%,德国 63.2%,法国 64.0%,加拿大 68.4%,意大利 104.0%,日本 195.5%,[①] 但是必须指出的是,西方工业化

---

① 国际货币基金组织(IMF),《世界经济展望》,2008 年 4 月。

国家经济实力雄厚，国家财力集中程度高，财政收入占 GDP 的比重一般为 30%~40%，有的甚至超过 50%。也就是说，西方发达国家高债务的承受能力强。而中国作为一个发展中国家，不仅经济发展与外国比较有相当大的差距，而且国家财力集中程度也要低得多，因此，从总体上讲，我国债务的承受能力要相对弱一些，国债负担率不能简单地和国外进行对比。

其次，以美国为代表的西方发达国家，其国债的积累规模之所以能达到这样高的水平，是经过上百年时间积累下来的结果。而我国举债的历史不长，从 1981 年算起也只有 30 多年，但若按目前的势头发展下去，我国国债的积累规模将十分可观，甚至可能赶上有着较长举债历史的西方发达国家。

最后，如果考虑地方政府债务，则我国的公债负担率将达到 37%以上的较高水平。自 2014 年《预算法》修改以来，地方政府债务逐步纳入财政预决算统计范围，从已有的数据来看，每年我国地方政府债务的规模在 15 万亿元左右，均超过当年国债余额。包含地方政府债务在内的公债负担率水平虽然较国债负担率高出不少，但总体还在风险可控范围内。关于 2014 年以来地方政府的举债融资机制，参见专栏 10-2。

专栏 10-2　加快建立规范的地方政府举债融资机制

（一）赋予地方政府依法适度举债权限。经国务院批准，省、自治区、直辖市政府可以适度举借债务，市县级政府确需举借债务的由省、自治区、直辖市政府代为举借。明确划清政府与企业界限，政府债务只能通过政府及其部门举借，不得通过企事业单位等举借。

（二）建立规范的地方政府举债融资机制。地方政府举债采取政府债券方式。没有收益的公益性事业发展确需政府举借一般债务的，由地方政府发行一般债券融资，主要以一般公共预算收入偿还。有一定收益的公益性事业发展确需政府举借专项债务的，由地方政府通过发行专项债券融资，以对应的政府性基金或专项收入偿还。

（三）推广使用政府与社会资本合作模式。鼓励社会资本通过特许经营等方式，参与城市基础设施等有一定收益的公益性事业投资和运营。政府通过特许经营权、合理定价、财政补贴等事先公开的收益约定规则，使投资者有长期稳定收益。投资者按照市场化原则出资，按约定规则独自或与政府共同成立特别目的公司建设和运营合作项目。投资者或特别目的公司可以通过银行贷款、企业债、项目收益债券、资产证券化等市场化方式举债并承担偿债责任。政府对投资者或特别目的公司按约定规则依法承担特许经营权、合理定价、财政补贴等相关责任,不承担投资者或特别目的公司的偿债责任。

(四)加强政府或有债务监管。剥离融资平台公司政府融资职能,融资平台公司不得新增政府债务。地方政府新发生或有债务,要严格限定在依法担保的范围内,并根据担保合同依法承担相关责任。地方政府要加强对或有债务的统计分析和风险防控,做好相关监管工作。

资料来源:《国务院关于加强地方政府性债务管理的意见》(国发〔2014〕43号)

(二)债务依存度考察

这里主要从国债的债务依存度进行分析。从具体的数字统计来看(参见表10-2),1995—2006年,我国的国债依存度基本维持在20%~27%,超过了国际公认的控制线(15%~20%),但并未超出太多。而从中央债务依存度来看,情况就不容乐观了。由于我国政府债务基本上是中央政府债务,我国中央债务依存度一直都比较高,2007年因为1.5万亿元特别国债的发行,国债依存度上升到47.17%,中央债务依存度更是高达205.24%。2008年世界金融危机引起实体经济增长下滑,中国政府推出4万亿中央投资刺激计划,2009年、2010年的中央债务依存度保持106.72%、111.63%高位运行,随着世界经济的恢复,刺激计划退出,国债依存度逐渐下降。2015年以来,为弥补减税降费带来的财政减收,增加必要财政支出,国家适当扩大赤字规模,增大国债发行额,由此国债依存度又相应有所提高。

表10-2 1990—2017年我国国债依存度与中央债务依存度

年份	当年国债发行额/亿元	当年全国财政总支出/亿元	当年中央本级财政支出/亿元	国债依存度/%	中央债务依存度/%
1990	375.45	3 083.59	1 004.47	12.18	37.38
1995	1 549.76	6 823.72	1 995.39	22.71	77.67
2000	4 180.10	15 886.50	5 519.85	26.31	75.73
2001	4 604.00	18 902.58	5 768.02	24.36	79.82
2002	5 679.00	22 053.15	6 771.70	25.75	83.86
2003	6 153.53	24 649.95	7 420.10	24.96	82.93
2004	6 879.34	28 486.89	7 894.08	24.15	87.15
2005	7 022.88	33 930.28	8 775.97	20.70	80.02
2006	8 883.00	40 422.73	9 991.40	21.98	88.91
2007	23 483.28	49 781.35	11 442.06	47.17	205.24

续表

年份	当年国债发行额/亿元	当年全国财政总支出/亿元	当年中央本级财政支出/亿元	国债依存度/%	中央债务依存度/%
2008	8 615.00	62 592.66	13 344.17	13.76	64.56
2009	16 280.66	76 299.93	15 255.79	21.34	106.72
2010	17 849.94	89 874.16	15 989.73	19.86	111.63
2011	15 609.80	109 247.79	16 514.11	14.29	94.52
2012	14 527.33	125 952.97	18 764.63	11.53	77.42
2013	16 949.32	140 212.10	20 471.76	12.09	82.79
2014	17 876.57	151 785.56	22 570.07	11.78	79.20
2015	21 285.06	175 877.77	25 542.15	12.10	83.33
2016	30 869.32	187 755.21	27 403.85	16.44	112.65
2017	39 812.37	203 085.00	29 857.15	19.60	133.34

资料来源：国家统计局网站以及2009—2017年全国财政决算数据。

注：全国财政总支出=中央本级财政支出+地方本级财政支出。本表的财政支出数字2000年以前不包括国内外债务还本付息支出和利用国外借款收入安排的基本建设支出。从2000年起，全国财政总支出和中央财政支出中包括国内外债务付息支出。

（三）公债偿债率考察

这里仍以国债为例进行分析。数据显示，20世纪90年代，国债偿债率与中央财政偿债率上升较快，进入21世纪后，这两个指标稳步下降。2009年，国债偿债率和中央财政偿债率分别跃升至15.71%和29.97%，达到近年来的最高值。此后开始逐年下降，2013年最低，分别降至7.80%和16.75%。自2014年以来，这两个指标又开始缓慢上升。见表10-3。

表10-3　1990—2017年我国国债偿债率和中央财政偿债率

年份	当年全国财政总收入/亿元	当年中央财政收入/亿元	当年国债还本付息支出#/亿元	国债偿债率/%	中央财政偿债率/%
1990	2 937.10	992.42	190.07	6.47	19.15
1995	6 242.20	3 256.62	882.96	14.15	27.11
2000	13 395.23	6 989.17	1 579.82	11.79	22.60
2001	16 386.04	8 582.74	2 007.73	12.25	23.39
2002	18 903.64	10 388.64	2 563.13	13.56	24.67
2003	21 715.25	11 865.27	2 952.24	13.60	24.88

续表

年份	当年全国财政总收入/亿元	当年中央财政收入/亿元	当年国债还本付息支出#/亿元	国债偿债率/%	中央财政偿债率/%
2004	26 396.47	14 503.10	3 671.59	13.91	25.32
2005	31 649.29	16 548.53	3 923.37	12.40	23.71
2006	38 760.20	20 455.62	5 483.40	14.15	26.81
2007	51 321.78	27 749.16	6 037.50	11.75	21.76
2008	61 330.35	32 680.56	6 896.00	11.24	21.10
2009	68 518.30	35 915.71	10 762.67	15.71	29.97
2010	83 101.51	42 488.47	12 084.65	14.54	28.44
2011	103 874.43	51 327.32	12 926.14	12.44	25.18
2012	117 253.52	56 175.23	11 106.25	9.47	19.77
2013	129 209.64	60 198.48	10 081.97	7.80	16.75
2014	140 370.03	64 493.45	11 507.00	8.20	17.84
2015	152 269.23	69 267.19	13 037.88	8.56	18.82
2016	159 604.97	72 365.62	20 576.10	12.89	28.43
2017	172 592.77	81 123.36	28 953.87	16.78	35.69

资料来源：国家统计局网站、《中国国债市场年报》以及2009—2017年全国财政决算数据。

注：表中财政收入数字不包括国内债务收入。

#2000—2008年的数字仅表示本金支出，其中2000—2005年的数字来自国家统计局网站，2006—2008年的数据根据2006—2008年《中国国债市场年报》中"国债到期情况表"计算而得。2009—2017年的数据根据全国财政决算数据计算而得，计算公式为 当年国债还本付息支出=内债还本额+国内债务付息支出。

通过上述分析，我们可以看出，我国的公债总水平较低，但增长幅度较快。同时，我们应该看到，在进行政府债务指标的国际比较时，不能只进行数量的比较，更重要的是结合中国国情，分析这些数量指标所代表的经济含义。

第三节 公债管理

一、公债的发行管理

（一）公债的发行方式

公债的发行是公债售出或被个人和企业认购的过程，它是公债运行的起点和基础环节，其核心是确定公债售出的方式即公债发行的方式。一般来说，主要有以下三种。

1. 公募法

公募法指政府或受政府委托的部门向社会公众募集公债的发行方法。公募法又可进一步分为直接公募法和间接公募法两种。

直接公募法，即直接面向全国公众募集公债、发行成本全部由政府承担的方法。直接公募法的优点是政府能直接控制公债发行权和发行过程，但缺点是发行对象过于分散，销售时间长，发行成本较高。

间接公募法，是由政府委托银行或其他金融机构发行公债，通过金融系统向社会公开募集公债的方法。在发行规模确定后，募集额未达到发行额的差额，将由受托的金融机构承购。间接公募法将公债发行权及发行事务交由金融机构代理，公债推销较方便，收入较及时，筹资成本相对较低，且由金融机构发行政府公债，能较好地适应社会资金结构，较灵活地调节市场货币流量和流向。间接公募法下，政府对公债发行及发行管理的影响力不如直接公募法，但该方法可以很好地发挥金融部门在债券推销上的比较优势，从而促进发行成本的下降。

2. 包销法

包销法，又称承受法，是指政府将发行的债券统一售予金融机构，再由金融机构自行发售的方法。包销法与间接公募法形式相似，但也有较大的区别。实行间接公募法，金融机构只是代理公债的发行权和发行事务，最终应向政府负责，并受政府的指导和监督；实行包销法则是公债发行权的转让，在通常情况下，政府不再干预，金融机构可自主执行发行权并决定发行事务。包销法有中央银行、商业银行和金融集团承受三种具体方法。从20世纪90年代开始，中国部分公债的发行采用金融集团承受包销的方法。

3. 公卖法

公卖法，又称出售法，是指政府在证券市场以公开出售的方式发行公债的方法。以公卖法发行公债，公债价格随行就市，随市场资金供求情况波动。这种方法的优点是能在金融市场上筹集大量资金，也可以为国家调节货币流通量、金融市场供求状况及利率水平提供操作工具；缺点是公债发行受资金市场影响较大。

各国在实践中通常根据本国的经济社会条件以及各种公债发行方法的优缺点，选择一种或几种方法来发行公债。一般来说，银行信用制度比较发达、证券市场比较健全的发达国家大都采取公卖法和公募法；而信用体系不健全、证券市场不够发达的发展中国家，通常采用的是包销法和其他不常用的方法。

（二）公债的发行条件：发行价格与利率

公债的发行条件涉及的问题较多，如公债的票面额、期限、利息率、发行价格、偿还方式、能否转让，都属于公债发行的基本条件。但相对重要、牵扯面较广的主要还是公债的发行价格和利息率的确定。

1. 公债发行价格

公债发行价格就是公债的出售价格或购买价格，它可以等于票面值发行，也可以低于票面值发行，还可以高于票面值发行。按照公债发行价格与其票面值的关系，公债发行可以分为平价发行、折价发行和溢价发行三种。

（1）平价发行。平价发行就是公债按其票面值出售。认购者按公债票面值支付购金，政府按票面值取得收入，到期亦按票面值还本。通常适于公债利息率与市场利息率相当、政府信誉良好的环境。

（2）折价发行。折价发行（亦称减价发行）就是公债以低于票面值的价格出售。即认购者以低于票面值的价格支付购金，政府按这一折价取得收入，到期仍按票面值还本。通常适于公债利息率低于市场利息率、财政拮据、发行任务重的环境。

（3）溢价发行。溢价发行（亦称增价发行）就是公债以超过票面值的价格出售。认购者按高于票面值的价格支付购金，政府按这一溢价取得收入，到期则按票面价值还本。通常适于公债利息率高于市场利息率的环境。

2. 公债利息率

公债利息率是政府因举债所应支付的利息额与借入本金额之间的比率。公债利息率的高低，主要参照以下三种因素确定。

（1）金融市场利率水平。公债利率应参照金融市场的利率而定。金融市场利率高，公债利率必须相应提高；金融市场利率低，公债利率可相应降低。否则，如果公债利率与金融市场利率相差甚远，或者公债利率低于金融市场利率致使公债找不到认购者，或者公债利率高于金融市场利率致使政府蒙受不必要的损失。

（2）政府信用状况。公债利率也应按照政府信用的状况而决定。政府信用良好，公债利率可相应较低；政府信用不佳，公债利息只能较高。否则，不是加重财政负担，就是会阻碍公债的发行。

（3）社会资金供给量。公债利率还应根据社会资金供给量的大小而决定。社会资金供给量充足，公债利率可相应下调；社会资金供给量匮乏，公债利率便需相应上调。否则可能或者使国库承受额外的债息支出，或者使公债的发行不畅。

此外，政府为了实现特定的经济政策，选择较高或较低的公债利率，以诱导社会资金流向，刺激或抑制生产与消费，也是十分必要的。在现代社会中，利用公债利率升降调节证券市场运行和资金运转是政府实现宏观经济管理的重要手段之一。

（三）我国改革开放以来国债发行方式的演变

我国从1981年开始发行国库券以来，具体的发行方式有过多种，但是从总体上来说，其演变可以分为三个阶段。

第一阶段是1981—1990年，主要是行政性摊派方式发行。这一时期，我国国债发行基本上是在行政动员基础上的计划分配和派购。财政部将每年的国债发行任务按一定标准分配到各地，各地财政部门再将本地区的国债发行额层层分配到企事业单位，甚至分配到农村，然后各单位再具体对每位职工落实认购指标，从职工工资中扣款。

第二阶段是1991—1994年，主要是承购包销的方式。1991年4月，财政部和当时的承购包销团主干事中国工商银行信托投资公司举行了国债承购包销签字仪式，承销当时的国库券25亿元，占计划发行量的25%。随之地方财政部门和人民银行系统也组织承购包销，结果以承购包销方式发行的国库券占总发行量的65%。在以后的几年内，国债承购包销得到了进一步的扩大和发展。

第三阶段是1995年至今，主要是招标发行的方式。1995年8月，财政部对1995年1年期记账式国债首次进行招标式发行，这是我国国债发行方式的重大突破。1996年1月，财政部在发行1996年记账式（一期）国债时，第一次采用了价格招标的形式。1996年6月，财政部在发行1996年记账式（五期）国债时，首次采用了收益率招标形式。记账式国债基本上都采用招标方式发行。采用招标方式发行国债使我国的国债发行条件能够比较准确地反映金融市场上的资金供求状况，而且也缩短了国债发行期，减少了发行成本，提高了发行效率。

（四）我国国债发行管理方式的转变

1981年恢复发行国债后，我国曾采取年度发行额管理的方式。按照这种管理模式，每年的国债发行规模将视当年国债还本付息数额以及当年财政赤字数额而定，即国债发行额度等于当年国债还本付息数额加上当年财政赤字数额。发行额度一经全国人民代表大会批准，就成为刚性指标，不得突破也不得减少。这种管理模式相对简单，基本可以保证弥补当年的财政赤字。但也存在一定缺陷：国债政策目标比较单一，仅仅是为弥补财政赤字；在额度内财政部门倾向于多发长期国债，少发短期国债，使得债券存量每年滚动增加数量较大，不利于合理安排和优化国债的期限结构；年度发行规模管理制度也扭曲了金融市场，降低了货币政策的效率。

从 2006 年起，我国改进国债管理办法，参照国际通行做法，采取国债余额管理方式管理国债发行活动。所谓国债余额管理是指每年全国人民代表大会批准一个国债余额上限，这个指标等于上一年的国债余额加上本年度财政预算的赤字。国债发行只要不突破这个余额，发行规模和期限品种就可由政府视财政收入状况和市场情况灵活掌握。这既规范了发债行为，又增加了主动性和灵活性，符合国债管理的客观需要，并有利于有效防范财政风险。同时，在余额管理制度之下，一年期以内的国债，由于它当年发行当年兑付，不会增加下一年度国债市场的余额负担，因此也就为健全国债品种、完善基准利率体系创造了基本的制度条件，为金融市场化改革尤其是利率的市场化改革打下了坚实的基础。这也是我国 2007 年后国债发行额大幅上升的主要原因。

1985—2017 年，中国国债的发行情况，见表 10-4 和表 10-5。

表 10-4　1985—2005 年国家财政债务发行情况　　　单位：亿元

年份	合计	国内债务	国外借款	国内其他债务
1985	89.85	60.61	29.24	—
1986	138.25	62.51	75.74	—
1987	223.55	63.07	106.48	54.00
1988	270.78	92.17	138.61	40.00
1989	407.97	56.07	144.06	207.84
1990	375.45	93.46	178.21	103.78
1991	461.40	199.30	180.13	81.97
1992	669.68	395.64	208.91	65.13
1993	739.22	314.78	357.90	66.54
1994	1 175.25	1 028.57	146.68	—
1995	1 549.76	1 510.86	38.90	—
1996	1 967.28	1 847.77	119.51	—
1997	2 476.82	2 412.03	64.79	—
1998	3 310.93	3 228.77	82.16	—
1999	3 715.03	3 702.13	—	12.90
2000	4 180.10	4 153.59	23.10	3.41
2001	4 604.00	4 483.53	120.47	—
2002	5 679.00	5 660.00	—	19.00

续表

年份	合计	国内债务	国外借款	国内其他债务
2003	6 153.53	6 029.24	120.68	3.61
2004	6 879.34	6 726.28	145.07	7.99
2005	6 922.87	6 922.87	—	—

资料来源：《中国统计年鉴2006》，国家统计局网站。

注：从1999年开始，国内其他债务项目为债务收入大于支出部分增列的偿债基金。

表10-5　2005—2017年中央财政债务余额情况　　　　单位：亿元

年份	合计	国内债务	国外债务
2005	32 614.11	31 848.59	765.52
2006	35 015.26	34 380.24	635.02
2007	52 074.65	51 467.39	607.26
2008	53 271.54	52 799.32	472.22
2009	60 237.68	59 736.95	500.73
2010	67 548.11	66 987.97	560.14
2011	72 044.51	71 410.80	633.71
2012	77 565.70	76 747.91	817.79
2013	86 746.91	85 836.05	910.86
2014	95 655.45	94 676.31	979.14
2015	106 599.59	105 467.48	1 132.11
2016	120 066.75	118 811.24	1 255.51
2017	134 770.15	133 447.43	1 322.72

资料来源：国家统计局网站。

注：从2006年起实行债务余额管理。

二、公债的流通管理

（一）公债发行和流通的关系

公债的发行和流通相辅相成，是相互依存的整体。公债发行是公债流通的基础，没有公债发行，公债流通就失去了客观存在的必要性，而公债流通确保了外部投资者愿意向政府提供新的资金来源，为公债顺利发行和平衡财政收支创造了良好条件。

公债发行市场又称一级市场，是政府出售新债券的市场。公债发行市场的作用是将政府为筹集资金向社会发行的债券，分散发行到投资者的手中。公债流通市场又称二级市场，是指对已发行债券进行买卖、转让的市场。债券一经认购，即确立了一定期限的债权债务关系。通过债券流通市场，投资者可以转让债权，把债券变现。发行市场是整个债券市场的源头，是债券流通市场的前提和基础。发达的流通市场是发行市场的重要支撑，流通市场的发达是发行市场扩大的必要条件。

（二）公债流通市场的构成

公债流通市场可分为场内交易市场和场外交易市场。

在证券交易所内买卖债券所形成的市场，就是场内交易市场，这种市场组织形式是债券流通市场较为规范的形式。证券交易所是专门进行证券买卖的场所，如我国的上海证券交易所和深圳证券交易所。证券交易所作为债券交易的组织者，本身不参加债券的买卖和价格的决定，只是为债券买卖双方创造条件，提供服务，并进行监管。

场外交易市场又称"店头市场"或柜台交易市场，是指证券经纪商和证券自营商不通过证券交易所，而是在证券商之间或证券商与客户之间直接进行的证券分散买卖市场。柜台市场为场外交易市场的主体。许多证券经营机构都设有专门的证券柜台，通过柜台进行债券买卖。在柜台交易市场中，证券经营机构既是交易的组织者，又是交易的参与者。此外，场外交易市场还包括银行间交易市场，以及一些机构投资者通过电话、计算机网络等通信手段形成的市场等。

目前，我国债券流通市场由三部分组成，即沪深证券交易所市场、银行间交易市场和证券经营机构柜台交易市场。场外交易的方式主要有两种：一种是自营买卖公债，即投资者根据证券商挂牌上市公布的买卖价格，直接与证券商自由洽谈买卖公债，如达成协议，即可成交。另一种是委托买卖公债，即投资者委托证券商代其买卖公债，证券商仅作为中介不参与买卖业务，交易价格由委托买卖双方分别挂牌，双方价格达成一致后形成。

（三）公债流通市场的交易方式

公债流通市场的交易方式有现货交易、期货交易、回购交易和期权交易。

1. 现货交易

现货交易是指交易双方在成交后即时清算交割其债券和价款的方式。现货交易在公债流通市场初期对公债市场的发展起到了重要作用，但随着经济的发展和改革的深入，单纯用此方式已行不通，因为公债现货交易方式限制了个人信用的发挥，同时也不利于投资者稳定收益，减少投资风险。

2. 期货交易

期货交易是指公债买卖双方成交后按契约中规定的价格、数量进行远期交割的一种债券交易方式。我国于1993年开放国债期货市场，首先在上海证券交易所试点。由于期货交易的杠杆性以及过度的投机，造成市场的混乱和不成熟，1995

年5月,中国政府宣布暂停国债期货交易。然而国债的期货交易不仅作为金融期货交易的一种特殊交易形式,是金融市场的重要组成部分,而且是我国加入WTO、融入经济全球化的需要。经过多年准备,2013年9月6日,5年期国债期货正式在中国金融期货交易所上市交易,国债期货交易得以恢复。

3. 回购交易

公债的回购交易是指公债交易商或投资者在卖出某种公债的同时,约定于未来某一时间以事先确定的价格再买回同一牌名、同等数量的公债的一种交易方式,其实质是证券的卖出者借入资金。与此相反,如果公债的交易商或投资者买进公债,并约定于未来某一时间按事先确定的价格再将等量的同一牌名的公债卖给最初出售者,则这种交易被称为公债的逆回购交易,其实质是证券买入者向交易对象贷出资金。

公债回购市场是公债流通市场的重要组成部分。公债回购和逆回购具有以下作用:(1)作为一种融资与融券相结合的交易方式,将证券市场与货币市场相连接,扩大了经纪商承销公债的能力,增大了公债一级市场的容量,从而有助于公债顺利发行以及公债运行机制的市场化改革。(2)是中央银行在公债市场开展公开市场业务操作的基本方式,是实现货币政策的重要工具。(3)公债回购率是公债期货价格确定的依据。(4)公债回购业务不仅给短期资金富余者提供了投资机会,而且也直接增加了市场对公债的需求,从而直接增加了公债的流通性。目前,我国国债回购业务发展速度快,交易量大,逐渐成为重要的交易工具。

4. 期权交易

公债的期权交易是指公债交易双方为限制损失或保障利益而签订的,同意在约定时间内按协定价格买进或卖出契约中指定的债券,也可以放弃买进或卖出这种债券的交易方式。目前我国尚未开展国债的期权交易。

三、公债的偿还管理

(一)公债的偿还方法

公债的偿还方法主要有以下四种。

1. 买销法

买销法也称收买偿还法、市场偿还法,是政府按照市场价格在证券市场上买进政府所发行的公债,公债的偿还通过市场交易完成。买销法是一种间接偿还方式。这种方法对政府来说,偿还成本低,操作简单,且可以体现政府的经济政策。买销法通常与公债发行上的公卖法相对应。

2. 比例偿还法

比例偿还法是指政府按照公债的数额，分期按比例偿还。由于这种偿还方法是政府不通过市场，而直接向公债持有者偿还公债的本息，所以又称直接偿还法。偿还比例的确定包括平均比例偿还、逐年递增比例偿还、逐年递减比例偿还等具体的做法。比例偿还法的优点是有利于政府安排偿债基金，使公债的偿还有稳定的资金来源。20世纪50年代中国发行的公债大都采用逐年递增比例偿还法。

3. 抽签偿还法

抽签偿还法是指政府通过定期抽签确定应清偿的公债的方法。一般是以公债的号码为抽签依据，一旦公开抽签确定应清偿公债的号码之后，所有相同号码的公债都同时予以偿还。抽签偿还法也是一种直接偿还法。1981—1984年中国发行的国库券，就采用抽签比例偿还法。

4. 一次偿还法

一次偿还法是指国家定期发行公债，在公债到期后，一次还清本息。自1985年以来中国发行的国库券就是规定发行期限到后一次还本付息完毕。

(二) 公债偿还的资金来源

政府公债偿还的资金来源主要依靠预算盈余、偿债基金、预算列支以及发行新债还旧债等。

预算盈余偿还，是指政府以预算盈余资金作为偿债资金来源的做法。从理论上说，用预算盈余资金偿还公债是预算周期平衡政策的具体运用。但这种方法实施的前提是政府预算必须有盈余。从目前世界各国的财政收支状况看，这个前提条件并不具备，因而这种方法一般不具有实践价值。

建立偿债基金，以备偿债之用，也是筹集公债偿还资金的一种方法。偿债基金，是在政府预算中专门设立并规定来源和用于公债还本付息的专门准备基金。其来源包括预算定额拨款、公债发行收入的定额缴纳、部分超计划发行公债、公债还本付息结余、部分预算结余以及偿债基金经营收益等。建立偿债基金制度，为偿还债务提供了一个稳定的资金来源，能保证公债的及时偿还，提高公债信誉，减轻债务成本，顺利渡过偿债高峰。从长远看，还可以平衡各年度的还债负担。设置偿债基金可以把政府的正常预算收支和债务收入、使用和偿还分离开来，有利于掌握各类不同来源的资金结构、投向和使用效果。

预算列支方法，指公债偿债期到时，政府将当年到期的公债本息直接列入本年预算支出中，以预算资金抵偿公债，从而使预算资金成为政府偿债的资金来源之一。这种方式在正常情况下可以保证债权安全，增强公债信誉，但在公债运用低效或无效时，只能靠提高税收负担的办法来筹资偿债，这就可能给社会生产带来不利影响。

政府发行新债还旧债，是当前世界各国政府筹集偿债资金的常用方法。这种方法就是从每年新发行的公债收入中，提取一部分来偿还公债的本金。从本质上说，这并不是一种偿还方式，其副作用较大，必须严格控制。但在实践中，长期实行赤字财政政策的国家，往往不得不依靠借新还旧的办法来偿付到期的债务本金。

从实践角度看，出于信用体系和金融市场的发展程度等方面的原因，发达国家偿还公债一般以买销法为主，而发展中国家较多地采用直接偿还法。过去，一些发达国家曾建立偿债基金制度，但由于奉行赤字财政政策，赤字连年不断，不仅原有偿债基金被挪用，而且还不得不发行大量新债，现在除少数国家仍坚持偿债基金制度外，大都已转向预算拨款和调换公债的办法。少数发展中国家，尽管有各种各样建立偿债基金的计划，但苦于资金匮乏和财政制度的不完善，真正付诸实施的并不多见，大多数国家现在实行的是预算列支偿还制度和新债换旧债的方法。

中国目前大多数公债实行一次偿还法，其资金来源多靠举借新债。随着证券市场的完善和公卖法的采用，其他方法也会得到更多的运用。

思考题

1. 公债大规模出现的背景是什么？
2. 试结合有关衡量指标，分析当前中国的公债风险。
3. 谁实际上负担了公债？
4. 如果公债是政府的一种收入，那么这是不是意味着政府永远不会出现收不抵支这一问题？
5. 试分析中国市场化改革和公债市场发展的关系。

▶ 自测习题及参考答案

第十一章 政府预算

政府预算是经法定程序审核批准的政府年度收支计划，具有完整性、可靠性、公开性、法治性和年度性的原则要求。新时期以来，我国政府预算管理经历了部门预算、国库集中收付制度、政府收支分类体系、政府采购制度、全口径预算管理、中期财政规划管理、政府会计制度和政府综合财务报告制度，以及预算监管体系方面的改革，取得了积极的成效，但仍需不断改革和完善。

本章共分二节。第一节是政府预算概述，说明政府预算的概念、原则、分类和过程。第二节是中国政府预算管理制度改革，介绍我国政府预算改革的进程及成效，提出下一步改革的方向和重点。

第一节 政府预算概述

一、政府预算的概念及产生

（一）政府预算的界定

"预算"一词原意指英国财政大臣在议会做财政收支报告时，随身携带的装有财政收支计划的皮包，后则演变成为该皮包所装之文件，即政府提交立法机构审批的财政收支计划。

政府预算，亦称国家预算，是各级政府依据法律和制度规定编制，并经法定程序审核批准的政府年度收支计划，是政府组织和规范财政分配活动的重要工具，在现代社会，它还是政府调节经济的重要杠杆。"国家的预算是一个重大的问题，里面反映着整个国家的政策，因为它规定政府活动的范围和方向。"[①]

首先，政府预算是以年度财政收支的形式存在的。它是对年度财政收支规模和结构的预计与测算，具体形式是按一定标准，将预算年度的财政收支分门别类地列入各种计划表格，通过这些表格可以反映一定时期政府财政的收支情况。

其次，政府预算是政府组织和规范财政分配活动的重要工具。法治财政要求财政运行必须有法可依，政府预算本身是一个经过立法机关审批的法律文件，预算中各种有关财政收支总额、结构以及财政赤字、政府债务的规定，是财政运行

---

① 《毛泽东文集》第 6 卷，人民出版社 1999 年版，第 24 页。

的重要依据。除法律另有规定外，预算就是规范政府财政运行的标尺，不得随意突破，也不得任意减少。

最后，政府预算还是调节经济的重要工具。政府预算的调节作用主要表现为财政收支的规模及其差额。本书第二章已经分析过，财政在发挥经济稳定与发展职能时，可以采取相机抉择的政策，逆经济风向调节。就政府预算来说，当社会有效需求不足时，政府可以扩大支出规模、保持一定赤字规模以扩大社会总需求；当社会需求过旺时，政府可以缩小支出规模、保持预算盈余以抑制社会总需求。此外，在市场经济条件下，经济运行客观上存在周期性波动，因此，政府可以考虑制订中长期的政府预算进行反经济周期调节，从而在更长的时间范围内调节经济，实现长期的经济稳定增长。

政府预算是公共财政体系的重要组成部分。从财政收支的内容上看，政府预算是财政的核心，政府预算规定了财政的收支总额及结构状况。但从起源看，两者不具有一致性。财政随国家的产生而产生，而现代政府预算是社会发展到一定阶段的产物。

（二）现代政府预算的形成

现代意义上的第一个政府预算产生于封建社会向资本主义社会过渡、自然经济向市场经济过渡的英国。在13世纪至19世纪之间，英国社会与封建君主进行了无数次的斗争，其中包括1215年的《大宪章》事件、17世纪40年代的革命、1688年的"光荣革命"以及19世纪上半期的宪章运动等，英国政府收支的全部决定权逐步转到了英国议会手中。议会为了确保有效控制和决定政府收支，要求政府在财政年度开始之前预先编制年度收支计划，报送议会审议批准，然后才能执行。这一预先提交并经议会审批的政府年度收支计划就是政府预算。

政府预算的产生，是新兴资产阶级追求政治权力和地位的必然要求。资本主义生产方式出现、资产阶级掌握经济权力后，必然要求相应的政治权力和地位，通过预算来控制全部政府收支就是一种必然结果。此外，加强财政管理和监督是政府预算发展的决定性因素。随着社会生产力的迅速发展，财政分配规模日益扩大，财政收支项目增加，收支关系日益复杂，财政收支的发展变化客观上要求加强财政监督与管理，编制统一的财政收支计划。因此，政府预算是适应财政管理的需要而发展的。

（三）我国政府预算的产生和发展

我国作为世界文明古国，早在公元前2000多年就出现了国家，产生了财政，但直到清光绪末年一直没有现代意义上的政府预算。在漫长的封建社会中，虽出现过关于国家财政收支事先要有计划的设想，如公元780年，唐德宗时宰相杨炎提出"量出制入"的财政原则，要求国家先计划支出数额，以支定收，但因缺乏形成政府预算制度的经济和政治基础，只有预算思想而没有形成真正的政府预算。鸦片战争以后，随着帝国主义的入侵，我国沦为半殖民地半封建社会，这时西方的财政思想开始逐步输入我国并产生重要影响。清光绪皇帝1893年实行变法，推行新政，提出"改革财政，编制政府预算"，实际上就是按照西方模式改革清王朝的财政，但最终变法夭折，未能实施。

清末，由于政府腐败和挥霍无度，财政收不抵支，清政府只得向国外大量举债。外国政府要求清王朝公开财政，编制财政收支计划，迫使清政府不得不编制预算。1908年，清政府颁布《清理财政章程》，于1910年起试编政府预算，由度支部（1906年由户部改名而来）下设的清理财政处主持编制预算工作。由于清政府统治已摇摇欲坠，各省形成割据状态，财政并未统一，仅仅是各省收支数字拼凑而成的账面统一。1911年辛亥革命爆发，推翻了清政府，结果是仅有预算而无决算。

国民政府1928年成立预算委员会，主要负责编制年度预算。因内战长年不息，一切财政收支难以按计划进行，无法完成综合的政府预算。1931年，国民政府主计处成立，公布了《预算章程》及《办理预算收支分类标准》，为政府预算提供了基础性规则，当年国民政府第一次正式编制了总预算。

新中国成立前，各革命根据地曾编制地方预算，由于战时客观条件的限制，不可能建立统一的政府预算。新中国成立后，中央人民政府根据《中国人民政治协商会议共同纲领》关于"建立政府预算决算制度"的规定，着手编制1950年财政收支概算草案，即新中国第一个预算。1951年8月，政务院发布了《预算决算暂行条例》，规定了政府预算的组织体系，各级政府的预算权，各级预算的编制、审查、核定与执行的程序，决算的报批与审定程序，建立了政府预算制度。为配合社会主义市场经济改革，1994年3月，《预算法》经第八届全国人民代表大会第二次会议审议通过，并于1995年1月1日起施行。此后，历经四次审议，第十二届全国人民代表大会常务委员会第十次会议在2014年8月31日表决通过了《全国人大常委会关于修改〈预算法〉的决定》，并决议于2015年1月1日起施行。《预算法》的重大突破，参见专栏11-1。

专栏11-1 《预算法》的重大突破

（一）完善政府预算体系，健全透明预算制度。

《预算法》删除了有关预算外资金的内容，并明确规定：政府的全部收入和支出都应当纳入预算。预算包括一般公共预算、政府性基金预算、国有资本经营预算、社会保险基金预算。同时对四本预算功能定位、编制原则及相互关系作出规范。

为推进预算公开透明,《预算法》增加规定,除涉及国家秘密的事项外,预算、预算调整、决算、预算执行情况的报告及报表,应当在批准后20日内由政府财政部门向社会公开。

(二)改进预算控制方式,建立跨年度预算平衡机制。

根据十八届三中全会的要求,《预算法》增加规定,各级人大预算审查的重点是:预算安排是否符合国民经济和社会发展的方针政策,收支政策是否可行;重点支出和重大投资项目的预算安排是否适当;对下级政府的转移性支出预算是否规范、适当等内容。

同时,为适应经济形势发展变化和财政宏观调控的需要,《预算法》强调,各级政府应当建立跨年度预算平衡机制。

(三)规范地方政府债务管理,严控债务风险。

为规范地方政府债务管理,按照疏堵结合、"开前门、堵后门、筑围墙"的改革思路,《预算法》增加了允许地方政府举借债务的规定,同时从主体、用途、规模、方式、风险五个方面作出限制性规定。

(四)完善转移支付制度,推进基本公共服务均等化。

为进一步规范和完善转移支付制度,《预算法》增加规定:财政转移支付应当规范、公平、公开,以均衡地区间基本财力、由下级政府统筹安排使用的一般性转移支付为主体。建立健全专项转移支付定期评估和退出机制。

(五)坚持厉行节约,硬化预算支出约束。

《预算法》确定了统筹兼顾、勤俭节约、量力而行、讲求绩效和收支平衡的原则。在预算执行中,各级政府一般不制定新的增加财政收入或者支出的政策和措施,也不制定减少财政收入的政策和措施;必须作出并需要进行预算调整的,应当在预算调整方案中作出安排。同时,《预算法》增加规定,国家实行国库集中收缴和集中支付制度,对政府全部收入和支出实行国库集中收付管理。

资料来源:财政部网站。

二、政府预算的原则

政府预算的原则是政府选择预算形式和体系应遵循的指导思想,是确定政府财政收支计划的方针。自政府预算产生之后，就开始了对预算原则的探索，形成各种各样的思想和主张。

（一）完整性

完整性原则要求政府全年的全部预算收支项目都必须纳入预算，受预算机制约束，不允许存在预算外的其他财政收支和财政活动。完整性原则包括两方面含义：一是政府预算应当完整地反映政府全部的财政收支活动，涵盖全部政府资金；二是政府预算内容要完整，所有政府收支信息、全部资产负债信息、绩效信息、风险信息等都必须纳入预算文件。只有确保政府预算的完整性，才能做到预算的信息充分，切实利于立法机关和社会公众实施预算监督。

（二）可靠性

可靠性原则要求政府预算必须依据可靠的资料、信息进行预测和编制，运用科学的方法正确地估计各项预算收支数字，不得假定或编造。预算信息的真实可靠，是实施预算科学管理和有效监督的前提要件。为保证数据的真实可靠，政府部门应按统一公开的标准和方法预测、记录和公布所产生的财政信息，使预算数据能够真实反映最近的收入和支出趋势、潜在的宏观经济发展情况；同时，还要有公开独立的审计机构对政府提供的财政信息按照统一公开的标准进行审核，使预算数据更加清晰、可比。

（三）公开性

公开性原则要求政府预算及其执行情况必须采取一定的形式公之于众，让公众了解财政收支状况，并置于公众的监督之下。政府预算涉及的是公共的资金，目的是满足社会公共需求，政府有义务向社会公众公开有关公共资金筹集和使用的所有信息（涉密信息除外）。政府预算公开透明是保证政府资金安全、有效使用的重要前提。

（四）法治性

法治性原则要求政府预算的成立和执行结果都要经过立法机关审查批准。政府预算与一般财政经济计划不同，它必须经过规定的合法程序，预算一经立法机关审批通过，就是法律文件，政府部门必须严格执行。预算执行过程中因情况变化而导致的预算变动，需要调整、修正或补充预算，政府部门都必须提请立法机关审批。未经立法机关批准，政府不能擅自改变资金的用途和使用方式，不能将资金在不同的部门、不同的用途、不同的项目、不同的预算科目之间调进、调出，任何政府支出都应在政府预算中事先决定。法治性原则体现了立法机关代表社会公众对行政机关财政权力的监督和制约，旨在维护政府分配的合理性、规范性和严肃性。

（五）年度性

年度性原则是指政府必须按照法定的预算年度编制预算，反映全年财政收支活动，不允许将不属于本年度财政收支的内容列入其中。预算年度是预算收支起讫的有效期限，通常为一年。目前世界各国普遍采用的预算年度有两种：一是历年制预算年度，即从每年1月1日起至同年12月31日止，我国即实行历年制预算年度；二是跨年制预算年度，即从每年某月某日开始至次年某月某日止，中间历经12个月，但却跨越了两个年度，如美国联邦政府预算年度是从每年的10月1日开始，到次年的9月30日止。

三、政府预算的分类

（一）单式预算和复式预算

根据政府预算形式的不同，政府预算可分为单式预算和复式预算。

单式预算是传统的预算形式，其做法是在预算年度内，将全部财政收入与支出汇集编入单一的预算表格内，而不去区分各项财政收支的经济性质。其优点是把全部的财政收入与支出分列于一个统一的预算表上，综合反映年度内政府财政收支总体情况，简洁明了，整体性强，便于立法机关审议批准和社会公众了解。其主要缺点是没有把全部财政收入按经济性质分列和汇集平衡，不便于经济分析和有选择地进行宏观经济调控。

复式预算是将预算年度内全部财政收支按经济性质汇集编入两个或两个以上的预算表格，从而形成两个或两个以上的预算。复式预算的优点是根据不同性质分别编制，便于区分不同收支的经济性质和用途，便于政府权衡支出性质，区分轻重缓急，做到资金安排使用的有序性和合理性，有利于经济分析和宏观管理。但其缺点在于，复式预算下各个预算单独平衡，以各自来源对应各自支出，打破了预算的完整性原则和传统的收支平衡观念，不便于预算审查和监督。

复式预算的典型做法是把政府预算分成经常预算和资本预算两个部分。其中经常预算是针对政府经常性收支而编制的预算，以税收等经常性收入为来源，以行政事业支出等经常性支出为对象；资本预算也称投资预算、建设预算，主要针对政府资本性收支而编制的预算，以公债为主要收入来源，以经济建设支出及宏观调控等资本性支出为支出对象。

（二）增量预算和零基预算

根据预算编制方法的不同，政府预算可分为增量预算和零基预算。

增量预算是以以前财政年度的财政收支为基数,依据新的财政年度经济发展情况加以调整之后确定的预算。零基预算不考虑以前年度的财政收支状况,所有财政收支计划必须从零开始,重新审核,以提高资金使用效率。

增量预算以过去的历史数据为基础进行编制,注重预算的历史延续,且简单易行,但前提是以往财政收支的合理性。以往财政收支不合理,增量预算还会通过累积效应将这种不合理进一步放大。零基预算强调一切从零开始,不受以前各期预算执行情况的干扰,尽可能找出更好的办法,使未来年度的预算一开始就建立在一个科学、合理的基础之上,避免不必要的浪费,但这种预算编制时间较长,要求技术水平较高,实施起来有一定难度。

(三) 年度预算和中长期预算

按预算时间长短,政府预算可分为年度预算和中长期预算。

年度预算是指预算时间为一年的政府收支预算。中长期预算,也称中长期财政计划,是指预算时间一年以上的财政收支计划,一般把一年以上10年以下的计划称中期预算(中期计划),把10年以上的计划称长期预算(长期计划)。

一般来说,年度预算比较符合近期的现实需要,但难以实现跨年度统筹,容易助长短期行为。中长期预算,特别是中期预算,可以强化对年度预算的约束性,增强预算的前瞻性和全局性,促进财政可持续发展。

(四) 总预算、部门预算和单位预算

按预算收支管理范围分类,政府预算可分为总预算、部门预算和单位预算。

总预算是各级政府的财政收支计划,由各级政府的本级预算和下级政府总预算组成。部门预算是由政府各个部门编制,反映政府各部门所有收入和支出情况的预算,部门预算的总和构成政府本级预算。单位预算是部门预算的基本组成部分,是各政府部门直属机关及其所属行政事业单位的年度收支预算。

(五) 中央政府预算与地方政府预算

按照政府预算的级次分类,政府预算可分为中央政府预算(中央预算或联邦预算)和地方政府预算(地方预算)。

目前,世界上多数国家都采用多级政府架构,中央预算是指经法定程序审查批准的,反映中央政府活动的财政收支计划。除中央政府外,其他级次政府均可称为地方政府,其相应的预算就是地方预算。

四、我国政府预算的组成体系

《预算法》第3条规定:"国家实行一级政府一级预算。"我国政府预算体系即按照这一原则建立。与政权结构相适应，结合行政区域划分，我国设立中央、省（自治区、直辖市）、市（自治州）、县（区）、乡（镇）五级政府预算。除中央预算外，其余四级预算均可称为地方预算。因此，从政府纵向体系看，我国政府预算系统由中央预算和地方预算组成。地方预算由各省、自治区、直辖市总预算组成。地方各级总预算由本级预算和汇总的下一级总预算组成。

从预算所涵盖的内容看，根据《预算法》，我国的预算包括一般公共预算、政府性基金预算、国有资本经营预算、社会保险基金预算。

（一）一般公共预算

一般公共预算是对以税收为主体的财政收入，安排用于保障和改善民生、推动经济社会发展、维护国家安全、维持国家机构正常运转等方面的收支预算。

一般公共预算收入包括各项税收收入、行政事业性收费收入、国有资源（资产）有偿使用收入、转移性收入和其他收入。一般公共预算支出按照其功能分类，包括一般公共服务支出，外交、公共安全、国防支出，农业、环境保护支出，教育、科技、文化、卫生、体育支出，社会保障及就业支出和其他支出；一般公共预算支出按照其经济性质分类，包括工资福利支出、商品和服务支出、资本性支出和其他支出。

（二）政府性基金预算

政府性基金预算是对依照法律、行政法规的规定在一定期限内向特定对象征收、收取或者以其他方式筹集的资金，专项用于特定公共事业发展的收支预算。

政府性基金预算的管理原则是：基金全额纳入预算管理，实行收支两条线，收入全额上缴国库，先收后支，专款专用；在预算上单独编列，自求平衡，结余结转下年继续使用。

政府性基金预算的收入来源主要包括向特定对象征收的基金、收费，出让土地以及发行彩票等，其支出主要用于特定的公共事业，具体支出科目与一般公共预算相同。

（三）国有资本经营预算

国有资本经营预算是指国家以所有者身份依法取得的国有资本收益，并对所得收益进行分配而产生的各项收支预算。

国有资本经营预算的收入主要包括从国家出资企业取得的利润、国有产权（股权）转让收入、清算收入以及其他收入等。国有资本经营预算的支出按照当年的预算收入规模安排，不列赤字，主要包括国有经济和产业结构调整、企业灾后恢复生产重建、企业重大技术创新、节能减排、境外矿产资源权益投资以及改革重组补助支出等。

（四）社会保险基金预算

社会保险基金预算是对社会保险缴款、一般公共预算安排和其他方式筹集的资金，专项用于社会保险的收支预算。社会保险基金预算按照统筹层次和社会保险项目分别编制，包括基本养老保险基金、失业保险基金、基本医疗保险基金、工伤保险基金、生育保险基金等内容。

社会保险基金预算的收入主要包括社会保险费收入、利息收入、财政补贴、其他收入等，社会保险基金预算的支出主要包括社会保险待遇支出、转移支出、补助下级支出等。

五、政府预算过程

一个完整的政府预算过程包括预算编制、预算审批、预算执行和政府决算四个阶段。

（一）预算编制

预算编制是整个预算工作程序的开始，也是预算过程运作的基础。预算编制除了要遵守前述所列原则之外，往往还要考虑当时的经济状况、政府的政策目标以及以前年度预算的执行状况等因素。政府预算在未经立法机构审批之前称为预算草案。政府预算草案编制的核心内容，就是确定各个收支项目的具体数额，即确定预算指标数。

（二）预算审批

预算草案编制完成之后必须提交立法机关审议。立法机关审批预算是现代预算的本质特征，在我国，中央政府预算由全国人民代表大会审查和批准，地方各级政府预算由本级人民代表大会审查和批准（参见专栏11-2）。

专栏11-2 我国政府预算编审的"二上二下"模式

我国政府预算草案在当年人民代表大会召开之前确定。预算编制与审批的组织程序按"自下而上、自上而下、二上二下、上下结合"的方式进行。

一上：单位、部门提出预算建议数

由单位、部门自下而上向财政部门上报预算建议数。单位根据预算年度工作计划、任务和收支增减因素，按财政部门规定的预算报表格式，提出由各项收支组成的概算，逐级汇总后，按规定的时间由主管部门报送同级财政部门。

一下：财政部门下达预算控制数

> 财政部门根据政策法规、经济社会发展规划和各项收支测算所确定的预算数额，自上而下按预算级次下达预算控制数或预算指标。
>
> 二上：汇编预算草案
>
> 单位根据所下达的预算控制数，调整本单位各项收支，按照预算编报的要求，正式编制本单位年度预算草案。预算草案编制完成后，按照规定程序逐级报送主管部门，主管部门审核汇总形成部门预算草案，报送财政部门。财政部门审核汇总后形成本级预算草案。
>
> 二下：审批预算
>
> 各级政府提交的预算草案要经同级人民代表大会按规定的立法程序审核批准，经人民代表大会审批后的预算成为当年的正式预算。财政部门将经批准的本级预算在规定期限内向各部门批复下达，各主管部门再在部门预算的范围内批复所属各单位预算。批复下达的预算成为预算执行的依据。

（三）预算执行

政府预算执行是整个预算工作程序的重要环节。政府预算草案在立法机关审批后即成为正式法案，进入执行阶段，由政府组织实施。

预算执行的基本要求有两个。一是严格按立法审批的预算执行。要求先有预算、后有收支，严格执行预算，严禁超预算或者无预算安排收支。收入部门组织收入必须依法进行，及时足额上缴国库；支出部门在具体支出时间、支出内容和支出金额上应该按照经过审查和批准的预算来实施，不随意超前或滞后支出、不挤占挪用资金，不出现大额超支或者结余等情况，也不存在项目无预算而支出。二是根据立法意图及时调整预算。在预算执行过程中，由于经济、社会环境的变化，预算需要进行相应调整，包括预算支出总额的变化，项目的改变，经费在不同部门、不同项目、不同科目之间的调入调出等。预算执行过程中的上述变化，都必须经立法机关审批后方能进行。

我国的各级预算由本级政府组织执行，具体工作由本级财政部门负责。预算执行包括收入征缴、指标审核、支出资金拨付和预算调整等几个环节。预算收入征收部门，必须依法组织预算收入，按照财政管理体制规定及时将预算收入缴入中央国库和地方国库。有预算收入上缴任务的部门和单位，必须依照法规的规定，将应上缴的预算资金及时、足额地上缴国库。各级政府财政部门必须依照法律和规定及时、足额地拨付预算支出资金，并加强管理和监督。对于必须进行的预算调整，各级政府应当编制预算调整方案，列明调整原因、项目、数额、措施及有关说明，报经各人民代表大会常务委员会审查批准。

（四）政府决算

政府决算是整个预算工作过程的总结，政府要对年度预算执行结果进行总结，决算报告也需经过法定程序批准。决算与预算相对应，有一级预算，就应当有一级决算。编制决算有助于评估预算的执行情况，总结预算执行的经验，为政府部门未来决策提供重要的参考依据。

决算也需先编制决算草案。在我国，决算草案由各级政府、各部门、各单位在每一预算年度终了后按规定时间编制。决算草案由各级人民代表大会常务委员会审批，地方各级政府还应将经批准的决算报上一级政府备案。

第二节　中国政府预算管理制度改革

一、中国政府预算管理制度改革的内容及成效

（一）部门预算改革

新中国成立以来，我国政府向人代会提交的预算是收入按类别、支出按功能的汇总预算。功能预算不分组织单位和开支对象，按照政府的概括目标或职能对支出加以分类，便于了解政府的职能运作，但也存在缺陷，预算碎片化，预算编制粗糙，预算资金分配权分散，预算约束软化等，机动财力过大，执行中追加追减的情况时常发生。

部门预算是由政府各部门编制，经财政部门审核后报立法机关审议通过，反映部门所有收入和支出的预算。部门预算保证了预算的完整性，预算编制更为细化科学，而且要求预算编制、执行与监督相分离，有助于消除预算分配权分散化、部门收支行为不规范、预算约束软化等种种弊端。

从 2000 年开始，中央政府的六个直属部委进行部门预算改革试点，此后逐步推广到所有的政府部门。我国部门预算改革的内容主要包括：（1）编制范围涵盖部门或单位所有的收入和支出，不仅包括财政预算内资金收支，也包括各项预算外资金收支、经营收支以及其他收支；既包括一般预算收支，还包括政府性基金收支。（2）编制程序由基层单位开始，自下而上逐级审核汇总。（3）延长编制时间。（4）编制内容包括部门收入预算和部门支出预算。部门各类收入要按照不同来源分别编制预算，汇总后形成部门收入预算。部门支出预算包括基本支出预算和项目支出预算两部分。

近年来，我国部门预算改革不断深化，报送人大审议的政府部门越来越多，内容不断细化，与现代财政制度相适应的预算编制、管理体系已经初步确立。预算编制工作逐步走向规范化、制度化和科学化，预算编制责任主体更为明确，预算内容完整涵盖所有政府收支活动，初步建立起与国家宏观政策及部门履行职能紧密结合的现代预算分配机制，预算的计划性和严肃性得到增强，预算透明度进一步提高，人大对预算的监督和约束显著增强。

（二）政府收支分类改革

建立科学的预算支出分类体系是对各项财政支出实施有效控制和管理监督的基础。我国原政府预算收支科目的分类方法是计划经济时期参照苏联财政管理模式确定的，随着社会主义市场经济体制和公共财政管理框架的逐步确立，部门预算、国库集中收付等各项财政改革的逐步深入，以及对外开放和国际交流的不断发展，原收支分类体系越来越不能适应现代财政管理与改革的需要，弱化了政府预算管理基础。这主要表现在：原收支分类沿用计划经济体制要求的基本分类框架，难以适应市场化进程的需要；涵盖范围偏窄，不能准确反映政府收支活动全貌；科目粗，给审查和批复预算造成困难；收支分类体系混乱，口径复杂而不够规范，科目内容重复交叉多。这些不适应性和弊端，难以适应政府各项预算改革的需要，弱化了财政预算管理和监督职能，并与国民经济核算体系和国际通行做法不相适应。

为完整、准确地反映政府收支活动，并为进一步深化各项财政管理改革，防止腐败，建立健全公共财政体系创造有利条件，在前期广泛试点并征求意见的基础上，从2007年起我国开始全面实施政府收支分类改革。

此次政府收支分类改革，建立了一套包括收入分类、支出功能分类和支出经济分类在内的完整规范的政府收支分类体系，奠定了我国政府收支分类体系的基本框架，并保持相对稳定。这对全面、准确、清晰地反映市场经济条件下政府的收支活动，合理把握财政调控力度，继续深化部门预算、国库集中收付、政府采购等各项改革，强化财政监督，建立与国际接轨的、高效实用的财政统计分析体系，不断推进国际合作与交流，都具有重要的意义。

（三）国库集中收付制度改革

预算执行的规范和有效，需要国库管理制度的密切配合。我国传统的财政性资金缴库和拨付方式，是通过征收机关和预算单位设立多重账户分散进行的，财政资金逐级层层经收、上解和下拨。这种分散的财政资金收付制度，重复和分散设置账户、政府财政资金分散脱离监督、财政收支不规范、预算信息管理落后，越来越不适应社会主义市场经济体制下公共财政的发展要求。

国库集中收付制度是建立、规范国库集中收付活动的各种法令、办法、制度的总称，其运作是以国库单一账户体系为基础，所有财政性资金（包括预算内外资金）都纳入国库单一账户体系管理，逐步推进各级政府预算统一管理，资金缴拨以国库集中收付为主要形式的财政国库管理制度。

自2001年开始，我国在一些地区进行国库集中收付制度的改革试点。其主要内容包括：建立国库单一账户体系，所有财政性资金通过国库单一账户体系存储、支付和清算；规范收入收缴程序，适应财政国库管理制度的改革要求，将财政收入的收缴分为直接缴库和集中汇缴；规范支出拨付程序，按照不同的支付主体，对不同类型的支出，分别实行财政直接支付和财政授权支付。

近年来，国库集中收付制度改革不断深化，财政资金运行的安全性、规范性、有效性进一步增强。国库集中收付制度规范了预算执行程序，方便了预算单位及时用款；促进了预算编制细化，提高了支出透明度；建立了财政资金支付全过程监督机制，有助于从源头上预防腐败；有利于合理调度资金，增强政府对经济的宏观调控能力。

（四）政府采购改革

政府采购是提高预算资金使用效率的重要方式。传统的预算管理重拨款轻使用，政府购买支出多采用分散方式进行，采购资金由各使用单位自行支配，政府采购缺乏法律、规章制度的规范与监督，容易出现盲目随意采购、重复采购、本地化采购、高价采购、工程和货物验收不严格等现象，缺乏制度约束和有效监督，助长寻租现象，导致政府采购资金浪费、使用效率不高，阻碍预算目标的实现。

政府采购是指各级政府及其所属机构为了开展日常政务活动或为公众提供服务的需要，在财政的监督下，以法定的方式、方法、程序，对货物、工程或服务的购买行为，以及包括采购政策、采购程序、采购过程及采购管理等内容的公共采购管理制度。政府采购实质上是通过政府支付和使用资金的行为促使政府采购行为规范化，实现政策目标，具有集中性、公开性、计划性和规范性的特点。因此，政府采购有一套规范化、程序化的法律制度和规则。

1999年4月，财政部制定发布了《政府采购管理暂行办法》，这是我国有关政府采购的第一部规章，明确了我国政府采购试点的框架体系。2003年，《中华人民共和国政府采购法》颁布实施，标志着我国政府采购由试点阶段转向全面推行阶段。政府采购制度建立以来，政府采购的法治化和规范化水平显著提升，政府采购规模持续扩大（见图11-1），经济效益显著提高，政府采购政策功能不断拓展，宏观调控能力明显增强。政府采购在发挥财政政策功能、规范财政支出行为、提高财政资金使用效益，以及促进国家经济社会发展目标实现等方面取得了突出成效。

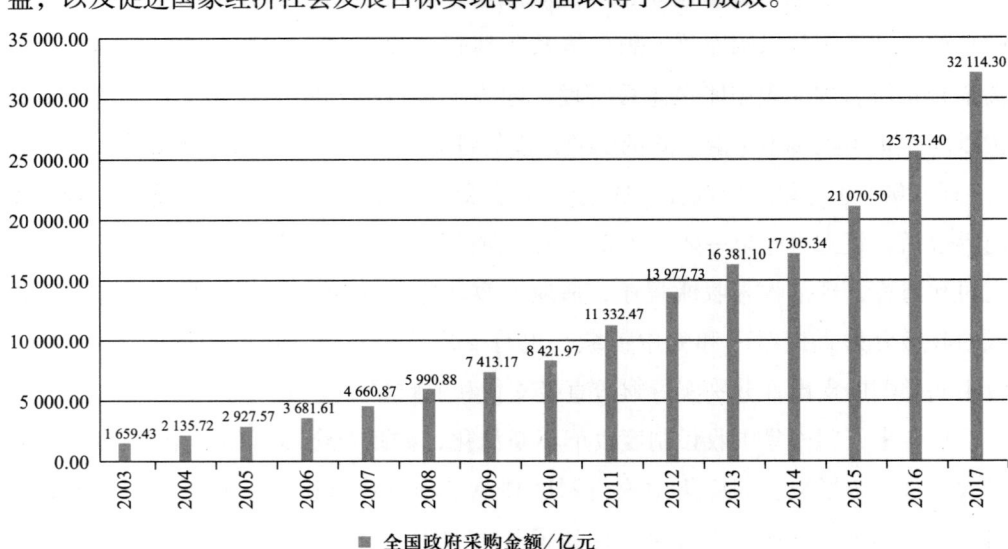

图 11-1　2003—2017 年全国政府采购金额

资料来源：财政部网站和中国政府采购网网站。

（五）全口径预算改革

如前所述，预算的完整性要求所有政府收支都纳入预算，接受立法机关和社会监督。但实际上，20 世纪 90 年代中期以来，我国财政运行中存在相当规模的预算外资金，甚至还有一些不规范的制度外资金，肢解了预算的完整性，导致预算的碎片化，不仅影响了人大对政府收支的监督，还降低了财政透明度，损害了政府公信力。

有鉴如此，统一预算管理就成为改革的必然。1998 年，我国提出了构建公共财政体制框架目标，要求规范政府收支，将政府所有收支都纳入预算管理，接受全体社会成员的监督。2003 年 10 月，党的十六届三中全会通过了《中共中央关于完善社会主义市场经济体制若干问题的决定》，首次提出"实行全口径预算"，积极构建公共财政框架并致力于将所有政府收支纳入预算管理。《国务院关于 2005 年深化经济体制改革的意见》中指出，改革和完善非税收入收缴管理制度，逐步实行全口径预算管理。2010 年 6 月，财政部印发了《关于将按预算外资金管理的收入纳入预算管理的通知》，决定从 2011 年起，全面取消预算外资金，把中央和地方的所有预算外收支纳入预算管理，标志着"预算外资金"概念成为了历史，是我国推进全口径预算改革的一个重大突破。

2014 年修订的《预算法》为我国全口径预算改革提供了法律保障。新《预算法》删除了有关预算外资金的内容,并明确规定政府的全部收入和支出都应当纳入预算。预算包括一般公共预算、政府性基金预算、国有资本经营预算、社会保险基金预算,同时规范了四本预算功能定位、编制原则及相互关系。为加强对地方政府性债务的规范管理,《国务院关于加强地方政府性债务管理的意见》(国发〔2014〕43号)规定要对地方政府债务实行规模控制和预算管理。地方政府债务实行限额管理,地方政府举债不得突破批准的限额。地方政府债务分门别类纳入全口径预算管理。一般债务收支纳入一般公共预算管理,专项债务收支纳入政府性基金预算管理。

(六)中期财政规划管理改革

当前,我国经济社会发展面临的国内外环境错综复杂,财政可持续发展面临较多挑战;现行支出政策考虑当前问题较多,支出结构固化僵化;地方政府性债务存在一定风险隐患;专项规划、区域规划与财政规划衔接不够,不利于预算统筹安排。为此,我国于2015年起,实施中期财政规划管理改革。

中期财政规划是中期预算的过渡形态,是在科学预判未来三年财政收支情况的基础上,合理确定财政收支政策和重大项目资金安排,逐年滚动管理,实现规划期内跨年度平衡的预算收支框架。中期财政规划涵盖一般公共预算、政府性基金预算、国有资本经营预算和社会保险基金预算。主要改革内容包括:(1)根据国民经济和社会发展五年规划纲要及年度计划,考虑国际国内发展环境重大变化,结合基期年的经济社会发展情况,预测未来三年经济社会发展状况、主要经济指标及未来财政收支情况。(2)根据对现行政策下财政收支的预测和对现行财政收支政策实施效果的分析,深入分析财政收入、支出政策及债务风险方面的问题。(3)制定财政收支政策改革方案。(4)根据财政收支政策改革方案,测算未来三年财政收支情况,并进行综合平衡。

实行中期财政规划管理,有利于完善政府治理体系,稳定市场主体预期,促进经济增长;有利于保障国民经济与社会发展中长期规划的贯彻实施,更好发挥财政稳定器和"逆周期"调节器作用;有利于防范化解债务风险,解决各类规划之间衔接不够、财政支出结构固化、资金使用效率不高等问题,实现财政可持续发展。

(七)政府会计制度和政府综合财务报告制度改革

长期以来,我国政府财政报告制度实行以收付实现制政府会计核算为基础的决算报告制度,主要反映政府年度预算执行情况的结果,对准确反映预算收支情况、加强预算管理和监督发挥了重要作用。但随着经济社会发展,仅实行决算报告制度已经难以满足建立现代财政制度、促进财政长期可持续发展和推进国家治理现代化的要求，主要表现在：无法全面准确反映政府负债，难以为有效防范财政风险、促进财政长期可持续发展提供可靠的信息支撑；无法完整清晰反映政府资产，不利于强化政府资产管理、增强政府公共服务能力；无法科学合理反映政府成本费用，不利于降低行政成本、提升政府运行效率。

党的十八大之后，党中央、国务院对于建立现代财政制度做出了一系列重要部署和安排，党的十八届三中全会提出要"建立权责发生制的政府综合财务报告制度"，修改后的《预算法》也对各级政府财政部门按年度编制以权责发生制为基础的政府综合财务报告提出了明确要求。2015年以来，财政部相继印发《政府会计准则》《政府会计制度》等文件，标志着具有中国特色的政府会计标准体系初步建成。新的政府会计制度在完善传统预算会计功能基础上强化了政府财务会计功能，有机统一了现行政府单位各项会计制度，全面引入了权责发生制核算原则，充分体现了财政预算改革的新要求，从而为权责发生制政府综合财务报告制度改革提供了前提条件。

政府财务报告不同于传统的政府财政报告，是反映各级政府整体财务状况、运行情况和财政中长期可持续性的报告，内容主要包括政府资产负债表、收入费用表等财务报表和报表附注，以及以此为基础进行的综合分析等。政府财务报告又可以分为政府部门财务报告和政府综合财务报告。政府部门编制部门财务报告，反映本部门的财务状况和运行情况；财政部门编制政府综合财务报告，反映政府整体的财务状况、运行情况和财政中长期可持续性。自2015年起，财政部选取部分部门和地区开展政府财务报告编制试点工作，目前试点范围不断扩大。

（八）预算监督体系改革

随着我国社会经济的发展和预算改革的深入，我国预算监督方面也进行了改革，取得了积极的效果，初步构建起了立体化的预算监督体系。

一是人大监督。1998年12月，第九届全国人大常委会第六次会议决定设立预算工作委员会（简称预工委）。预工委是全国人大常委会的常设工作机构，主要职能是协助全国人大财经委员会承担全国人民代表大会及其常务委员会审查预决算、预算调整方案，监督预算执行，承担有关法律草案的起草和审议工作。预工委的成立，缓解了全国人大财税立法和预算审查监督缺乏经常性工作机构、专业力量不足的问题。2006年，为加强立法机关对政府工作和预算事务的监督，第十届全国人民代表大会常务委员会第二十三次会议讨论通过了《中华人民共和国各级人民代表大会常务委员会监督法》，特别加强了各级人民代表大会对预算的审查和监督责任，强化了人大对预算的监督和控制。2013年11月，党的十八届三中全会提出

"加强人大预算决算审查监督、国有资产监督职能"。2017年12月30日，中共中央印发《关于建立国务院向全国人大常委会报告国有资产管理情况制度的意见》，开启了预算监督由流量到存量、由流到源的监督模式。2018年3月，中共中央办公厅印发实施《关于人大预算审查监督重点向支出预算和政策拓展的指导意见》，加强人大对支出预算和政策的审查监督，提高人大监督的针对性和有效性。

二是审计监督。1999年6月，审计署向人大常委会作《1998年中央预算执行情况和其他财政收支的审计报告》，首次向社会公布了审计结果。自此，预算执行审计年度化、制度化、公开化，在预算监督中发挥着重要作用。

三是社会监督。预算必须公开透明，接受社会广泛监督，这也是建设阳光政府、责任政府的内在要求。近年来，我国在推进预决算公开方面做了大量工作，初步形成了以《预算法》《政府信息公开条例》为统领，涵盖政府预算、部门预算和转移支付预算多层次、多方位、具有中国特色的预算公开法治模式，为社会监督提供了充分的条件和基础。

二、中国政府预算管理制度改革的方向和要求

中国政府预算管理制度改革的总体方向是，建立全面规范透明、标准科学、约束有力的预算制度，全面实施绩效管理。具体改革要求如下：

（一）全面规范透明

一是推进全口径政府预算管理，全面反映政府收支总量、结构和管理活动。强化政府性基金预算、国有资本经营预算、社会保险基金预算与一般公共预算的统筹衔接。严控政府性基金项目设立，加大国有资本经营预算调入一般公共预算力度，加快推进统一预算分配权。二是深入实施中期财政规划管理，提高中期财政规划的科学性，增强对年度预算编制的指导作用。进一步完善跨年度预算平衡机制，严格规范超收收入的使用管理。三是不断拓展预算公开的内容和范围，坚持以公开为常态、不公开为例外，完善预算公开的方式方法。加强预算决算公开情况检查，全面提高预算透明度，强化社会监督。

（二）标准科学

遵循财政预算编制的基本规律，根据经济社会发展目标、国家宏观调控要求和行业发展需要等因素，明确重点支出预算安排的基本规范。扩大基本支出定员定额管理范围，建立健全定额标准动态调整机制。深入推进项目支出标准体系建设，发挥标准对预算编制的基础性作用。加强预算评审结果运用，及时总结不同项目的支出规律，探索建立同类项目的标准化管理模式。

(三)约束有力

严格落实预算法,切实硬化预算约束。坚持先预算后支出,年度预算执行中,严格执行人民代表大会批准的预算,严控预算调整和调剂事项,强化预算单位的主体责任。严格依法依规征收财政收入。构建管理规范、风险可控的政府举债融资机制,明确各级政府对本级债务负责,增强财政可持续性。地方政府一律采取发行政府债券方式规范举债,强化地方政府债务预算管理和限额管理。层层落实各级地方政府主体责任,加大问责追责和查处力度,完善政绩考核体系,做到终身问责,倒查责任。

(四)全面实施绩效管理

紧紧围绕提升财政资金使用效益,将绩效理念和方法深度融入预算编制、执行和监督的全过程,注重成本效益分析,关注支出结果和政策目标实现程度。绩效管理覆盖所有财政资金,体现权责对等,放权和问责相结合。强化绩效目标管理,建立预算安排与绩效目标、资金使用效果挂钩的激励约束机制。加强绩效目标执行动态监控,推动绩效评价提质扩围,提升公共服务质量和水平,提高人民满意度。

思考题

1. 政府预算的原则包括哪些?
2. 什么是零基预算与增量预算?
3. 中国的复式预算体系包括哪些内容?
4. 结合实际,分析中国全口径预算管理的主要内容和进程。
5. 结合现实,分析中国政府预算管理制度改革的方向和要求。

▶ 自测习题及参考答案

第十二章 财政体制

在各级政府共同承担国家职能的情况下，各个级次的政府财政均需要以相应的财权、财力作为保障，为中央和各级地方政府履行职责提供支持。作为确定各级政府之间财政分配关系的基本制度，财政体制对政府职能的有效行使、政府运作效率乃至整个经济社会产生着深刻的影响。在我国经济改革与发展过程中，如何构筑一个既能够有助于中央政府进行宏观经济调控，又能够激发各级地方政府聚财和理财积极性的责、权、利相结合的财政体制，是我们面临着的一项重要课题。

本章共分三节。第一节为财政体制概述，介绍财政体制的概念与分类，阐述分级财政理论；第二节是分级财政体制，说明政府间支出与收入的划分，以及政府间的转移支付制度；第三节分析中国财政体制改革，介绍中国财政体制的改革进程与方向。

第一节 财政体制概述

一、财政体制的概念与分类

（一）财政体制的界定

在现代经济社会条件下，国家的各项职能是由各级政府共同承担的。为了保证各级政府有效地行使职能，就需要在中央与地方政府以及地方上下级政府之间明确、合理地划分财政收支范围和财政权限，实现政府间财政关系的良性互动和运转。

财政体制，是确定中央与地方政府以及地方上下级政府之间分配关系的一项基本制度，是政府安排财政收支、制定和实施财政政策的重要依托，它承担处理财政分配中各种责、权、利关系的职责，规定协调各级政府间财政关系的原则和各级政权在财政管理方面的权限、财力和收支范围划分，并对政府职能的有效行使、政府运作效率乃至整个经济社会产生深刻的影响。从本质上讲，财政体制是划分各级政府事权和财权、加强中央宏观调控、协调地区发展的一项重要制度安排。财政体制的核心是正确处理国家在权责划分、财政资金分配及管理上的集中与分散的关系问题。

财政体制也有狭义和广义的区分。狭义的财政体制，便是上述关于处理各级政府间分配关系和责权安排的基本制度，这也是通常意义上的财政体制；广义的财政体制，除包含狭义财政体制的内容之外，还包含了政府预算管理制度、税收和非税收入管理体制以及政府财务管理体制等多项内容。

事权、财政事权、财权和财力等概念，是财政体制中的重要术语。事权，通常是指一级政府应该承担的提供基本公共服务的任务和职责。各级政府事权的明确划分和科学调整，是财政体制安排的逻辑起点。与事权相关联，财政事权是指一级政府应担负的运用财政资金提供基本公共服务的任务和职责。财权和财力，是履行事权和承担相应支出责任的重要手段。这里的财权，往往是指各级政府为履行提供公共服务职责而拥有的财政资金筹集权和支配权，包括征税权、收费权、国有资产收益权和发债权等，其中以征税权为财权的基础。相应地，财力就是一级政府一定时期内为履行职责而拥有和支配的财政资金，是政府间财政资源分配的结果。

从财政体制与经济管理体制之间的关系看，二者是局部与全局的关系。其中，经济管理体制包含财政体制，财政体制是一个国家经济管理体制中的重要组成部分。经济社会各项事业的发展离不开政府财力的支持，而财政体制安排和财政体制的改革也必须与经济管理体制的要求相适应。

（二）财政体制的分类

受经济社会发展程度及传统文化等因素的影响，各个国家的财政体制均存在一定的差别。即使在同一国家内部的不同历史发展阶段，其财政体制安排也会有所不同。通常情况下，按照事权和支出责任、财权、财力集中与分散程度的不同，大体上可以将财政体制划分为集权型和分权型两种。不同类型的财政体制在事权和支出责任划分、收入划分和政府间转移支付制度安排诸方面均存在着明显的差异。

集权型财政体制，是指政府间财政关系中的各种权限高度集中在中央。集权型财政体制的突出特点是，国家财政的管理权和财权财力主要由中央集中统一。相比较之下，各级地方的权限和机动财力很小甚至并无严格意义上的财权财力，地方组织的财政收入大都统一上缴中央，地方支出统一由中央层层下拨，地方收入和支出之间基本上没有关联性，地方财政往往是中央财政及其职能的延伸，地方财政对中央财政的依赖性很强，且政府间财政关系的随意性很强。

相对于集权型财政体制而言，分权型财政体制是指政府间财政关系中的责权大致分散在中央和各级政权当中。分权型财政体制往往存在于现代市场经济条件下，其主要特点是，在维持中央政府调控能力的同时，各级地方政府拥有相对自主的财政收支权限与调剂权限，且通常以法律的形式规定中央与地方政府之间的财政收支划分和收支往来关系，政府间财政关系的稳定性较强。

实际上，所谓集权型和分权型财政体制的划分并非绝对，而是相对的。在各国的财政体制实践中，有的分权型财政体制条件下，其中央的集中程度可能稍高一些，而有的集权型财政体制下，其地方财政也可能具有一定程度的自主权限，包括或大或小的调剂权限和机动财力。此外，单一制和联邦制的政体形式，也会对财政体制的集权和分权程度产生影响。其中，联邦制条件下的各级政府均具有一定的自主权限，因而其财政体制也往往呈现出分权型的特征；在单一制条件下，往往强调国家权力的集中，也强调居民对公共产品的同等享用权，各级地方财政对中央常常有着较多的依存关系。当然，实施单一制和联邦制，并非划分财政体制类型的主要依据或标准。

二、分级财政理论

在现实经济社会中，绝大多数国家的政府都由多个级次构成。在我国，政府级次包括中央、省（自治区、直辖市）、市、县、乡等。各级政府均拥有自身的财政收入和支出活动。这意味着，政府财政具有清晰的、内在的层次性，现实中的政府财政体制实际上是分级财政。在分级财政体制中，不仅有中央政府财政，还有各级地方财政，各个级次政府之间存在着财政收支划分和收支往来关系。

（一）财政分权的一般理论

理论意义上的财政分权，主要是指将政府经济职能在中央和各级地方政府之间合理有效地进行划分，更好地赋予地方政府一定的事权与支出责任和税收权力，从而处理好财政体制中集中与分散之间的关系。科学的财政分权，对于充分调动各级政府的积极性、促进各类公共产品和服务的有效提供，具有积极的功效。

1. 蒂布特模型

针对如何促使各级政府（尤其是地方政府）规范、足额地组织收入和合理、有效地安排支出，处理好政府间的财政关系问题，蒂布特将著名的"看不见的手"的理论引申到地方财政体制设计中来，并运用"用脚投票"理论，对地方公共产品的有效供给问题进行了较为系统的分析。在所谓"蒂布特模型"中，社会成员之间消费偏好的不同和人口的流动性，制约着地方政府生产和提供公共产品的种类、数量和质量。如果有许多地方政府和相应的辖区，并且各地方政府分别提供类型各异的公共产品，人们选择在哪一个地方生活时要考虑的一个重要因素，便是该地方的税收和公共产品与服务的组合状况。地方政府在行使其职责的过程中,需要充分考虑到居民的偏好。各地方政府之间的相互"竞争",也会促使其更有效地提供人们所需要的公共产品和服务。财政分权条件下的地方政府间财政竞争,是指一个国家内部不同地方政府之间,以提高其各自辖区内的经济实力、提升居民福利水平为目标,运用财政收支手段所展开的相互博弈。一般认为,政府间的财政竞争在调动地方政府积极性方面能够发挥一定程度的作用,但其对政府经济活动效率的影响还需要进行系统分析。有效率的政府间财政竞争,应该是有约束的、有序的竞争,而不应陷入恶性的、无序的竞争之中。为此,需要对政府间的财政竞争加以适当的规范。

2. 斯蒂格勒的最优分权理论

在财政分权理论体系中,斯蒂格勒论述了最优分权条件下地方政府提供地方公共产品和服务的有效性问题,认为地方政府比中央政府更接近于当地居民,更了解辖区居民的消费偏好和地方公共产品与服务方面的需求,于是,地方政府提供地方公共产品并相应进行资源配置的行为也就更加有效,进而有助于实现所谓社会福利的最大化。

3. 奥茨分权定理

奥茨运用福利经济学的方法进一步分析了财政分权的必要性和有效性,提出了所谓"奥茨分权定理",指出若由中央政府向不同地方居民直接提供公共产品,有可能出现各地间公共产品的等量提供问题,从而忽视消费者的需求偏好并产生公共产品提供中的效率损失。相比之下,由地方政府根据各自辖区居民偏好所提供的公共产品数量和品质,会比由中央政府向所有辖区全体居民提供等量公共产品的效率水平更高。由奥茨分权定理可以进一步引申为,中央政府仅应提供具有广泛的偏好一致性特征的公共产品,除此之外的公共产品则应由地方政府直接提供。

此外,还有其他学者分别从"俱乐部理论"、受益原则和政府职能分解等视角论证了财政分权的观点。与财政体制实践发展和财政理论研究的深入相伴随,财政分权理论也由传统的注重论证地方政府的必要性和有效性,发展为将经济学的研究进展应用于财政体制领域,在财政分权框架下引入激励机制设计理论,更加关注如何促进经济增长、防控腐败和保护生态环境等一系列具体问题,提高公共产品供给的效率。

(二) 公共产品的受益范围

市场经济条件下的各种公共产品和服务是有其特定的受益范围和区域的,而没有绝对无限的受益区域。这就意味着，社会成员对公共产品的享用程度，要受到来自地理和空间等因素所产生的不可忽视的影响。公共产品受益范围问题是公共产品理论的延伸。研究公共产品的受益范围，实际上就是研究公共产品的层次性问题，进而为分析不同特征的公共产品与各级政府职责和行为目标之间的内在联系，并为科学、合理地界定和划分各级政府间事权及支出范围提供必要的依据。按照受益范围大小的不同，可以将公共产品分为全国性公共产品和地方性公共产品两大类。

全国性公共产品是指能够满足全国范围内居民公共消费需求的产品和服务。从纯理论的意义上讲，全国性公共产品应该具有三个方面的突出特征：一是公共产品的受益范围被限定在整个国家的疆域之内，无论国土面积大小，都是如此。二是公共产品的受益在整个国家的疆域内散布得相当均匀（至少提供全国性公共产品的愿望如此），无论何种内容的公共产品及国土面积的大小，都是如此。三是全国性公共产品的提供者为中央政府，而不可能是某一级地方政府。较为典型的全国性公共产品包括国防、外交、全国性立法和司法、中央银行、中央税的征管、宏观经济稳定等。

地方性公共产品是指由各级地方政府提供并只能满足某一特定区域（而非全国）范围内居民公共消费需求的产品和服务。地方性公共产品的特征主要表现在三个方面：一是地方性公共产品的提供者是各级地方政府，而不应该是中央政府。二是受益范围基本上被限定在某个区域之内，并且这种受益在本区域内散布得相当均匀（至少作为提供者的愿望是如此）。三是这类公共产品的受益者主要是本辖区内的居民。这就意味着，社会成员对地方性公共产品的享用程度，要受到来自地理和空间等因素的影响。例如，交通、道路、治安、路灯、电视广播节目、水利设施和防洪工程等的受益范围是受地域限制的，超过这一范围的居民就无法获得相应的利益。

地方性公共产品之所以应该由地方政府提供，而不应由中央政府提供，是一个看似简单而又需要认真分析的问题。不难理解，许多地区居民之间对一定的地方性公共产品的偏好程度是各不相同的，而且各地方辖区内的居民数也会有一定的差异。由此决定着，不同地区之间居民对这种地方性公共产品的需求量也各不相同。在这种情况下，若由中央政府出面提供各个地方的区域性公共产品，那么，它只能选择一个尽可能综合反映各个地方利益的"量"。虽然这个"量"也许对某个地区有利，但对其他地区不一定适宜。相比之下，地方政府能够更好地、更全面地了解本地居民对公共产品的需求偏好，从而使提供地方公共产品的经济行为更具效率、更具有针对性。

地方性公共产品也有"纯"与"准"之分，并且，准公共产品在地方政府提供的整个公共产品量中所占的比重并不算小。尽管地方性准公共产品在总体上仍然是竞争性的，但进一步的分析表明，辖区内居民总数与每位居民所享受到的这种准公共产品益处之间是负相关的。若当地居民人数较少，那么，地方性准公共产品对每位居民所带来的利益就比较多。然而，随着辖区内人数的增加，这种准公共产品在消费上的拥挤就会相应地扩大，它对每位居民所产生的利益以及每位居民所分担的该公共产品成本便呈现出递减的趋势。比较一下气象预报与公共安全系统这两种公共产品，便可以清晰地看出"纯"与"准"公共产品之间的差异。气象预报（通过电视、电台和报纸等新闻媒介传播）提供给当地居民的利益具有非竞争性，每位居民从当地气象预报中所获得的利益并不会因为其他地区居民的大量迁入而相应地减少或受损，所以，这种气象预报是一种较为典型的纯公共产品。相比之下，地方性的公共安全系统的情况则完全不同。如果更多的居民迁入本地，则会造成人均警力减少，于是，原有公共安全系统对当地原有居民所产生的利益便会减少。① 从上述分析可以看出，区分和判断"纯"与"准"地方性公共产品，关键是看这种公共产品的消费是否会因居民人数的增加而产生拥挤。

在划分公共产品的受益范围时，需要澄清以下两个问题：

第一，纯公共产品并非肯定是全国性的，准公共产品也不一定是地方性的。比如，路灯是典型的纯公共产品，具有非排他性和消费上的非竞争性，但是路灯的受益范围却很小，甚至仅仅局限在某个街区之内。由此可见，即使对于纯公共产品来说，也有着全国性与地方性之分，也具有一定的层次性。

第二，根据公共产品本身的特征和受益广度的差异以及各级政府职责的内在要求，可以判断出，地方性公共产品须由地方政府负责提供，全国性公共产品则由中央政府出面提供。然而，这并不意味着逆命题成立，即不能够反过来说由地方政府提供的就是地方性公共产品，由中央政府提供的就是全国性公共产品。事实上，在有些情况下，由地方政府提供的许多公共产品的受益范围虽以本地区为主，但也可以在一定程度上超出本区域的界限，成为对其他地区产生一定影响的公共产品。与此相似，由中央政府提供的许多公共产品，也可能仅仅在某一特定区域内释放出其效应。在这一方面，中央财政给予受灾地区的救灾性补助和对相对落后地区下拨的开发性补助就是比较突出的例子。

---

① 除了地方公共安全系统之外，还可以举出排水系统、公立学校等类似的事例。

（三）分级财政下中央政府与地方政府财政职能的分工

把公共产品的内涵同政府的财政职能联系起来，可以说，政府进行的资源配置、收入分配和经济稳定与发展方面所进行的努力及其相应的效应等，均为公共产品的重要组成部分，并且可以在中央政府和地方政府之间对这种职能进行相应的划分。

1. 资源配置职能的分工

与公共产品的受益范围相对应，各级政府作为不同的主体，分别在一定范围之内提供用于满足社会成员不同偏好的公共产品和服务。受益范围遍及全国的公共产品，如国防、司法、航空、大规模交通运输主干设施等，应由中央政府提供。与中央政府相比，地方政府主要是在较小的范围内进行资源配置，但这种配置的针对性明显增强。

地方政府提供的公共产品大致可以包括：一是具有区域性受益特征的基础设施，主要包括道路、交通、电力、电信、自来水、下水道、路灯、垃圾收集与处理、管道煤气，乃至港口、机场、车站等。二是社会服务，主要有医疗卫生、社会保障与社会福利、气象预报、消防、公园等。这一类型的公共产品，具有较为明显的社会公益性和半社会公益性的特征。而且，在许多社会服务的提供过程中，也可以通过定价的方式收取一定费用。三是地方性的文化与传播媒介，主要包括广播、电视、报纸、杂志、出版、图书馆、文化艺术馆、博物馆、表演团体、文物与文化遗产的发掘等。四是社会管理，主要由地方行政管理机构、公共秩序和公共安全机构等组成。无形的社会管理还应包括政府的政策及规制等。在各类地方性公共产品当中，与社会管理有关的公共产品更具有供给上的非排他性和消费上的非竞争性的特点，更能够体现政府的职能和行为，因而也就属于应由地方政府提供的较纯的地方性公共产品，需要依靠强制性的征税来弥补其成本和耗费。由于上述地方性公共产品的受益特征极强，而地方政府在了解本地居民消费偏好方面处于较佳的地位，这会有助于地方政府将来源于本地区的税收同本地利益切实地结合起来，从而有效提供地方公共产品和服务。

2. 收入分配职能的分工

从理论和实践结合的意义上讲，凡是具有全国性意义、调控性的职能，就应该由中央政府行使。可以说，收入分配的职能具有全国性意义，收入分配职能主要由中央政府承担。这样的判断，是通过分析地方政府进行个人收入分配的低效性甚至无效性而做出的。一般地，收入再分配政策要求具有一定的倾斜度，即把对高收入者课征的累进税收转移给低收入者，以减轻贫富差异的程度。假设社会成员在全国范围之内可以自由迁移，在这种情况下，如果某一地方政府独自实施收入分配政策，在课征较高的个人累进所得税的同时给予低收入者较多的转移性支出，那么，就会出现本地区高收入者移出、外地低收入者大量涌入的状况。显而易见，这种问题的出现是与地方政府决策者的初衷大相径庭的。地方政府的本来意愿，是通过再分配政策来促进公平，减少贫穷，进而提高效率，实现区域内经济社会的协调、有序发展，但本区域以内及以外分配政策的差异在客观上起到了加剧贫困的作用，从而导致了资源的非正常流动。这样一来，也就难以促进公平和提高效率。由此可见，地方政府实施收入再分配政策所起的正常作用是比较小的。若要使收入分配政策真正奏效，就需要承认和发挥中央政府的作用，由中央政府在全国范围内运用这一政策。这样一来，人力资源的流动就会变得合理起来，在区域间通过迁移来避税或者通过迁移来竞相享用政府转移性支出的现象就会减轻乃至消失。

3. 经济稳定与发展职能的分工

与收入分配的职能相似，实现经济的稳定同样也是中央政府义不容辞的职责。这样的判断，同样是通过分析地方政府实施经济稳定政策的低效性甚至无效性而做出的。通常，经济稳定和经济增长的目标集中地体现为社会总供求之间的大致平衡。如果社会总供求保持平衡，那么，物价水平就会处于基本稳定的状态，也就有助于实现充分就业和国际收支平衡，经济增长率也会是较为适度的。调节社会总供求，是由政府通过有目的地协调运用财政政策和货币政策，产生组合效应，或单独选用财政、货币政策中的一种，来促进供求总量向平衡点移动。正常条件下的全国市场是统一的、整体的，而不是分散的；地方经济也是相对的，它不可能独立于其他地区的经济而存在。地方政府在调节社会总供求方面所采取的任何措施，都会超越本地区的界限，对其他地区产生影响，从而降低该措施在本地区内所产生的效应。

假设在因需求不足而导致供求失衡的情况下，某一地方政府试图独自制定和运用财政政策来刺激本地区的总需求，可供选择的主要方式，不外乎有两种：或者增加财政支出，或者减少税收。这样一来，由地方政府针对需求不足而采取的增支减税措施就可能产生一些值得注意的问题：首先，增支减税会导致预算赤字，但地方政府的财政赤字并不容易单纯依靠地方自身来弥补，通过刺激经济而增加的财政收入和储蓄（或部分地用来认购公债）也并不一定能足以抵消赤字。且增发的地方政府公债中的大部分可能会被生活在国内其他地区的居民所认购和持有，从而形成了地方政府的"外债"负担。其次，减税不仅能刺激本地区经济和增加企业及个人收入，而且也会对其他地区产生类似甚至更大的影响。这是因为居民所购买和消费的不只是本地企业的产品，外地企业的产品实际上也占有相当大的比重。最后，地方政府不能控制货币供给和掌握利率杠杆，也难以有效地控制物价和对外贸易，其宏观调控政策的效应与力度就必然要打折扣。相比之下，中央政府在运用财政政策和配合运用货币政策方面处于有利的地位，并且也会产生有效的作用。从上述意义上讲，调节宏观经济运行和促进经济发展，应该是中央政府承担的职责。

第二节 分级财政体制

一、政府间支出划分

（一）政府间事权与支出划分的原则

在分级财政条件下，应综合考虑多方面的因素，科学、合理地确定政府间事权和支出责任划分的原则及指导思想。

1. 集中与分散相结合

从中央与地方政府支出责任划分的角度来看，有中央集中事权和地方分散事权之分，并分别体现出支出责任集中于中央政府或分散给各地方政府的特征。支出责任的划分，应适当兼顾并处理好集中与分散之间的关系。一般情况下，国家最基本的、重大的政策法规应由中央来决定，涉及全局性的大问题只能由中央政府来决策，与此相关的支出应由中央财政负责。与此同时，在一个国家内部，尤其是在幅员较为辽阔、各地区之间经济社会发展程度相差较大的情况下，中央政府也很难管得过宽、过细、过于具体，而需要赋予各级地方适度的事权和支出责任，实行分级管理，由地方政府提供适合本地区具体情况的公共产品和服务，充分调动地方的积极性和主动性。

2. 依据受益范围原则划分支出

应将各种事权与支出项目受益的对象和范围大小作为归哪级政府承担的重要依据。凡具有以国家为整体服务对象，全体公民都能从中受益的公共性质的项目，如国防、外交等，均由中央政府负责。凡具有以省或地方为服务对象，其受益范围仅限于某一区域的公共性质项目，如省或地方的基础设施，则均由省或地方政府负责。据此原则，中央政府主要承担宏观经济调控和收入分配职能，同时保证全国性公共产品的提供；地方政府则主要承担资源配置职能，负责地方性公共产品的提供。

3. 兼顾公平与效率

此处的公平，是指各级政府的事权划分要公平合理，同级政府之间所拥有的事权程度应该大体相等，差距不宜过大；效率是指投入产出的比例关系，等量的人力、财力、物力的投入能取得最大的产出，则为高效率，反之则为低效率。效率原则主要是考虑某项事务交由哪级政府办理成本最低，效率最高。也就是说，由哪一级政府行使事权能达到投入最少、成本最低、效率最大，则事权归属哪一级政府。凡是地方政府能够有效提供并加以管理的公共服务，均交由地方政府承办；凡是地方政府无力承担或不宜承担的公共服务，则均由中央政府承担；对于中央和地方共有的职能，在地方政府管辖范围之内的事务由地方政府负责，超出地方政府管辖范围的事务，则应由中央政府出面负责或进行协调。

4. 相对稳定与适当调整相结合

稳定是指中央政府与地方政府的事权与支出的划分和调整，不仅要经过立法程序，明确规范，逐步纳入法律管理的轨道，而且要保持一定的连续性。应该通过严格的法律程序规范中央与地方政府的事权，并用法律手段解决各级财政之间的利益冲突，事权与支出的划分力求科学化、规范化和法律化，并保持相对稳定。适当调整是指对中央与地方政府事权与支出划分的不合理部分适时进行修正、更改。相对稳定的事权界定，不仅有利于各级政府因地制宜，统筹安排财政收支，而且有利于调动中央和地方政府的积极性。如果各级政府事权与支出界定变动过于频繁，必然会使事权与支出划分在各级政府间不规则地收缩与扩张，进而影响各级政府财力、财权的划分，破坏中央财政的宏观调控和地方的长远规划。因此，政府间事权与支出的界定要保持一定的稳定性，并根据国民经济的发展变化，有针对性地进行及时调整。

5. 坚持事权和支出划分的法治化

事权是支出范围划分的前提，同时也是分级财政体制协调过程中的基础环节，需要用法律的形式将事权划分和支出划分加以规范，从而对各级政府有效地履行职责创造良好的条件。与此同时，各级政府事权和支出范围的调整，也需要通过法律的程序加以规范。

(二) 政府间支出范围的划分

按照政府间事权与支出划分的理论依据和划分原则，中央政府与地方政府之间事权和财政支出范围，大体可分为四大类：

一是应完全归中央政府承办的事务，指那些全体国民共同受益而且必须在全国范围统筹安排的事务，主要包括国防，外交事务，国家安全事务，中央行政管理，经济社会发展规划与宏观经济政策的制定、实施，基本法律法规的颁布，对外经济援助及大型中外合作项目的统筹，重大基础科学研究和高新技术开发等。

二是应完全归地方政府承办的事务，指那些仅限于某一辖区内的社会成员共同受益，而且由地方政府承办效率更高的事务。它主要包括辖区内的重要基础设施建设和城镇公用事业发展，辖区内的社会治安、消防及行政管理，辖区内的经济社会发展规划的制定、实施，地方性法律法规的颁布，卫生防疫与计划生育等。

三是由中央政府承办地方政府协助的事务，指那些由中央政府出面承办效率更高，但是受益既不面向全体国民，也不局限于某一行政辖区，而是跨越几个辖区的事务。比如跨省区的基础设施建设（铁路干线、核电站等），大江、大河、大湖的整治，跨流域环境污染的治理等，这些事务必须由中央出面组织、协调，但是根据受益与付费对称的原则，相关地方政府要积极配合，尤其是提供必要的财力保证。

四是地方政府承办中央政府资助的事务，指那些由地方政府承办效率更高，但是可以归全国国民共享的事务。如重要历史文化遗产与珍贵文物的发掘、整理、保护，若全部归地方政府承办，支出压力太大；若由地方政府承办中央出资，就会调动地方政府的积极性。再如某一段国道干线需要维修时，应由当地政府具体承办，但中央要拨专款。

从各个国家的实践来看，由于具体国情不同，事权与支出责任的划分也各有不同。其中，国防、外交、国际贸易、中央银行、全国性立法和司法等均为中央政府的职责，而交通、教育、卫生、环保、警察、消防、公园（至少一部分）等均为地方政府的职责，但中央政府对于上述事务的介入程度却有着很大的区别。此外，集权和分权程度还与国家的规模大小有着十分密切的关系。在新加坡、安道尔、列支敦士登等较小的国家，其中央政府既要理所当然地履行外交、国防等职责，同时也难免会像大国的地方政府那样提供一些地方性公共产品。这些问题从很大程度上表明，在各个国家之间，对于某些事权划分会存在一定程度的差异；在大国和小国之间，也会存在着集权和分权上的重要区别。然而，这些问题的存在并不能从根本上动摇各个国家各级政府职责划分的基本原则，也不会在总体上影响政府间事权和支出划分的国际惯例。

二、政府间收入划分

在现代经济社会条件下，政府的财政收入多以税收的形式筹集，同时也包括国有资源收入、国有资本经营收入、规费收入、政府性基金收入以及债务收入等形式和内容。① 政府间的收入划分与支出划分之间具有内在关联性，政府间财政收入的有效划分，对于合理配置政府财力、满足各级政府履行职责的需要，具有重要的作用。

（一）政府间的税收划分

税收的划分是协调各级政府间财政关系过程中的一项重要内容。为此，需要明确税收划分的基本依据和准则，把握税收和税权划分的基本方式。

1. 税收划分的依据

税收的划分，需要考虑以下四个方面的影响因素：

一是将各税种的功能与各级政府的职责相结合。各级政府的行为目标有所不同，复合税制条件下的不同税种在聚财和调节方面的功能也各不相同。尽管每一种税并不完全与各级政府的某项职责有必然的对应关系，但在划分中央税和地方税时，应该考虑到各个税种、税类的不同功能和作用，力求使这种划分有利于中央和各级地方政府有效地行使其职责。按照这一原则，应该把有助于中央政府实行宏观调控（其中包括调节级差收入、稳定经济等）的税收划归中央政府，而对于较明显的受益性税收、区域性税收和对宏观经济运行不产生直接影响的税收，则应该根据实际情况将其划归地方政府所有。

二是注重多级财政关系间的相互协调。尽管中央税与地方税之间是相对独立、自成体系的，但绝对不意味着要把两者截然分开。为了使中央和地方税制能够在各自有效运行的前提下为中央和各级地方政府提供充裕的财力，并产生良好的经济影响，必须协调好两级税收体系之间的相互关系，尽量减少和避免中央政府和地方政府在制定税收政策过程中的相互矛盾。

三是体现税收划分的便利性。税收划分也涉及由谁征收的问题，所以考虑税收的划分，不能不顾及征收难易的问题，或者说，是否便于课征应该成为划分中央税与地方税的标准之一。古老的房产税、土地税长期以来之所以毫无例外地成为各个国家的地方税收，在很大程度上是因为作为征税对象的房产和土地分布在各个辖区之内，便于地方政府（尤其是市、镇政府）掌握税源、核实房价地价，纳税人不易逃漏税款，课征效率较高。相反，若由中央政府出面课征房地产税，则所面临的实际困难会明显增多。当然，房地产与其主人的居住地通常是在一起的，由于地方税具有一定的受益性特征，因而，可由地方政府对房地产征税，以

---

① 由于现在税收是各国财政收入的主要形式，因此这里将着重分析税收的划分问题。

筹措财力，提供充足的地方性公共产品。这也可以从另一个角度出发来解释房地产税被划归地方政府的原因。按照便利的原则，税基广泛且富有流动性者宜划归中央，税基狭窄且具有固定性者则应划归地方。

四是使税收划分有利于经济的运行与发展。从总体上讲，税收的划分应该有利于提高经济运行的效率，有利于经济的健康发展。一般情况下，中央和地方政府均适合于对商品流转额进行课税。但若将经济效率因素考虑在内，就应把对商品流转额课税的职责主要赋予中央政府而不是地方政府。这是因为，若由地方政府出面课征，那么，由于追求本地利益，就很容易出现商品课税上的各自为政，加剧地区间经济割据和关卡林立的状况，从而增加成本，影响产销，降低经济效率。由此可以进一步认为，若由中央政府出面课征或以中央政府为主、地方政府为辅进行课征，则可在一定程度上避免上述问题的出现，达到货畅其流。同理，关税由中央政府课征，会有利于整个国家对外经济政策的协调性和一致性，有利于开放经济中国际贸易的扩大和发展。

2. 税收划分的方式

与经济发展水平相伴随，税收制度是不断变化和演进的，作为中央与地方财政关系协调方式重要组成部分的税收划分方式，也必然产生相应的变化。从理论和实践的结合上看，大致有划分税额、划分税种、划分税率、划分税制和混合型这五种类型的分税方式。

划分税额的分税方式，应算作对税收的最简单的划分，它一般是先税后分（即先统一征税，然后再将税收收入的数额按照一定比例在各级政府之间加以划分）。中国经济体制改革之前曾经实行的总额分成财政体制，就做法而言，实际上便属于这种方式。对某个税种的收入在中央和地方之间进行分享，也属于划分税额的一种方式。

划分税种，是在税收立法权、税目增减权和税率调整权乃至税种的开征和停征权等税收权限主要集中于中央的条件下，针对各级政府行使职责的需要，考虑主体税和辅助税中各个税种的特征及收入量等因素，把不同税种的收入分割给各个级别的政府财政，即按照税种划分收入范围。与划分税额的方式不同，该方式是确定某些税种收入的隶属关系，也就是将某些税种的收入固定地划归中央或地方，同时对某些税种的收入也可以实行共享，但地方政府并不享有等同于中央的税收立法权。

划分税率实际上是一种按照税源实行同源课税、分率计征的方式。此类方式所采取的具体做法包括：一是上级政府对某一税基按照既定比率征税并将税款留归本级财政之后，再由下级政府采用自己的税率，对相同的税基课征且自行支配该税收款项。在这种类型中，下级政府亦可在上级政府征税的同时或之前按照自己的税率对同一税基课税。二是采用所谓税收寄征的方式，即上级政府在对某一税基按照自己的税率征收本级税款的同时，代替下级政府并按照下级政府的税率对同一税基课税，然后将这笔税款拨给下级政府。

在划分税制的方式下，往往是分别设立了中央税和地方税两个相互独立的税收制度和税收管理体系，中央与地方均享有相应的税收立法权、税种的开征和停征权、税目的增减权和调整权，并且有权管理和运用本级财政收入。当然，尽管两级税收体系相对独立，但它们之间又是相互衔接和相互补充的，而不可能截然地分割开来。

混合型税收划分模式，是综合运用以上两种或两种以上做法而形成的一种各级政府间的税收划分方式。例如，在以划分税制为主的情况下，辅之以对某个或某些税种的收入实行共享的方式；或者在以划分税制为主的同时，中央和地方政府对某个或某些税源实行分率计征。在当今世界上的许多国家中，所采取的分税方式往往并不是纯而又纯的划分税额、划分税种、划分税率或划分税制四种方式中的一种，而通常是采取混合型分税方式，从而发挥多种分税方式的综合效应。

3. 税收权限的划分

从税收法治的视角来看，划分中央和地方两级税收体系，重要的一点在于如何认识和确定中央与地方的税收权限（即税权），尤其是地方的税收权限。完整意义上的税收权限应该涵盖税收立法权、税法解释权、征收管理权和税收调整权四个方面的内容。

从集中与分散的角度来看，目前大致有分散、适度集中（相对分散）、集中三种税收权限的划分类型。分散型税收权限划分方式，主要存在于政治和经济管理权限均比较分散的国度，其特点是赋予各级立法机构和执行机构很大的税收权限，尤其是地方在税权上的自主性相当大。从功能上看，这种税收权限划分方式有助于保证各级财政（尤其是地方财政）自主地组织和支配财力，但它也对各级税权之间的协调性和衔接性提出了相当高的要求。如果各级政府之间的税权关系未能很好地加以协调，便很可能产生各级政府间税收政策上的矛盾，并会因此而导致负面效应的出现。所谓税收权限适度集中（相对分散），是指各种税收权限当中的某一部分归中央，其他部分归于各级地方，立法权集中、执行权分散，或者大部分立法权掌握在中央，地方则负责征收管理。所谓税收权限集中，主要指基本权限相对集中于中央。在许多情况下，税权集中型与税权适度集中（相对分散）型是很难严格区分的，只是集中、分散的程度有所不同而已。

（二）国有资本经营收入的划分

国有资本经营收入，是指国家依法以所有者身份取得的国有资本投资收益。国有资本经营收入具体包括：（1）应交利润，即国有独资企业按照规定应当上交国家的利润；（2）国有股股利、股息，即国有控股、参股企业国有股权获得的股利、股息收入；（3）国有产权转让收入，即转让国有产权、股权（股份）获得的收入；（4）企业清算收入，即国有独资企业清算收入（扣除清算费用），国有控股、参股企业国有股权（股份）分享的公司清算收入（扣除清算费用）；（5）其他国有资本收益。

由于国有资本经营收入是经营性国有资产带来的收益，因此，按隶属关系级次的不同，可划分为中央国有资本经营收入和地方国有资本经营收入。其中，中央企业国有资本经营收入应当按规定直接上交中央财政，纳入中央本级国有资本经营预算管理。中央企业国有资本经营收入由财政部负责收取，国资委负责组织所监管企业上交国有资本收益。中央国有资本经营收入最典型的是目前归属国务院国资委管理的中央企业上缴的国有资本经营收入。地方国有资本经营收入，则应按规定划归地方财政，并相应地纳入地方国有资本经营预算加以管理。

（三）国有资源收入的划分

按照《中华人民共和国宪法》的规定："矿藏、水流、森林、山岭、草原、荒地、滩涂等自然资源，都属于国家所有。"同时，《中华人民共和国矿产资源法》中明确指出："矿产资源属于国家所有，由国务院行使国家对矿产资源的所有权。"矿产资源的国有属性与分布地的分散性，决定了国家和地方都可以从国有资源的开采中获得收益。

与国有资源有关的财政收入，按其归属划分为中央固定收入、地方固定收入和中央与地方共享收入。按照我国现行国有资源财政收入相关制度，中央固定收入有石油特别收益金和归中央所有的行政性收费（基金）；地方固定收入有归地方所有的全国性收费（基金）和地方性收费（基金）；中央与地方共享收入有资源税、矿产资源补偿费、探矿权采矿权使用费、探矿权采矿权价款以及其他根据矿山资源登记管理层级不同确定归属的行政性收费（基金）等。

（四）政府性基金收入的划分

前已述及，政府性基金是指各级人民政府及其所属部门根据法律、国家行政法规规定并经国务院或财政部批准，为支持某项事业发展，向公民、法人和其他组织征收的具有专项用途的资金，以及参照政府性基金管理或纳入基金预算、具有特定用途的财政资金。政府性基金主要包括各种基金（如国家重大水利工程建设基金收入)、资金(如农业土地开发资金收入)、附加(如可再生能源电价附加收入)和专项收费(如车辆通行费)等。

按照预算级次的不同,政府性基金可划分为中央基金预算收入、地方基金预算收入和中央与地方共享基金收入。政府性基金在中央政府和地方政府之间的归属问题,可以通过基金项目划分和基金收入分成来体现。我国基金收入的归属结构具有两个特点:一是地方政府成为基金收入主体。基金收入归地方政府使用的比重达到90%以上,已成为地方政府的重要收入来源,进一步突出了政府性基金对地方经济发展的重要作用。二是地方政府对基金收入的财政依赖程度高于中央政府。同中央政府相比,地方政府更倾向于选择政府性基金作为主要财政收入手段,以满足本级财政需求。

三、政府间转移支付

从财政理论与实践的结合上讲,财政政策工具和管理手段中存在着三种形式的转移支付:一是政府对企业的转移支付,二是政府对居民个人的转移支付,三是上级与下级政府之间的转移支付。就一般现象而言,各种转移支付均表现为财力和资金的转移,受补者的经济状况会因收入的增加而有所改善。其中,第一种形式的转移支付主要是指政府给予企业的各种补贴。在市场经济的条件下,政府对企业实行转移支付,通常是出于政策性原因的考虑。市场力调节和政府可支配财力状况共同作用的结果,往往会迫使政府严格控制对企业补贴的规模、优化补贴的结构。政府对居民个人的转移支付,是调节收入分配的重要手段,许多国家均十分重视充分发挥社会保障网的作用,并且一直力求在公平与效率之间寻找到最佳的结合点和平衡点。与这两种转移支付形式相比较,各级政府之间的转移支付是同类主体之间的财政资金转移支付,它在内涵、方式和效应诸方面都有其独自的特征。

(一)政府间转移支付的依据

1. 解决纵向财政失衡问题

纵向财政失衡是针对多级财政体制中上下级政府之间财政收支差异的状况而言的。在各级政府之间既定的支出范围和收入范围得以确定之后,当某一级政府财政面临着赤字,而其他级次政府出现盈余时,就意味着纵向财政失衡问题的存在。

具体地看,在许多国家,按照事权和财权划分的标准,将事关维护国家权益、税基广、增长快、潜力大和有利于实施宏观调控的税种划为中央收入,并将税源分散、与地方经济和社会发展密切相关且易于征管的税种划为地方收入后，在这样的收支划分格局下，有可能使中央政府掌握较多的财力，而使地方财政处于收不抵支的境况。这是纵向财政失衡的第一种形式，也是常见的一种纵向失衡的形式。第二种形式是，在财政实践过程中，也可能会出现地方财力相对过多，而中央财力相对不足的状况。无论从公平还是从效率的角度看，这两种形式的纵向失衡问题都需要切实得以解决，从而达到纵向财政均衡。而主要的解决办法，便是协调上下级政府之间的资金往来关系，运用财政转移支付政策和手段。从历史和经验来看，任何一个国家，客观上都需要维护中央政府的权威，限制地方政府势力的过度扩张，以保证政令畅通、政局安定、经济协调稳定发展。通过中央政府集中相对较多的财力份额，以使地方政府的财力在一定程度上有赖于中央政府的支持，则是一种有效的手段。

2. 应对横向财政失衡问题

从经济社会发展的视角来看，一个国家内各个地区之间各种要素禀赋条件的差异性是绝对的，而条件的同一性是相对的，当国土面积较大时，更是如此。各个地区之间经济发展程度的差异，必然导致横向财政失衡问题。横向的财政失衡主要体现在：（1）富裕地区财政收入充裕，出现财政盈余；而贫困地区则税源狭小，财政状况拮据。（2）富裕地区能够为其居民提供较高水准的公共产品和服务；而贫困地区却难以提供最基本的公共产品和服务。

显而易见，横向财政失衡状况的存在和加剧是不利于各地区均衡发展和社会共同进步的。首先，地区间的这些差异会导致人口大规模的流动，即贫困地区的人口向经济发达、社会福利条件好的地区流动，人口流动会在一定程度上导致人口流入地区的人均福利水平下降。其次，地区间的差别还会导致市场的分割和封锁，各地区为了本地的利益，避免本地资源外流，便会设置各种障碍，形成地区间的市场封锁和经济割据，不利于全国统一市场的形成和发展。同时，地区封锁还会导致地区产业结构的趋同化，不利于产业结构的优化和稀缺资源的合理有效配置。

更深刻的矛盾在于，在经济落后和税源有限的条件下，增税和发行公债等加重企业和居民负担的方式，并不是地方政府筹资的理想和可行渠道。而与落后地区相比较，发达地区财政资金的边际效用是递减的。通过转移支付方式，可以扶持落后地区的发展，增加财政资金的边际效用。通常，在发达和落后地区之间，是无法自动形成这种财政资金转移的，因为各地方财政的收支活动都会以本地利益为出发点和归宿点。中央政府代表着国家的整体利益，有责任运用倾斜性政策，采取转移支付的预算调剂方法，协调各个地区之间的经济发展。

3. 解决公共产品提供中的外部性问题

地方政府提供区域性公共产品的受益范围几乎不可能恰好被限定在地方政府的辖区之内。地方性公共产品的受益（或成本）范围很可能会超出地方政府辖区的界限，使其他地区在受益或受侵害的同时并不承担任何成本或得到任何补偿。此时会出现两种结果：（1）当存在着正外部性时，从本地利益出发，地方政府有可能高估提供公共产品的成本，而低估其整体效益，并有可能以无法完全负担成本为理由，减少此类外部效应比较理想的公共产品的提供。（2）与此相反，当公共产品附带着外部不经济时，地方政府则容易高估该公共产品的正效应，低估或者忽视提供该公共产品的成本，从而使这种附带着的外部不经济继续存在乃至有所增加。这种扭曲性政策的实施，不仅影响着区域性公共产品的提供和本地区及相关地区居民的利益，而且不利于地区间经济关系的协调。在这种情况下，实行财政转移支付制度，由上级政府给予下级政府一定的财政补助，对具有外部性的公共产品的提供进行适当调节，便是一种较为有效的干预方式。

4. 弥补收入划分方式的不足

值得指出的是，财政转移支付制度的存在，也是弥补收入划分方式不足的重要手段之一。在财政体制中，如果单纯依靠税收等收入的划分便可以轻易达到政府间事权与财权的最佳协调，无疑这是一种较为理想的模式。然而，这种期望距现实相当遥远。这是因为，第一，划分本身只是在中央与地方之间确定各种收入的归属，这仅仅构成了多级财政体制中各级政府间财政关系的一部分，而不是全部，尚有支出划分、收支关系协调等一系列复杂问题有待于在财政体制框架中加以处理；第二，无论从理论还是技术上讲，单纯的收入划分方式都难以使财政收入在各级政府之间的划分达到恰当和合理的地步，难以实现效率与公平的完美结合。所以多数国家在各级政府间划分收入的同时，也大都实行财政转移支付制度，以弥补收入划分方式本身的固有缺陷。

（二）政府间转移支付的类型

政府间的转移支付，可以有多种形式供转移支付的主体和客体加以选择。当然，上级政府在确定转移支付方式时往往处于主动地位。

按照转移支付资金运行的方向性，可以将转移支付分为纵向转移支付和横向转移支付。纵向转移支付主要是指上级政府对下级政府，尤其是中央政府对地方政府的财政转移支付；横向转移支付主要是地方政府之间发生的横向转移，一般表现为发达地区向贫困地区的横向援助，中国广泛存在的多种形式对口支援实质上就是一种特殊的横向转移支付。纵向转移支付无论是在动员的资金规模，还是在行政运行效率和推动基本公共服务均等化等方面，均优于横向转移支付，是一国转移支付体系中的主体部分，而横向转移支付可以在特定项目或特定任务中发挥积极作用，是纵向转移支付的有益补充。

按照转移支付与资金用途之间的关系进行划分，通常将转移支付分为一般性转移支付和专项转移支付。

1. 一般性转移支付

一般性转移支付，是指中央政府对有财力缺口的地方政府（在我国，主要是中西部地区），按照规范的办法（如因素法等）给予的补助。一般性转移支付的目的，主要是缩小地区间财力差距，实现地区间基本公共服务的均等化。此类转移支付一般不要求下级政府拿出一定数额或比例的配套资金，不规定资金的具体用途，由接受拨款的政府自主安排使用。显而易见，一般性转移支付无异于对地方政府的"赠款"，使地方财政增加了一笔净收入。一般性转移支付赋予地方政府以较大自由度，使地方政府可以依照本地情况，灵活地安排资金投向，上级政府对此一般不加过多的限制或干预。

一般性转移支付的确定，往往需要考虑多种因素。其中主要的因素有三个：一是地方的收入能力；二是地方的支出需求；三是上级财政的承受能力。在具体测算地方财政收入能力和支出需求时，还需要了解影响收入能力和支出需求的各种具体因素。值得注意的是，一般性转移支付的政策意图主要是达到横向财政平衡的目标，具有抽肥补瘦的特点，如果一般性转移支付数额过大，财力过于平调，则会挫伤较富裕地区的积极性，同时也有可能使落后地区产生依赖性。因此，需要科学、合理、有效地对这种转移支付形式加以运用。我国中央财政对革命老区、民族地区、边疆地区和贫困地区的转移支付便属于一般性转移支付，参见专栏12-1。

> **专栏12-1　对革命老区、民族地区、边疆地区、贫困地区的转移支付**
>
> 党的十八届三中全会《中共中央关于全面深化改革若干重大问题的决定》明确提出完善一般性转移支付增长机制，重点增加对革命老区、民族地区、边疆地区、贫困地区等的转移支付力度。党的十九大报告要求加大力度支持革命老区、民族地区、边疆地区、贫困地区加快发展。近年来，中央财政上述各项转移支付持续增加。

> 一、支持革命老区发展
>
> 2001年起设立革命老区转移支付，补助对象是对中国革命做出重大贡献、财政较为困难的连片老区县（市、区）。资金主要用于革命遗址保护、烈士陵园维护和改造等老区专门事务，以及教育、文化、卫生、乡村道路、饮水安全等老区民生事务。2001—2017年，中央财政已累计安排革命老区转移支付546亿元，其中2017年规模达到87亿元。
>
> 二、支持民族地区发展
>
> 2000年起设立民族地区转移支付，2006年起，实现了对所有少数民族地区的全覆盖，并建立了转移支付资金稳定增长机制。2000—2017年，中央财政累计下达民族地区转移支付5 299亿元，其中2017年规模达到704亿元。
>
> 三、支持边疆地区发展
>
> 2001年起设立边境地区转移支付。遵循"管边控海、海陆并重"的原则，补助对象覆盖9个陆地边境省区和8个沿海省市，共250个县市。补助内容包括陆地边境事务补助、海洋管理事务补助等方面。2001—2017年，中央财政已累计下达边境地区转移支付1 040亿元，其中2017年规模达到167亿元。
>
> 四、支持贫困地区发展
>
> 中央财政扶贫资金主要投向国家确定的连片特困地区和扶贫开发工作重点县、贫困村，资金分配坚持向西部地区、贫困少数民族地区、贫困边境地区和贫困革命老区倾斜。2011—2017年，中央财政不断加大投入力度，累计安排财政专项扶贫资金3 420亿元，其中2017年规模达到861亿元。
>
> 资料来源：财政部网站。

2. 专项转移支付

从内涵和功能上讲，专项转移支付是上级政府为实现特定政策目标以及对委托下级政府代理的一些事务进行补偿，而设立的专项补助金，资金的接受者需按规定用途使用相关款项。在某些情况下，上级政府在实行专项转移支付时，还可能要求受补地区拿出一定比例的资金进行配套。专项转移支付手段通常具有很强的针对性，可以直接、有效地体现上级政府的政策意图，从制度上、支出责任上保证事先确定的各种支出项目的落实。

按照政府间事权和支出范围划分的标准，现行专项转移支付方式大致分为以下四种类型：一是属于中央政策导向范围的专项转移支付。中央政府在履行宏观调控职能的同时，着眼于进一步改善民生、促进均衡发展诸方面的考虑，还需要由地方政府代为行使部分调控和维护社会稳定方面的职责，于是需要安排相应的专项转移支付资金作为补偿。二是与中央委托地方事务相伴随的专项转移支付。考虑到由地方政府具体组织实施某些事权更有助于实现既定的政策目标，中央政府有时可以将原属于自身的部分事权交由地方政府行使。随着事权的下移，中央会相应地安排专项转移支付资金，对相关地方政府给予补偿，从而使地方政府的财权和事权相互匹配。三是中央和地方政府共同事权范围内的专项转移支付。这种方式主要适用于中央与地方政府需要共同负担的事务，虽然这种公共产品位于地方政府辖区范围之内，但其在受益上却具有很强的外部性。由中央财政安排专款补助，对这种外部性进行矫正，有助于调节各地方之间的经济利益关系。四是针对地方政府责权范围内事权的专项转移支付。这项资金通常主要用于支持地方提供特定的公共产品和服务，实现区域间的协调发展。

专项转移支付资金作为一种指定了用途的拨款，不得被挪作他用。专项转移支付的主要功能在于，协助地方政府改善基础设施、生态环境等方面的条件。根据不同时期经济社会发展薄弱环节或宏观调控重点的变化，对专项转移支付的项目范围及补助比例通常也需要进行相应的调整。地方政府需要承诺按照既定的用途使用资金，并且接受上级财政的检查和监督。

关于一般性转移支付和专项转移支付的功能及特点，可用表12-1加以展示和比较。

表12-1　一般性转移支付和专项转移支付形式的特点比较

特征 \ 程度 \ 形式	一般性转移支付	专项转移支付
体现中央政府意图	中	强
行政干预成分	弱	中
影响地方政府的决策	弱	中
地方政府运用资金的自由度	强	弱
促进特定效果的提高	弱	强

第三节　中国财政体制改革

自中华人民共和国成立以来，伴随着各个历史阶段政治和经济形势的变化，财政体制经历了多次变化和改进，其总体趋向是由集中逐步走向分散。系统梳理和总结财政体制演进的脉络和经验，对于进一步理顺政府间财政关系，具有重要的作用。改革开放后，尤其是1994年分税制改革以来，我国财政体制运行显现出良好的经济与政策效应，不仅建立起财政收入的稳定增长机制，增强了中央政府的宏观调控能力，而且也推动了产业结构的调整和资源配置的优化，增强了地方政府加强收支管理的主动性和自主性。随着我国经济社会形势的变化，既有财政体制也显现出一些有待解决的问题，需要进一步改革与完善。从财政体制改革上讲，需要体现新时代社会主要矛盾的变化，提高广大人民群众对更高品质公共产品和服务的获得感，解决区域财富占有和收入分配差距方面的问题，解决公共产品供给不充分的问题。

一、中国财政体制改革的进程

在新中国成立初期的国民经济恢复时期，我国实行的是高度集权的统收统支财政体制；从第一个五年计划开始，逐步过渡到不同程度的统一领导、分级管理体制；改革开放后为调动地方政府的积极性，实行了多种形式的分级包干财政体制；1994年1月1日起，在立足国情的基础上，借鉴成熟市场经济国家的经验，相继实施了分税制财政体制改革、所得税收入分享改革和出口退税负担机制改革等措施，符合市场经济一般要求的财政体制框架初步形成。

（一）1994年以来的分税制财政体制改革

我国1994年起实施的分税制财政体制改革，主要围绕收支划分和财政转移支付制度构建等方面展开。

1. 中央与地方的事权和支出划分

分税制改革首先根据中央与地方事权划分情况，对中央与地方的支出责任进行了初步界定。中央财政主要承担国家安全、外交和中央国家机关运转所需经费，调整国民经济结构、协调地区发展、实施宏观调控所必需的支出以及由中央直接管理的事业发展支出；地方财政主要承担本地区政权机关运转所需支出以及本地区经济、事业发展所需支出。我国中央与地方支出责任的具体划分如表12-2所示。

表12-2 分税制财政体制改革下的中央与地方支出责任划分

项目	内容
中央财政支出	国防费，武警经费，外交和援外经费，中央级行政管理费，中央统管的基本建设投资，中央直属企业的技术改造和新产品试制费，地质勘探费，由中央财政安排的"三农"支出，由中央负担的国内外债务还本付息支出，以及中央本级负担的公检法支出和文化、教育、卫生、科学等各项事业费支出

续表

项目	内容
地方财政支出	地方行政管理费，公检法经费，民兵事业费，地方统筹安排的基本建设投资，地方企业的技术改造和新产品试制经费，地方安排的农业支出，城市维护和建设经费，地方文化、教育、卫生等各项事业费，价格补贴以及其他支出

注：表中为1994年分税制改革时的支出责任划分。2007年政府收支分类科目调整后，具体的支出科目发生了一定的变化。

2. 中央与地方的收入划分

1994年分税制改革时，将维护国家权益、实施宏观调控所必需的税种划分为中央税；将同经济发展直接相关的主要税种划分为中央与地方共享税；将适合地方征管的税种划分为地方税，充实地方税税种，增加地方税收入。同时，分设中央与地方两套税务机构，中央税务机构征收中央税和中央与地方共享税，地方税务机构征收地方税。此后，中央根据分税制运行状况以及经济形势发展的需要，对中央与地方收入划分进行了一系列的调整与完善。现行的政府间收入划分情况如表12-3所示。

表12-3 现行中央与地方的收入划分情况

项目	内容
中央固定收入	关税，海关代征的消费税和增值税，消费税，船舶吨位税，车辆购置税，未纳入共享范围的中央企业所得税，证券交易（印花）税，中央企业上交的利润等
中央与地方共享收入	增值税（中央分享50%，地方分享50%）； 纳入共享范围的企业所得税和个人所得税（中央分享60%，地方分享40%）； 资源税按不同的资源品种划分，海洋石油资源税作为中央收入，其他资源税作为地方收入
地方固定收入	城镇土地使用税，城市维护建设税，房产税，车船税，印花税（不含证券交易印花税），耕地占用税，契税，烟叶税，土地增值税，环境保护税，地方企业上缴利润，国有土地有偿使用收入等

3. 政府间转移支付制度的建立与发展

1994年分税制改革以后，我国先是建立了以税收返还和体制补助与上解、财力性转移支付和专项转移支付为主的转移支付制度。其中，税收返还和体制补助与上解是为了照顾地方政府既得利益而设立的；财力性转移支付是中央财政为弥补欠发达地区的财力缺口、缩小地区间财力差距、实现基本公共服务均等化安排给地方财政的补助资金，以及中央出台减收增支政策对财力薄弱地区的补助；专项转移支付是中央财政为实现特定的宏观政策及事业发展战略目标，以及对委托地方政府代理的一些事务或中央地方共同承担事务进行补偿而设立的补助资金，需按规定使用。

2009年起，为进一步规范财政转移支付制度，将中央对地方的转移支付，划分为税收返还、一般性转移支付和专项转移支付三类。其中，一般性转移支付包括原财力性转移支付，主要是将补助数额相对稳定、原列入专项转移支付的教育、社会保障和就业、公共安全、一般公共服务等支出，改为一般性转移支付；原一般性转移支付改为均衡性转移支付。一般性转移支付是指中央政府对有财力缺口的地方政府（主要是中西部地区），按照规范的办法给予的补助，地方政府可以按照相关规定统筹安排和使用。一般性转移支付资金按照客观、公正的原则，根据客观因素，设计统一公式进行分配，财政越困难的地区补助程度越高，具有明显的均等化效果。专项转移支付是指中央政府对承担委托事务、共同事务的地方政府给予的具有指定用途的资金补助，以及对应由下级政府承担的事务给予的具有指定用途的奖励或补助。近年来，为配合实现中央宏观政策目标，新增了较多的专项转移支付项目。例如，基础设施建设、农业、教育卫生、社会保障以及环境保护等方面均设立了专项转移支付项目。

4. 省以下财政体制的改革与变化

在省以下地方财政体制改革方面，推进了省直管县和乡财县管改革。省直管县财政体制改革，有利于发挥省级财政在省辖区域内对财力差异的调控作用，帮助缓解县级财政困难，减少财政管理级次，降低行政成本，推动城乡共同发展。乡财县管改革，集中和加强了乡镇收入管理，控制和约束了乡镇支出需求，统一和规范了乡镇财务核算，遏制和缩减了乡镇债务规模，提高了县乡财政管理水平。针对部分县乡财政困难的情况，还探索构建县级基本财力保障机制，加强了省市财政向基层进行转移支付的力度，对提高基层公共服务能力、保证基层政权运转能力发挥了积极作用。

（二）分税制财政体制改革的主要成效

分税制改革是一次改革力度大、涉及范围广、影响深远的财政体制创新。这次改革基本上建立起了适应社会主义市场经济发展要求的财政体制框架，并且在运行过程中已显示出较为良好的政策与经济效应。

1. 规范了各级政府间的财政关系

1994年分税制改革通过以事权划分为基础界定中央与地方的支出范围，按税种归属划分中央与地方的收入范围,分设国税与地税系统,建立财政转移支付制度等措施,初步构建起社会主义市场经济条件下的分级财政体制。分税制财政体制按照兼顾各方利益关系、事权与财权相结合的原则,以法律法规形式对中央与地方政府的事权、财权加以明确界定和划分,并以较为规范的政府间转移支付制度实现各级政府事权与财力的基本匹配,使各级财政都能够在法律规范的体制框架内行使各自的职责。显然,作为市场经济条件下政府间财政关系的承载体,分税制财政体制所顾及的利益范围较之前的财政包干体制更为完整,中央与地方的共同利益以及自身利益均得到承认与体现,从而跳出了传统财政体制下仅强调中央或地方某一方财政利益的限制,基本实现了财政体制的稳定与明晰。

2. 调动了各方面积极性,国家财政实力显著增强

分税制财政体制改革较好地处理了国家与企业、个人的分配关系,规范了中央与地方的分配关系,调动了各级政府促进经济发展、加强税收征管、依法组织收入的积极性,建立起财政收入稳定增长机制。分税制改革后,我国财政收入保持了较快增长势头,财政实力不断壮大(参见表 12-4)。1993—2017 年,全国一般公共预算收入由 4 349.0 亿元增加到 172 592.8 亿元,增长了 38.7 倍,年均增长 19%;全国一般公共预算收入占国内生产总值的比重则由 12.2% 提高到 20.9%。

表 12-4 全国一般公共预算收入及中央财政收入占比情况(1993—2017 年)

年份	全国一般公共预算收入/亿元	全国一般公共预算收入占 GDP 比重/%	中央财政收入/亿元	中央财政收入占全国财政收入比重/%
1993	4 349.0	12.2	957.5	22.0
1994	5 218.1	10.7	2 906.5	55.7
1995	6 242.2	10.2	3 256.6	52.2
1996	7 408.0	10.3	3 661.1	49.4
1997	8 651.1	10.9	4 226.9	48.9
1998	9 876.0	11.6	4 892.0	49.5
1999	11 444.1	12.6	5 849.2	51.1
2000	13 395.2	13.4	6 989.2	52.2
2001	16 386.0	14.8	8 582.7	52.4
2002	18 903.6	15.5	10 388.6	55.0
2003	21 715.3	15.8	11 865.3	54.6
2004	26 396.5	16.3	14 503.1	54.9
2005	31 649.3	16.9	16 548.5	52.3

续表

年份	全国一般公共预算收入/亿元	全国一般公共预算收入占 GDP 比重/%	中央财政收入/亿元	中央财政收入占全国财政收入比重/%
2006	38 760.2	17.7	20 456.6	52.8
2007	51 321.8	19.0	27 749.2	54.1
2008	61 330.4	19.2	32 680.6	53.3
2009	68 518.3	19.6	35 915.7	52.4
2010	83 101.5	20.1	42 488.5	51.1
2011	103 874.4	21.2	51 327.3	49.4
2012	117 253.5	21.7	56 175.2	47.9
2013	129 209.6	21.7	60 198.5	46.6
2014	140 370.0	21.8	64 493.5	45.9
2015	152 269.2	22.2	69 267.2	45.5
2016	159 605.0	21.4	72 365.6	45.3
2017	172 592.8	20.9	81 123.4	47.0

资料来源：国家统计局网站。

3. 中央调控能力增强，促进了地区协调发展

实施分税制财政体制后，中央财政收入稳定增长的机制逐步形成，为提高中央本级收入占全国公共财政收入的比重提供了必要条件。通过实施1994年分税制改革和2002年所得税收入分享改革，中央财政集中了主体税种的大部分收入。中央财政收入占全国财政收入的比重逐步上升（见表12-4），1993—2017年，中央财政收入占全国财政收入的比重由22%提高到47%。[①] 中央财政收入规模的壮大，增强了中央政府的宏观调控能力，促进了国民经济的持续稳定快速发展和国家的长治久安。随着财政实力的增强，为均衡地区间财力差异提供了财力保障，国家财政加强了对低收入群体的社会保障，增加科技与教育经费，加强了基本建设力度，也为应对国际金融危机和实施积极财政政策创造了有利的条件。

4. 增强了地方加强收支管理的主动性和自主性

分税制财政体制改革，初步理顺了政府间的责权关系，在政府间基本建立了各司其职、各负其责、各得其利的约束机制和费用分担、利益共享机制。税种、

---

① 2011年，全面取消预算外资金，将所有政府性收入纳入预算管理。地方政府的非税收入增长较快，比2010年增长43.4%，因此造成地方政府收入占全国财政收入的比重有所上升。

税源按财政体制划定的标准分属中央政府或地方政府，各级财政预算的财力来源、规模约束明显增强，自收自支、自求平衡的责任明显加重。现行分税制财政体制强化了对地方财政的预算约束，提高了地方坚持财政平衡、注重收支管理的主动性和自主性。此外，也推动了经济结构调整，在一定程度上抑制了盲目投资，地方政府的经济行为和投资行为发生了积极变化，产业结构和发展方式都有所调整和转变。

（三）财政体制中存在的主要问题

在肯定分税制财政体制改革成就的同时，不可否认，现行财政体制与规范的分级财政体制相比还有一定差距，财政体制运行中还存在一些比较突出的问题。

1. 政府间的事权和支出责任划分有待完善

受客观条件的制约，政府间事权和支出责任划分方面的改革进展不大。一是应该由中央负责的事务交给了地方处理，例如，跨流域大江大河的治理、跨地区污染防治、跨地区经济纠纷司法管辖、海域和海洋的使用管理等。二是属于地方管理的事项，中央承担了较多的支出责任。例如，从区域性重大基础设施建设到农村厕所改造等地方项目，中央有关部门有相当的资金补助。三是中央与地方的职责重叠、共同管理的事项较多。例如，中央与地方财政对社会保障、公共卫生、义务教育等相当多事项和支出责任实行共同承担的办法。四是中央负责的事项管理不到位。例如，经济总量平衡、经济结构优化和全国市场的统一等宏观经济管理职责由中央承担，相应的调控手段的决策权也必须集中在中央，但地方承担了很多责任。在政府间责权关系没有划分清楚的情况下，财政支出责任无法落实；中央应该管理的事务，放到地方去做，与外部性和激励相容原则不一致，地方往往没有积极性。一些应由地方管理的事情，中央却介入过多，受信息复杂性等因素影响未必能够做好，反而会让地方从这些领域退出。这在一定程度上限制了地方政府在地方事务上更好地发挥作用。近年来，国务院相继出台了多项政府间事权与支出责任划分改革的指导性意见，对于解决权责划分中存在的问题起到了积极的作用。

2. 政府间收入划分不够规范

目前，政府间的税收划分不尽合理，有些税收的划分与税种的内在属性不相吻合，对一些重要税种多采取分享的方式进行划分。随着城镇化进程的推进，地方政府需要有充足的资金来源用于向当地居民提供教育、医疗、社会保障等基本公共服务。但目前我国地方税体系不够健全，地方政府对土地财政依赖严重，地方政府间存在不良的财政税收竞争现象。政府间税收征管关系尚未理顺，税收立法权集中于中央政府，没有赋予地方政府在约定范围内开征新税、改变税率或税基等税收自主权。政府性基金等非税收入基本上没有纳入政府间财政关系调整的范围。

3. 政府间转移支付制度中存在的问题

受政府间事权和支出责任划分不够明晰等因素的影响，我国政府间转移支付设计的基础不够扎实。转移支付制度的设立与政府间事权划分相关性较弱，政策目标不够明确，转移支付体系较为零乱，一般性转移支付专项化、专项转移支付一般化的特征日益明显。一般性转移支付与专项转移支付结构不尽合理，一般性转移支付比重较小；专项转移支付项目繁杂，资金分散，不利于发挥转移支付资金的规模效益，且易加重地方政府负担。

4. 省以下财政体制亟待进一步优化

从地方财政体制情况看，省以下的财力纵向和横向分布格局不合理，相当一部分地区对下转移支付的力度不足。从纵向财力分布看，省、市、县人均财力差距悬殊；从横向财力分布看，部分省份县级财力水平差距较大。近年来，虽然县乡财政保工资、保运转问题基本得到解决，但总体支出水平仍然偏低，保障能力较弱，制约基层政府有效行使职能。有的地方在财政体制上仍实行形式多样、复杂易变、讨价还价的分成制和包干制，按税种划分收入、总额分成、收支包干和统收统支等体制形式都不同程度存在，与分税制原则相互矛盾。在按税种划分收入的地区，有的省与市县共享税种设置过多，有的甚至仍然按照企业隶属关系或行业划分收入，不利于企业间的改组、改制、联合和兼并，影响产业结构合理调整和区域经济协调发展。此外，某些地方政府间过度的财政竞争导致经济运行机制扭曲，有悖于税收公平原则，造成了税收收入的流失。

二、中国财政体制改革的方向

党的十八大报告强调，"加快改革财税体制，健全中央和地方财力与事权相匹配的体制"。党的十八届三中全会明确提出，"必须完善立法、明确事权、改革税制、稳定税负、透明预算、提高效率，建立现代财政制度，发挥中央和地方两个积极性"。党的十九大报告强调，"加快建立现代财政制度，建立权责清晰、财力协调、区域均衡的中央和地方财政关系"，深化我国财政体制改革的方向进一步明确。

(一) 深化财政体制改革的目标

在明确财政体制改革方向的基础上需从以下方面深刻理解和全面把握财政体制改革目标。

第一，坚持财政体制改革的市场化取向。党的十八大报告指出，经济体制改革的核心问题是处理好政府和市场的关系，必须更加尊重市场规律，更好发挥政府作用。党的十九大报告提出，加快完善社会主义市场经济体制。要针对目前中央与地方事权和支出责任划分、收入划分、转移支付制度中存在的，不利于生产要素自由流动、不利于统一大市场形成、不利于市场经济主体公平竞争的体制机制障碍，加快推进财政体制改革。

第二，继续大力推进基本公共服务均等化。近年来，中央财政不断加大对地方的转移支付力度，并向中西部等财力较为薄弱的地区倾斜，加上东部地区财政收入增速趋缓、中西部收入增幅较高，地区间财力差距呈现逐年缩小的态势，但是，与基本公共服务均等化的要求相比，均等化依然任重道远。基本公共服务均等化不仅体现公平正义，有利于促进和谐社会建设，而且有助于遏制盲目发展，促进发展方式转变与生态文明建设。因此，今后一个时期，推进基本公共服务均等化仍然是财政体制改革的重要目标。

第三，财政体制改革应有利于公平正义和国家发展强大、长治久安。事权和支出责任在中央与地方之间、不同地方之间的划分，财政资金在中央与地方之间、不同地方之间的分配，对促进区域协调发展、建设和谐民族关系、树立中央政策权威都具有重要意义。要从有利于实现公平正义，有利于推动经济发展方式转变，有利于推进国家发展强大、长治久安的高度出发，处理好条条与块块之间的关系，改革和完善财政体制。

(二) 深化财政体制改革的基本思路

1. 完善以"分税制"为基础的分级财政体制

作为与市场经济发展相适应的公共财政的体制安排，1994年以来的分税制财政体制改革适应了我国改革开放的需要，在规范政府间财政分配关系、营造企业公平竞争平台、提高中央政府的宏观调控能力和改进地方政府行为模式等方面发挥了重要作用。分税制改革的成效明显：一是抛弃按照企业的隶属关系来划分中央与地方的收入，以税种为基础来界定中央与地方之间的收入，有利于全国统一市场的形成。二是形成了强大的动力机制。作为一个激励相容的机制，分税制形成了地方政府自主收入，提高了地方政府在开发财源、增加收入等方面的努力程度，调动了中央与地方的"两个积极性"。三是分税制财政体制一举扭转了中央财政积弱的局面,增强了中央政府的政治控制力和宏观调控能力。分税制的基本框架奠定了中央的主动地位,有利于强化中央政府对地方政府行为的调节与控制,使中央政府在宏观调控中处于主动地位。从政治意义上讲,这有利于从体制与制度上保证国家的政令统一,维护国家的稳定与安全。因此,财政体制改革应坚持分税制的基本方向不变。在保持分税制财政体制框架基本稳定的前提下,进一步深化财政体制改革,围绕推进基本公共服务均等化和主体功能区建设,健全中央和地方财力与事权相匹配的体制,着力推进省以下财政体制改革,促进地区协调和城乡统筹发展。

2. 以清晰划分事权为切入点,全面推进财政体制改革

近年来,按照公共财政建设的方向和政府职能转变要求,财税体制改革得到不断深化。特别是党的十九大报告进一步明确了财政体制改革的基本内容。合理划分各级政府的事权和支出责任,是构建权责清晰、财力协调、区域均衡的中央和地方财政关系的基础。权责清晰,就是要形成中央领导、合理授权、依法规范、运转高效的财政事权和支出责任划分模式。因此,应以清晰划分事权为切入点,全面推进财政体制改革。一方面,按照市场经济的总体要求,结合《预算法》的实施,明确使地方政府逐步从一般性竞争领域撤出,最终从省到市县,都退出生产经营的投资权,使中央和地方事权的划分合理化、清晰化。另一方面,地方各级政府事权与支出责任安排重心适当上移。要适当减少县乡级政府的事权和支出责任,赋予省级政府与其财力适应的公共服务事权和支出责任。将公共服务的支出重心适当向省和中央上移,让省级政府在提供公共服务中发挥更大的作用。要对地方政府间的财政竞争加以必要的规范和协调,降低地方财政竞争行为预期的不确定性。

2016年8月,《国务院关于推进中央与地方财政事权和支出责任划分改革的指导意见》发布,明确了财政事权和支出责任划分改革的指导思想、总体要求、划分原则、主要内容和配套措施等。2018年1月,《国务院办公厅关于印发基本公共服务领域中央与地方共同财政事权和支出责任划分改革方案的通知》,提出明确基本公共服务领域中央与地方共同财政事权范围,制定基本公共服务保障国家基础标准,规范基本公共服务领域中央与地方共同财政事权的支出责任分担方式,调整完善转移支付制度,推进省以下支出责任划分改革。关于规范基本公共服务领域中央与地方共同财政事权的支出责任分担方式,参见专栏12-2。

专栏 12-2　规范基本公共服务领域中央与地方共同财政事权的支出责任分担方式

根据地区经济社会发展总体格局、各项基本公共服务的不同属性以及财力实际状况，基本公共服务领域中央与地方共同财政事权的支出责任主要实行中央与地方按比例分担，并保持基本稳定。具体明确和规范如下：

一是中等职业教育国家助学金、中等职业教育免学费补助、普通高中教育国家助学金、普通高中教育免学杂费补助、城乡居民基本医疗保险补助、基本公共卫生服务、计划生育扶助保障7个事项，实行中央分档分担办法：第一档包括内蒙古、广西、重庆、四川、贵州、云南、西藏、陕西、甘肃、青海、宁夏、新疆12个省（区、市），中央分担80%；第二档包括河北、山西、吉林、黑龙江、安徽、江西、河南、湖北、湖南、海南10个省，中央分担60%；第三档包括辽宁、福建、山东3个省，中央分担50%；第四档包括天津、江苏、浙江、广东4个省（市）和大连、宁波、厦门、青岛、深圳5个计划单列市，中央分担30%；第五档包括北京、上海2个直辖市，中央分担10%。按照保持现有中央与地方财力格局总体稳定的原则，上述分担比例调整涉及的中央与地方支出基数划转，按预算管理有关规定办理。

二是义务教育公用经费保障等6个按比例分担、按项目分担或按标准定额补助的事项，暂按现行政策执行，具体如下：义务教育公用经费保障，中央与地方按比例分担支出责任，第一档为8∶2，第二档为6∶4，其他为5∶5。家庭经济困难学生生活补助，中央与地方按比例分担支出责任，各地区均为5∶5，对人口较少民族寄宿生增加安排生活补助所需经费，由中央财政承担。城乡居民基本养老保险补助，中央确定的基础养老金标准部分，中央与地方按比例分担支出责任，中央对第一档和第二档承担全部支出责任，其他为5∶5。免费提供教科书，免费提供国家规定课程教科书和免费为小学一年级新生提供正版学生字典所需经费，由中央财政承担；免费提供地方课程教科书所需经费，由地方财政承担。贫困地区学生营养膳食补助，国家试点所需经费，由中央财政承担；地方试点所需经费，由地方财政统筹安排，中央财政给予生均定额奖补。受灾人员救助，对遭受重特大自然灾害的省份，中央财政按规定的补助标准给予适当补助，灾害救助所需其余资金由地方财政承担。

三是基本公共就业服务、医疗救助、困难群众救助、残疾人服务、城乡保障性安居工程5个事项，中央分担比例主要依据地方财力状况、保障对象数量

> 等因素确定。
>
> 　　对上述共同财政事权支出责任地方承担部分，由地方通过自有财力和中央转移支付统筹安排。中央加大均衡性转移支付力度，促进地区间财力均衡。党中央、国务院明确规定比照享受相关区域政策的地区继续按相关规定执行。中央与新疆生产建设兵团财政事权和支出责任划分，参照中央与地方划分原则执行；财政支持政策原则上参照新疆维吾尔自治区执行，并适当考虑兵团的特殊因素。
>
> 　　资料来源：《国务院办公厅关于印发基本公共服务领域中央与地方共同财政事权和支出责任划分改革方案的通知》，国办发〔2018〕6号。

3. 实施财政扁平化改革，适当减少财政管理层级

我国行政层级较多，是进一步规范完善财政体制的重要制约因素。信息技术的运用、交通基础设施的完善，为我国行政管理扁平化改革提供了可行性。下一阶段的公共财政体制改革要着力创新财政体制，积极探索和推进财政扁平化改革，增强分税制财税体制的稳定性和内在协调性，特别是使之在省以下能够得到实质性的贯彻。根据国家管理和经济社会发展的需要，同时考虑到简化政府级次难度较大，宜着眼于精简效能和减轻负担的要求，在一段时期还不得不保留五级政府架构的基础上，首先减少财政层次，在注意处理好与现行行政管理体制关系的基础上，应积极推进省直管县和乡财县管等财政管理方式改革，减少管理环节、提高管理效率。改革的目标是逐渐形成扁平化后的中央、省、市县三级架构，并合理明确地设定与各级政府事权相对应的财权、税基，建立完善自上而下的财力差异调控机制。财政层级"扁平化"，也可望进而拉动"减少行政层级"的综合配套改革，有效降低行政成本，并促使各级政府在事权合理化、清晰化方面取得实质性进展，构建与事权相匹配的分级财税体制，提高行政体系运行的绩效水平。

4. 形成合理、协调的中央与地方财力分配格局

结合事权和支出责任划分、税制改革和税收政策调整，考虑税种属性，在保持中央和地方财力格局总体稳定的前提下，科学确定共享税分享方式及比例，适当增加地方税种，形成以共享税为主、专享税为辅的具有中国特色的、科学合理的收入划分体系。

在财权划分上要继续坚持适度向上集中的原则。我国是一个发展中大国，人口多，底子薄，地区经济社会发展水平差异很大，既有各省（自治区、直辖市）横向上的发展不均衡，也存在省市县级纵向上的发展不均衡和城乡发展不均衡。从政治上看，在促进民生、构建和谐社会、保证国家安全等方面均需要维护中央

政府的权威。从经济方面看，目前转变经济发展方式、调整经济结构，进而建设现代化经济体系，确保改革开放大局，需要维护中央宏观调控的权威性和宏观调控能力。在财政体制方面，这就应该切实体现中央政府对公共资源必要的掌控力度，以实现其政治、经济目标。因此，构建科学的财政体制需要通过合理的途径继续适当提高中央财政的收入比例。从长远看，需研究严格按照税种属性调整中央地方收入划分：将容易造成税源转移和地区间分配不公的企业所得税以及有利于收入分配调节的个人所得税，提高中央分成比例或改为中央固定收入；着力培育房地产税等地方政府的支柱财源，促进地方政府职能转变和行为长期化。考虑到短期内全面实现上述调整的条件尚不成熟，可以采取渐进改革的方式，研究通过部分税种的合理置换、多次微调，逐步理顺中央和地方之间的收入分配关系。

在财力配置方面要坚持向薄弱地区倾斜的原则。与财权的划分不同，财力的配置目标就是要实现各地政府财力与事权的基本匹配。如果某个地区出现财力缺口，就意味着该地区的政府难以履行其职责，难以正常运转。目前，我国地方政府承担了大量的基本公共服务和其他事务，但这些基本公共服务和事务并不能得到有效的财力保障。现行的财力下移包括一般性转移支付、专项转移支付、税收返还、与行为挂钩的奖励等方式，但总体来看，财力下移的机制仍不完善，最大的问题是东部地区与中西部地区的财力差距没有得到有效缩小。在事权、财权和财力三者之间的关系上，财力的调整是可以相对灵活的，可以有效解决那些"有财权无财力"的现象。要适度向中西部地区倾斜财力，平衡各地区的财力状况，在提高保障能力的同时，可以有效实现公共服务的均等化目标，也有助于提高中央政府的调控力度。要继续优化转移支付制度，扩大一般性转移支付规模，建立健全专项转移支付定期评估和退出机制，加强转移支付对中央重大决策部署的保障。

5. 充分发挥省级财政的调节能力

省级政府是中央为管理地方政府事务而设置的中央政府下属权力机关。作为地方最高权力的执行机构，省级政府拥有对省域内行政事务、经济运行以及公共产品和服务提供的管理和调节职责。作为地方最高行政机关，省级政府往往要把较多的资源投入到促进省域经济增长和促进省内基本公共服务均等化方面。我国幅员辽阔，人口众多，各地的资源禀赋、技术水平和经济实力差异较大，这一点也决定了省级政府在其所管辖的行政区域内行使其经济和财政调控职能的特殊重要性。由于幅员辽阔和人口众多，我国经济运行和发展的区域性也就特别明显，特别具有多样性和不平衡性，因而就特别需要省级政府根据各自的特殊情况对所辖区域内的经济进行必要调节。省级财政保持必要的调节能力，才能实现省对市县转移支付补助，调节市县间财力差异，实现公共产品和公共服务的逐步均等化。

6. 坚持渐进性改革的原则

我国财政体制的变革与整个经济体制改革一样，在世界上没有先例可循，需要根据我国的实际情况，在逐步取得改革共识的基础上不断探索、不断完善，不可能一蹴而就，一步到位。任何一项改革都只能是一个渐进的过程。而且，改革总是会涉及各方面的利益关系调整。为了涵养改革的支持力量和保证改革的顺利进行，我国改革的主体脉络是采取"增量式改革"的渐进性改革。这种改革的渐进性带来的基本经济制度的连续性和稳定性，避免了新旧体制更替过程中可能发生的政治和经济的失序、失范和失控问题，保证了我国经济的持续和快速发展。我国增量改革的优势在于：在不触动各方面既得利益的同时，通过增量改革来减缓各方面的矛盾，保持改革的动力，以持久的增量调整来逐步冲淡存量利益。这方面的调整本身就是利益调整的一个渐进性过程。

在这样的背景下，我国财政体制的改革作为整个经济体制改革的重要环节，需要和其他方面的改革相配合、相协调，难以单兵突进，只能采取渐进性的改革路径。财政体制改革直接涉及各方面复杂的利益关系，关系到改革的成败，必须谨慎从事。利益关系的调整从来都只能是增量式调整，这也就决定了改革只能是渐进的。就目前情况来看，制约财政体制进一步完善的因素既有财税领域之内的，也有其他领域的。例如，我国公共收入体系尤其是税制建设还未到位，制约着以此为基础的财政体制优化调整。改革开放40多年以来，虽然我国基本建立起适应社会主义市场经济的、以税收收入为主的公共收入体系，但是目前无论是税收体系还是非税收入体系均有很大的改进空间。公共收入改革的渐进性也决定了以税种划分为基础的财政体制完善的渐进性。此外，行政体制改革滞后于经济体制改革。由于行政体制改革主要涉及政府职能转换，涉及政府与市场的关系调整和各级政府事权的较为清晰的框定及其法律层次设定，因此，财政体制的完善需与行政体制改革的进程相适应。

思考题

1. 谈谈你对分级财政条件下中央与地方政府财政职能分工的看法。
2. 如何科学、合理地划分政府间的事权与支出责任？
3. 为什么要实行政府间的转移支付？政府间转移支付主要采取哪些方式？

4. 我国分税制改革取得了哪些成效？还存在哪些问题？

5. 请谈谈我国财政体制改革的主要目标和基本思路。

▶ 自测习题及参考答案

第十三章 财政平衡与财政政策

财政收支运行存在平衡、结余和赤字三种结果。市场经济条件下，充分就业、物价稳定、经济增长、国际收支平衡是宏观经济调控的目标。财政政策是政府以一定的财政经济理论为依据，为实现预定的目标而规定的综合运用各种财政手段的基本规则，财政政策和货币政策并称政府宏观调控的两大政策工具。

本章共两节。第一节是财政平衡与财政赤字，界定财政平衡口径，分析财政赤字的成因和弥补方式。第二节是财政政策，介绍财政政策的概念、分类和目标，分析财政政策与货币政策的配合，最后介绍中国财政政策的实践，并指出优化的重点。

第一节 财政平衡与财政赤字

一、财政平衡的内涵

财政平衡，亦称财政收支平衡或预算平衡，是指一定时期内财政收入与支出基本持平。财政收支或政府预算收支的对比关系，不外乎三种结果：一是收大于支，形成财政结余；二是支大于收，出现财政赤字；三是收支相等，实现财政平衡。在研究财政平衡和财政赤字之前，必须首先明确财政平衡的内涵，进而树立科学的财政平衡观。

第一，财政平衡是相对的或大体的平衡，不存在绝对的平衡。财政收支正好相等的情况在理论上可以成立，但从实际经济运行来看，几乎是不存在的。每日、每月、每季收支对比的经常状态是不平衡，不是收大于支，就是支大于收，而收支正好相等的状态是偶然的。因此"略有结余"或"略有赤字"都是财政平衡的表现形式，都应被视为财政平衡，而财政平衡追求的目标也是基本平衡或大体平衡。

第二，应树立动态平衡的观点，不拘泥于静态平衡或一个预算年度内的收支平衡。静态平衡是某一时点上出现的瞬时现象，或者是在预算平衡表上的形式表现；动态平衡观则要求考虑年度之间的联系和衔接，研究未来财政收支的发展趋势，研究经济周期对财政的影响以及财政对经济周期的调节作用，以求得一个时期的内在平衡。例如，在一个波动的经济周期内，可能某些年份有赤字，某些年份有结余。但如果将二者结合起来从动态上看，财政收支仍可能是平衡的；在一个预算年度内也是如此，有时可能收大于支，有时可能支大于收，即平衡不断被打破，又不断达到新的平衡。

第三，财政平衡只是一种局部平衡，它应该服从或服务于宏观经济总体平衡。如果把财政部门看作国民经济的一个部门，那么，财政部门的收支同家庭部门、企业部门以及对外部门的货币收支有着密切的联系，不仅相互交织，而且互补余缺。为了说明这个道理，可以将四部门国民经济的总量平衡公式（$C+S+T+M \equiv C+I+G+X$）① 做一个变形，则 $G-T \equiv (S-I)+(M-X)$。变形后，等式左边表示预算收支对比关系：当 $G>T$ 时，政府预算出现赤字；当 $G<T$ 时，则有财政结余。等式的右端由两个不同的账户组成，S 和 I 代表非政府部门的储蓄、投资账户，M 和 X 代表对外部门的贸易经常账户。当 $S>I$ 时，即非政府部门的储蓄大于投资时，有结余资金；反之，则非政府部门的储蓄、投资账户出现赤字。当 $M<X$ 时，贸易经常账户有盈余，资源净进口；反之，则贸易经常账户出现赤字，资源净出口。当等式的左右两边都大于 0 时，这个预算恒等式可以理解为：财政赤字≡储蓄、投资账户结余+贸易经常账户赤字。也就是说，尽管此时财政收支未实现平衡，存在赤字，但国民经济却在总体上实现了平衡，而这比财政收支本身的平衡重要得多。可见，国民经济总体平衡的目标是实现社会总供求的大体平衡，财政平衡不过是其中的一个局部平衡，因而对国民经济全局而言，财政平衡本身不是目的，而是一种手段，必须从国民经济的总体平衡来考虑财政应否平衡。换句话说，只有从国民经济全局出发研究财政平衡，才有可能运用财政政策有效地调节经济运行。

第四，不仅要关注中央政府的收支平衡，也要研究各级地方政府的收支平衡。长期以来，我们一般把中央财政与地方财政合在一起，从总体上进行考察。这种考察虽可反映国家财政收支的全貌，却不能反映中央与地方政府各自收支的对比情况。自 1994 年我国实行分税制改革以后，地方财政已成为一级相对独立的财政主体，在中央预算与地方预算分立的情况下，分别考察中央预算的平衡与地方预算的平衡，就是十分必要的了。

第五，应该注意将真实平衡与虚假平衡区分开来。从实践来看，"假平衡真赤字"问题在中国由来已久，当前虚假平衡主要表现为两种类型：一是由隐性债务

---

① 等式的左边代表总供给的收入流量，由消费 C、储蓄 S、税收 T 和进口额 M 组成；右边代表总需求的支出流量，由消费 C、投资 I、政府支出 G 和出口额 X 构成。这个公式可以理解为：当宏观经济总体平衡时，作为总供给的收入流量恒等于作为总需求的支出流量。

和或有债务形成的"财政性挂账";二是由收入空转(即先缴后返)等方式形成的财政收入虚增。比如,应补未补的企业亏损补贴、粮食亏损补贴、欠发公教人员工资、欠补社会保障缺口等,这些由隐性债务和或有债务构成的隐性财政赤字,抵减了当年现实的财政赤字。又如,中国有些省级财政和县级财政,受地方经济发展滞后、税源不足等诸多因素的影响,不能完成财政收入任务,于是,就利用收入空转、寅吃卯粮或异地入库等方式使财政收入达到一定标准,造成财政收入的虚假增长。财政虚假平衡有较大的隐蔽性,会使人们产生一种错觉,即在实际已存在赤字的情况下,还可能误认为财政状况良好,从而导致决策上的失误。从这一点看,虚假平衡比公开的赤字有更大的危害性。

二、财政赤字(或财政结余)的计算口径

为了科学、全面地理解财政平衡,还需要区分财政赤字(或结余)的计算口径,因为不同口径计算得出的结果可能会相差很大。根据是否将债务收支作为正常的财政收支,可以有两种计算财政赤字(或结余)的口径:

硬赤字(结余)=(正常收入+债务收入)-(正常支出+债务还本付息支出)①

软赤字(结余)= 正常收入-(正常支出+债务利息支出)

第一种方法将债务收支视为正常的财政收支。如果把年度债务收支计入正常财政收支范围,仍然收不抵支而存在差额,那么这个差额便称作财政硬赤字。

第二种计算方法则不把年度债务收支计入正常财政收支范围,在此前提下,收支相抵形成的差额,叫做财政软赤字,但在这种计算方法下,债务利息的支付是列入经常支出的。第二种计算方法为世界上大多数国家或组织所采用,如美国、国际货币基金组织等。

中国1953—1993年都基本上采用第一种方法。这样,从账面上看,财政收支很容易实现平衡。但这样做存在以下几个问题:(1)它掩盖了财政赤字的真实情况,因为按这种口径计算,只有财政向央行透支时才有赤字,否则,即使财政发生了较大赤字,只要它不向央行透支,从账面上看,收支都是平衡的,有时甚至发生结余。(2)由于这种口径大大缩小了赤字的数额,会使人们对财政困难认识不足,从而导致财政支出的扩张。(3)由于财政赤字数额不能得到真实的反映,

---

① 公式中的正常收入是指政府通过征税等活动所取得的收入,即税收收入、国有企业上缴利润收入,以及各种非税收入,如规费收入、公产收入等,不包括政府发行债券或借款获得的收入。正常支出是行使政府职能所必不可少的支出,如国防支出、行政管理支出、教科文卫支出、政府投资支出等,不包括政府债务的还本付息支出。

也就难以分析财政支出对经济运行所产生的影响。

1994—1999年，为了适应社会主义市场经济体制改革的需要，中国政府收支核算制度作了一些修正。重要内容之一就是财政收支不再包括公债收支，这段时间财政赤字（或结余）口径为：

$$财政结余或赤字＝经常收入－经常支出$$

需要指出的是，这一口径与当今市场经济国家通行的软赤字口径相比，仍有一定差别。虽然1994—1999年债务收入不再列作正常收入，债务本金也不再作为正常支出，但债务利息支出也未列入正常预算支出。这样，一方面，财政支出不反映公债的利息支出，人为地压低了赤字规模；另一方面，还本支出和付息支出不恰当地捆在一起，借新债还旧债的本金和利息，有可能导致债务规模越滚越大。

2000年之后，国债利息支出被列入正常的预算支出，中国的财政赤字（或结余）口径已完全与国际通行的做法接轨。将公债利息支出列入财政支出中，有助于正确估算出赤字规模，便于财政政策的正确运作，同时有利于财政监督。

值得一提的是，从2006年起，中央预算稳定调节基金建立。关于该基金及其对财政赤字的影响参见专栏13-1。

专栏13-1 中央预算稳定调节基金

中央预算稳定调节基金是指中央财政通过超收收入和支出预算结余安排的具有储备性质的基金，视预算平衡情况，在安排下年度年初预算时调入并安排使用，或用于弥补短收年份预算执行的收支缺口，基金的安排使用接受全国人大及其常委会的监督。中央预算稳定调节基金单设科目，安排或补充基金时在支出方反映，调入使用基金时在收入方反映。安排中央预算稳定调节基金时在支出方反映，但实际上钱没花掉。年度财政收支差额不等于年度财政赤字，在进行国际比较时应注意支出口径差别。

1993年以来，财政收入增速很快，且实际财政收入增速远超预算。超收收入如何支出的问题由此而生。2006年，用当年超收收入安排500亿元建立中央预算稳定调节基金，余额500亿元；2007年，用当年超收收入安排补充中央预算稳定调节基金1 032亿元，余额1 532亿元。为落实全国人大关于改进收入预算编制方法，进一步规范超收收入分配和使用的要求，从2008年起，中央财政年度执行中如有超收，除按法律、法规和财政体制规定增加有关支出，以及用

> 于削减财政赤字、解决历史债务、特殊的一次性支出等必要支出外,原则上不再追加支出,均列入中央预算稳定调节基金,转到下年度经过预算安排使用。
>
> 资料来源:财政部网站。

三、财政赤字的国际比较与中国的动态

财政赤字是财政收不抵支的结果。综观世界各国,财政收支的平衡与赤字相比,财政赤字更为常态。在比较各国财政赤字状况之前,首先要说明一点,财政赤字有预算赤字和决算赤字之分,它与赤字政策(亦称赤字财政)是完全不同的概念。预算赤字是指在编制预算时,就存在收不抵支的情况,预算列有赤字,不代表预算执行的结果也一定有赤字。因为在预算执行过程中可以通过采取增收节支的措施,实现收支的平衡。决算赤字是指预算执行结果支大于收。决算有赤字,可能是因为预算编制时就有赤字,也可能是因为在预算执行过程中出现新的减收增支的因素而导致赤字。预算赤字或决算赤字,从指导思想上说,并不是有意识地安排赤字,也并非在每一个财政年度都出现,只是由于经济生活中的一些矛盾一时难以解决而导致的个别年度或少数年度的赤字。赤字政策则完全不同。赤字政策是指国家有意识地用赤字来调节经济的一种政策,亦即通过财政赤字扩大政府支出的规模,刺激社会有效需求的增长。赤字政策的基本思想是由英国经济学家凯恩斯提出的,在西方市场经济国家曾被广泛地运用,作为调节经济的一种主要手段。

(一)财政赤字的国际比较

在西方经济发达国家,财政赤字司空见惯,可以说是一种世界性经济现象。从18世纪后期直至1914年第一次世界大战爆发之前,以斯密为代表的经济学家极力主张"廉价政府"并保持财政收支的平衡,但财政赤字已是屡见不鲜。1929—1933年经济大萧条发生之前,财政赤字多是战争、大规模疫情、自然灾害等临时冲击因素所致。一旦这些临时因素消失,财政就会恢复平衡。当然,国家大小不同,所受的冲击不同,财政平衡恢复所耗费的时间也会有所差异。第一次世界大战之后特别是20世纪30年代至80年代之前,各国政府公开奉行凯恩斯提倡的赤字财政政策,因而连年的巨额赤字成为西方各国经济的一个重要特征。从80年代以来的情况看,西方国家的周期性财政平衡或中长期财政平衡也很难做到,年度财政结余更是罕见。20世纪末期,美国在克林顿执政时期出现过短暂的财政结余,但很快又转为财政赤字。

由于世界上大多数国家都存在程度不同的财政赤字，而财政赤字或财政结余在一定程度上又服从或服务于经济总体平衡的需要，因而对财政赤字是好是坏的评价不能绝对化。事实说明，许多国家存在一定程度的赤字并没有发生什么财政危机，它是经济周期波动的反映，同时又是熨平经济周期波动的必要手段；但过大的赤字无疑是经济状况和财政状况不佳的表现，甚至可能导致债务危机和金融危机。至于将财政赤字控制在什么样的水平，才不至于伤害社会经济的发展，也难以寻求一个绝对的标准。目前理论界一般是将欧盟国家《马斯特里赫特条约》规定的"入围限制标准"，赤字率①不超过3%，作为适度赤字水平的参考值。但是，这个标准并不是根据科学的经济理论计算出来的，只是依据欧盟国家建立欧元体系时法、德等国现实情况做出的协议规定，欧盟国家也不认为超过这个标准就一定会出现财政风险，而且超过3%标准的情况时有发生。

2009年，世界性的金融海啸导致世界各国"负债累累"，欧元区的财政赤字比2008年增长了近三倍，欧盟各国的平均财政赤字率由2008年的2.3%上升到2009年的6.8%。根据欧洲统计局公布的资料，2009年，希腊赤字率超过12%，西班牙达到11.2%，爱尔兰为10.75%，葡萄牙达到9.4%，意大利为5.3%。欧盟27个成员国中有20个国家出现赤字超标问题，欧盟为此频频发出预警信号。与赤字高涨相伴随的是政府债务的高涨。一方面经济衰退逼使政府必须发更多的债；另一方面，增长乏力又让偿还债务陷入难以为继的恶性循环。

为应对窘境，近年来欧盟各国都推出多副"猛药"，削减政府赤字取得了很大成效。2016年，欧盟成员国财政赤字率平均为1.7%，较2015年（2.4%）有所降低；平均公共负债率水平（债务余额占GDP的比例）为83.5%，较2015年水平（84.9%）有所降低。根据欧盟统计局的数据，2016年共有4个欧盟国家的预算赤字达到或超过GDP的3%，其中西班牙赤字率最高，为4.5%，其次为法国，赤字率为3.4%，再次为英国和罗马尼亚，赤字率均为3%。2016年，共有10个欧盟国家实现预算盈余，较高的几个国家为卢森堡（1.6%）、马耳他（1%）、瑞典（0.9%）、德国（0.8%）、希腊（0.7%）。

与欧盟情况相似，受金融海啸影响，美国2009财政年度②的赤字额也达到惊人的1.42万亿美元，相当于GDP的10%，创第二次世界大战结束以来最高纪录。

---

① 赤字率=财政赤字/国内生产总值（GDP）。
② 起止时间为2008年10月1日至2009年9月30日。

1.42 万亿美元的赤字额比美国建国头 200 年所有国债加在一起还多，超过印度经济总量，接近加拿大经济总量，相当于全美国不分男女老少每人负债 4 700 多美元。当然，美国巨额赤字的出现有其客观必然性：一方面，金融危机引发经济衰退，导致联邦税收减少 4 000 多亿美元；另一方面，为拯救金融系统、刺激经济，美国政府投入了 7 880 亿美元。

为了在保增长、保就业的同时平息外界对高赤字的担忧，奥巴马政府采取了一系列"开源节流"举措，使得联邦赤字连续七年下降。按照美国财政部的数据，2016 年联邦赤字约为 5 856 亿美元，相当于 GDP 的 3.2%。

然而好景不长，在 2017 财年，由于开支增速超过收入增速，美国财政赤字较 2016 财年增加约 800 亿美元，达到 6 657 亿美元，相当于 GDP 的 3.5%，创 2013 财年以来新高。特朗普政府认为，经济增长低迷是导致财政收入增长缓慢的重要原因。由于随后国会快速通过了高达 1.5 万亿美元的特朗普减税方案，根据大多数经济增长假设，今后几年，美国可能会进一步恶化赤字局面。而特朗普政府却认为，减税会带来更快的经济增长，将抵消减税的代价，同时，推动税改、降低监管负担等政策将有效推动经济增长，从而有助于尽快实现财政收支平衡。

（二）中国财政赤字的动态

中华人民共和国成立以来，中国在财政工作中一直坚持"收支平衡，略有结余"的方针，但在不少年份也出现赤字。按当时统计口径，1950—1978 年的 29 年中 10 年有赤字，而在 1979—2017 年的 39 年中除 1985 年和 2007 年外，按现行口径计算，每年都有赤字（详见表 13-1）。

表 13-1 中国改革开放以来财政赤字的情况

年份	赤字额/亿元	赤字率/%	年份	赤字额/亿元	赤字率/%
1979	135.4	3.3	2000	2 491.3	2.5
1980	68.9	1.5	2001	2 516.6	2.3
1985	-0.57	-0.0	2002	3 149.6	2.6
1990	146.5	0.8	2003	2 934.7	2.2
1995	581.5	1.0	2004	2 090.4	1.3
1996	529.6	0.7	2005	2 281.0	1.2
1997	582.5	0.7	2006	1 662.5	0.8
1998	922.2	1.1	2007	-1 540.4	-0.6
1999	1 743.6	1.9	2008	1 262.3	0.4

续表

年份	赤字额/亿元	赤字率/%	年份	赤字额/亿元	赤字率/%
2009	7 781.6	2.2	2014	11 415.5	1.8
2010	6 772.7	1.6	2015	16 200.0	2.4
2011	5 373.4	1.1	2016	21 800.0	2.9
2012	8 699.5	1.6	2017	24 813.7	2.9
2013	11 002.5	1.9			

资料来源：各年度《中国统计年鉴》。其中，2014年以前（含2014年）的赤字额为实际赤字，即"一般公共预算支出"减去"一般公共预算收入"后的差额。2015年以来的赤字额为调节后的财政赤字，计算公式为：财政赤字＝实际赤字－（中央调节基金净调入额+地方调节基金净调入额+从政府性基金预算和国有资本经营预算等其他三本账调入资金净额）。

改革开放以来中国财政赤字的产生原因主要是：（1）由于企业改革滞后和企业进入市场后一时无法适应市场需求的变化，效益不高，国有企业亏损面扩大，制约财政收入增长。（2）财权分散，分配秩序混乱，预算之外的各种基金和收费不断增长，这不仅加重企业负担，且侵蚀税基，影响财政收入的稳定增长。（3）很长一段时期税制结构与经济结构、分配结构的变化不相适应。改革后非国有经济增长很快，但国家来自这方面的税与其经济总量很不相称；此外，居民个人分配比重改革后提高很快，但个人所得税在国家财政收入中的比重还比较低。（4）有时财政支出效率不高、规模失控，增加了财政平衡的压力。（5）改革涉及社会各集团、各阶层及其成员之间的利益调整，要想使改革成功，必须保证社会大多数人的利益不受损害并能有所改善，因此，为支持企业和价格改革，以及缩小城乡差距，国家每年都要拨出大量资金用于民生等方面，这给财政增加了较大的压力。（6）积极财政政策的制定和实施，使得很多年份财政赤字的出现很难避免。

需要指出的是，1998年，中国中央政府为应对亚洲金融危机带来的通货紧缩，实施扩张社会需求的积极财政政策后，赤字率曾经一度攀高，如2000年达到2.5%，2002年达到2.6%；2005年以后，随着稳健财政政策的实施，加上经济快速增长，赤字率相应降低，2007年甚至实现了财政结余；2009年后，为应对全球性金融危机导致巨额财政赤字出现。

总体而言，改革开放以来，中国财政赤字总额不断攀升，现已超过2万亿元，但财政赤字率基本上始终控制在3%以下，2017年的实际决算赤字为2.88%。不同国家的国情不同，欧盟的警戒线赤字率3%的标准不可能成为世界各国的绝对标准，而仅仅是一个参考指标，以此来衡量中国赤字水平高低并不客观。各国确定赤字率警戒线应当根据本国经济发展、物价水平、债务余额、财政政策取向等情况综合考虑。改革开放以来，中国一直保持较高的经济增长速度，储蓄率自20世纪90年代中期以来一直高达40%，并且有较大的存差，这说明国民经济没有超分配，依然存在一定的财政赤字空间。当然，如果财政赤字长期居高不下就会引发潜在的债务规模失控等风险，因此谨慎对待财政赤字并通过增收节支等财政改革努力降低财政赤字水平才是保持经济稳定发展的根本之策。

四、财政赤字的弥补方式

（一）动用历年财政结余

财政失衡出现财政结余的情形通常容易应对。财政赤字一旦出现，就要考虑如何弥补的问题。如果以前年份有财政结余，那么动用历年结余即可。当今世界各国多选择赤字财政政策，财政赤字已是家常便饭，动用结余几无可能。

（二）发行货币或向银行透支

从理论上说，政府可以通过发行货币来弥补赤字，获得铸币税收入。[①] 为弥补赤字而增发货币，容易带来通货膨胀，这与各国中央银行币值稳定目标相悖。正常运行的经济体不会选择此类饮鸩止渴的做法。在计划经济时期，中国奉行年度预算平衡原则，但也有若干年份出现财政赤字。赤字的弥补方式是向银行透支或借款。这类做法一直延续到改革开放后的前10余年。从1994年起，财政赤字不再向中国人民银行透支，而是通过发行公债来弥补。

（三）开征新税或提高税率

增加税收是弥补赤字的一个选项，且看似一劳永逸，但不见得十全十美。理由如下：一是税收主要是满足经常性支出需要的。如果收不抵支只是暂时现象，那么增加税收的方法就不适宜。二是在现代民主国家，开征新税或提高税率一般要经过一系列耗时较长的政治程序，远水解不了近渴。三是长期连续赤字，即使增税，潜力也会很快地被挖掘殆尽，难以通过持续增税来弥补赤字。

（四）举借内外债

这是当今世界各国普遍采用的方法，也是被认为最可靠的办法。举借外债要

[①] "铸币税"不是一种真正的税种，而是对货币发行收入的理论界定。在金属货币时代，货币若用等值金属制成，则无货币发行收入；如果所用金属的价值小于货币所代表的价值，那么差额部分就构成铸币税收入。当货币形式发展到信用货币时代，货币发行从技术上脱离了实体经济的束缚，成为一种能为发行者带来发行收入的特权。西方政府曾以"铸币税"的形式对私人银行发行的现钞课税，作为允许它们拥有货币发行特权的交换。

受各种因素的影响与制约，其难度较大，因此，最常用的是举借内债。举借债务弥补赤字除了会给以后年度的财政带来还本付息压力外，其利弊在于：从居民个人看，如果是以减少即期消费来购买国债，则是把消费基金转化为积累基金，有利于加快建设速度；如果是以减少即期储蓄或从银行提取存款来购买国债，就会对银行信贷收支产生一定影响。从经济单位来看，如果是以压缩消费开支和生产规模来购买国债，对经济无大的影响；如果经济单位购买国债而生产与消费支出并未压缩，就必然增加银行贷款压力。从商业银行来看，如果商业银行以存款余额购买国债，而政府的国债收入又存入商业银行，则不会影响商业银行的信贷收支；如果政府将其存入中央银行，则势必压缩商业银行的信贷规模；如果商业银行将国债拿到中央银行贴现，商业银行的信贷规模也不会受影响；中央银行购买国债或办理商业银行的国债贴现而不相应压缩其贷款规模，则会直接扩大货币发行，容易引发通货膨胀。

第二节 财政政策

一、财政政策的概念与分类

（一）财政政策的概念

广义而言，财政作为政府经济活动或收支活动，都是在政策指导下展开的，因而财政政策既包含宏观政策又包含微观政策。本章所述财政政策主要是狭义的宏观政策，专指财政间接干预宏观经济运行以稳定经济的政策。

从政府宏观调控视角出发，财政政策是政府以一定的财政经济理论为依据，为实现预定的目标而规定的综合运用各种财政手段的基本规则。这一定义表明：(1) 财政政策是政府为实现特定的目标而制定的。财政是政府对一部分社会产品的分配活动，这种分配活动的基本方针必然由政府规定。政府制定财政政策总有其特定的目标，如财政、经济、政治、社会等方面的目标，这些目标是与政府在该时期中的整体战略目标相联系的。(2) 财政政策包括多种财政政策手段的综合运用。政府为实现特定的目标，就要运用税收、债务、投资、补贴、公共支出、预算等多种财政政策手段，并使之彼此密切配合，形成合力，为实现特定目标任务，尽量避免或减少负效应。可以说，财政政策是财政政策目标和财政政策手段的有机统一。(3) 财政政策是为实现特定目标而规定的运用财政政策手段的基本规则，而不是任何一项运用政策手段的决策。财政政策的任务主要是规定明确的财政作用的方向和若干的工作界限。一方面将政府在一定时期内的总路线、总目标具体化，另一方面又对财政工作部门制定工作规划、组织具体活动起到统领、指导和约束作用。所以，财政政策是政府组织和管理财政分配活动的一种手段和工具。（4）财政政策是以一定的财政经济理论为依据的。财政政策目标的确立，财政政策手段的选择，以及行动规则的确定，都以政府对财政经济内在规律的认识和对特定经济背景的分析为前提。不同的财政经济理论会引申出不同的政策主张，政府对某一财政经济理论的赞同和青睐必然导致特定的政策选择。

（二）财政政策的分类

财政政策目标和财政政策手段是构成财政政策的两大基本要素，任何国家、任何时期的财政政策都是由这两大基本要素组合而成的。由于一定时期的财政政策目标是多重的，财政政策手段是多种多样的，所以，财政政策的内容也有多种。为便于从整体上分析和研究财政政策，我们可对其进行下述分类。

1. 按照财政政策手段划分

按照财政政策手段划分，财政政策可分为税收政策、公共支出政策、政府投资政策、国债政策等。

（1）税收政策。税收政策主要通过宏观税率和具体税率的确定、税种选择、税负分配（包括税负转嫁）以及税收优惠和税收惩罚等规定来体现政府的政策导向。首先，宏观税率（即税收收入占 GDP 的比重）是衡量财力集中与分散程度的一个重要指标，而宏观税率定得高意味着政府集中掌握的财力或动员资源的能力高，反之则低。如前所述，宏观税率必须适度，过高会加重私人部门负担，过低则难以保证政府提供公共产品的需要，也不利于政府的宏观调控。其次，税种设置的目的是形成合理有效的税收体系，从而确定税收调节的总范围，明确税收调节的若干层次，进而产生各税种相互配合的政策效应。再次，税负分配，一方面是由政府部门来进行，主要是通过税种选择和制定不同的具体税率来实现；另一方面是通过税负转嫁的形式体现出来。税负分配对于收入的变动、相应的个人与企业的生产经营活动以及各经济主体的行为，均会产生重大影响。最后，税收的优惠性措施包括减税、免税、宽限、加速折旧以及建立保税区等。税收优惠与税收惩罚主要是在征收正税的基础上，为了某些特殊需要而实行的鼓励性措施或惩罚性措施，具有一定的灵活性。

（2）公共支出政策。公共支出政策包括购买性支出和转移性支出两大部分，其中，前者是一种政府的直接消费或投资支出，而后者则通过财政补贴等形式将货币收入从一方转移到另一方。财政补贴的运用一方面对实现体制的平稳过渡发挥了重大作用，另一方面则产生了一些诸如延续不合理的比价关系或资源配置格局等消极的影响。因而在应用时必须充分考虑到它的双重作用。

（3）政府投资政策。政府投资政策是指财政用于资本项目的建设支出，它最终将形成各种类型的固定资产。在市场经济条件下，政府投资的项目主要是指那些具有自然垄断特征、外部性大、产业关联度高、具有示范和诱导作用的公共设施、农业等基础性产业以及新兴的高科技主导产业。政府的投资能力与投资方向对经济结构的调整起关键性作用。考虑到国民经济基础设施和基础产业的"瓶颈"制约现状，政府投资所产生的效应，就不局限于自身的投资效应；作为一种诱发性投资，它可将"基础瓶颈"制约所压抑的私人部门的生产潜力释放出来，并使国民收入的创造达到一个较高的水平。这就是政府投资在"基础瓶颈"条件下所产生的"乘数效应"。

（4）国债政策。作为一种财政信用形式，国债最初是用来弥补财政赤字的，随着信用制度的发展，国债已成为调节货币供求、协调财政与金融关系的重要政策手段。在现代信用经济条件下，国债的调节作用主要体现在下述三种效应上：一是"挤出效应"，即由于国债的发行，使私人部门的投资或消费资金减少，从而对民间部门的投资或消费起调节作用；二是"货币流动效应"，即国债发行引起货币供求变动，一方面可能使部分"潜在货币"变为现实流通货币，另一方面则可能把存于民间部门的货币转到政府部门，或由于中央银行购买公债增加货币的投放；三是"管理效应"，政府可以通过调整国债规模、选择购买对象、区分国债偿还期限、制定不同国债利率等来实现财政政策的目标。

2. 根据调节经济周期的作用划分

根据调节经济周期的作用划分，财政政策可分为自动稳定的财政政策和相机抉择的财政政策。

（1）自动稳定的财政政策。这种政策本身具有内在的调节功能，能够根据经济波动情况，无须借助外力而自动地发挥稳定作用。比如税收体系，特别是企业所得税和累进的个人所得税，对经济活动水平的变化反应相当敏感。如果当初政府预算是平衡的，税率没有变动，而经济活动出现不景气，国民产出就要减少，这时税收收入也会自动下降；如果政府预算支出保持不变，则由税收收入的减少而使预算赤字发生，这种赤字具有一种内在的扩张力量，会"自动"地抑制国民产出的继续下滑。又如，政府为维持居民的最低必要生活水平而提供的失业救济金和最低生活保障金等福利性支出。当国民经济出现衰退时，就会有一大批居民享有失业救济金和低保收入，从而可以使总需求不致猛然下降；而当经济繁荣来临时，失业者可重新获得工作机会，政府就可以停止失业救济和低保支出，从而可以抑制总需求的过旺。

（2）相机抉择的财政政策。这种政策是政府利用本身财力有意识地干预经济运行的行为，政府可以根据当时的经济形势，采用不同的财政措施，消除通货膨胀缺口或通货紧缩缺口。比如，在经济繁荣时期，为了减少通货膨胀因素，政府通过增收减支等政策以抑制和减少社会有效需求；而在经济萧条时期，为了减少通货紧缩因素，政府则通过增支减收等政策来增加消费和投资需求，谋求整个社会经济有效需求的增加。

3. 根据调节国民经济总量的不同功能划分

根据调节国民经济总量的不同功能划分，财政政策可分为扩张性财政政策、紧缩性财政政策和中性财政政策。

（1）扩张性财政政策。扩张性财政政策是指通过财政收支规模的变动来增加和刺激社会的总需求，在总需求不足时，通过扩张性财政政策使总需求与总供给的差额缩小以至平衡。扩张性财政政策的载体主要是增加财政支出和减少税收，两者相比，前者的扩张效应更大一些。财政支出是社会总需求的直接构成因素，财政支出规模的扩大会直接增加总需求，增加支出的乘数效应大于减税的乘数效应。减税政策可以增加民间的可支配收入，在财政支出规模不变的情况下，也可以扩大社会总需求。同时，减税的种类和方式不同，其扩张效应也不同。流转税的减税在增加需求的同时，对供给的刺激作用更大，所以，它的扩张效应主要表现在供给方面。所得税尤其是个人所得税的减税，主要在于增加人们的可支配收入，它的扩张效应体现在需求方面。在增加支出与减税并举的情况下，扩张效应虽然更大，但可能导致财政赤字，从这个意义上说，扩张性财政政策等同于赤字财政政策。

（2）紧缩性财政政策。紧缩性财政政策是指通过财政收支规模的变动来减少和抑制总需求，在国民经济已出现总需求过旺的情况下，通过紧缩性财政政策可以消除通货膨胀，达到供求平衡。实施紧缩性财政政策的手段主要是减少财政支出和增加税收。减少支出可以降低政府的消费需求和投资需求，增加税收可以减少私人部门的可支配收入，进而降低其消费需求和投资需求。所以，无论是减支还是增税，都具有减少和抑制社会总需求的效应。如果在一定经济状态下，增税与减支同时并举，财政盈余就有可能出现，在一定程度上说，紧缩性财政政策等同于盈余财政政策。

（3）中性财政政策。中性财政政策是指财政收支活动对社会总需求的影响保持中性，既不产生扩张效应，也不产生紧缩效应。在一般情况下，中性财政政策要求财政收支保持平衡。在经济政策理论中，一般把通过增加盈余或减少盈余以及增加赤字或减少赤字的形式表现出来的财政政策，称为非均衡财政政策，而以收支均衡的形式表现出来的财政政策，称为均衡财政政策。均衡财政政策的主要目的在于力求避免预算盈余或预算赤字可能带来的消极后果。但是，预算收支平衡或均衡财政政策，并不等于中性财政政策。因为通过支出结构的调整和税收政策的调整，同样可以对经济发挥调节作用，而且平衡预算本身也能带来 1 倍的乘数效应。

4. 按照财政政策作用的不同方面划分

按照财政政策作用的不同方面划分，即将财政政策本身的内容与对经济运行状态的影响结合起来进行分析，可将其分为总量调节政策和结构调节政策。总量调节政策是通过调整财政收支及其总量对比关系实现社会总供求平衡的政策。结构调节政策是通过调整财政收支结构及其他措施影响社会供求结构的政策。

此外，财政政策还可以按照作用的范围分为一般政策和个别（特殊）政策；按适用的时间分为长期政策、短期政策等。

二、财政政策的目标

财政政策的目标是指政府通过运用各种财政政策所要实现的目的。它构成财政政策的核心内容，是财政政策中的主导方面。财政政策目标的确定因不同国家不同时期而异。西方国家政府的财政政策目标经历了一个由财政目标到经济目标、由单一内容到多元内容的变化过程。大体而言，自由资本主义时期直至第一次世界大战以前的财政政策是尽可能减少干预的"廉价政府"政策，当时的财政政策目标是一元的，即财政自身平衡。"大萧条"期间及之后的财政政策是广泛干预、积极调节的政策，财政政策目标趋于复杂。20 世纪 40 年代中期，美、英等主要资本主义国家政府把凯恩斯主义奉为制定财政政策的指导思想，以法律的形式宣称，谋求充分就业是政府的责任。这一时期财政政策的目标就是实现充分就业。50 年代末和 60 年代，主要资本主义国家出于对外扩张的需要，把经济增长视为主要的政策目标，认为只要经济增长了，就业问题就自然而然地得到解决。这种以经济高速增长为目标的财政政策却成为 70 年代经济 "滞胀" 的重要成因。此后，各主要资本主义国家纷纷对自己所信奉的经济理论和制定的经济政策进行反思，并以多元政策目标取代单一政策目标。近些年来，西方发达国家普遍把充分就业、稳定物价、经济增长、国际收支平衡作为财政政策目标。这种从单一政策目标向多元政策目标变化的趋势既反映出资本主义社会中经济活动和各种矛盾的复杂性，又说明了单一政策目标的局限性。

中国的财政政策目标不应以财政本身的状况而定，而主要应由经济和社会发展的要求来决定。而且，中国财政政策的目标是多元的，多元的财政政策目标之间有着内在的联系，它们有层次之别，可分为长远目标和近期目标。财政政策的远期目标即总目标，财政政策的近期目标，也称分目标或阶段性目标，是实现长远目标的前提条件。

（一）财政政策的长远目标

确立财政政策的长远目标，首先必须明确中国特色社会主义经济发展道路的要求，即在中国共产党的领导下，立足基本国情，以经济建设为中心，坚持四项基本原则，坚持改革开放，解放和发展社会生产力，建设中国特色社会主义市场经济、社会主义民主政治、社会主义先进文化、社会主义和谐社会、社会主义生态文明，促进人的全面发展，逐步实现全体人民共同富裕，建设富强民主文明和谐美丽的社会主义现代化强国。这是各项经济活动的出发点和归宿，各种经济政策的目标都必须统一到这一根本点上。自然，它也制约着财政政策的根本方向。新时代人民日益增长的美好生活需要的满足程度，不仅取决于个人消费需求的实现，而且取决于社会公共需要的实现。这种公共需要的满足，综合表现为人民生活质量的提高。比如公共安全、环境质量、公共卫生与健康、基础科学研究、普及教育等水平的提高都标志着生活质量的提高和美好生活需要的满足。财政政策把人民群众生活质量的提高作为最终目标，是因为提高生活质量，仅靠市场是远远不够的，还必须依靠政府部门提供足够的高质量的社会公共服务。

（二）财政政策的近期目标

1. 充分就业

无论对个人还是家庭来说，就业是避免贫困和消除依赖性的最可靠途径，它不仅是人谋生的手段，同时也是人融入社会大家庭的基本方式。从这个意义上讲，就业是人的最基本权利，就业是民生之本。全体人民的"各尽其能、各得其所"是社会主义和谐社会的本质特点。因此，社会主义和谐社会也就是实现了充分就业的社会。当然，"充分就业"并非失业率为零的就业状态，而是指在允许适度失业率（比如4%~6%）的前提下，所有有就业愿望的劳动年龄人口都能找到维持生存与发展需要的就业岗位的状态。

2. 物价相对稳定

这是世界各国均在追求的重要目标，也是财政政策稳定功能的基本要求。物价相对稳定,并不是冻结物价,而是把物价总水平的波动约束在经济稳定发展可容纳的空间。物价相对稳定,可以具体释义为,避免过度的通货膨胀或通货紧缩。在采取财政措施时必须首先弄清导致通货膨胀或通货紧缩的原因,如果是由于需求过旺或需求不足造成的,则需要调整投资性支出或通过税收控制工资的增长幅度,如果是由结构性摩擦造成的,则必须从调整经济结构着手。总之,物价不稳定,对于我们这样一个资源相对短缺、社会承受能力较弱的发展中国家来说,始终是经济发展中的一大隐患。因此,在财政政策目标的选择上必须予以充分考虑。

3. 收入合理分配

在现代市场经济条件下,理想的收入分布形态是"两头小、中间大",但中国目前在各不同收入群体的分布上,中等收入和中等偏上收入群体相对较小,合计只占总人数的30%多一点。由于收入水平提高较快的少数最高收入者将其他收入群体相对地向下排挤,低收入和中等偏下收入群体相对过大,合计占总人数的60%以上。这种收入群体分布结构,很容易造成人们对收入差距拉大的心理失衡。因为由于群体内部收入差距不大的中低收入者和最低收入者居多,中等和中等偏上收入者偏少,所以,低收入者往往把目光定位在最高收入者那里,进而造成很大的心理反差。

在改革开放之前,"吃大锅饭"的平均主义分配,抑制了劳动者的生产积极性,不利于经济的发展;而改革开放后收入分配不合理,贫富悬殊过大,又不利于社会经济的稳定。在社会主义市场经济条件下,同资源配置机制一样,应使市场分配起基础作用,同时实施政府的宏观调控。收入分配既要有利于充分调动社会成员的劳动积极性,同时又要防止过分贫富悬殊,因此,在政策的导向上存在着公平与效率的协调问题。税收负担的合理分配,建立完善的社会保障体系,是实现收入合理分配目标的关键点。

4. 经济适度增长

适度增长的含义,在中国当前就是落实"五大发展理念"①,全面贯彻科学发展观。一是保持平稳较快的增长。中国仍是一个生产力低下的发展中国家,必须要有一个较快的增长速度,同时要注重增长的质量和效益,加快经济结构的战略性调整;要进一步扩大国内需求,调整消费与投资的关系,增强消费的推动力;要保持社会供求总量的基本平衡,避免经济的大起大落。二是加快经济增长方式的转变。中国土地、淡水、矿产资源和环境状况对经济发展构成严重的制约,必

---

① 2015年10月召开的党的十八届五中全会确立了创新、协调、绿色、开放、共享的发展理念。

须把节约资源作为基本国策，发展循环经济，保护生态环境，建设资源节约型、环境友好型社会，促进经济发展与人口、资源、环境相互协调，实现可持续发展。三是提高自主创新能力。把增强自主创新能力作为科学技术发展的战略基点和调整产业结构、转变增长方式的中心环节，特别是提高原始创新能力、集成创新能力和引进消化吸收再创新能力。四是促进城乡区域协调发展。把"三农"问题作为当前工作的重中之重，推进社会主义新农村建设，促进城镇化健康发展；落实区域发展总体战略，形成中东西优势互补、良性循环的区域协调发展机制。五是加强和谐社会建设。以人为本，切实解决关系人民群众切身利益的现实问题，注重经济与社会的协调发展，保持社会安定团结。

为促进经济的适度增长，财政政策必须在经济增长的基础上保持财政收入的适度增长，优化支出结构。当前要加大"三农"的投入，促进城乡协调发展；加大教育、卫生、科技和社会保障等各项社会事业的投入，促进经济与社会协调发展；加大转移支付力度，促进地区的协调发展。

三、财政政策与货币政策的配合

（一）货币政策概述

所谓货币政策，是指一国政府为实现一定的宏观经济目标所制定的关于调整货币供应的基本方针及其相应的措施。它是由信贷政策、利率政策、汇率政策等具体政策构成的一个有机的政策体系。在传统的体制下，货币政策从属于财政政策，独立的作用很小。随着社会主义市场经济体制的转变，银行的从属地位已经改变，在国民经济运行中的作用日益增强。

货币政策作为国家经济政策的组成部分，如同财政政策一样，其最终目标与国家的宏观经济目标是一致的。中国货币政策的基本目标是稳定货币。稳定货币是指把货币供应量控制在客观需要量的范围内，这就是说，货币供应量不能超过货币的客观需要量，但货币投放量究竟多少为宜，可以在货币需要量所允许的空间内进行选择。稳定货币和发展经济的目标是一致的。货币是发展生产的第一推动力和持续推动力，特别是当潜在的生产要素未被充分利用时，追加货币投放，可以使潜在的生产要素变为现实的生产要素，促进经济的发展。稳定货币是发展经济的必要条件，中国经济建设的实践证明，没有一个良好的、稳定的货币金融环境，要保持经济的稳定发展是不可能的；但发展经济又是稳定货币的前提，只有经济持续、稳定和协调发展，才能保持货币的稳定。不过在稳定货币与发展经济之间也会出现矛盾，比如要发展经济，有时需要适度投放货币加以推动，而一且投放过度，不但与稳定货币的目标相矛盾，而且会干扰经济的正常运行。这种发展经济与稳定货币目标相矛盾的状况，在中国经济体制改革的过程中曾几度出现。因此，应把稳定货币与发展经济作为一个总体目标来把握，求得二者的最佳结合。

货币政策是借助于货币政策手段即货币政策工具发挥作用的。目前，中国中央银行的货币政策手段主要是：(1) 中央银行对各商业银行（专业银行）的贷款。(2) 存款准备金制度。即各专业银行要将吸收的存款按一定比例交存中央银行。(3) 利率。中央银行根据资金松紧情况确定调高或调低利率。

货币政策的核心是通过变动货币供应量，使货币供应量与货币需要量之间形成一定的对比关系，进而调节社会的总需求与总供给。因此，如同财政政策的分类一样，从总量调节出发，也把货币政策分为扩张性货币政策、紧缩性货币政策和中性货币政策三种类型。扩张性货币政策是指货币供应量超过经济运程对货币的实际需要量，其主要功能是刺激社会总需求的增长；紧缩性货币政策是指货币供应量小于货币的实际需要量，其主要功能是抑制社会总需求的增长；中性货币政策是指货币供应量大体上等于货币需要量，对社会总需求与总供给的对比状况不产生影响。

(二) 财政政策与货币政策协调配合的必要性

财政政策与货币政策虽然都能对社会总需求和总供给进行调节，但在消费需求和投资需求形成中的作用又是不同的，而且这种作用不可相互替代。可以从以下几个方面来看两者的不同作用。

1. 传导过程差异

中央银行的货币政策措施一般是通过商业银行传导到企业和居民，影响企业和居民的经济行为，进而达到宏观调控的目标。由此可见，货币政策的传导过程具有多层次性的特点。而财政政策措施一般是直接作用于企业和居民，例如，通过调整税率或累进的个人所得税税率的自动稳定功能，以及对个人转移支付，财政政策会直接影响到个人的经济行为；财政政策对企业的作用过程也是直接的，具有直接性的特点。

2. 政策调整时滞差异

由于政策运行本身是在不断变化的，为了实现既定的宏观经济管理目标，政策制定与操纵当局必须适时调整政策。然而，从政策制定与操纵者对经济形势的确认到政策调整再到调整后的政策作用于市场经济行为主体进而实现政策目标，需要耗费一定的时间，经济学称这种时间耗费为政策调整时滞。财政政策和货币政策之间存在政策调整时滞差异。

先看货币政策。一般情况下,中央银行或者政府及其财政部门对经济形势变化情况的确认时间是相近的,尽管有时看法有所不同。但是,从其对形势的确认到政策的调整来看,中央银行一般不需要花太多的时间,它可以随时调整货币政策。因此,货币政策的调整时滞比较短。

财政政策则不同。一般地,财政政策的制定与调整必须依法按财政年度进行。因此,它不像货币政策那样可以随时调整,政策调整的时间比较长。此外,由于财政政策的调整必须经过必要的法律程序,即经过议会或人民代表大会的审查批准,因此,进一步延长了财政政策的调整时滞。

3. 政策调节的侧重点差异

一般地,货币政策侧重于对总量的调节,而财政政策则侧重于对结构的调节。各种货币政策工具的运用,基本上是以对货币量或货币流通的规模调节为中介目标的,诸如利率调节、存款准备金调节乃至计划手段的调节等,最终都将导致货币规模的变动,进而实现对需求的调节。因此,货币政策调节的侧重点在总量。各种财政政策工具的运用,首先是通过对结构的调节来发挥其作用的。如支出结构的调整直接引起社会需求结构的变化,等等。

除以上内容以外,在财政政策和货币政策之间还存在着其他一些差异,如货币政策的透明度较差,而财政政策的透明度较高等。财政政策和货币政策之间的差异表明,两种政策的作用是不可相互替代的,只有相互配合、相互协调,才能有效地达到对国民经济进行宏观调控的目的。

(三) 财政政策和货币政策的松紧搭配

如前所述,货币政策分为扩张性货币政策、紧缩性货币政策和中性货币政策三类。这样,在财政政策与货币政策的协调方面,将形成不同的政策组合。我们集中分析以下四种松紧搭配的政策组合方式。

1. 紧的财政政策和紧的货币政策

简称"双紧"政策。紧的财政政策一般是指旨在抑制社会需求的政策,主要通过增加税收、削减政府支出规模等手段来限制支出、抑制社会总需求。紧的货币政策是指以紧缩需求、抑制通货膨胀为目的的货币政策,主要通过提高法定准备金率等市场经济手段以及紧缩信贷计划等行政计划手段减少货币供给,进而达到其紧缩的目的。这种政策组合通常可以有效地制止和压缩需求膨胀和通货膨胀,但同时也会对经济增长产生抑制作用。

2. 紧的财政政策和松的货币政策

松的货币政策是以扩大社会需求以刺激经济增长为目标的货币政策。由于紧的财政政策具有抑制需求的作用，所以它和松的货币政策相配合，一般可以起到既可控制需求、又可保持适度经济增长的作用。但两者也有个松紧搭配适度的问题，过松的货币政策可能会在总量上抵消紧的财政政策对需求的抑制作用，进而产生通货膨胀；而过紧的财政政策则可能会进一步放慢经济增长速度，甚至产生经济停滞。

3. 松的财政政策和紧的货币政策

松的财政政策具有刺激需求、加大对经济结构调整力度的作用；而紧的货币政策则可以防止过高的通货膨胀。因此，这种政策组合既可以使经济保持适度增长，同时实现对经济的结构性调整，又可以尽可能避免通货膨胀。但若松紧搭配不当，可能会产生其他不良后果。例如，过松的财政政策有可能造成赤字累积，并且同时造成社会总需求过于旺盛，进而在总量上抵消紧的货币政策的抑制需求作用。反之，如果货币政策过紧，也往往会对经济增长产生不良的阻碍作用。

4. 松的财政政策和松的货币政策

简称"双松"政策。松的财政政策主要通过减少税收和增加政府财政开支来扩大社会总需求，同时，由于政府支出和税收一般都带有明显的方向性，对经济结构和资源配置结构产生重要影响；松的货币政策在总量上会扩大货币供给，进而扩大社会需求总量，因而在方向上同财政政策是一致的。在社会总需求不足的情况下，采取这种政策组合可以起到扩大需求、刺激经济、增加就业的作用。但是，与此同时，这种政策组合往往会造成严重的通货膨胀。

通过对以上四种政策组合的介绍，我们可以看出，所谓"松""紧"搭配，主要是利用财政政策和货币政策各自的特殊功能，达到在总量上平衡需求、在结构上调整市场资源配置的目的。此外，对政策组合的选择，往往还要考虑政治上和体制上的因素。

四、中国财政政策的实践

1998 年，面对严峻挑战，中国决定加大宏观调控力度，实施积极的财政政策。1998 年 6 月，第九届全国人大常委会第三次会议批准财政部增发相当于 80 亿元人民币的外债。当年，财政部向国有商业银行增发 1 000 亿元国债，同时银行配套发放 1 000 亿元贷款，重点用于农林水利、交通通信、环境保护、城乡电网改造、粮食仓库和城市公用事业等基础设施建设。这是在特定时期为增加投资、扩大消费、拉动经济增长而采取的一项特殊政策。这项政策的实施，有力地拉动了经济增长，对国民经济增长基本达到预定目标起了关键作用，同时也有利于调整投资结构和经济结构，增强经济发展后劲。1998—2004 年，中国累计发行长期建设国债 9 100 亿元，主要用于基础设施建设，扩大国内需求。据测算，这部分国债拉动的投资规模约为 50 000 亿元，带动了经济的增长。这次财政政策是以扩大财政支出为主要内容的。

2005 年中国转向实施稳健的财政政策（中性财政政策）。2005 年年初，根据国民经济和社会发展面临的新形势，中国及时调整财政政策取向，实施了以"控制赤字、调整结构、推进改革、增收节支"为主要内容的稳健财政政策。2005 年中央财政赤字预算 3 000 亿元，比 2004 年减少 192 亿元；压缩国债项目资金规模 300 亿元，增加中央预算内经常性建设投资 100 亿元。

2008 年 9 月，中国把宏观调控的着力点转到防止经济增速过快下滑上来。根据中央宏观调控导向，年中在实施稳健财政政策过程中，采取了一些更为积极的财税政策措施，10 月后进一步明确实施了积极的财政政策，适当减免税费，多次提高出口退税率，增加中央政府公共投资和重点支出，对促进经济平稳较快发展发挥了重要作用。这次积极财政政策是应对国际金融危机挑战的选择。4 万亿元经济刺激计划实施中，财政政策手段是"结构性减税"与扩大支出并举，在很短的时间内起到了稳定经济的作用。由于国内外经济环境日趋复杂，积极财政政策已连续实施多年，2018 年中国仍然实施积极的财政政策。

思考题

1. 你认为什么样的财政平衡口径是合理的？
2. 你如何看待不同的财政赤字口径？试结合中国财政赤字口径的变化进行分析。
3. 请分析 1998 年以来中国财政政策的变化及原因。
4. 请说明财政政策与货币政策如何搭配。
5. 请阐述未来五年中国的财政政策走向。

▶ 自测习题及参考答案

第十四章 国 际 财 政

国际财政是国家财政的延伸。随着经济全球化的加快，国际经济往来日趋频繁，国际经济活动日渐增多，国际财政问题也变得越发突出，需要在全球视野下重新审视财政的职能和地位。

本章共分三节。第一节国际财政概述，介绍国际财政的概念，对国际财政进行理论分析。第二节国际财政支出，介绍对外援助支出和对国际组织的支出。第三节国际税收协调，介绍国际税收协调的主要方法以及中国参与国际税收协调的实践等。

第一节 国际财政概述

一、国际财政的界定

（一）国际财政的概念

关于国际财政的概念，主要有两种观点：一是把国际财政视为世界或全球视角的财政，即世界财政或全球财政；二是把国际财政视为国际关系中各国政府财政行为的相互交往。前者是以世界性的权力机构或"世界政府"为后盾，并在此基础之上建立一个世界或全球范围的财政当局，世界或全球范围内的税收和支出方案由该财政当局制定、颁布和执行。后者是国家财政的延伸，是国际关系中的国家财政。前者在现实中还不存在，只有个别国际组织（如联合国）有"世界政府"的雏形，并有世界财政当局的初步形态。后者表现为国与国之间的财政关系，在现实中广泛存在。一国卷入全球化程度越深，国际财政问题就显得越重要。

与早期的国际财政实践相比，现代意义上的国际财政活动涉及面广、涉及问题多，既有涉及具体经济主体（个人、家庭、企业、非营利性组织等）的国际财政行为，又有国家层面的财政政策协调与配合，还有应对国际共同事务所要求的共同财政行动。

国际财政活动包括各种类型的国际财政协调与合作，几乎覆盖全部财政活动。国与国之间签订国际税收协定、国与国之间在税收征管上的合作、财政政策的国际协调、全球共同事务的国际联合应对、国际财政援助等，都是国际财政活动的具体内容。国际财政活动还包括国家与国际组织之间的财政关系。虽然国际财政活动中没有统一的"世界政府"来负责，征税并安排相应支出，但一些国际组织，如联合国、国际货币基金组织（IMF）、世界银行、欧洲联盟（EU）等，已经建立了相对比较成熟的收入和支出体系，构成了国际财政收入的重要内容。

（二）国际财政的产生与发展

国家产生之后就有了国家财政，同时也就有了国际财政。国与国之间经济联系不是特别密切时，国际财政活动相对简单。随着国际经济联系的增多，国家财政主权之间的冲突表现得尤其突出，一些跨国经济活动会受到不同国家财政行为的扭曲，国与国之间需要有协调财政活动的适当渠道，需要有协调和处理跨国经济活动所引起的财政行为冲突的原则框架，需要有适当的国际组织担负起相应的职责，由此国际财政协调与国际组织的作用与日俱增。

国与国之间因为经济交往的增多，会出现国家税收主权的争夺问题。当一国涉外经济规模很小时，相关的税收权益也相对较小，税收主权的争夺问题就不会很严重。而当一国经济开放度大大提高时，无论从税收权益，还是从市场的公平竞争来看，一国政府再也不能无视税收主权问题，再也不能轻视国际经济活动减免税所带来的各种经济主体的公平竞争环境问题。国际税收协调因此就变得越来越重要。相应地，国际税收规则和国际税收秩序就必须确立起来，并随着经济社会环境的变化而调整。

二、国际财政的理论分析

（一）国际资源配置

1. 国际资源配置职能的含义

国际财政具有国际资源配置的职能，国际财政活动应该能够促进全球性公共产品的最优配置。这里重要的是国家之间就全球性公共产品提供及成本分摊机制的决策问题。

全球性公共产品的受益范围超过一个国家，可能覆盖特定地区，极而言之，也可能让全球受益。全球性公共产品是在全球范围内具有消费上的非竞争性和非排他性的产品。公共产品一旦被提供出来，地球人都会受益，且一个人的消费不会影响其他人的消费。要将世界上的某个人排除在全球性公共产品的消费范围之外，或无法做到，或成本太高而得不偿失不值得去做。

参照一国范围内的公共产品分类，全球性公共产品也可以分为全球性纯公共产品和准公共产品。准公共产品是只具有消费上的竞争性和排他性中某一特征的产品。这里包括俱乐部产品和公共资源。俱乐部产品只是对全球范围内付费的各方开放的产品，通常对应于区域性公共产品。公共资源是对全球开放的，但存在消费上的竞争性，一方的消费可能会影响另一方的消费。

全球性公共产品的种类繁多，有与气候环境相关的应对气候变化的行动，有与应对生物入侵相关的保护生物多样性的计划，有与全人类生命健康密切相关的食品安全保障和应对禽流感、埃博拉、寨卡等病毒的卫生防疫措施，有为国际投资、国际贸易、国际金融等活动提供保护的国际经济法律体系，有各种各样的适用于全球范围的国际规则和秩序。

根据成本和收益对称的原则，全球性公共产品应该由受益方共同出资。这类公共产品包括世界和平、永续的环境、统一的世界商品和服务市场、全球人类健康、基础知识的全球普及等。

2. 全球性公共产品提供的难题与破解

全球只要有共同利益存在，就有全球性公共产品存在的必要。全球不同区域联系较少的时候，各国合作提供全球性公共产品的行动几乎不存在。只有在国际交往增多、人类面对的共同问题不断增加的背景下，全球性公共产品提供的必要性才会凸显。20 世纪以来，全球性公共产品的需求越来越多。两次世界大战、历次区域性战争和冲突以及各种恐怖活动，给热爱和平的人们带来了巨大的苦难，增强了人们对世界和平这种全球性公共产品的需求。工业化和城市化促进了经济的快速增长，伴随之而来的全球环境污染问题也变得越发突出，环境保护成为全球迫切需要的公共产品。各国在相互交往中获利的同时，也需要合理的规则和秩序来加以规范和约束，全球治理也因此成为全球性公共产品。

一国范围的公共产品提供存在困难，但这是一国内部的事，解决起来相对简单。没有世界统一政府，全球性公共产品的提供更多地要通过国际组织，通过作为不同利益主体的国家的磋商协调加以解决，决策难度加大。现实中，各国之间对某些事物认识的分歧更是加大了全球性公共产品提供的困难。

公共产品的国际合作提供的难题之一是政府存在"搭便车"心理。无政府状态下的公共产品的联合提供很容易出现"囚徒困境"，各国政府可能"搭便车"导致公共产品不能顺利提供，或所提供的公共产品远远低于合理的水平。难题之二是成本合理分担标准的确定。大国和小国在全球性公共产品提供中成本应该如何分摊，以经济发展水平作为成本分担的标准是否合适，如何区别对待不同经济发展水平的成本提供差异，都是需要解决的问题。

国际双边或多边对话、谈判、协调、国际组织活动等已经成为破解全球性公共产品提供难题的重要途径。各国按能力为全球性公共产品提供出资、按照受益原则为全球性公共产品出资，甚至允许能力比较弱的国家"搭便车"享受全球性公共产品的收益等，都在为全球性公共产品的提供寻找出路。

（二）国际收入分配

1. 国际收入分配职能的含义

一国财政具有收入分配职能，国际财政也承担着一定的收入分配职能。国际收入分配职能旨在促进国际的收入公平，是通过国际税收、国际财政支出以及其他国际财政活动来实现的。它可以区分为两个层次：一是国家层面的收入公平。这主要是指国际财政权益在国家之间根据公平的规则进行分配。二是泛国际层面的收入公平。这主要是指超越国界的人们之间的公平问题。如果说国家财政层面的收入分配职能解决的是一国之内的收入分配问题，那么国际收入分配所要解决的是地球村作为一个整体的收入分配问题。一国之内的收入分配工具在这里仍然可用，但由于国家主权的约束，工具的使用受到一定限制。

2. 国际税收

国际税收是国内税收的延伸。与国内税收不同，国际上不存在一个扮演征税机构角色的类似政府的国际组织，但有跨越国界的税收活动，即国际税收活动。国际税收活动与国内税收关系密切。没有国内税收，也就没有国际税收。但是，国际税收基于国内税收，产生之后又有不同于国内税收的活动规则。国际税收是在一定规则约束下，国家（地区）处理涉及国与国之间税收利益分配关系活动的总称。

国际税收利益的冲突需要国家（地区）间的协调。协调的基础是各国税收管辖权。税收管辖权的确定原则包括属地原则和属人原则，不同的原则引出不同的税收管辖权。在属地原则下，可能实行的税收管辖权包括来源地税收管辖权、财产所在地税收管辖权、目的地税收管辖权、原产地税收管辖权等。在属人原则下，可能实行的税收管辖权包括公民税收管辖权、居民税收管辖权等。当两种原则并用时，不可避免地会出现国际重复课税问题。当适用一种原则时，由于对原则的理解不同，国际重复课税问题也可能出现。

3. 对外援助

对外援助是国际惯例，多表现为发达国家对发展中国家的援助。经济实力相对较强的发展中国家对相对较弱的发展中国家也会有对外援助。在特定情形下，出于某种紧急情况，经济实力弱的国家也可能对实力强的国家施以援助，包括发展中国家对发达国家的援助。

对外援助在很大程度上是国际收入分配差距所致。经济能力较强的国家，在正常的贸易投资和经贸交往中获利较多，有义务对市场经济中相对不足的一方给予补偿。对外援助是维护全球稳定的需要，是维护国家利益和安全的需要，是落实国际人道主义的需要。一个国家对其他国家的援助有助于巩固和发展双边及多边经贸关系，巩固国家（地区）间的友谊，可以让世界各国共享经济增长的红利。

（三）国际经济稳定与发展

1. 国际经济稳定与发展职能的含义

国际财政具有国际经济稳定与发展职能。这与国家财政是一致的。在经济全球化背景下，一国面临的问题，同样是国际财政必须面对的问题。国际财政的这一职能旨在促进国际经济（全球经济）的稳定与发展。实现这一职能的目标手段主要是国际财政政策的协调与合作。

2. 国际财政政策的协调与合作

开放经济条件下，一国经济政策不能只考虑本国情况，其他国家的经济政策选择也会影响本国政策的有效性。全球经济稳定是各国需要共同面对的问题。经济全球化要求国际经济政策包括财政政策的协调和合作。1997年亚洲金融危机和2008年国际金融危机爆发之后，无论是学术界还是社会各界，都在重新反思宏观经济政策，重新思考财政政策的作用，财政政策在应对金融危机上的优势已经得到事实证明。

在开放经济条件下，财政政策的运作已不能只考虑一国的自身因素。随着经济全球化步伐的加快，一国只考虑自身因素选择财政政策，容易出现"以邻为壑"现象，越来越不能适应现实发展的需要。在全球经济治理体系中，大国与小国的经济力量对比悬殊甚大，不能期望其发挥同样的作用。有时，甚至会出现大国之间经济政策方向相左之事。因此，财政政策的国际协调就显得特别重要。

三、中国的国际财政关系

（一）中国与全球治理

全球治理是国家（也包括非国家行为主体）通过谈判协商，在国际资源配置、收入分配、经济稳定和发展上，权衡各自利益，为解决各种全球性问题而建立的自我实施性质的国际规则或机制的总和。

当前，全球治理的重要目标是"共同构建人类命运共同体"（参见专栏14-1）。经过40多年的改革开放，中国已经成为全球第二大经济体，是世界最大货物贸易国、第二大对外投资国、最大外汇储备国、最大旅游市场和最大的发展中国家。中国作为一个负责任的大国，正在并将继续为全球治理贡献自己的力量。首先，中国作为全球大家庭的一员，始终注意处理好中国与世界的关系。习近平在联合国日内瓦总部从四个方面阐述了中国与世界的关系，即中国维护世界和平的决心不会改变、中国促进共同发展的决心不会改变、中国打造伙伴关系的决心不会改变、中国支持多边主义的决心不会改变。其次，中国通过联合国、世界银行、国际货币基金组织等现有的国际组织以及各类区域性国际组织平台参与全球治理，并根据需要发起新的组织以更好地发挥自身作用。最后，完善国际规则秩序，是中国参与全球治理的重要内容。国际规则秩序界定了世界各国参与全球治理的权利与义务、利益与责任，国际规则的制定权、解释权和执行权也充分体现了全球治理的话语权。中国围绕适应和引导经济全球化、开创世界经济增长新动力等重大问题积极阐释中国理念，提出中国方案，采取中国行动，显著增强了全球治理话语权和国际规则制定权。

专栏 14-1　人类命运共同体

为什么要倡导构建人类命运共同体？

世界正处于大发展大变革大调整时期，和平与发展仍然是时代主题。世界多极化、经济全球化、社会信息化、文化多样化深入发展，全球治理体系和国际秩序变革加速推进，各国相互联系和依存日益加深，国际力量对比更趋平衡，和平发展大势不可逆转。同时，世界面临的不稳定性不确定性突出，世界经济增长动能不足，贫富分化日益严重，地区热点问题此起彼伏，恐怖主义、网络安全、重大传染性疾病、气候变化等非传统安全威胁持续蔓延，人类面临许多共同挑战。

我们生活的世界充满希望，也充满挑战。我们不能因现实复杂而放弃梦想，不能因理想遥远而放弃追求。没有哪个国家能够独自应对人类面临的各种挑战，也没有哪个国家能够退回到自我封闭的孤岛。

何为人类命运共同体？

构建人类命运共同体思想的内涵极为丰富、深刻。习近平指出，要"建设持久和平、普遍安全、共同繁荣、开放包容、清洁美丽的世界"，这反映了人类社会共同的价值追求，汇聚了世界各国人民对和平、发展、繁荣向往的最大公约数，为人类社会实现共同发展、持续繁荣、长治久安绘制了蓝图，指明了方向。

如何构建人类命运共同体？

要坚持相互尊重、平等协商，坚决摒弃冷战思维和强权政治，走对话而不对抗、结伴而不结盟的国与国交往新路。要坚持以对话解决争端、以协商化解分歧，统筹应对传统和非传统安全威胁，反对一切形式的恐怖主义。要同舟共济，促进贸易和投资自由化便利化，推动经济全球化朝着更加开放、包容、普惠、平衡、共赢的方向发展。要尊重世界文明多样性，以文明交流超越文明隔阂、文明互鉴超越文明冲突、文明共存超越文明优越。要坚持环境友好，合作应对气候变化，保护好人类赖以生存的地球家园。

资料来源：习近平：《决胜全面建成小康社会 夺取新时代中国特色社会主义伟大胜利——在中国共产党第十九次全国代表大会上的报告》，人民出版社2017年版。

（二）中国在国际财政关系中的地位

全球治理格局正在发生变化，中国正日益走近世界舞台的中央，在国际财政关系中扮演着重要角色。中国财政必须按照大国财政的要求进行运作，配合中国在全球治理中的角色定位，发挥支撑作用。

在全球性公共产品的提供中，中国虽然还是一个发展中国家，人均国内生产总值处于较低水平，但仍立足国情，在全球气候变化、国际安全秩序等全球性公共产品提供方面，尽己所能，履行责任。比如，中国在应对全球气候变化方面专门设立南南合作基金，在国际上受到高度评价。

在国际收入分配方面，中国参与国际税收活动从最初的被动接受规则，到逐步参与国际税收秩序的制定，影响力与日俱增；中国在条件非常艰苦的条件下持续进行对外援助，随着国力的增强，国际财政支出规模不断扩大。

在国际稳定和发展方面，中国与世界经济的联系越来越密切，世界经济的中国因素与中国经济的世界因素越来越多，中国一直注意与其他国家和国际组织的政策协调，共同促进全球经济稳定与发展。中国加入世界贸易组织（WTO）以来，进出口贸易总额不断扩大，中国经济与世界经济的联系更加密切。中国加入各种国际经济组织，与其他国家开展双边或多边对话，建立各种形式的合作关系，这都需要得到财政的强有力支持。中国发起"一带一路"建设倡议并身体力行，推动亚洲基础设施投资银行（AIIB）的成立与运作，成立丝路基金，让中国与共建

"一带一路"国家共同受益。

第二节 国际财政支出

全球性公共产品的提供以及国际合作需要有对应的财政支出。本节阐述对外援助支出和国际组织支出的基本内容,并着重介绍中国的国际财政支出基本情况。

一、对外援助支出

(一) 对外援助支出概述

从财政支出方式来看,对外援助可分为项目援助和现金援助。出于援助方和受援方双赢的考虑,一般情况下,援助方经常选择项目援助,以保证援助目标的真正落实。从理论上看,现金援助对受援方最为有利,但是现金援助可能导致援助现金的使用偏离援助方规定的方向,也不利于援助方企业在援助中发挥作用,不利于援助方可能的技术配套支持。

对外援助资金按照援助的条件可以分为无偿援助、无息贷款和优惠贷款三种类型。(1) 无偿援助。这是指援助方政府向受援方提供的无偿赠予性质的援助资金,主要用于受援方在减贫、民生、社会福利、公共服务以及人道主义等方面的援助需求。(2) 无息贷款。这是指援助方政府向受援方直接提供的零利息政府贷款资金,主要用于受援方在公共基础设施和工农业生产等方面的援助需求。无息贷款的援助表现在利息豁免上,受援方需要偿还本金。本金可以以现汇、可变现商品或其他约定的偿还方式偿还。(3) 优惠贷款。这是指援助方政府通过政策性金融机构(开发性金融机构)对外提供的具有政府援助性质、含有赠予成分的中、长期贷款援助,通常用于受援方能够带来经济效益的项目建设,项目建设本身可以有一定的收益。优惠贷款有期限规定,本金需要受援方在规定的偿还期限内以约定的方式偿还,优惠利率和市场利率(商业利率)之间的利差由援助方政府补偿。

对外援助通常是在建立外交关系的国家之间进行的,但某些出于人道主义考虑和紧急情形的对外援助不受此限。

(二) 中国的对外援助支出

1950—2016 年,中国累计对外提供援款 4 000 多亿元人民币,实施各类援外项目 5 000 多个,其中成套项目近 3 000 个,举办 11 000 多期培训班,为发展中国家在华培训各类人员 26 万多名。

表 14-1 提供了 2011—2017 年中国对外援助和国际组织支出的具体金额。对外援助支出从 2011 年的 159.09 亿元增加到 2015 年的 195.37 亿元，然后回落到 2017 年的 168.99 亿元；国际组织支出波动较大，2011 年为 48.33 亿元，2017 年跃升为 213.69 亿元。

表 14-1 2011—2017 年中国对外援助和国际组织支出　　单位：亿元

年份 项目	2011	2012	2013	2014	2015	2016	2017
对外援助	159.09	166.95	170.52	184.58	195.37	157.21	168.99
国际组织支出	48.33	72.3	56.32	73.72	172.18	26.79	213.69

资料来源：全国财政决算（2011—2017 年），财政部网站。

中国对外援助的主要项目类型有成套项目和物资项目，技术援助项目和人力资源开发合作项目也增长显著。

中国对外援助支出的重点是帮助其他发展中国家加强基础设施和自主发展能力建设，帮助他们减少贫困和改善民生，提高教育水平，改善医疗服务，实现经济社会发展，建设社会公益设施，并在其他国家遭遇重大灾害时及时提供人道主义援助。

二、对国际组织的支出

国际组织承担各种国际事务。国际组织的经费来源多种多样，成员国家（地区）往往需要根据不同的标准缴纳不同的经费。中国参加全球性国际组织、区域性国际组织，同时还牵头发起新的区域性国际组织，并按照规则承担各类组织运作的相应经费（或注入资本）。

（一）全球性国际组织缴款

1. 联合国会费

联合国是世界上最大的非营利性的、由世界主权国家组成的政府间国际组织，其预算经费主要来源于现有 193 个会员国所缴纳的会费。联合国常规预算每两年制定一次，分摊比例根据各国支付能力确定。

2018 年，联合国会费分摊比例发生较大变化，中国所分摊比例进一步上升到 7.921%，其他分摊比例较高的国家有：美国（22.000%）、日本（9.680%）、德国（6.389%）、法国（4.859%）、英国（4.463%）等。[①]

---

① 联合国网站。

2. 世界银行股金

世界银行由 189 个成员国构成。其使命已从过去通过国际复兴开发银行促进战后重建和发展，演变成为目前通过与其下属机构（国际开发协会）和其他成员机构密切协调，推进世界各国的减贫事业。

世界银行的资金来源包括各成员国缴纳的股金、国际金融市场借款、发行债券和收取贷款利息。世界银行的贷款对象为成员国官方、国营企业、私营企业；贷款种类包括具体投资贷款、部门贷款、结构调整贷款、技术援助贷款和紧急复兴贷款；贷款额度根据借款国人均国民生产总值、债务信用强弱、借款国发展目标和需要、投资项目的可行性及在世界经济发展中的次序而定；贷款期限一般为 20~30 年，贷款利率低于市场利率，但必须专款专用，接受世界银行监督。

世界银行的重要事项都需会员国投票决定，投票权与会员国认购股本成正比。根据 2010 年 4 月 25 日世界银行的投票权改革方案，中国在世界银行的投票权从 2.77% 提高到 4.42%，成为世界银行第三大股东国，仅次于美国和日本（见表 14-2）。

表 14-2 2010 年改革后世界银行投票权排名前十的国家

名次	国家	改革后投票权/%	改革前投票权/%
1	美国	15.85	15.85
2	日本	6.84	7.62
3	中国	4.42	2.77
4	德国	4.00	4.35
5	法国	3.75	4.17
6	英国	3.75	4.17
7	印度	2.91	2.77
8	俄罗斯	2.77	2.77
9	沙特	2.77	2.77
10	意大利	2.64	2.71

资料来源：世界银行网站。

3. 国际货币基金组织股金

国际货币基金组织成立于 1945 年，旨在提升世界经济的稳健性，促进全球金融合作、保障金融稳定、促进国际贸易、推动国家高水平就业和经济可持续发展并缓解全世界的贫困问题。

国际货币基金组织现有 189 个成员，资金来源于各成员认缴的份额。与世界银行不同，国际货币基金组织不为特定项目提供贷款，而是向可能面临外汇短缺的国家提供资金，以使它们有时间调整经济政策和恢复经济增长，而不必采取破坏本国或其他成员经济的行动。国际货币基金组织的贷款分两类，一是按非优惠利率提供的资金，二是以优惠条件（低息或无息）向更贫穷的国家提供的贷款。

2016年1月27日，国际货币基金组织宣布IMF2010年份额和治理改革方案已正式生效。根据方案，约6%的份额将向有活力的新兴市场和发展中国家转移，中国份额占比从3.996%升至6.394%，排名从第六位跃居第三位，仅次于美国和日本。中国、巴西、印度和俄罗斯4个新兴经济体跻身IMF股东行列前十名。

4. 世界卫生组织会费及捐赠

世界卫生组织是联合国下属的一个机构，是世界最大的政府间卫生组织，目前共有194个会员国和2个准会员。其预算资金来自评定会费和自愿捐款。评定会费是国家作为本组织会员国交纳的费用，每一会员国交纳的费用按本国的财富和人口状况计算。近几年评定会费占规划预算比例有所减少，不到总额的四分之一，其余资金来自自愿捐款。世界卫生组织的支出主要集中在流行病防治和公共卫生等方面。

中国一直高度支持世界卫生组织的事业，2016—2017年度世界卫生组织的数据显示，中国评定会费占总体评定会费的比重为5.15%，名列世界第六位。[①]

（二）区域性国际组织缴款

1. 亚洲开发银行股金

亚洲开发银行（简称亚行）成立于1966年，有67个成员体，总部位于菲律宾的马尼拉，致力于帮助亚太地区脱离贫困。亚行的收入来自各成员认缴的股份，主要援助方式包括贷款、赠款、政策对话、技术援助和股权投资等。

亚行各成员体按认股份额排名，中国居第三位（6.44%），日本和美国并列第一（15.60%）。按各成员体投票权排名，中国同样居第三位（5.45%）；日本和美国并列第一（12.78%）。

2. 亚洲基础设施投资银行股金

亚洲基础设施投资银行（简称亚投行，AIIB）是首个由中国倡议设立的多边金融机构，重点支持基础设施建设，总部设在北京，法定资本1 000亿美元。截至2017年12月，亚投行有84个正式成员。

中国对亚投行出资50%，为最大股东，并遵循多边程序和规则参与银行的管理，推动亚投行规范运作、高效运营。关于亚投行的宗旨和职能，参见专栏14-2。

---

① 世界卫生组织网站。

> **专栏 14-2　亚投行的宗旨和职能**
>
> 第一条　宗旨
>
> 一、银行宗旨在于：
>
> （一）通过在基础设施及其他生产性领域的投资，促进亚洲经济可持续发展、创造财富并改善基础设施互联互通；
>
> （二）与其他多边和双边开发机构紧密合作，推进区域合作和伙伴关系，应对发展挑战。
>
> 二、本协定中凡提及"亚洲"和"本区域"之处，除理事会另有规定外，均指根据联合国定义所指的属亚洲和大洋洲的地理区划和组成。
>
> 第二条　职能
>
> 为履行其宗旨，银行应具备以下职能：
>
> （一）推动区域内发展领域的公共和私营资本投资，尤其是基础设施和其他生产性领域的发展；
>
> （二）利用其可支配资金为本区域发展事业提供融资支持，包括能最有效支持本区域整体经济和谐发展的项目和规划，并特别关注本区域欠发达成员的需求；
>
> （三）鼓励私营资本参与投资有利于区域经济发展，尤其是基础设施和其他生产性领域发展的项目、企业和活动，并在无法以合理条件获取私营资本融资时，对私营投资进行补充；
>
> （四）为强化这些职能开展的其他活动和提供的其他服务。
>
> 资料来源：《亚洲基础设施投资银行协定》。

3. 新开发银行出资

新开发银行于 2015 年成立，总部设在上海，是由金砖国家共同倡议建立的国际性金融机构。新开发银行初始法定资本为 1 000 亿美元，初始认缴资本为 500 亿美元，由 5 个创始成员平均出资，其贷款主要面向金砖国家以及其他新兴市场国家和发展中国家的基础设施建设和可持续发展。

第三节　国际税收协调

一、国际税收问题的成因

国际税收问题的成因有三个方面：国际经济交往的增加、国家间税收主权的冲突和各国税制的差异。

（一）国际经济交往的增加

国际经济交往越来越多，国与国之间的经济联系也不再是涉外经济所能涵盖的。经济全球化的加速，让地球在向地球村的方向迈进，国际经济交往不再是蜻蜓点水式的，也不只是局部的经济交往，而是深入开放型经济体的内部，使得国界这一传统的税收利益分配的"防火墙"在很大程度上失效。

初始阶段的国际税收问题往往涉及实质性的经济往来，而今，随着互联网时代的到来以及数字经济的兴起，本来只涉及一国内部的税收事务可能会与第二国、第三国甚至更多的国家或地区关联；本来只涉及甲国和乙国的税收事务也可能会引来第三国、第四国甚至更多的国家或地区。跨国税源流动的便利度前所未有地提高，再以传统的国际税收思维来加以应对已经很难奏效，不可避免地会造成国家税收利益的损失。如果不采取措施，国家税源流失问题可能非常严重。不少国家已经注意到这一问题，但是当前的税收制度对这些事情的发生常常显得苍白无力。① 国际经济交往程度在全面加深，国际税收秩序也日益变得纷繁复杂。

（二）国家间税收主权的冲突

税收主权是国家主权的表现之一。维护税收主权是每个国家的天然职责，但在不同的背景下，维护税收主权的方式各有不同。现行的居民税收管辖权和收入来源地税收管辖权就是税收主权的内容。各国根据自身利益，选择适合自己的税收管辖权，或择其一，或二者兼用，但这种税收管辖权的自主选择会造成重复征税问题，妨碍人员、资本、货物的流动。当国内税收收入较为充足时，各国往往对海外税源重视不足。而在国内税收收入受到严重影响时，国际税收问题才会得到更多关注，税收主权的争夺更加激烈。要改变这一现状，可以选择继续加强现有国际税收秩序，如美国的"肥猫法"（FATCA，即《海外账户税收遵从法》），也可以选择追求新国际税收秩序，如 BEPS（税基侵蚀和利润转移项目）行动计划目标。此外，税收管辖权的确定需要一系列配套条件，如税收信息的跨境收集，往往需要各主权国家在维护主权的前提下加以协同。

（三）各国税制的差异

各国税制差异仍然广泛存在。企业所得税就是一个重要的例子。德国和意大利应税所得与会计利润非常接近，英国、荷兰、美国应税所得与会计利润之间的

---

① 面对谷歌的爱尔兰避税问题，美国议员表达了不满，但不违反现有法律的事实，也让美国政府无可奈何。

差异可能很大。同是企业所得税，各国税基表现出极大的差异。尽管国际税收竞争的加剧，使各国税制在某种程度上出现了趋同，但并没有从根本上改变税制的差异。随着经济活动的日趋复杂，既有的会计准则本身就需要改变，以此为基础的会计核算与应税所得的计算也会相应改变。这也可能对国际税收秩序提出新的要求。

二、国际税收协调的方法

（一）消除国际重复征税的方法

国际税收活动的重要目标之一是消除国际重复征税，以促进国际经济活动的正常开展并维护国家税收主权。消除国际重复征税既可以是一国单方面的行动，也可以是相关各方共同采取措施。

消除国际重复征税的方法包括：

（1）免税法，即一国对所有来源于境外的所得免税。这种方法简单易行，却是以一国丧失境外税收利益为代价的。

（2）扣除法，即一国对本国企业和个人在境外所缴纳的税收视为成本费用予以扣除。

（3）抵免法，即一国对本国企业和个人在境外所缴纳的税收可以抵免限额内对应的税收。各国通常对抵免有限额规定。限额一般设定为根据国内税法计算的应纳税额。不超过该应纳税额的，可以全额抵免；超过的，最高抵免额是限额。限额可以是根据国别计算的，即不同国家分别适用不同的限额；限额还可以是汇总计算的，即将不同国家的所得额合并在一起，根据国内税法计算出应纳税额，并将其作为限额。抵免法包括直接抵免法和间接抵免法。前者适用的是境内总公司与分公司之间的税收抵免；后者对应的是母公司与子公司之间的税收抵免。

在抵免法下，一国通常对本国企业和个人在境外所缴纳税收实际金额进行抵免。在现实中，一些国家对另一些国家的税收优惠所导致的实际少缴纳的税额也视为已纳税额予以抵免。这通常是发达国家对发展中国家的税收优惠政策予以认可的结果。这种特殊的税收抵免称为"税收饶让"。税收饶让可以让发展中国家的税收优惠政策真正有效。如果发达国家不认可发展中国家的税收优惠政策，那么来自发达国家的投资者在东道国（发展中国家）的税收优惠利益就会被母国（发达国家）攫取。多数发达国家认可税收饶让，但美国例外。

(二) 国际税收协定

消除国际重复征税通常不是一个国家的单独决定，而是由不同国家通过协定方式规定下来。国际税收协定（也称为国际税收条约）是指两个或两个以上主权国家为了协调跨国纳税人的税收事务，在对等原则下，通过政府间谈判所签订的约定各自在国际税收分配关系中地位的具有法律效力的书面协议。国际税收协定是各国解决国与国之间税收利益冲突的有效工具之一。

签署国际税收协定一般依据两个范本。一是经济合作与发展组织的协定范本，即《关于避免对所得和财产双重征税的协定范本》（OECD 范本）。1963 年，OECD 首次公布了范本草案，1977 年发布修订范本，此后，该范本继续得到修订。该范本强调居民税收管辖权，对收入管辖权有所限制，更加符合当时作为资本净输出国的发达国家的利益，故多为发达国家所接受。二是联合国《关于发达国家与发展中国家间避免双重征税的协定范本》（UN 范本）。UN 范本注重收入来源地的税收管辖权，更符合发展中国家的利益，因此，发展中国家在谈判和缔结双边税收协定时更多参照 UN 范本。

1976 年，美国提出自己的协定范本，作为与其他国家谈判签订协定的基础，即所谓美国范本。2006 年 11 月 15 日，美国财政部发布的《美国所得税税收协定范本》（United States Model Income Tax Convention）及《范本技术解释》。美国范本与 OECD 范本基本相同，略有差别，如单设处理税收协定滥用的条款等。

(三) 自由贸易区

与国际税收联系较紧密的还有自由贸易区。关税同盟是自由贸易区的早期形式。自由贸易区内，各成员国（地区）取消关税，而且相互之间往往还有其他税收优惠待遇。

历史上最早的关税同盟是德意志关税同盟（1828 年开始，1833 年签约）。它最初是由几个日耳曼诸侯国组成，后来扩大到其他所有各邦国（汉堡及不莱梅等自由港除外）。同盟各国彼此之间取消关税，商品自由流通，对外使用统一关税。西欧六国在荷比卢关税同盟条约基础之上，组成以关税同盟为基础的经济共同体，其后逐步扩大到 12 国。另外，1960 年，英国、丹麦等 7 国组成自由贸易联盟。后两个组织于 1993 年合并为一个大的欧洲联合贸易区，欧盟内部逐渐统一间接税。

在北美洲，1988 年 1 月，美国与加拿大签订了《美加自由贸易协定》并于当年生效。两国在 10 年之内逐步取消了全部关税和贸易壁垒。1990 年，美国开始与墨西哥进行自由贸易谈判。1991 年，美、加、墨三方开始进行北美自由贸易区谈判，1992 年，三方签订了《北美自由贸易协定》，涉及削减关税的该协定于 1994

年生效。2018年，美国、加拿大、墨西哥签署了"全新的、面向21世纪的现代化"贸易协定，即《美国-墨西哥-加拿大协定》。

在南美洲，自由贸易区及其初级形式（如关税同盟）也大量出现。在南美大陆的南锥体国家共同市场和一些拉丁美洲国家之间，交叉成立了为数不少的区域性贸易组织。原有的区域性贸易组织中，安第斯条约组织和南美共同市场成员国统一有共同的对外关税。

在非洲，中非国家经济与关税同盟采取了一系列新的一体化措施，包括实行统一的对外关税，用关税取代进口配额，逐步取消同盟内部关税等。

在亚洲，全球覆盖人口最多的自由贸易区——中国-东盟自由贸易区（CAFTA）已于2010年1月1日正式全面启动。

三、中国积极参与国际税收制度的完善

改革开放40多年来，中国国际税收发生了巨大变化。最初，国际税收在很大程度上只是"涉外税收"，涉外税收收入占全国税收总收入的比例较小，国际税收事务较少。随着中国加入世界贸易组织（WTO），对外开放事业取得了突破性进展，国际经济往来日益增多，国际税收利益冲突越来越多，中国涉外税收实现了向国际税收管理的转变。从1983年9月6日中国与日本签署第一个综合性国际税收协定以来，截至2017年10月，中国已对外正式签署103个避免双重征税协定，99个协定已生效，内地和香港、澳门两个特别行政区签署了税收安排，大陆与台湾地区签署了税收协议。中国还加入《多边税收征管互助公约》，该公约于2017年1月1日起执行。[①]

此外，中国积极参与G20和OECD的BEPS（税基侵蚀和利润转移项目）行动计划，签署了《金融账户涉税信息自动交换多边主管当局间协议》（2015年12月16日签署）和《实施税收协定相关措施以防止税基侵蚀和利润转移的多边公约》（2017年6月7日签署）。

实践中，中国税收部门创造性地提出了一些新的税收利益分配原则，市场溢价、成本节约等因素所带来的利润，理应更多地在发展中国家纳税。这些新原则在现实中的运用效果较好，且部分新原则已经写入联合国的《转让定价手册》中，让更多的发展中国家在国际税收利益分配中有了更规范的依据。

2016年G20杭州峰会的公报将"建立一个全球公平和现代化的国际税收体

---

① 国家税务总局网站。

系"作为目标，具体包括推进正开展的税基侵蚀和利润转移合作、税收情报交换、发展中国家税收能力建设和税收政策等，以促进税收增长，提高税收确定性，这正是完善国际税收制度的需要。

思考题

1. 如何理解中国提出"一带一路"建设倡议？这对全球治理体系完善能起到怎样的作用？
2. 国际财政与国家财政相比有何特点？
3. 请用全球性公共产品理论分析联合国存在的必要性与行动的困难。
4. 中国作为一个发展中国家，应该如何参与国际援助？
5. 中国应该如何参与国际税收体系改革？

▶ 自测习题及参考答案

阅读文献

- 马克思、恩格斯：《共产党宣言》，《马克思恩格斯文集》第 2 卷，人民出版社 2009 年版。

- 马克思：《路易·波拿巴的雾月十八日》，《马克思恩格斯文集》第 2 卷，人民出版社 2009 年版。

- 马克思：《哥达纲领批判》，《马克思恩格斯文集》第 3 卷，人民出版社 2009 年版。

- 马克思：《资本论》第一卷，《马克思恩格斯文集》第 5 卷，人民出版社 2009 年版。

- 恩格斯：《英国状况——十八世纪》，《马克思恩格斯文集》第 1 卷，人民出版社 2009 年版。

- 恩格斯：《家庭、私有制和国家的起源》，《马克思恩格斯文集》第 4 卷，人民出版社 2009 年版。

- 恩格斯：《反杜林论（欧根·杜林先生在科学中实行的变革）》，《马克思恩格斯文集》第 9 卷，人民出版社 2009 年版。

- 列宁：《在俄共（布）莫斯科市和莫斯科省支部书记及支部负责代表会议上关于粮食税的报告》，《列宁全集》第 41 卷，人民出版社 1986 年版。

- 毛泽东：《我们的经济政策》，《毛泽东选集》第 1 卷，人民出版社 1991 年版。

- 毛泽东：《抗日时期的经济问题和财政问题》，《毛泽东选集》第 3 卷，人民出版社 1991 年版。

- 毛泽东：《有困难，有办法，有希望》，《毛泽东文集》第 6 卷，人民出版社 1999 年版。

- 邓小平：《财政工作的六条方针》，《邓小平文选》第 1 卷，人民出版社 1994 年版。

- 《中共中央关于完善社会主义市场经济体制若干问题的决定》，人民出版社 2003 年版。

- 《中共中央关于全面深化改革若干重大问题的决定》，人民出版社 2013 年版。

- 习近平：《决胜全面建成小康社会 夺取新时代中国特色社会主义伟大胜利——在中国共产党第十九次代表大会上的报告》，人民出版社 2017 年版。

- 《习近平谈治国理政》第二卷，外文出版社 2017 年版。

- 《习近平谈治国理政》第一卷，外文出版社 2018 年版。

- 中共中央文献研究室：《习近平关于全面深化改革论述摘编》，中央文献出版社 2014 年版。

- 中共中央宣传部：《习近平新时代中国特色社会主义思想三十讲》，学习出版社 2018 年版。

- 王传纶、高培勇：《当代西方财政经济理论》，商务印书馆 1995 年版。

- 邓子基：《财政理论专题研究》，中国经济出版社 1998 年版。

- 张馨：《公共财政论纲》，经济科学出版社 1999 年版。

- 楼继伟：《中国政府间财政关系再思考》，中国财政经济出版社 2013 年版。

- 高培勇：《财税体制改革与国家治理现代化》，社会科学文献出版社 2014 年版。

- ［英］亚当·斯密：《国民财富的性质和原因的研究》，郭大力、王亚南译，商务印书馆 1974 年版。

- ［美］理查德·A. 马斯格雷夫、［美］佩吉·B. 马斯格雷夫：《财政理论与实践》，邓子基、邓力平译校，中国财政经济出版社 2003 年版。

- ［美］维托·坦齐、［德］卢德格尔·舒克内希特：《20 世纪的公共支出》，胡家勇译，商务印书馆 2005 年版。

人名译名对照表

[美]	阿克洛夫，乔治	George A. Akerlof
[美]	奥茨，华莱士	Wallace E. Oates
[美]	鲍莫尔，威廉·杰克	William Jack Baumol
[英]	庇古，亚瑟·赛斯尔	Arthur Cecil Pigou
[美]	蒂布特，查尔斯	Charles Tiebout
[美]	哈丁，加勒特	Garrett Hardin
[美]	华莱士，尼尔	Nell Wallace
[美]	吉尔德，乔治	George Gilder
[美]	卡尔德，尼古拉斯	Nicholas Calder
[英]	卡尔多，尼古拉斯	Nicholas Kaldor
[英]	凯恩斯，约翰·梅纳德	John Maynard Keynes
[美]	拉弗，阿瑟	Arthur Betz Laffer
[英]	李嘉图，大卫	David Ricardo
[瑞典]	林达尔，埃里克·罗伯特	Erik Robert Lindahl
[美]	卢卡斯，罗伯特	Robert E. Lucas Jr
[美]	罗斯托，华尔特·惠特曼	Walt Whitman Rostow
[美]	马斯格雷夫，理查德·阿贝尔	Richard Abel Musgrave
[英]	马歇尔，阿尔弗雷德	Alfred Marshall
[美]	蒙代尔，罗伯特	Robert A. Mundell
[英]	穆勒，约翰·斯图尔特	John Stuart Mill
[美]	诺德豪斯，威廉	William D. Nordhaus
[意]	帕累托，菲尔弗雷多	Vilfredo Pareto
[法]	帕帕特，朱乐斯	Zhu Roxy · Papa Te
[英]	配第，威廉	William Petty
[英]	皮考克，艾伦	Alan Peacock
[美]	萨金特，托马斯	Thomas J. Sargent
[美]	萨缪尔森，保罗	Paul A. Samuelson
[美]	斯蒂格勒，乔治	George Stigler
[美]	斯蒂格利茨，约瑟夫·尤金	Joseph Eugene Stiglitz
[英]	斯密，亚当	Adam Smith

[意]	塔贝利尼	Tabellini
[德]	瓦格纳，阿道夫	Adolph Wagner
[英]	威斯曼，杰克	Jack Wiseman
[英]	希克斯，约翰·理查德	John Richard Hicks

后　记

《公共财政概论》是马克思主义理论研究和建设工程重点教材，由教育部组织编写，经国家教材委员会审核通过。

在教材编写过程中，得到了国家教材委员会高校哲学社会科学（马工程）专家委员会、思想政治审议专家委员会以及教育部原马工程重点教材审议委员会的指导。同时，广泛听取了高校教师和学生的意见建议。

本教材由樊丽明主持编写，杨志勇任副主编。绪论，樊丽明、李齐云撰写；第一章、第七章、第九章，李齐云撰写；第二章、第十章，石绍宾、杨志勇撰写；第三章，马海涛、姜爱华撰写；第四章、第五章、第六章，陈东撰写；第八章，朱青撰写；第十一章，邓淑莲、石绍宾撰写；第十二章，孙开撰写；第十三章，林致远、杨志勇撰写；第十四章，杨志勇撰写。

2019 年 6 月 6 日

郑重声明

高等教育出版社依法对本书享有专有出版权。任何未经许可的复制、销售行为均违反《中华人民共和国著作权法》，其行为人将承担相应的民事责任和行政责任；构成犯罪的，将被依法追究刑事责任。为了维护市场秩序，保护读者的合法权益，避免读者误用盗版书造成不良后果，我社将配合行政执法部门和司法机关对违法犯罪的单位和个人进行严厉打击。社会各界人士如发现上述侵权行为，希望及时举报，我社将奖励举报有功人员。

反盗版举报电话　（010）58581999　58582371
反盗版举报邮箱　dd@hep.com.cn
通信地址　北京市西城区德外大街4号
　　　　　高等教育出版社法律事务部
邮政编码　100120

读者意见反馈

为收集对教材的意见建议，进一步完善教材编写并做好服务工作，读者可将对本教材的意见建议通过如下渠道反馈至我社。

咨询电话　400-810-0598
读者服务邮箱　gjdzfwb@pub.hep.cn
通信地址　北京市朝阳区惠新东街4号富盛大厦1座
　　　　　高等教育出版社总编辑办公室
邮政编码　100029

防伪查询说明

用户购书后刮开封底防伪涂层，使用手机微信等软件扫描二维码，会跳转至防伪查询网页，获得所购图书详细信息。

防伪客服电话　（010）58582300